BUSINESS ADMINISTRATION CLASSICS 工商管理经典译丛 · 会计与财务系列

工商管理经典译丛
会计与财务系列

M: FINANCE

公司理财

（第2版）

马西娅·米伦·科尼特（Marcia Millon Cornett）
特洛伊·A·小阿戴尔（Troy A. Adair, Jr.） 著
约翰·诺夫辛格（John Nofsinger）
陈宋生 陈海红 译

中国人民大学出版社
·北京·

译者序

《公司理财》是科尼特博士、小阿戴尔博士和诺夫辛格博士倾力合著的公司理财基础原理教材。该书是作者在考虑了2008年由美国始发的金融危机引发的全球经济危机所产生的深远影响与读者反馈之后着力打造的第2版，相比于第1版，本版在原理、公式、案例、方法、补充资料等方面增添了许多新的内容。

《公司理财》共14章，内容丰富，涉及几乎所有公司理财的核心问题，包括财务分析、资金时间价值、债券和股票的估值、风险与收益、资本成本、资本预算决策、营运资本管理等。每章首均以财务管理原则在公司理财与个人理财两个方面的应用，启发式地带出每章主题，引发读者思考。为了提高本书的适用性和实用性，作者在具体阐述基本理论的基础上，在每个专题内容中编入大量的实用性案例，有助于读者理解并掌握繁多而重要的公式，同时，许多讨论性案例均围绕2008年金融危机或相关典型事例展开深入探讨，实现了理论与现实的有机结合，增强了本书的实用价值。此外，本书还配备了难易程度依次递进的练习题和贴切的综合案例，可帮助读者巩固对知识的掌握并锻炼解决实际问题的能力。

呈现在大家面前的是本非常厚重的教材，由于篇幅所限，我们没有把全部的习题译出来，原版英文教材比中文版要厚重些，当然，中文版的核心内容没有减少。

本书译者之一曾在美国南卡罗来纳大学、德国卡尔斯鲁厄大学做高级访问学者，旁听了这两个学校从本科到博士生的各种类型的课程，深感中美与欧洲大陆教学中存在的差异。对此有太多介绍文章，本文无意比较何种教学方法优劣，只是以白描写法将一些直观感受与大家分享。相较于德国课堂的沉闷氛围，美国本科与研究生教学都比较活泼，教师在课堂上更多的是引导，而不是满堂讲授。以美国本科教学为例，上课开始时，教师复述上节课内容，布置作业，然后开始讲授。讲授过程中，诸如理财课程会列举大量案例进行讨论，这种讨论要求同学们随机与前后左右同学组成三五人小组，然后每个小组派出一人主动回答问题。课堂上还配以一些小测验，以小组为单位，按每个小组主动答对多少个题目，前几名的小组奖励巧克力。当然，为了不使同学们产生零和博弈思路，最后一名也会得到少量的巧克力。前几名的获奖同学会主动走到讲台前神气地领取奖品，课堂一片欢声笑语。课后作业一般较多，有的甚至要求每周阅读两篇权威期刊的文章。这种专业课程都是小班教学，一个班只有不超过30人，老师能够叫出任何一名学生的名字，座位也是固定的，没来的学生一目了然，老师不用抓考勤，这与我们国家大班教学中常需要点名，甚至由学校教务处出面抓学生考勤形成鲜明对照。美国学生的期末成绩中课堂发言分值较重，学生们都会主动举手发言，有的学生一直将手高高举起。

中国日益融入世界，世界需要中国，地球村概念逐渐深入人心。G20国家领导人在日理万机的情况下，还在探讨会计问题，说明会计之重要。在日益全球化的今日，作为国际商务语言的会计，无疑为中国经济走向世界起到了奠基作用。套用一句俗话，"经济全球化，会计要先行"。毫不夸张地说，没有会计的国际化，也就没有中国经济的全球化。公司理财是在能够轻松阅读报表的基础上的更高一阶的课程，也是会计学课程设置中的核心课程，因而对本书的学习非常重要。

本书的译者之一长期从事全英文、双语及中文会计教学，深感会计教学中存在一些问题。如全英文教学中，如果要求课堂不能讲授中文，学生无法知晓中文对应名词，而全中文教学又更是无法将学生带到一个新的高度，比较合适的方法可能是双语教学，至少关键词汇还是需要让学生知晓中文对应词汇。我们建议教学中，尽可能采用全英文教材，本书可作为学生的对照教材，特别是较少接触英文原著的同学可以对照阅读。

一直以来，译作在中国高等学校职称评价体系中几乎没有任何分值，因而翻译成为苦力活，但是总得有人来做。本书大部分初稿由北京理工大学陈海红、陈宋生负责，陈宋生负责校编与一些疑难问题的翻译与解读，最终由陈宋生定稿。校编过程中，陈宋生指导的博士生罗少东、李铮、王云芳、李文颖、Kahn、Bilal，硕士生吴东琳、齐心、白宇、韩详震、祝思凡、胡宏雪、高文星、曹雪、薛惠文、杨杰、童晓晓、郝博雯、陶绎元、田甜、包阳、刘淑玲、郭京晶、杨培培、尹培培、王振亚等以不同方式进行校稿、讨论与修改，感谢他们付出的辛苦劳动。

总之，本书理论阐述严谨、结构层次富有逻辑性、内容新颖全面、资料翔实可信，是一本理论与实际完美结合、特点突出的公司理财学教材。本书既可作为高校商学院财务、金融等专业本科生、研究生的教材，亦可供财务从业人员、投资人士、研究人员等在实际工作中参考备用。

目　　录

第 1 章

公司理财绪论

- 公司及个人理财
- 理财的职能
- 企业组织
- 企业目标
- 代理理论
- 金融市场、中介机构及企业
- 金融危机

学习目标

1. 明确公司理财的主要领域。
2. 解释为什么明智的商业决策中理财至为关键。
3. 学会适用于个人决策的理财原则。
4. 了解当今美国最为普遍的三种企业组织形式。
5. 鉴别财务管理者的目标是否合适。
6. 确定公司的主要代理关系并讨论可能发生的冲突。
7. 讨论道德决策如何成为公司理财研究的一部分。
8. 描述公司、金融机构与金融市场之间复杂而密切的关系。
9. 解释始于 2006 年的金融危机的根本起因。

引文

你可知道，财务意味着什么？公司理财如何在商业活动中发挥作用？为什么学习财务原则能为你带来收益？本章将为你一一解答。**财务学**（finance）是为我们所拥有的事物、所使用的服务和所做的决策求解其特定价值的研究。这些事物、服务或决策可以有各种形式，比如公司的股份、住房抵押贷款的偿付、购买整个企业以及个人关于提前退休的决策等。本书主要探讨财务金融学的重要分支之一，即公司理财或财务管理（finance management），其从企业的视角进行价值评估。

公司理财对于任何一个商业组织的成功都至关重要，本书将重点阐述公司理财中的关键财务概念。你会发现许多公司理财的工具与技巧可应用于更宽泛的财务问题，比如个人理财决策。

财务中，现金流量（cash flow）是记录现金支付与收取的项目。在我们讨论财务之际很有必要了解各种财务现金流。我们将借助简单的图表来解释财务的本质，并阐述财务学的各个子领域。

从整体上了解财务之后，我们将讨论商业环境下显著影响公司财务决策的四个重要因素，它们分别是企业组织形式、管理者与所有者的代理关系、财务应用时的道德考虑因素，以及当前金融危机的来源和影响。

视 角

商业应用

凯莱布辛勤工作，在购物中心建立并扩张了自己的果汁吧。他努力把自己的产品做到至善至美，使其果汁和食物的搭配恰到好处。凯莱布志在将自己的果汁吧开遍整个州乃至整个国家的所有购物中心。

凯莱布知道扩张需要更多的资金，因为需要购置设备、采购原料、雇用并培训员工等。凯莱布如何才能取得扩张所需的资金呢？

个人应用

达格玛对个人资产投资越来越感兴趣，但是她听说好些公司的投资者全都亏损了。过去几年，雷曼兄弟公司（2008）、克莱斯勒（2009）、Six Flags（2009）等公司相继破产。这些公司的股东损失了全部投资。

许多亏损的股东都是这些公司的雇员，他们将其部分退休金投资于所在公司的股票。达格玛想知道，作为一个投资者，她该如何保证投资不亏本。

公司及个人理财

初学这门课程之际，你对理财的第一印象是什么？毋庸置疑，你正切身经历着当前的经济衰退，甚至详细了解这场于 2008 年达到顶峰的金融危机。对该事件的起因、效应及持续影响有所理解将有助于我们后续的学习，因此请阅读下文相关案例以及本章的最后一部分，了解该事件的简要背景信息和初步分析，为理解后续更为复杂的解释做准备。若是暂时抛开经济衰退的观点而速览当前流行文化，你会发现其他影响早已存在一段时间了。你的观点可能已完全被娱乐业歪曲，许多电影将金融专业人士描绘成贪婪、不道德的人（比如，《华尔街》，1987；《门口的野蛮人》，1993；《锅炉房》，2000；《华尔街：金钱永不眠》，2010）。尽管好电影需要形形色色、性格鲜明的人物，但虚构情节并未反映金融专业人士的真实作为以及他们为社会所做的贡献。越深入地学习公司理财，你就越会发现并欣赏这门学科，它具有影响管理决策进而促进经济发展的巨大潜力。

那么财务决策的核心究竟是什么？财务理论的成功运用会将资金流从期望改善未来财务状况的个人转移至需要资金以扩大经营规模或范围的企业。这些交易会促进经济增长，为各个收入阶层的人群提供更多的就业机会。因此，此类简单的交易能从两个方面产生显著的效果：经济更为高效多产，同时实现个人财富增长。

在第一部分，我们将全面充分地理解财务及其子领域，了解每个子领域中专业人士必须做出的特定决策。通过下文你会发现，财务的所有领域共享同一套理念和应用工具。

何为财务

为了尽可能清晰地了解财务如何运行，我们将经济活动的参与者按照两个维度进行划分。第一个维度由那些有“多余”资金（超过目前消费所需的资金）的群体构成；第二个维度由那些具有商业创造力的群体构成。资金和商业想法都是经济活动的推动力。我们的模型很简单，在这两个维度下，社会经济角色可分成四组，如表 1—1 所示。当然，随着时间的推移，人们可能会从一个群体转移至另一个群体。

表 1—1 本文假设下的经济参与者（根据资金与想法的可获得性划分的四个组别）

	无多余资金	有多余资金
无经济可行的商业想法	类型一：资金与想法均无	类型二：具备资金，缺乏想法
有经济可行的商业想法	类型三：缺乏资金，具备想法	类型四：资金与想法兼具

第一种类型群体对商业活动的资本投资不具分量，因而他们在实现资金融通的**金融市场**（financial markets）中并无直接作用，尽管这些人很可能通过提供劳动力、消费商品等方式发挥着间接作用，但为简单起见，我们主要关注发挥直接作用的群体，因此，第一种类型参与者不予过多考虑。

第四种类型群体会使用财务决策工具对自己的商业构思进行评价，然后选择最具投资潜质的想法。如此，他们创办自己的企业，有效并高效地实施他们的最佳想法。然而第四种类型群体并不需要金融市场，因为他们能自我融资，他们所使用的金融工具以及所做决策都是仅限于自身意图，因此，第四种类型参与者也不纳入我们的讨论。

接下来我们关注金融市场的重要参与者，即第二种类型和第三种类型群体。这些人通过金融市场和金融机构开展互利的交易。第二类群体将多余的资金投资给第三类群体，供其实现好的商业想法。

大多数发达经济体中，第二类参与者通常是个人**投资者**（investors）。很可能你一生中大多数时间里都是个人投资者。单个投资者在某一时点可能不会拥有大量的多余资金，但汇总所有个人投资者的可用资金，它将是一笔可观的投资额。

第三类参与者是想法的创造者，可能是个人，更多的是公司或其他形式的企业，它们专门设有研发部门，致力于构建创新想法。很明显，投资者和公司可以互助。如果投资者把多余资金投资给企业，如图1—1所示，那么企业便可运用这笔资金开展项目，最终，项目获利后投资者能收回投资并获得利润，如图1—2所示。

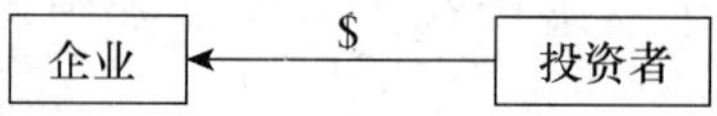

投资者是需要想法以赚取更多资金的个人或组织，企业是需要资金实施已有想法的组织。

图1—1　资金从投资者流向企业

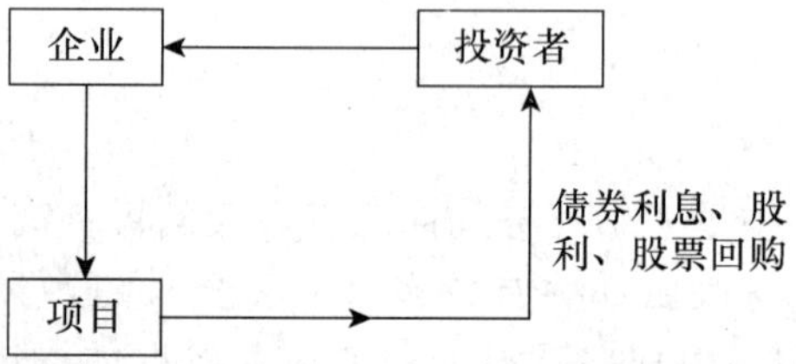

在这个基本流程中，企业可以扩张经营，雇用更多的员工，为自身成长创造一个有希望的未来，同时，投资者的财富也随之增长。

图1—2　资金归还给投资者

当然，并非所有的现金都会归还给投资者。现实中，上述系统会出现各种摩擦，最终返还给投资者的资本额会减少。**留存收益**（retained earnings）和税收是两大主要摩擦来源。留存收益是企业为满足经营发展而留存的盈利，政府会向企业和投资者征收税收以支撑公共服务。图1—3描绘了相应的留存收益和税收的现金流，以非常简单的方式从整体上直观地展示了财务及其主要子领域。比如，个人必须评估哪个投资机会才符合自身需求以及风险承受能力；金融机构与金融市场必须有效地进行资本配置；公司必须评估潜在项目，并明智地决定所投项目、所用资本类型以及日后返还投资者的资本额。所有类型的决策都需要考虑图1—3所示的基本现金流，但不同决策的视角不同。

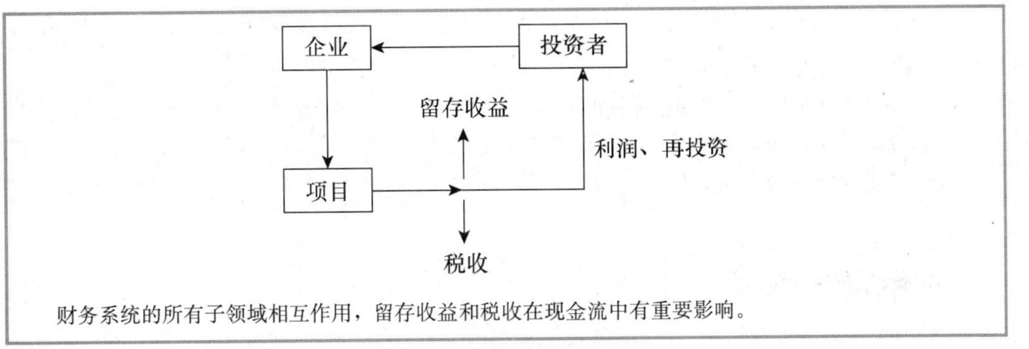

图 1—3　财务整体现金流

案例　金融危机：介绍与概述

写作本书之际，世界经济已受金融危机影响四年之久，此次金融危机是自 20 世纪 30 年代大萧条以来最为严重的一次。截至 2009 年 3 月中旬，不到一年半的时间里道琼斯工业平均指数（DJIA）已下跌 53.8%，而 1937—1938 年间的市场崩溃也不过下降 49%。尽管随后道琼斯指数挽回大部分损失，市场仍然很不稳定，2010 年 5 月 6 日美国东部标准时间下午 2：30 之后，道琼斯指数猛跌 998.5 点，跌幅达 9.2%，创下单日最大跌幅新纪录。

普遍接受的危机起因是 2006 年末至 2007 年初美国房价暴跌，但问题早已出现在经济的各个角落。投资银行业见证了高盛和摩根士丹利的失败，这两家投资银行被迫转型为商业银行控股公司（类似于社区银行，相比投资银行而言更安全但盈利低）。作为美国最大的保险及金融服务企业之一，美国国际集团（AIG）也是因为联邦政府的紧急救助才得以幸存。商业银行巨头花旗集团当时也请求巨额的政府担保以及现金注入以避免倒闭。这场危机波及全球，许多国家的房地产市场亦下跌。这场危机也给银行的财务健康带来了极大冲击，尤其是欧洲。2010 年失业率上升至 10%以上，截至 2012 年，失业率仍超过 8%。

房价下降为何引发经济的剧烈变动，这其中的复杂机制本书也有所涉及，我们后续将对此次危机展开深入讨论。在此，先了解此次危机的后果在未来几年或几十年里将如何影响你们。

第一，你们当中若有申请助学贷款以资助学业的，会发现获得这些贷款很难，尤其是以优惠利率。这都归因于金融危机，在未来经济不确定的情况下，贷款人在外借资金时变得更为谨慎。

第二，正如你所观察到的，工作岗位不足，这主要是由企业未来的不确定性所导致的。尽管婴儿潮一代即将退休会提供许多岗位，但这种状况仍会持续一段时间。

第三，一旦你顺利毕业并开始你的事业，你会推迟买房计划。个中原因可能显而易见。贷款后对贷款者大幅降低信用额度、要求高额首付款和贷款服务费等事实会增加你最终可能会出售已购房产的不确定性。

现在，你可能开始怀疑屹耳（Eeyore，《小熊维尼》漫画中悲观沮丧的毛驴）也是本书的合著者。不要丧失信心，当前金融危机也为准备充分和受到良好教育的人带来了一线希望，有能力者自会把握住这个局势下的机会。

危机为众人所知之后，某电视台记者采访了本书作者之一，问及为什么人人都应学习理财，作者引用西班牙裔美籍哲学家及诗人乔治·桑塔亚那（George Santayana）之名言——那些不从历史中汲取教训的人注定要重蹈覆辙。你的确不想再次经历这类事情，对吧？

学习理财的另一个原因是上述的一线希望开始穿越云层，绽放光芒。举个例子，金融危机之后更多的公司，尤其是金融机构，比以往任何时候都要注重风险评估与管理，因此它们特别需要熟练的见多识广的员工来高效地完成这些工作。

财务学的子领域

投资学（investment）是研究投资决策的方法和技术的财务学分支，这些决策包括持有何种证券（比如债券或股票）、购买哪家公司的证券以及如何以其所愿的方式偿付投资者（比如时间与已承诺现金流的确定性）等。图1—4为投资者视角下的现金流模型，投资学从投资者角度（方框里）关注其现金流（箭头所示）。

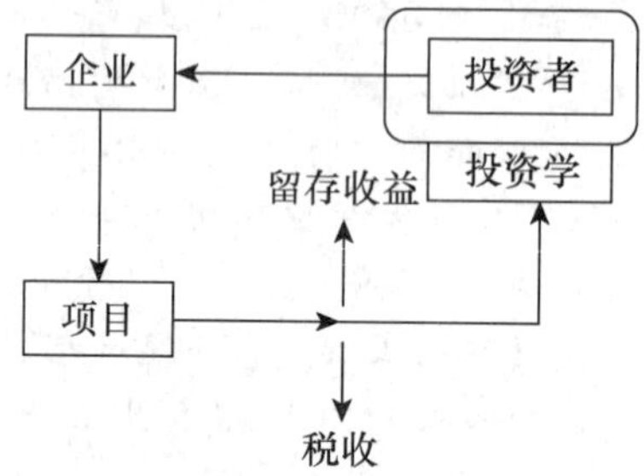

投资者是财务流程的起点与终点，他们投入资金，然后获取报酬（也要承受风险）。

图1—4 投资学

公司理财学（financial management）是研究筹集并使用资金等公司决策的财务学分支，这些资金来自投资者或留存收益。图1—5简单描述了财务管理流程，公司理财正是本书将主要探讨的内容。以下是公司理财决策的关键领域：

- 如何以吸引资本的方式对公司进行管理；
- 如何筹集资本（比如债券与股票）；
- 选择投资哪个项目；
- 需要多少资本以维持现有经营活动与新项目；

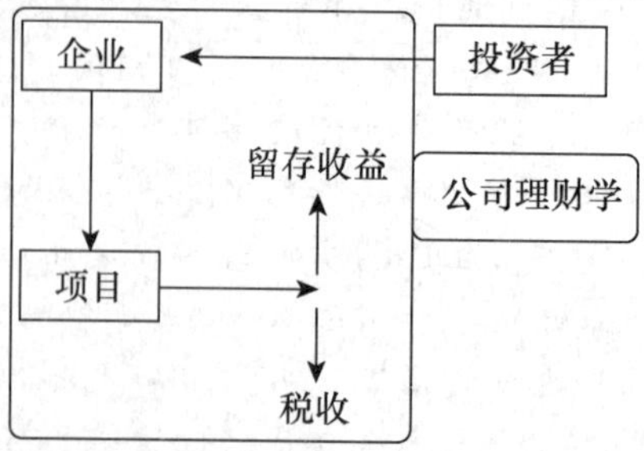

财务管理者所做决策应对企业与投资者均有益。

图1—5 公司理财学

- 如何最小化税收；
- 如何偿付投资者。

所有上述决策都是本书的重点，我们将在后续章节逐一讨论。

金融机构与金融市场（financial institutions and markets）是财务学的另一个重要分支，它们以不同方式实现资金在投资者与企业之间的有效配置。图 1—6 描述了公司获取资本和投资者参与证券交易以增加资本的流程。金融机构，比如银行和养老金管理机构，对利率的变动有至关重要的影响。

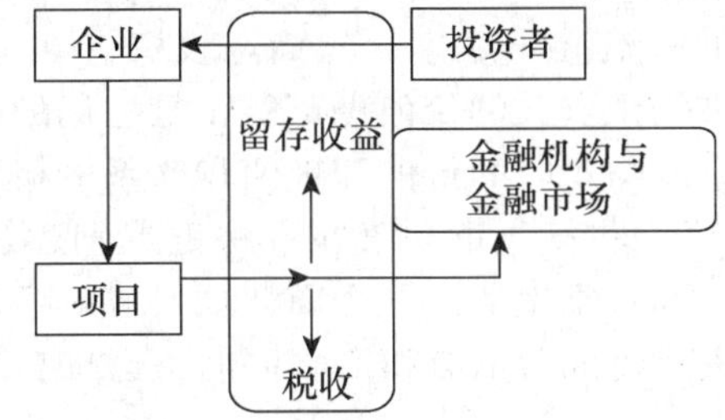

金融机构与金融市场促进投资者与企业之间的资金流动。

图 1—6　金融机构与金融市场

国际金融（international finance）是最后一个我们将要学习的财务学重要分支。经济全球化促使财务要更具创新性，对其他国家的变化更为敏感。投资者、企业、业务活动以及资本市场可能处在不同国家，要适应新环境，就必须了解国际财务动态，如图 1—7 所示。过去，我们认为国际财务决策仅是另外三个财务学分支的应用，但事实表明，在未来汇率的不确定性、政治风险、商业法律的变化等国际背景下，国际财务决策愈发复杂，有必要将国际金融作为财务学的一大分支。

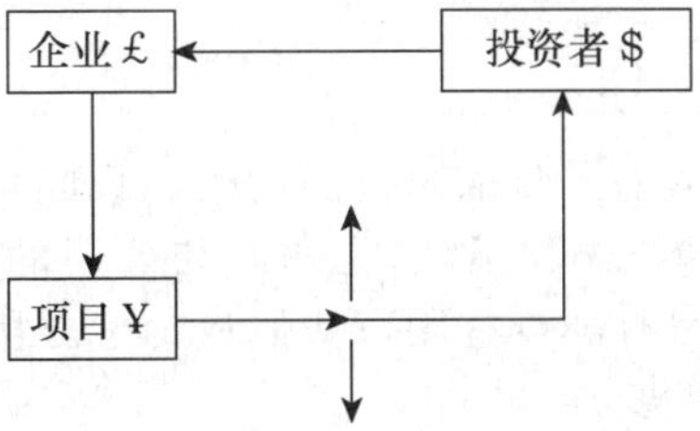

不同国家的法律、风险水平和商业关系均有所差异，但仍能有利地相互结合。

图 1—7　国际金融

理财决策的理论与应用

现金流量并非即时的，并具有不确定性。我们在运用财务理论进行决策时需要时刻记住这一点。未来现金流的时间和大小均不确定，我们称这种不确定性为**风险**（risk）。投资者的资本报酬存在风险，企业投资并经营其商业项目也要承担风险。绝大多数的财务决策需要比较某一决策的报酬及其风险。

比较报酬与风险的方法通常是评估预期未来能收到的现金流的现时价值。举个例子，一项**金融资产**（financial asset）的价值，比如股票或债券，取决于预期未来能从该项资产获取的现金流。预期未来能带来高现金流的股票在今日会比未来预期现金流低的股票更具价值。当然，投资者会愿意购买当前市场价格低于其实际价值的股票，相当于投资者折价购买这些股票。同样，公司的目标是投资那些所创造的价值高于其成本的项目。

尽管有不少关于投资者因股市投资致富的故事，但实际上比起公司发现一个能产生合理利润的“廉价”项目，投资者要找到一只价值被低估的股票会更难。公司能发现此类项目，是因为项目投资通常涉及**真实市场**（real markets）中的**实物资产**（real assets）交易。实际环境中，一定程度的垄断力、专业知识和专门技术等均很有可能使项目的收益高于成本。然而，投资者在金融市场上进行金融资产交易，通常来说金融市场中资产的价值更可能正是它们的成本。

将未来预期现金流与现时的价值即现值相联系的概念称作**资金时间价值**（time value of money，TVM）。第 4 章和第 5 章将重点阐述这一财务基本概念以及如何将其运用于理财活动和日常生活。一个商业项目或一项投资的预期现金流很可能具有不确定性，因此资金时间价值分析必须同时考虑项目现金流的时间和风险程度。

财务与会计

大多数公司中，财务的职能通常与会计的职能紧密相连。严格来说，会计的工作是记录公司过去所发生的经济事项，而财务的职责是利用历史数据并结合当前信息，对公司现在与将来应该发生的资金活动进行管理。财务决策的结果最终会呈现为会计报表，由此可见，二者关系密切，然而，会计更侧重于过去，而财务则着眼于现在与未来。

理财的职能

正如上文所述，本书主要探讨公司理财，我们将讨论这一特殊职能以及公司财务管理者的职责，解释公司理财职能如何与公司的其他活动协调并相互作用。最后，为了尽可能使学习有趣且有用，我们将为你分析本书所涉及的财务概念如何在个人理财方面体现其重要性。

财务管理者

公司里最高级别的财务管理者通常是财务总监（CFO）。公司的财务长和会计长都向财务总监报告。财务长的主要职责为：

- 管理现金与贷款；
- 发行与回购金融证券，比如股票和债券；
- 决定如何以及何时向新项目和现有项目投入资本；
- 规避外汇及利率变化等风险。

大型企业里，财务长还需监督其他业务活动，比如保险购买活动、对公司养老基金投资的管理等。会计长监督会计职能，比如纳税筹划、成本会计、财务会计和数据处理活动等。

其他业务职能中的财务

尽管财务总监和财务长是公司中最明显的与财务相关的职位，但财务贯穿公司组织结构各个层面，以多种形式影响公司。财务渗透到整个经营组织，指导公司的战略决策和日常决策，收集信息以对公司财务决策进行控制和反馈。

运营经理日常工作中运用财务确定加班工时，或者对新生产线或新生产方法进行成本效益分析。营销经理运用财务评估随访调查的成本效益。人力资源经理运用财务来评价比较各种不同的员工福利方案。无论你处于公司的哪个业务部门，财务都有助于你的工作。

个人生活中的财务

财务能帮助你在个人理财方面更好地决策。以下是日常生活中普遍存在的活动，你很可能将面临：

- 贷款购新车；
- 重新申请利率较低的住房贷款；
- 偿还信用卡或助学贷款；
- 制定退休储蓄计划。

学习财务后你将能更好地进行以上活动。近一段时间以来全球经济和美国商业环境的变化使得财务知识更为有用。举个例子，多数公司原来向员工提供**固定福利**（defined benefit）退休计划，而现在变成**养老金固定缴款计划**（defined contribution plan）和自费计划，比如**个人退休金账户**（individual retirement account, IRA）。20 世纪 80 年代初期的税收变化使这一转变成为必然。如此看来，我们不得不为自己准备充足的退休金，这个数额要远大于我们的上一辈。

例 1.1　理财的应用

克洛伊意识到理财对其未来职业生涯的重要性，然而，她却感觉理财应用离她的未来还很遥远，她迫不及待地想了解，从短期和长期的角度看，该如何把财务理论应用于其个人生活中。

克洛伊很快发现她现在及未来的财务健康程度取决于在生活中自己所做的许多决策——从现在开始！举个例子，她将学会把原本应用于商业贷款分析的财务工具用于个人贷款决策。学习完本课程之后，克洛伊将会评价各种信用卡，然后选择每年能节省数百元的那一张。购买新车时，经销商若提供几种低利率贷款或高利率贷款，她能够辨识真正花费最少的选项。此外，当她从事第一份专业工作时，她会知道如何管理她的退休金账户以使自己未来能获得数百万美元的资金。当然，由于通胀等因素，克洛伊未来的百万资产将不如今天值钱。

企业组织

在美国，人们可以以几种方式组建企业，所有者的数目是企业组织形式分类的关键。传统上，业务经营的主体有个体业主、合伙人、法人三种类型。我们将从以下几个维度来分析每种组织形式的优缺点：

- 企业由谁控制；
- 企业为谁所拥有；
- 所有者的风险是什么；
- 资本筹集方式有哪些；
- 有何税收影响。

近来有些小型企业采用混合型组织形式，发挥多个组织形式的长处。在介绍普遍存在的传统企业组织形式之后，我们也会讨论混合型组织形式。

独资企业

独资企业（sole proprietorship）是到目前为止美国最为普遍的组织形式。独资企业是由个人拥有的非公司制企业。这类企业普遍存在的可能原因是创办容易，相比其他组织形式的企业，它们所受管制较为宽松，文书工作负担也相对轻松。企业的所有者，即独资经营者，完全掌控企业的各种活动，所有者独享企业利润，也独自承担所有亏损。

相比其他组织形式，独资企业的最大缺点是业主需要对公司的债务和经营活动承担**无限责任**（unlimited liability）。如果经营失败，业主的个人资产会被用来偿还债务。法律不对业主的企业资产和个人资产进行区分。企业的收益应纳入业主的个人收入，政府按照合适的个人所得税税率对其征收个人所得税。最后，独资经营者筹集资本以扩大经营比较困难。银行和其他贷款人通常不愿借钱给独资经营者，因为这类小型企业只有一个债权人来偿还贷款。独资经营者可通过向其他投资者发行**股权**（equity）来筹集资本。**天使投资人**（angel investor）和**风险投资者**（venture capitalist）对企业进行股权投资，但这要求独资企业重组成合伙企业，独资经营者必须放弃部分股权，与此同时，原业主也会失去对企业的部分控制权。表1—2总结了独资企业以及即将学习的其他三种企业组织形式的特点。

表1—2　企业组织形式的特点

	所有权	控制权	所有者风险	融资渠道	税收
独资企业	单个业主	业主	无限责任	非常有限	业主支付
合伙企业	多个合伙人	合伙人共享	无限责任	有限	合伙人支付
公司	持有股票的公众投资者	公司管理者	股东最多损失其对公司的投资	容易获取	公司支付所得税，股东支付股利税
混合型组织：小型公司、有限责任合伙企业、有限合伙企业	合伙人或股东	共享	大多数是有限责任	受企业规模限制	合伙人或股东支付

合伙企业

普通合伙企业（general partnership）或者更广为人知的合伙企业（partnership）是由多个自然人拥有企业并共同发挥重要性的一种企业组织形式。每个所有者所持股权比例可以不同。企业的控制权通常由合伙人所持股权的规模决定。经营利润在合伙人之间按照预定协议进行分配。合伙人把分配所得利润计入个人收入，按照个人所得税缴税。

合伙人对企业债务承担连带无限责任，任一合伙人签订的合同应由合伙人集体负责。比起独资经营者，银行更愿意向合伙企业贷款，因为所有合伙人都对债务偿还承担责任。合伙人若想筹集更多权益资本，则需放弃部分股权和相应的控制权。为了筹集足够的资金以支持企业的持续增长，合伙企业通常会转变成公众公司。

公司

公众公司（public corporation）是法律上完全与股东分离的独立实体。这种独立性决定了这类企业的特征。公司拥有许多自然人的权利和义务，比如拥有自己的财产、签订有效合同、缴纳税收等。联邦政府和州政府按照企业所得税对公司利润进行一次征税。当公司用利润向股东支付股利时，股东需要按照个人所得税再次缴税，这种情况通常称为**双重征税**（double taxation）。

公司的所有者是股东，也称作股票持有人。公众公司通常有无数股东。公司必须聘用经理人来管理企业，因为数以千计的个人股东不可能一起管理公司的日常经营，因此，公司由管理者控制。当公司由一群人所拥有而为另一群人所控制时，就很可能存在利益冲突，我们稍后将在本章讨论这种利益冲突及其解决措施。

作为法人实体，公司需要对其债务承担责任，因此股东只承担**有限责任**（limited liability），也就是说，股东最多损失起初购买股票所支付的资金。有限责任制下许多人更倾向于持有股票，因而，公司可通过发行股票和贷款筹集大量资金。世界上最大型的企业都是以公司的形式组织。

混合型组织

为了促进小型企业的发展，美国政府允许采用几种特殊的企业组织形式，在所有者只需承担有限责任的同时，企业的全部收益都可直接分配给所有者，这样对收益只征收一次税收。

混合型组织（hybrid organization）向所有股东实行单一税制和有限责任制。比如小型公司（S-corporation）、有限责任合伙企业（LLPs）、有限责任公司（LLCs）。其他组织形式，以有限合伙企业（LPs）为例，仅向有限合伙人实行单一税制和有限责任制，而普通合伙人享受单一税制但对企业债务承担无限责任。

美国政府通常只允许相对小型的企业采用混合型组织。政府限制了股东或合伙人的最大数目、投入资本的最大额度以及经营范围。比如目前联邦法规限定小型公司的股东最多不能超过 100 人。这些限制与政府允许采用这些企业组织形式的初衷一致，即鼓励小型企业的成立与发展。

案例　谷歌收购 YouTube

2006年11月，搜索引擎领导者谷歌公司以16.5亿美元收购了视频分享网站YouTube。谷歌向YouTube原股东支付谷歌公司的股票，以换取其所拥有的YouTube的股权。YouTube原本是一家私营公司，主要由其共同创始人查德·赫尔利（Chad Hurley）和陈士骏（Steve Chen）所拥有。在此次收购事件中，他们每人收到价值3亿美元的谷歌股票。风险投资公司Sequoia Capital因曾经对YouTube的投资而获得4.42亿美元。二十几个YouTube员工也持有公司股份，这次交易使得他们中的一部分人成为百万富翁。

YouTube创建于2005年2月，很难想象，不到两年这家公司竟以16.5亿美元的高价被收购。想想需要多少财务人员和应用程序来完成此次收购。谷歌的财务总监乔治·雷耶斯（George Reyes）及其团队必须确定YouTube能为谷歌带来多少价值，他们必须使谷歌的股东相信，谷歌并未为此次收购多付代价。为了做到这一点，审计师必须评估YouTube的现金流及其相应的风险，财务总监则需要在投资银行家顾问的帮助下确定该支付多少给YouTube。谷歌本可以全额支付现金或者同时使用现金和股票，但实际上它以自己的股票换取了YouTube的股份。

YouTube的原股东也要评估他们手中YouTube股票的价值，确保以公平的价格进行交易，他们还需比较谷歌和其他公司的出价。举个例子，YouTube可以等待谷歌更高的出价，或者寻求其他公司的报价，又或者，YouTube可以将公司上市从而向公众投资者发行股票。

本章阐述了诸如此类的需要财务解决的问题，后续章节将会叙述用以判断和决策的财务理论和工具。理财不仅仅是数字，财务分析的结果也非常生动而有趣！

企业目标

美国有数以万计的公众公司，其中许多公司都是国际上最大型的企业组织。由于美国公司如此之多、之大，它们对社会有着巨大影响。既然这些大型企业拥有非一般的影响力，那么许多人会思考这些公司的目标应该是什么。就公司目标应该是什么，存在两种截然不同的成熟的观点：一个是从企业所有者的视角出发，认为企业的唯一合理目标是**股东财富最大化**（maximize shareholder wealth）；另一个则着眼于所有的**利益相关者**（stakeholder），强调社会责任重于企业盈利，这一观点指出，管理者必须最大化企业中所有利益相关者的总体满意度，企业的利益相关者包括股东，也包括顾客、员工以及当地社区等。

尽管有关上述两种观点的争论不休，但目前财务实务界和学术界更倾向于支持这一观点，即管理者的主要责任是最大化股东财富，与此同时，也应对其他利益相关者的福利有所考虑。18世纪著名经济学家亚当·斯密是这一观点的首创者之一，他认为在资本主义世界里，个体通过追求自身利益常常也会促进社会利益。

斯密认为，市场这只**看不见的手**（invisible hand）会通过竞争和自由价格机制，使得只有那些最有效率且最利于社会的活动才能长期生存，而这些活动同样也会使个体收益最大化。如果企业追求的目标不是利润最大化而是其他，那么它们的努力与付出最后会产生适得其反的结果。假设某企业的目标是就业最大化，而大量员工的存在会增加成本，企业很快会发现它的成本过高，以至于无法与其他更高效的企业竞争，尤其是在全球商业环境中。这个企业倒闭时，所有员工会被遣散，最终就业不但没达到最大化，反而最小化了。

无论你是否赞成斯密的主张，事实证明，所有者财富最大化是最理想的目标。企业的所有者雇用经理人为其利益服务，无论是从道德上还是法律上来看，经理人的所作所为都应该出于达到所有者的最佳利益。在股东为经理人设定的目标前，经理人与企业其他利益相关者的关系必须退居其次。

要想最大化股东权益价值，必须认真考虑以下几点：

- 如何最佳地为企业筹集资金；
- 投资哪个项目；
- 如何最佳地把项目利润分配给股东。

对公司而言，最大化股东权益价值也就是最大化现存股票的每股当前价值，即最大化**股价**（stock price）。当前的股价一定程度上反映了股东未来预期现金流的现值，因此股价最大化的目标为我们提供了一个单一而具体并且可度量的价值标准。或许你会感兴趣于其他关于股东价值最大化的可度量目标，常见目标有：

- 净收益或净利润最大化；
- 成本最小化；
- 市场份额最大化。

尽管这些目标看似很吸引人，但每个目标均存在严重的不足。比如，净利润通常是以年度或季度来衡量。当我们说目标是利润最大化时，指的是哪一期的净利润？最大化当期利润有许多正当方式，但其中有些方式会强制增加后期的成本，导致未来净利润减少，此外，某些方式也可使当期净利润转移至未来期间。这两种情况都不利于企业短期和长期的稳定性。一个更好的目标是最大化未来所有净利润的现值。当然，这个目标非常类似于最大化当前股价，尤其是在股价不能直接以市场衡量标准来测量的情况下。以企业利润最大化为目标的另一个问题是，净利润并不能准确衡量企业实际所赚资金，后续会讨论原因。

以成本最小化和市场份额最大化为目标也存在相应问题。成本最小化无疑会损害其他利益相关者的利益，比如员工。此外，如果企业为了节省成本而不进行研发和新产品开发，那么许多企业会因产品没有改进而难以长期存活于这个不断演进的经济环境中。企业通常可通过降低价格来增加市场份额，但如果企业在每一个已销产品上都有资金损失，那么更多的产品销售只会使企业陷入财务困境。

代理理论

当一方（委托人）雇用另一方（代理人）为其工作，他们之间便构成代理关系。代理人应该时刻以委托人的最佳利益为行动导向。举个例子，公寓经理应该防止租户蓄意破坏房屋财产，确保人们遵守消防规范，尽可能地降低房屋空置率，这样才最有利于公寓房主。

代理问题

我们已经知道，上市公司中股东雇用经理人来经营企业。理论上，经理人应该以股东权益价值最大化为目标来进行经营管理，但实际上经理人可能会选择自身利益最大化的行为。经理人可能将公司资金用于改善个人生活，而不是为股东赚取更多的利润。有时候，经理人的最佳利益并不与股东目标一致。这样会导致**代理问题**（agency problem）的产生。

举个例子，公司正面临一个关于为公司**首席执行官**（chief executive officer，CEO）购买新办公用车的决策。如果CEO没有特别的驾驶需求，股东会认为给CEO买辆舒适安全的国产轿车即可，但CEO要求购买最新款大型豪华轿车。有人会忍不住说，让股东明确告诉CEO该买哪一辆不就好了，但请记住，上市公司中CEO才是最有控制权的。组织行为专家已提出三种基本方法，以最小化此类利益冲突。第一种，忽视它。如果所涉及的资金数额对公司的现金流而言足够小，或者在议购买行为的恰当性很不明确，股东最好忽视这个问题。大量研究表明，适当允许经理人享受**特权**（perks，perquisites）可促进股东价值的增长，因为这类非工资薪酬有助于提高经理人的生产力。

缓解此类冲突的第二种方法是监督经理人的行为。监督过细很可能适得其反，并产生过高的成本，但是重大公司决策通常至少可通过会计审计过程予以监督。此外，债权人也会间接有助于股东解决冲突问题。由于在公司占有相对大的利益，债权人通常会对管理者行为实施一定的监督，以确保其投资安全性。

让经理人的个人利益与股东利益一致的最后一种方法是使经理人持股，也就是说向经理人提供公司股份，这样一来公司的每一个管理活动都会致力于股权价值的增加。许多公司都采用这种方法，或直接授予经理人股份，或对他们进行**股权**（options）激励，或实行**员工持股计划**（employee stock option plan，ESOP）。当公司经理人也是股东时，他们的动机更可能是股东利益最大化。

公司治理

我们把对经理人进行监督以使其动机与股东目标一致的系列活动称作**公司治理**（corporate governance）。理论上，经理人服务于股东，但实际上，由于股东通常并不从事公司具体的管理活动，公司看起来更像是管理者所拥有。一般来说，公众投资者不知悉公司经营情况。经理人掌管日常经营活动，知道他们的大部分工作不为投资者所知。监督的缺乏导致对监管者的需求。图1—8展示了参与公司监管活动的人与组织。

董事会（board of directors）是上市公司内部的监管者，代表了股东的利益。董事会负责雇用CEO，评估其管理工作，设计与业绩挂钩的薪酬方案。

公司外部的监管者包括审计师、分析师、投资银行以及信用评级机构等。**审计师**（auditor）审查公司的会计系统，并就财务报表是否公允反映公司财务状况发表意见。**投资分析师**（investment analyst）跟踪一家公司，对其业务活动进行分析评

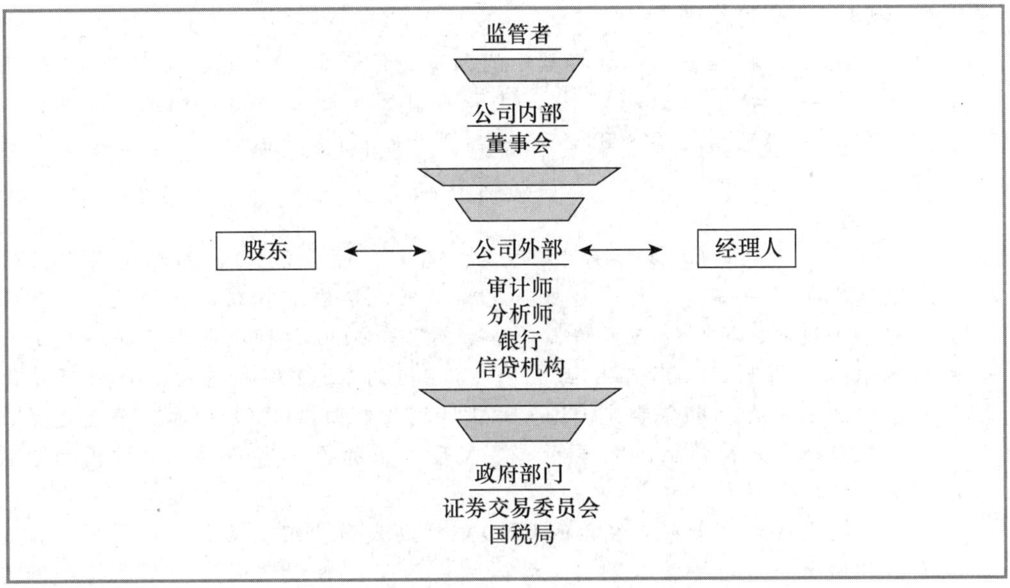

图 1—8　公司治理监管者

注：公司治理均衡了股东与经理人的需求。上市公司内部，董事会成员监管公司如何运营。公司外部，审计师、分析师、投资银行及信用评级机构等充当监管者的角色。

估，并向投资团体汇报评估结果。**投资银行**（investment bank）帮助公司进入资本市场，建议其该如何与资本市场打交道，同时也监管公司业绩。**信用分析师**（credit analyst）为债权人评估公司的财务实力。政府通过证券交易委员会和国税局等机构对公司的经营活动进行监管。

道德的重要性

财务实务中，**道德**（ethics）具有非常重要的地位。财务专业人员通常管理着他人的资金。比如，公司经理人控制着股东的公司，银行雇员管理着储户的账户，投资顾问管理着他人的投资组合。这种**信托**（fiduciary）关系为财务专业人员创造了诱人的机会——是选择利于客户的决策还是利于自身的决策。许多专业的行业组织特别强调道德行为，比如针对财务主管、银行高管、投资专家等，为其制定职业道德规范并提供道德规范培训。然而，无论哪个专业领域，数以万计的实务者中总会存在个别的不道德者。

公司管理者与股东之间的代理关系会导致道德困境的产生。有时候公司治理未能阻止不道德的管理者从公司窃取财物，也就是窃取股东的财产。世界各地的政府会制定相应的法律法规，以确保人们遵守道德规范。如果专业人员行为不当，政府会针对其财务渎职行为进行严厉的惩罚。由于出现了一系列重大会计丑闻，如安然公司、世通公司事件等，2002 年《萨班斯-奥克斯利法案》应运而生，该法案的目的在于使会计与审计程序更为透明和可靠。最后，财务管理者必须意识到，他们不仅应该为了股东的利益而进行最佳决策，同时也对整个社会承担责任和义务。

例 1.2 高管薪酬

2005 年，标准普尔 500 指数中的公司支付给 CEO 的薪酬平均为 1 351 万美元，较上一年增长了 16.1%。CEO 平均薪酬是员工平均薪酬的 411 倍。2006 年，CEO 薪酬又增长了 8.9%。每一年关于 CEO 薪酬的争议此起彼伏。争议双方各持何见？

[解答]

许多人认为就 CEO 所提供的服务来看，支付给 CEO 的薪酬过高。CEO 的薪酬远高于同一公司工人的薪酬。这些年来，相较于股东财富价值，高管薪酬在以一个更快、更高的速率增长。举个例子，2006 年标准普尔 500 指数的股东报酬率为 15.6%，2005 年为 4.9%，而相应的 CEO 薪酬增长率分别为 8.9%，16.1%。公司的董事会制定 CEO 薪酬计划，然而，CEO 可对董事会选举、任期、委员职务分配甚至薪酬顾问选举等事务施加不正当影响，这种机制导致不良的利益冲突。

也有人认为一个富有经验的 CEO 能提高公司业绩，因此公司需要支付高额薪酬和给予一系列特权以吸引最佳人才。为了克服代理问题，必须将薪酬与业绩挂钩以激励管理者。如果 CEO 为股东创造了巨大财富，谁又能说他们的薪酬过高呢？

案例　苹果公司与乔布斯的传奇故事

史蒂夫·乔布斯（Steve Jobs）、斯蒂夫·沃兹尼亚克（Stephen Wozniak）于 1976 年以平等合伙人的形式创立了苹果电脑公司。他们使用向家里人筹借的资金和销售大众巴士的收益，再借助于配件经销商的信用，一起在车库里组装了 50 台电脑。

后来乔布斯和沃兹尼亚克设计出 Apple II 电脑，但是要达到多于 50 台的产量意味着更高的生产水平，这必须使用更多的空间和员工，他们需要更多的资本。直到天使投资人英特尔高管迈克·马库拉（Mike Markkula）成为公司的合伙人，他们才贷款成功。马库拉投资了 92 000 美元，并以个人担保的形式使得苹果成功向银行借款 250 000 美元。随着产量的逐渐增加，公司于 1977 年正式注册成为苹果电脑公司。大多数的股份由乔布斯、沃兹尼亚克和马库拉持有，员工也持有部分股份。他们雇用了富有经验的经理人迈克·斯科特（Mike Scott）担任公司 CEO，负责公司的经营管理。随着公司的不断扩张，乔布斯的持股比例及控制权也不断被稀释。截至 1980 年，苹果电脑公司已销电脑总计 121 000 台，而潜在市场需求巨大，苹果公司需要比上次更多的资本。

1980 年末，苹果公司成为上市公司，向公众投资者筹集权益资本 6 500 万美元。作为苹果公司的创始人之一，史蒂夫·乔布斯持有的股票仍比其他任何人都多，价值高达 750 万美元，但他的持股比例低于 1/2。为了筹集资本以扩张公司，他放弃了大量的股份给新投资者。由于不满迈克·斯科特的领导，史蒂夫·乔布斯成为苹果公司的 CEO。

几年之后，苹果公司的董事会成员认为史蒂夫·乔布斯不具备足够的经验来掌控公司的快速扩张，他们于 1983 年聘用约翰·斯卡利（John Sculley）担任公司 CEO。1985 年，一场关于公司控制大权的争夺战中，董事会支持斯卡利而撤销了乔布斯的经营管理权。乔布斯被迫退出，尽管他是公司的最大股东和创始人，但不再拥有经营管理上的发言权。

于是，史蒂夫·乔布斯于1986年以500万美元购买了Pixar工作室，并创立了NeXT电脑公司。接下来的十年里，乔布斯的Pixar公司制作了多部超级卖座电影，比如《玩具总动员》、《虫虫危机》、《怪兽公司》等。这段时期，他始终保持拥有53%的Pixar公司股份以确保对其拥有绝对控制权。与此同时，苹果电脑公司开始衰败，1996年亏损8亿美元，1997年亏损10亿美元。为了让史蒂夫·乔布斯重返公司，苹果公司以4亿美元收购NeXT公司，再次聘用乔布斯担任苹果公司的CEO。之后的几年里，乔布斯推出iMac，iPod，iTunes等系列产品，苹果再次丰厚盈利！作为额外津贴，乔布斯被授予一架喷气式飞机的使用权，该飞机由湾流公司生产，价值9 000万美元。为了更好地激励乔布斯，公司授予其1 000万股的股票期权和3 000万股的**限售股**（restricted stock）。乔布斯再次成为苹果公司的股东。2006年，迪士尼公司以74亿美元本公司股票为对价收购了Pixar公司。此次交易后，乔布斯成为迪士尼公司的最大股东，持股比例为7%，并加入了迪士尼公司的董事会。

哇！多么精彩的故事！它囊括了资本筹集、企业组织形式、公司控制与公司治理等多个方面。

金融市场、中介机构及企业

敏锐的读者会发现，我们对金融市场与中介机构的强调贯穿本章。这种强调是有意安排的，因为我们认为，如果你想要掌握专业人员在财务管理决策过程中所运用的知识，你就必须理解这些机构的重要性和影响。

我们想强调金融机构的另一个重要方面。有些读者或许会感到疑惑，如果金融市场具有竞争性，为什么投资银行与其他金融机构的利润能如此可观？尽管金融机构只是帮助他人在金融市场中进行金融资产交易，但它们所提供的服务是有偿的，要做好这些服务，必须拥有独特的资产与专业知识。如图1—9所示，正是这些独特的资产与专业知识为金融机构创造了高额利润。

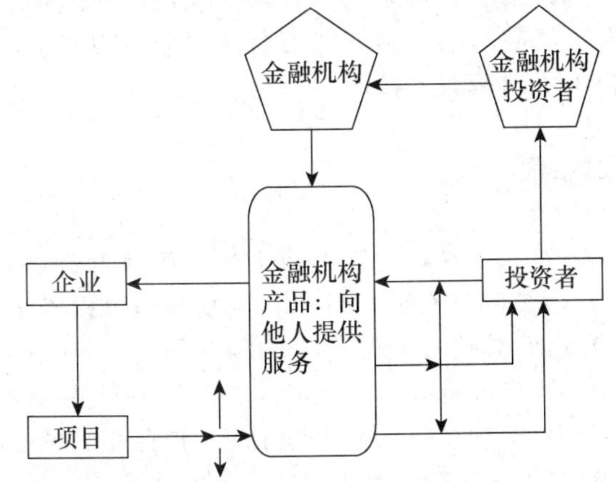

金融机构提供的独特服务与产品为其创造利润。

图1—9 金融机构的现金流

金融危机

编写本书不提及金融危机是不可能的。对金融危机各方面的讨论将贯穿全书，我们首先了解危机的起因。

危机起因

2006年末和2007年上半年，美国经济已显现出现重大问题的迹象，房价大幅下跌，**次级抵押贷款借款人**（subprime mortgage borrowers）的违约开始影响整个抵押贷款行业，并显著影响经济的其他方面。由于房主拖欠贷款还款额，从2006年最后一个季度直至2008年底，抵押贷款尤其是次级抵押贷款出现大量不良贷款。2007年7月赎回申请比2006年同期增长了93%。2007年8月至2008年10月，另有936 439套住房丧失赎回权。

2005年第一季度美国季度调整住房拥有率高达69.2%，美国历史上自有住房增长最大时期过后，上述问题出现了。为了募集资金以支持房地产市场的空前增长，贷款者开始出售抵押贷款的收款权，这些贷款原是他们向其他金融机构或投资者提供的，这个过程称作**证券化**（securitization）。

结果，当2006年末抵押贷款借款人开始违约，这不仅影响了最初贷款给他们的贷款者，那些购买了**抵押担保证券**（mortgage-backed securities）的个人投资者、基金、保险公司等均受到影响。

危机恶化

房地产泡沫破灭的广泛影响严重损害了金融机构，甚至那些从危机中存活下来的金融机构的偿债能力也受到质疑，这导致存活下来的金融机构紧缩其贷款标准，无论是企业还是消费者，可用信贷额减少。

信用度的下降打击了投资者的信心，导致企业降低其预测销售量与收入，反过来，对产品预期市场需求的下降意味着所需劳动力的减少，最终导致两位数的失业率，这进一步打击了消费者的信心。

对公共部门的影响

房地产泡沫破灭后，联邦政府采取大量措施刺激经济，志在实现经济软着陆。2009年2月13日由美国国会通过的《美国复苏与再投资法案》拨款3 083亿美元，其中，1 200亿美元用于基础设施建设与科学发展，300多亿美元用于与能源相关的基础设施项目。另有政府拨出的2 670亿美元用于直接支出，包括增加失业救济金和食物券，以及2 120亿美元用于支持个人和企业的税收减免政策。

2009年夏秋之际，经济开始缓慢恢复。成屋销售和住宅建设都明显增长，失业率下降至10%以下，GDP再次呈增长状态，消费支出不断上涨。不过，州政府和当地政府还得继续积极为危机做善后工作，忍耐所得税的减少和因财产重估导致的财产税下降。经济从未经历过如此典型衰退后的高速增长反弹，但仍处于低迷。

展望未来

写作之际，金融危机已开始得以改善。消费者需求的上涨和失业率的下降，均昭示着更美好的时代即将到来。然而，贷款者与消费者变得更为谨慎的事实，以及在可预见的未来州政府与当地政府将继续面对的财政问题，都预示着这是一条漫长而缓慢的恢复之路。

简述题

1. 描述金融市场使用者的类型。
2. 公司理财的目标是什么？描述公司理财过程中涉及的各种活动。
3. 财务与会计的区别是什么？
4. 学习财务有助于哪些个人理财决策？
5. 三种基本的企业组织形式分别是什么？每一种形式有哪些优缺点？
6. 描述三种基本企业组织形式下的融资能力。
7. 解释为何企业的创立者最终可能会失去企业控制权。创立者如何才能确保不会发生此类事情？
8. 解释股东财富最大化的目标以及如何衡量。说明相较于利润最大化，为何把股东财富最大化作为目标更可取。
9. 尽可能多地列出并解释你所知道的企业利益相关者。
10. 经理人与股东之间会存在何种利益冲突？
11. 图 1—8 列示了公司监管者。你以为哪个群体是公司最好的监管者？哪个群体可能是最差的监管者？解释为什么。
12. 近些年来，各国政府颁布了相关法律，加重了对管理层犯罪的惩戒。你认为这能防止公司管理者的不道德行为吗？解释为什么。
13. 每年均有关于 CEO 高额薪酬的媒体报道。支付给 CEO 的薪酬是否物有所值？举例说明。
14. 为何道德行为在财务领域中至关重要？
15. 股东财富最大化的目标是否与行为道德冲突？解释为什么。
16. 解释金融机构与金融市场如何促进公司经营业务的扩张。

第 2 章

重温财务报表

- 资产负债表
- 利润表
- 现金流量表
- 自由现金流量
- 留存收益表
- 解读财务报表时的注意事项

学习目标

1. 复习公司必须编制并披露的重要财务报表。
2. 区分账面价值和市场价值。
3. 解释税收如何影响公司管理者与投资者的决策。
4. 区分会计收益与现金流量。
5. 解释如何使用公司财务报表计算其现金流量。
6. 了解在阅读财务报表时应该注意的事项。

引文

公司管理者必须向公众发布多种报告，通常情况下，大多数的股东、分析师、政府部门及其他利益相关团体会特别关注年度报告。年报中包括四种基本的财务报表，分别为资产负债表、利润表、现金流量表以及留存收益表。**财务报表**（financial statement）反映了企业在会计基础上的财务状况。

会计使用财务报告来反映公司过去发生的经济业务，而财务管理人员使用财务报表来预测未来。四张财务报表提供了许多重要信息，不仅有助于管理者进行财务管理决策，而且有助于投资者进行未来投资决策。在会计课程上学习这四张财务报表后，你能知道报表中每个项目所表达的信息以及它们之间的钩稽关系。本章将教你理解这些报表，知道哪些是关键信息，为后续对财务管理决策的学习打下坚实的基础。

本章将阐述每种报表的重要特征和用途。会计基础上的价值是账面价值，由会计报表反映，而公司的账面价值和真实市场价值存在差异，这一点后面我们将会了解更多。同样，会计基础上的收益与实际现金流量明显有所区别，第 3 章将重点讨论这个问题，我们会发现了解现金流量对于学习财务有多么重要。

本章讨论了公司在列报盈余时如何进行抉择。我们将发现管理者在编制财务报表时会根据公司未来战略计划而进行大量的操纵。这一点值得注意，现实环境中我们应当遵守财经法规。在学习第 3 章之前，我们先重温并分析财务报表，同时有必要谨记一些注意事项。

视 角

商业应用

DPH 林场公司的管理者认为，如果有额外的厂房设备，公司就能实现销售收入翻一番。假如 2013 年 DPH 公司购置了相应的厂房设备，这些资产需要花费 2 700 万美元，另外还需要营运资本，包括 100 万美元的现金、500 万美元的应收账款、600 万美元的存货以及 400 万美元的应付账款。除应付账款之外，对于其他新资产 DPH 公司采用发行长期债券和普通股的方式进行融资，其中股权融资 60%。假定其他条件不变，该项目会使 DPH 公司的资产负债表、负债和权益各发生什么变化？

个人应用

克里斯·瑞安正在考虑投资 DPH 林场公司。克里斯找到了 DPH 林场公司的最新年报，但他不知道如何阅读财务报表，也不懂得它们蕴含着什么意思。克里斯最应该关注哪四张财务报表？这些财务报表蕴含着哪些关键信息？

资产负债表

资产负债表（balance sheet）反映了企业在某个特定时点的资产、负债和所有者权益。它是一张揭示特定时点如2012年12月31日的公司资产及资产索取权的静态报表。企业的资产必须等于负债和所有者权益，资产负债表也因此得名。

$$资产=负债+所有者权益 \quad (2—1)$$

表2—1展示了基本的资产负债表。表2—2简单展示了DPH林场公司2012年12月31日和2011年12月31日的资产负债表。资产负债表的左边列示公司资产，右边则列示负债和所有者权益。资产和负债都按照**流动性**（liquidity）降序排列，流动性反映的是这些账户转换成现金所需时间和代价。资产负债表左侧第一栏为流动性最强的流动资产，最后一栏为最不具流动性的固定资产。资产负债表右侧第一栏列示的流动负债是公司必须在一年内偿付的债务。所有者权益没有到期期限，列示在资产负债表右侧最下方。

表2—1 **基本的资产负债表**

总资产	负债与所有者权益
流动资产	流动负债
现金及有价证券	应付工资及税费
应收账款	应付账款
存货	应付票据
非流动资产	非流动负债
厂房设备总值	所有者权益
减：折旧	优先股
厂房设备净值	普通股及资本公积
其他长期资产	留存收益

表2—2 **DPH林场公司的资产负债表** 单位：百万美元

DPH林场公司 2011年12月31日与2012年12月31日的资产负债表					
	2012年	2011年		2012年	2011年
总资产			负债与所有者权益		
流动资产			流动负债		
现金及有价证券	24	25	应付工资及税费	20	15
应收账款	70	65	应付账款	55	50
存货	111	100	应付票据	45	45
合计	205	190	合计	120	110

续前表

	2012 年	2011 年		2012 年	2011 年
非流动资产			非流动负债	195	190
厂房设备总值	368	300	负债总计	315	300
减：折旧	53	40	所有者权益		
厂房设备净值	315	260	优先股	5	5
其他长期资产	50	50	普通股及资本公积	40	40
合计	365	310	留存收益	210	155
			合计	255	200
资产总计	570	500	负债与所有者权益总计	570	500

资产

表 2—1 显示资产可分为两大类：流动资产和非流动资产。**流动资产**（current assets）通常一年内可转换成现金，包括现金、有价证券、应收账款和存货等。**有价证券**（marketable securities）是公司为交易目的而短期持有的低回报证券。**非流动资产**（fixed assets）的使用寿命超过一年。固定资产既包括厂房设备等有形资产，也包括无形资产，如专利权和商标权。厂房设备的净值等于购买时的原值或总值减去自购买以来的累计折旧。

负债与所有者权益

负债（liabilities）是债权人投资给公司的资金，可分为流动负债和非流动负债。**流动负债**（current liabilities）是公司一年内到期的债务责任，包括应付职工薪酬、应交税费、应付账款和应付票据等。**非流动负债**（long-term debt）反映了到期期限超过一年的长期借款和债券。

总资产与总负债之间的差额就是所有者权益。**所有者权益**（stockholders' equity）包含了优先股和普通股。**优先股**（preferred stock）兼具长期负债和普通股的特点。与普通股类似，优先股代表的是股东的利益，但它也类似于长期债务，需要定期支付固定股利。当公司公开发行优先股，资产负债表上优先股增加的同时通常现金也会增加。**普通股**（common stock）和**资本公积**（paid-in surplus）是上市公司或私人公司中最根本的股权，是所有者权益的组成部分。如果公司管理者决定将利润用于再投资而不是分配股利，则这些资金会以**留存收益**（retained earnings）的形式反映在资产负债表上。

资产负债表的管理

管理者必须监管影响资产负债表项目的系列事项。全书将详细阐述这些事项，本章先对其进行简单介绍。这些事项包括：

- 固定资产折旧计提的会计方法；

- 净营运资本的水平；
- 公司的流动性水平；
- 公司资产融资的来源——权益或负债；
- 资产负债表所报告的账面价值与公司真实市场价值的差异。

固定资产折旧方法

管理者可以选择固定资产折旧方法。会计课上我们已学习过，折旧反映了固定资产的耗损额，是按照收入匹配原则估计的成本费用。直线折旧法和加速折旧法是常用的两种折旧方法。通常公司在计算税收时会采用加速折旧法，而向股东报告利润时会选择直线折旧法。加速折旧法加速了折旧的计提，在项目前期多计提折旧费用，应纳税所得额会相应减少，这样前期可少纳税。无论是使用直线折旧法还是加速折旧法，最终计提的折旧一样多，因而流出等额的税收（现金）。然而，因为加速折旧法将税收的支付延至后期，公司会更倾向于选择加速折旧法而不是直线折旧法。在第12章我们会讨论折旧方法的选择。

净营运资本

净营运资本（net working capital）等于流动资产与流动负债之间的差额。

净营运资本＝流动资产－流动负债　　　　(2—2)

显然，当流动资产大于流动负债时，净营运资本为正数。表2—2为DPH林场公司2011年和2012年的资产负债表。2012年末，公司的流动资产为2.05亿美元，流动负债为1.2亿美元，因此公司2012年末的净营运资本为0.85亿美元。公司需要用现金或其他流动资产支付到期费用。债权人把净营运资本视作公司偿债能力的一个衡量标准，这一点第14章将详细讨论。正的净营运资本通常标志着公司财务状况健康。

流动性

如上所述，债务到期时公司需要以现金或其他流动资产来偿还债务。实际上流动性包含了两个方面：一是资产变现的难易程度；二是变现时相较于公允价值的折扣程度。你可以迅速地将任何资产变现，只要资产价格足够低，但很显然的一点是，你当然希望能以资产的公允价值将其变现。因此，一项流动性强的资产应该具有能以市场价值快速变现的特点，而流动性差的资产不能快速被售出，除非定价远低于公允价值。

顾名思义，流动资产具有相对强的流动性，包括现金以及其他一年内能变现的资产。存货是流动性最差的流动资产。固定资产的流动性相对较差。正常情况下，公司不会计划把厂房设备等有形资产进行变现。

资产的流动性是一把双刃剑。公司持有越多的流动资产，发生财务困境的可能性就越小，然而，流动资产的盈利能力差。举个例子，现金是最具流动性的资产，但其能为公司创造的收益很少，相反，固定资产的流动性差，但它是公司创造收入的主要工具。因此，管理者必须权衡利弊，为资产负债表上的资产项目找到一个流动性和盈利性的均衡点。

债务融资与权益融资

高中物理课上我们便了解到杠杆是一种非常有用且强大的工具，假定杠杆足够长，我们可以撬动任何物体。同样地，**财务杠杆**（financial leverage）也非常强大。财务杠杆反映了公司债务融资的程度。债务占总资产的比例越高，财务杠杆就越大。后续章节会讨论为何财务杠杆能向股东放大企业的盈利或亏损。

公司通常以债券的形式进行债务融资，债权人对公司现金流量享有固定数额的第一索取权。债权是固定的，因为公司必须也只需向债权人支付利息以及偿付到期本金。购买股票等权益证券的股东则对支付债权人之后的公司现金流量享有索取权。如果公司经营得好，财务杠杆会增加股东的报酬，因为债权人享有的公司收益份额是固定且可预测的。

然而，财务杠杆同样会增加风险。杠杆可能导致公司经历财务困境甚至破产。如果公司经营不顺而不能偿付到期债务，债权人可使公司破产。管理者通常更倾向于使用债务融资，因为他们能准确计算业务经营的成本而不需耗用过多的公司价值。**资本结构**（capital structure）是指资产负债表中负债与权益的分配情况。管理者在决定公司资本结构时通常会设定一条安全线，因为它能决定公司是持续经营还是破产。

账面价值与市场价值

学习财务管理之前，很多同学已经学过会计课程，应该熟悉会计视角。举个例子，公司的资产负债表反映的是基于美国公认会计准则（GAAP）、按照**历史成本**（historical cost）计量的**账面价值**（book value）。公认会计准则下，资产是以购买时公司为其支付的成本反映在资产负债表上，而不是以现在的售价。通货膨胀与市场力量往往使得许多资产现时的价值高于购买时的价值。**市场价值**（market value）是一项资产在交易市场上的价格。多数情况下，同一资产的账面价值与市场价值存在较大差异。对于一年内可变现的流动资产，其账面价值与市场价值非常接近。比如，资产负债表以其市场价值列示现金和有价证券。类似地，应收账款和存货等短期资产可快速以公允价值变现，因此它们的账面价值通常也与市场价值很接近。

当我们试图明确一项固定资产的价值时，就会引发关于账面价值与市场价值的讨论。对于固定资产，它的账面价值通常不同于其市场价值。比如，公司对某块土地享有 100 年的所有权，资产负债表中这项资产是以 100 年前的历史成本列示。最有可能的情况是，公司现在可以以一个远高于历史成本的价格出售该块土地。

再次强调，会计反映的是过去，资产负债表中的资产均以历史成本列示。资产负债表中资产的总价值与其当前市场价值并无联系。类似地，资产负债表中权益的价值通常也异于其真实市场价值。这种情况下，市场价值可能高于也可能低于其账面价值。因此，财务管理者和投资者会发现，资产负债表的数值并不总是最具相关性的数字。下面的例题阐述了一项资产的账面价值与市场价值的区别。

例 2.1　账面价值与市场价值的计算

EZ Toy 公司的资产负债表中非流动资产为 2 500 万美元，公司非流动资产的最新估值为 3 200 万美元。EZ Toy 公司资产负债表列示的流动资产为 1 000 万美元，而流动资产的最新估值为 1 100 万美元。EZ Toy 公司流动负债与非流动负债的账面价值与市场价值一致，分别为 600 万美元、1 500 万美元。请计算该公司所有者权益的账面价值与市场价值，并编制 EZ Toy 公司的资产负债表，列示账面价值与市场价值。

[解答]

运用资产负债表恒等式：资产＝负债＋所有者权益。等式变形为：所有者权益＝资产－负债。因此，可得如下资产负债表（单位：万美元）：

	账面价值	市场价值		账面价值	市场价值
总资产			**负债与所有者权益**		
流动资产	1 000	1 100	流动负债	600	600
非流动资产	2 500	3 200	非流动负债	1 500	1 500
			所有者权益	1 400	2 200
总计	3 500	4 300	总计	3 500	4 300

利润表

利润表（income statement）反映企业在一定会计期间比如2012年实现的总收入以及为实现收入而发生的相应成本费用。资产负债表反映的是公司在某个时点上的财务状况，而利润表反映的是公司在某个期间内的经营成果。图2—1为基本的利润表，表2—3为DPH林场公司2012年和2011年简单的利润表。利润表的首行列示了DPH公司的销售收入或者净销售额，接下来列示的是多种费用，比如已销产品成本、折旧、其他营业费用、利息及税费等。收入减去费用，则为利润。

销售收入 减：已销产品成本 毛利 减：折旧 　　其他营业费用 息税前利润(EBIT)	营业利润
减：利息 税前利润(EBT) 减：税费	融资及税收方面的考虑
净利润 减：优先股股利 普通股股东所享净利润	

图2—1　基本的利润表

表2—3　　**DPH林场公司的利润表**　　单位：百万美元

DPH林场公司 2012年和2011年的利润表		
	2012年	2011年
销售收入	315	275
减：已销产品成本	133	120
毛利	182	155

续前表

	2012 年	2011 年
减：折旧	13	12
其他营业费用	17	15
息税前利润（EBIT）	152	128
减：利息	16	18
税前利润（EBT）	136	110
减：税费	46	40
净利润	90	70
减：优先股股利	10	10
普通股股东所享净利润	80	60
减：普通股股利	25	25
留存收益的追加	55	35
普通股每股数据（美元）：		
每股盈余（EPS）	4.00	3.00
每股股利（DPS）	1.25	1.25
每股净资产（BVPS）	12.50	9.75
每股市值（MVPS）	17.25	15.60

利润表的上面部分报告了公司的营业利润。首先，销售收入减去已销产品成本，得到**毛利**（gross profit）。DPH 林场公司 2011 年的毛利为 15 500 万美元，2012 年为 18 200 万美元。接下来，从毛利中扣除折旧和其他营业费用，便得到营业利润，也称**息税前利润**（EBIT）。DPH 林场公司 2011 年和 2012 年的息税前利润分别为 12 800 万美元、15 200 万美元。其他营业费用包括销售费用和管理费用等。息税前利润为未考虑融资成本与税收的通过销售产品赚取的利润。

利润表的下面部分列报了公司的融资成本和税收情况。首先，息税前利润减去利息费用即为**税前利润**（EBT）。DPH 林场公司 2011 年的税前利润为 11 000 万美元，2012 年为 13 600 万美元。当然，不同公司的财务结构和税收情况不同，这种差异可能导致两家营业利润相同的公司有着不同的净利润。假设一家公司全部资产都以债务进行融资，而另一家公司全为普通股股权融资，没有债务的那家公司则不需要支付利息。这样的话，即使两家公司的息税前利润相同，全股权融资的那家公司会有更高的净利润。税前利润减去税费则到达利润表的盈亏结算线，得到**净利润**（net income）。DPH 林场公司 2011 年的净利润为 7 000 万美元，2012 年为 9 000 万美元。

在利润表的净利润项目一栏的下方，公司通常会列报一些关于收益与公司价值的额外信息。举个例子，DPH 林场公司 2012 年的净利润为 9 000 万美元，分别以现金支付优先股股利 1 000 万美元、普通股股利 2 500 万美元，留存收益增加 5 500 万美元。表 2—2 显示，资产负债表中的留存收益从 2011 年的 15 500 万美元增加至 2012 年的 21 000 万美元。盈亏结算线以下的项目包括：

$$每股盈余(EPS)=\frac{普通股股东所享净利润}{发行在外的普通股总股数} \quad (2—3)$$

$$每股股利(DPS)=\frac{支付的普通股股利}{发行在外的普通股股数} \quad (2—4)$$

$$每股净资产(BVPS)=\frac{普通股+资本公积+留存收益}{发行在外的普通股股数} \quad (2—5)$$

$$每股市值(MVPS)=普通股的市场价格 \quad (2—6)$$

第3章会进一步讨论这些指标。

企业所得税

企业需要就其盈余缴纳一定比例的所得税，通常税收占盈余的比例较高。比如，2009年微软公司的税前利润为198亿美元，缴纳所得税53亿美元，税收占税前利润的比例超过26%。美国税法明确了企业纳税义务，税法由国会监督，因此，公司税收会随行政管理的变化而变化，也会随商业环境或公共环境等其他事项的变化而变化。正如你所预料的，美国税收系统极其复杂，我们也不打算在此详述。然而，税收作为公司主要的费用项目之一，在财务决策中不容忽视。在这部分，我们总览一遍美国企业所得税系统。

表2—4为美国2012年企业所得税税率表。由该表可知，美国企业所得税税率实行累进制，也就是说，收益越高，所需缴纳的税收越高。然而，税率并非以线性的方式持续增加。企业所得税税率从最低点15%逐步增至最高点39%后，回落至34%，并再次逐渐上升至38%，最终降至35%。

表2—4　　2012年美国企业所得税税率　　单位：美元

应纳税所得额	基数部分税额	超额部分的税率（%）
0～50 000	0	15
50 001～75 000	7 500	25
75 001～100 000	13 750	34
100 001～335 000	22 250	39
335 001～10 000 000	113 900	34
10 000 001～15 000 000	3 400 000	35
15 000 001～18 333 333	5 150 000	38
超过18 333 333	6 416 667	35

除了计算所得税额，公司通常也想了解其**平均税率**（average tax rate）和**边际税率**（marginal tax rate）。平均所得税率是指公司应纳所得税额占应纳税所得额的百分比。

$$平均所得税率=所得税额/应纳税所得额 \quad (2—7)$$

通过对经济学课程的学习，你应该能推测到，公司的边际所得税率是指每增加一单位应纳税所得额时，公司必须就其额外缴纳的所得税税额。

例2.2　企业所得税的计算

Indian Point Kennels 公司 2012 年的税前利润为 1 650 万美元。结合表 2—4，计算该公司 2012 年的所得税额、平均所得税率以及边际所得税率。

[解答]

从表 2—4 可知，Indian Point Kennels 公司的应纳税所得额 1 650 万美元对应着边际税率为 38%的那一栏。

所得税额＝基数部分税额＋超额部分税额

＝5 150 000＋0.38×(16 500 000－15 000 000)＝5 720 000(美元)

基数是指税率表中上一栏应纳税所得额的最大数。本例中，上一栏的税率为 35%，应纳税所得额的最大数为 15 000 000 美元。超额部分税额等于总应纳税所得额中超过 15 000 000 美元的那部分应纳税所得额乘以相应的边际税率 38%。由此可计算出 Indian Point Kennels 公司的平均所得税税率：

平均所得税率＝所得税额/应纳税所得额

＝5 720 000/16 500 000＝34.67%

本例中，如果 Indian Point Kennels 公司多赚取 1 美元的利润，它需要再缴纳 38 美分的所得税，也就是说，本例中该公司的边际所得税率为 38%。

公司收到的利息和股利

公司收到的任何利息都需要缴税，当然也有例外，对于州政府和当地政府发行的债券，其利息收入免税。美国税法实行这条税收优惠政策是为了鼓励公司支持当地政府，做一个更好的社区公民。另有一条关于公司持有其他公司股票的税收优惠政策。对于从其他公司收取的股利，70%的股利免税，另外 30%的股利需要按照本公司的所得税率缴税。这条税则消除或减少了三重纳税情况的发生。收入可能会在三个层面被征税：(1) 支付股利的公司需要就其收益额缴纳企业所得税；(2) 收到股利的公司需要就其股利收入缴纳企业所得税；(3) 最后，收到股利的公司再分配股利，其股东需要就其股利收入缴纳个人所得税。

例2.3　含有利息和股利收入时的企业所得税

接着上一个例题，假定 Indian Point Kennels 公司除了 1 650 万美元的税前利润，另收到公债利息 250 000 美元，以及由 DPH 林场公司支付的普通股股利 500 000 美元。这两项收入会对 Indian Point Kennels 公司的所得税额、平均所得税率、边际所得税率有何影响？

[解答]

本例中，公债利息收入免税，不需计入应纳税所得额。此外，70%从 DPH 林场公司收取的股利收入也不需纳税，因此，只有 30%的股利需要缴税。

应纳税所得额＝16 500 000＋0.3×500 000＝16 650 000(美元)

那么，现在 Indian Point Kennels 公司的所得税额为：

所得税额＝5 150 000＋0.38×(16 650 000－15 000 000)＝5 777 000(美元)

500 000 美元的股利收入使得 Indian Point Kennels 公司的所得税额增加了 57 000 美元。现在 Indian Point Kennels 公司的平均所得税率为：

平均所得税率＝5 777 000/16 650 000＝34.70%

最后，如果 Indian Point Kennels 公司多赚取 1 美元的利润，它需要再缴纳 38 美分的所得税，本例中该公司的边际所得税率仍为 38%。

公司支付的利息和股利

公司支付的利息作为一项费用列报在利润表中，因此，在计算应纳税所得额时需要从营业利润中扣除利息费用，但是公司支付的股利不允许税前扣除，这样会鼓励管理者为项目筹资时采用债务融资方式，而不是发行更多的股票。假定两家公司经营情况一致，但一家主要是债务融资，另一家主要是股权融资，股权融资的这家公司只有很少的利息费用可税前扣除，这样的话，相较于债务融资的那家公司，这家公司的应纳税所得额会更高，需要缴纳更多的所得税，而债务融资的那家公司所缴纳的所得税更少，在营业利润相同的情况下，其为投资者创造的净利润更多。因此，公司在为资产融资时，股东更偏好以债务为主的融资方式。然而，正如上文所述，债务的增加会导致风险增大，因此，公司在进行最优资本结构决策时，必须寻求一个平衡点。是债务融资还是股权融资，这是资本结构决策所关注的问题，后续会详细讨论。

例 2.4 债务融资与股权融资对资产报酬率的影响

假设你正在考虑从现有两家公司中挑选其一进行股权投资，这两家公司的经营业务一致，且营业利润都为 500 万美元。D 公司的资本结构为 100 万美元的股权和 1 100 万美元的债务，利率为 10%。E 公司 1 200 万美元的总资产全为股权融资。两家公司的所得税税率均为 30%。计算公司投资者即股东和债权人共同享有的收益总额以及资产报酬率。

［解答］

单位：万美元

	D公司	E公司
营业利润	500	500
减：利息	110	0
应纳税所得额	390	500
减：所得税（30%）	117	150
净利润	273	350
投资者享有的收益总额（＝营业利润－所得税）	383	350
资产报酬率	383/1 200＝31.92%	350/1 200＝29.17%

由于支付的利息具有税盾效应，采用债务融资可节省所得税费用。相比 E 公司，D 公司能为投资者创造更多的收益。

现金流量表

对公众而言，利润表和资产负债表是最常见的财务报表。然而，这两种报表仅反映了公司过去的经营业绩，管理者需要更多的信息以进行财务决策。会计视角与财务视角的一个重大区别就是财务管理者和投资者更关注实际的现金流量，而不是利润表列报的历史业绩。

现金流量表（statement of cash flows）是反映某段期间内企业现金流量情况的财务报表。现金流量表的结算线为现金来源和现金去向的差额，等于资产负债表中现金及有价证券项目本期数与上期数的差额。现金流量表调节了资产负债表非现金项目和利润表项目，说明了特定期间内资产负债表中现金及有价证券项目的变化情况。

现金流量表的重要性体现在：它有助于理解一定期间内公司利润表数据未能反映的真实现金流量情况。下面主要讨论两个话题，分别是美国公认会计准则、利润表非现金项目。

美国公认会计准则

会计必须遵循公认会计准则来编制利润表。公认会计准则要求公司在销售实现时确认收入，但有时公司会在销售实现之前或之后收到现金。同样，准则规定公司应该在销售实现时在资产负债表反映生产成本及其他费用，也就是说，销售实现时公司才能在利润表中反映已销产品成本及其他费用，比如折旧。根据收入配比原则，公司只是在确认收入的同时才能正式确认相应费用，而产品生产活动的实际现金流出通常发生在准则允许确认费用之前。

利润表非现金项目

利润表包含了几项非现金项目，其中最大的一项非付现费用是折旧。固定资产自购买至报废期间的损耗以折旧的形式列报，最终体现为非付现费用。

我们先来了解一下折旧的影响。假定一家公司以 100 000 美元的价格购置了一台机器，机器的预期寿命为 5 年，到期预计残值为零。购买时公司发生了 100 000 美元的现金流出，但这 100 000 美元不会一次性地出现在购买年度的利润表里，用会计术语来说，这台机器不会在购买年度被费用化。假定公司以直线折旧法计提折旧，则每年的折旧为 100 000 美元/5，即每年有 20 000 美元的固定资产损耗作为费用扣除，这 20 000 美元的设备折旧费并未产生现金流出。负责购置机器的员工清楚，现金流出发生于购买之时，现金流量为 100 000 美元，而不是 20 000 美元。

总而言之，财务管理人员很明确一点，公司需要现金而不是会计利润来偿还到期债务、支持业务经营和增长，以及支付股东报酬等。

现金的来源与使用

一般来说，一些活动会增加现金，即现金的来源，另一些活动会减少现金，即现金的使用。表 2—5 对公司基本的现金来源和去向进行分类。现金的来源包括非货币性资产的减少、债务以及权益的增加。举个例子，应收账款的减少意味着公司收回赊销的款项，现金增加。公司还可通过发行普通股在初级市场筹集现金。相反，当公司购置非货币性资产比如采购存货，或者减少负债比如偿还银行贷款，公司需要使用现金。现金流量表把这些现金流量活动分成了以下几类：

1. 经营活动产生的现金流量。
2. 投资活动产生的现金流量。
3. 筹资活动产生的现金流量。
4. 现金与有价证券的净变化额。

表2—5　现金的来源与使用

现金的来源	现金的使用
净利润	净损失
折旧	非货币性流动资产的增加
非货币性流动资产的减少	非流动资产的增加
非流动资产的减少	流动负债的减少
流动负债的增加	长期负债的减少
长期负债的增加	回购普通股或优先股
发行普通股或优先股	支付股利

表2—6列示了基本的现金流量表，表2—7为DPH林场公司2012年的现金流量表。

表2—6　现金流量表

第一部分　经营活动产生的现金流量
净利润
调增项（现金的来源）：
折旧
非货币性流动资产的减少
应付工资及税费的增加
应付账款的增加
调减项（现金的使用）：
非货币性流动资产的增加
应付工资及税费的减少
应付账款的减少
第二部分　投资活动产生的现金流量
调增项：
固定资产的减少
其他长期资产的减少
调减项：
固定资产的增加
其他长期资产的增加

第三部分 筹资活动产生的现金流量	
调增项：	
应付票据的增加	
长期负债的增加	
普通股及优先股的增加	
调减项：	
应付票据的减少	
长期负债的减少	
普通股及优先股的减少	
支付的股利	
第四部分 现金与有价证券的净变化额	

表2—7　　DPH林场公司的现金流量表　　单位：百万美元

DPH林场公司 2012年的现金流量表	
第一部分 经营活动产生的现金流量	
净利润	90
调增项（现金的来源）：	
折旧	13
应付工资及税费的增加	5
应付账款的增加	5
调减项（现金的使用）：	
应收账款的增加	−5
存货的增加	−11
经营活动产生的现金流量净额	97
第二部分 投资活动产生的现金流量	
调减项：	
固定资产的增加	−68
其他长期资产的增加	0
投资活动产生的现金流量净额	−68
第三部分 筹资活动产生的现金流量	
调增项：	
应付票据的增加	0
长期负债的增加	5
普通股及优先股的增加	0

调减项：	
支付的优先股股利	−10
支付的普通股股利	−25
筹资活动产生的现金流量净额	−30
第四部分　现金与有价证券的净变化额	−1

经营活动产生的现金流量（cash flows from operations）是指公司产品生产和销售等活动直接产生的现金流入量和现金流出量，如表2—6的第一部分。这些现金流量包括：

- 净利润；
- 折旧；
- 非货币性营运资本项目与经营性短期负债。

大多数财务管理人员认为现金流量表第一部分是最重要的。第一部分简洁明了地显示了公司经营过程中产生和使用的现金。DPH林场公司的经营活动产生了9 700万美元的现金流量，也就是说，该公司产品生产和销售活动最终为现金净流入。管理者与投资者将经营现金流量净额为正视作公司经营成功的标志。经营活动产生的正现金流量清晰地说明了公司价值创造的来源。无论投资活动和融资活动产生的现金流量如何好，只有公司经营现金流量稳定且健康，才能说明公司财务健康。

投资活动产生的现金流量（cash flows from investing activities）是指购置或销售固定资产以及其他长期资产所产生的现金流量，如表2—6的第二部分。现金流量表的这一部分反映了公司长期投资活动的现金流入和现金流出情况，最常见的是固定资产投资。DPH林场公司2012年用于固定资产购置的现金为6 800万美元，这些现金由其9 700万美元的经营现金流量提供。

筹资活动产生的现金流量（cash flows from financing activities）是指债务及权益融资等相应交易事项所产生的现金流量。产生现金流入的活动有：

- 发行短期债券；
- 发行长期债券；
- 发行股票。

产生现金流出的活动有：

- 支付股利；
- 偿还债务；
- 回购股份。

2012年DPH林场公司筹资活动产生净现金流出3 000万美元，这笔负现金流量中至少有一部分现金是由经营活动产生的9 700万美元现金支付的。管理者、投资者和分析师通常希望筹资性现金流量中包括小量的债务借入和股利支付，然而，如果公司正在经历重要扩张期，债务资本净流入量可以适当增大。

现金与有价证券的净变化额（net change in cash and marketable securities）为经营、投资和筹资三类活动产生的现金流量总和，列示在现金流量表的最后一栏。该数额等于资产负债表中现金及有价证券项目在相应时期之间的差额。DPH林场公司现金流量表最后一栏数额为−100万美元。回到表2—2，资产负债表中现金及有价证券项目 2012 年和 2011 年的差额正好也是－100 万美元。该公司 2012 年的现金流量净额为负，即现金流出量大于现金流入量，主要原因是固定资产投资导致 6 800 万美元的现金流出。当然，若是最后一栏为正数，则表明当期现金流入量超过现金流出量。

即使公司利润表报告的净利润很大，但公司实际现金流量可能为正、负或零。DPH 林场公司 2012 年的利润表显示当年净利润为 9 000 万美元，而 2012 年的现金流量表显示当年现金与有价证券的净变化额为－100 万美元。这种不一致是由会计准则造成的，净利润是遵循美国公认会计准则的结果，不需反映公司的现金流量情况。利润表反映的是会计基础的利润，而现金流量表更多的是反映现时情况。因而，当面临下列重大问题时，对管理者和投资者而言现金流量表更为重要：

- 公司是否有足够的现金可供账款支付，以避免财务困境；
- 公司是否有足够的现金以购置持续增长所需的资产；
- 公司是否有足够的现金以付清未偿债务。

自由现金流量

现金流量表是在净利润的基础上通过对非现金项目的调整得到净现金流量。为了源源不断地产生现金流量，公司必须不断地投资营运资本和固定资产，努力开发新产品，这样的话，管理者不能随心所欲地使用可用现金。具体来说，公司经营活动的价值取决于未来预期自由现金流量。**自由现金流量**（free cash flows）是指税后营业利润减去用于营运资本、固定资产和新产品开发的净投资额之后的剩余部分现金流量。因此，自由现金流量反映了公司在满足持续经营所需投资之后，实际可用于向投资者分配的现金，投资者包括债权人和股东。

自由现金流量的计算公式如下。

$$\text{自由现金流量}=[\text{息税前利润}\times(1-\text{税率})+\text{折旧}]-[\Delta\text{固定资产总值}+\Delta\text{净营运资本}]=\text{经营现金流量}-\text{经营性资产投资额} \quad (2—8)$$

为了计算自由现金流量，我们需要先计算经营现金流量。经营现金流量不包含必须支付的营业费用和税收。通过税后营业利润计算总经营现金流量时，折旧作为非付现费用需要被加回。其他相关的非付现费用同样需要被加回，比如摊销费用和递耗费用。公司为了持续经营，需要进行经营性资产投资，比如购置实物资产或拨款用于资产重置。会计上，经营性资产投资额（investment in operating capital，IOC）是指公司对固定资产、流动资产以及自发性流动负债等项目的总投资。自发性流动负债包括应付账款和应付职工薪酬等。

正如现金流量表结算线上的数额，自由现金流量同样也可能为正、负或零。正的自由现金流量意味着公司有可支配现金用于向投资者分配。然而，当自由现金流量为零甚至负数时，公司经营活动未产生足够的现金可供分配。当然，如果自由现金流量为负是因为经营现金流量为负，那么投资者很可能会与公司管理层沟通这一问题。经营现金流量和自由现金流量同时为负，通常表明公司存在经营或管理不善等问题。经营现金流量为正而自由现金流量为负，并不能说明公司管理不善。公司为了促进增长而大量投资营业资产，则会出现经营现金流量为正但自由现金流量为负的现象，这种情况下，负的自由现金流量很可能会带来未来利润的增长。

例 2.5　自由现金流量的计算

根据表 2—2 和表 2—3，DPH 林场公司 2012 年的息税前利润为 15 200 万美元，所得税率为 33.82%（46/136），折旧费用为 1 300 万美元。因此，DPH 林场公司 2012 年的经营现金流量（OCF）为：

OCF＝息税前利润×(1－税率)＋折旧
　　＝15 200×(1－33.82%)＋1 300＝11 400(万美元)

2012 年 DPH 林场公司固定资产总值增加了 6 800 万美元，流动资产增加了 1 500 万美元，自发性流动负债增加了 1 000 万美元，其中应付工资及税费增加 500 万美元、应付账款增加 500 万美元。因此，DPH 林场公司 2012 年的经营性资产投资额为：

IOC＝Δ 固定资产总值＋Δ 净营运资本
　　＝6 800＋(1 500－1 000)＝7 300(万美元)

那么，DPH 林场公司 2012 年的自由现金流量（FCF）是多少？

［解答］

FCF＝经营现金流量－经营性资产投资额
　　＝11 400－7 300＝4 100(万美元)

换言之，2012 年 DPH 林场公司有 4 100 万美元现金可分配给债权人和股东。

留存收益表

留存收益表（statement of retained earnings）反映了一定期间内企业留存收益及其变化的具体情况。留存收益表中，特定期间内的净利润扣除相应期间支付的现金股利，即为留存收益项目期初与期末的差额。表 2—8 为 DPH 林场公司 2012 年 12 月 31 日的留存收益表。该报表显示，2012 年 DPH 林场公司实现净利润 9 000 万美元，分别向优先股股东和普通股股东支付现金股利 1 000 万美元和 2 500 万美元，剩余的 5 500 万美元用于公司再投资，体现为留存收益的增加。因此，如表 2—8 所示，资产负债表中留存收益项目从 2011 年的 15 500 万美元增至 2012 年的 21 000 万美元。

表 2—8　　DPH 林场公司的留存收益表　　单位：百万美元

DPH 林场公司 2012 年 12 月 31 日的留存收益表	
2011 年 12 月 31 日的留存收益余额	155
加：2012 年的净利润	90
减：支付的现金股利	

优先股股利	10
普通股股利	25
现金股利总计	35
2012 年 12 月 31 日的留存收益余额	210

净利润是留存收益的前提，但只有股东同意管理层把净利润用于再投资而不是股利支付，才能实现留存收益的增加。公司把净利润作为留存收益，再投资于生产所需厂房设备、存货及其他资产，可创造更多的利润，实现公司增长。因此，作为一项融资来源，留存收益对应着所有资产而不是某项特定资产。

例 2.6　留存收益表

Indian Point Kennels 公司 2012 年实现净利润 1 078 万美元。公司向优先股股东支付现金股利 100 万美元，向普通股股东支付现金股利 250 万美元。公司 2011 年末的留存收益为 13 575 万美元。计算该公司 2012 年末的留存收益并编制 2012 年的留存收益表。

[解答]

Indian Point Kennels 公司 2012 年的留存收益表编制如下：

Indian Point Kennels 公司 2012 年 12 月 31 日的留存收益表（单位：百万美元）	
2011 年 12 月 31 日的留存收益余额	135.75
加：2012 年的净利润	10.78
减：支付的现金股利	
优先股股利	1.00
普通股股利	2.50
现金股利总计	3.50
2012 年 12 月 31 日的留存收益余额	143.03

解读财务报表时的注意事项

如前文所述，公司必须遵循公认会计准则来编制财务报表。公认会计准则为所有公司提供了一套共同的标准，以产生客观准确的财务报表，但管理者在编制财务报表时拥有很大的自由裁量权。管理者和财务分析师清楚公司在使用会计准则时享有很大的自由，公司可以用多种方式进行盈余操控。的确，在公认会计准则的框架下，公司可以平滑收益，也就是说，公司通常在不同时期会采取措施以高报或低报盈余。管理者选择利润平滑行为，可能是为了向投资者说明公司资产稳步增长。比如说，一家公司计提固定资产折旧时可能采用直线折旧法，而另一家公司采用加速折旧法。采用加速折旧法的公司快速记录了固定资产耗损，因此，相比采用直线折旧法的公司，这家公司的资产账面价值更低。

操纵公司盈余的过程称作**盈余管理**（earnings management）。在极端情况下，盈余管理可导致严重的会计丑闻，比如美国的安然公司、默克公司、世通公司以及其他大型公司，它们通过会计操纵披露虚假的盈余。2001年起浮现的大量财务丑闻促使国会于2002年6月通过**《萨班斯-奥克斯利法案》**（Sarbanes-Oxley Act）。该法案要求公众公司确保其审计委员会成员在公认会计准则的应用方面拥有丰富的经验。该法案还要求公司高级管理层必须在财务报表上签字，确保财务报表准确公允地反映了所涵盖期间的财务状况。如果公司董事会或高级管理层未遵守该法案，公司则可能被要求退市。

正如下面案例中的 Coldwater Creek 公司，美国昆腾科技公司（Quantum Technologies）因2009年7月和10月未及时编制并披露季报而遭到退市的风险。一系列的会计与管理丑闻吞没了员工毕生的积蓄，也伤害了众多无辜的股东。国会通过《萨班斯-奥克斯利法案》的目的在于稳定2002年以来动荡不安的股票市场，防止假账和不合法管理等行为。

案例　Coldwater Creek 公司收到纳斯达克退市通知

美国 Coldwater Creek 公司于2006年6月14日宣布其当日收到纳斯达克决议通知，通知称 Coldwater Creek 公司2006年6月8日公布的截止到4月29日的10-Q季度报告不完整，违反了纳斯达克市场规则 Rule 4310（c）(14)。这种情况下，纳斯达克团体决议通知会自动生成，声明由于未遵守相应规则，Coldwater Creek 公司将受到退市的惩罚。

该公司在编制季报时以某些历史财务信息的未决重述为依据，而会计师事务所未审核10-Q季报中的该部分财务信息，因此，公司未能提供《萨班斯-奥克斯利法案》要求的监管机构证明。

在这期间，Coldwater Creek 公司努力调整截止到2006年1月28日的10-K年报，以反映重述的财务信息，只有这样，会计师事务所才能完成对10-Q季报的审核。一旦审核完成，公司就可以立刻公布一份完整的修改的10-Q季报，包括《萨班斯-奥克斯利法案》要求的认证文件。预期该公司对10-K年报的修正工作能在纳斯达克聆讯日之前完成，这样一来，该公司能及时公布修正的10-Q季报，做到遵循纳斯达克市场规则。

这类故事屡见不鲜。昆腾科技公司和零售公司 American Apparel 分别于2010年和2011年遭遇了类似问题。

资料来源：*The Wall Street Journal*，June 20，2006，p. A3.

简述题

1. 列出并描述四种主要的财务报表。
2. 你认为以下项目分别属于四张主要财务报表中的哪一张？
   a. 税前利润
   b. 厂房设备净值
   c. 固定资产的增加

d. 毛利
e. 20××年 12 月 31 日的留存收益余额
f. 普通股及资本公积
g. 投资活动产生的现金流量净额
h. 应付工资及税费
i. 存货的增加

3. 流动负债与非流动负债的区别有哪些？
4. 固定资产折旧方法如何影响资产负债表的管理？
5. 持有流动性证券的成本与收益有哪些？
6. 为什么公司的账面价值与市场价值存在差异？
7. 从管理者或投资者的视角出发，是公司的账面价值还是市场价值更重要？
8. 累进税结构是指什么？
9. 平均税率和边际税率有何区别？
10. 债务利息的支付如何影响公司所得税？
11. 利润表的编制遵循公认会计准则，这对资产负债表中有关收入和费用的项目有何影响？
12. 为什么财务管理者和投资者认为现金流量比会计利润更重要？
13. 下列活动会导致现金的增加还是减少？

a. 减少固定资产
b. 减少应付账款
c. 支付股利
d. 发行普通股
e. 减少应收账款
f. 增加应付票据

14. 经营活动、投资活动和筹资活动产生的净现金流量有什么区别？
15. 公司的自由现金流量是指什么？自由现金流量为负意味着什么？
16. 什么是盈余管理？
17.《萨班斯-奥克斯利法案》对公司管理者提出了什么要求？

计算题

1. 假设你正在分析 Goodman's Bees 公司的资产负债表，你从中获取了如下信息：现金及有价证券＝400 000 美元，应收账款＝1 200 000 美元，存货＝2 100 000 美元，应付工资及税费＝500 000 美元，应付账款＝800 000 美元，应付票据＝600 000 美元。计算 Goodman's Bees 公司的净营运资本。

2. Fitness Studio 公司 2012 年的利润表列示了以下几项收益和费用：息税前利润＝538 000 美元，利息费用＝63 000 美元，净利润＝435 000 美元。计算公司 2012 年应该列示在利润表中的所得税费。

3. Oakdale Fashions 公司 2012 年的应纳税所得额为 245 000 美元，使用表 2—4 的税率，计算公司 2012 年的所得税额、平均所得税率以及边际所得税率。

4. Ramakrishnan 公司 2012 年的净利润为 1 500 万美元，折旧费用为 2 650 000 美

元。下表为公司 2012 年和 2011 年资产负债表的上部分（单位：百万美元）。

	2012 年	2011 年		2012 年	2011 年
流动资产			流动负债		
现金及有价证券	20	15	应付工资及税费	19	18
应收账款	84	75	应付账款	51	45
存货	121	110	应付票据	45	40
合计	225	200	合计	115	103

计算 Ramakrishnan 公司 2012 年经营活动产生的净现金流量。

5. 假设你正在考虑投资 Fields and Struthers 公司，需要评估该公司的自由现金流量。利润表显示，该公司的息税前利润为 6 200 万美元，税率为 30%，折旧费用为 500 万美元。2012 年 Fields and Struthers 公司的固定资产总值增加了 3 200 万美元，流动资产增加了 2 000 万美元，自发性流动负债增加了 1 200 万美元。计算该公司 2012 年的经营现金流量、经营性资产投资额以及自由现金流量。

6. Mr. Husker's Tuxedos 公司 2012 年初的留存收益为 25 600 万美元。2012 年实现净利润 3 300 万美元，向优先股股东支付股利 500 万美元，向普通股股东支付股利 1 000 万美元。该公司 2012 年末的留存收益余额是多少？

7. Brenda's Bar and Grill 公司的总资产为 1 500 万美元，其中流动资产 500 万美元。流动资产中现金占 10%，应收账款占 40%。公司的固定资产总账面价值为 1 150 万美元，其他长期资产的账面价值为 50 万美元。请计算该公司资产负债表中的存货和累计折旧。

8. Muffin's Masonry 公司资产负债表中固定资产净值为 1 400 万美元，这些固定资产当前能以 1 900 万美元的价格售出。资产负债表中流动负债为 550 万美元，净营运资本为 450 万美元。如果今日对流动项目进行清算，公司在支付 550 万美元流动负债后能收到 725 万美元的现金。请问今日该公司资产的账面价值是多少？市场价值是多少？

9. 假设你正在考虑从两家公司中选择其一进行股权投资。这两家公司所处行业相同，营业利润均为 3 250 万美元，但一家主要是债务融资，另一家主要是股权融资。全债务公司总资产为 6 500 万美元，债务融资 6 400 万美元，股权融资 100 万美元，债务年利息率为 10%。全股权公司 6 500 万美元的总资产全采用股权融资。两家公司的所得税率均为 30%。计算这两家公司的净利润和资产收益率。

10. 已知 Corky's Bedding 公司下列信息：

a. 净销售额=11 250 000 美元

b. 已销产品成本=7 500 000 美元

c. 其他营业费用=250 000 美元

d. 留存收益增加额=1 000 000 美元

e. 支付给优先股和普通股股东的股利=495 000 美元

f. 利息费用=850 000 美元

公司所得税率为 35%。计算 Corky's Bedding 公司的折旧费用。

11. Dakota 公司 2012 年在考虑下述项目之前的应纳税所得额为 33 365 000 美元。这些项目包括利息费用 8 500 000 美元，收到的股利 750 000 美元，支付的股利5 250 000 美元。

a. 使用表 2—4 的税率表计算 Dakota 公司的应交所得税额。

b. Dakota 公司的平均所得税率和边际所得税率分别是多少？

12. 利用 Clancy 狗食饼干公司的资产负债表和利润表编制其现金流量表。

Clancy 狗食饼干公司
2011 年 12 月 31 日与 2012 年 12 月 31 日的资产负债表（单位：百万美元）

	2012 年	2011 年		2012 年	2011 年
总资产			负债与所有者权益		
流动资产			流动负债		
现金及有价证券	5	5	应付工资及税费	10	6
应收账款	20	19	应付账款	16	15
存货	36	29	应付票据	14	13
合计	61	53	合计	40	34
非流动资产			非流动负债	57	53
厂房设备总值	106	88	所有者权益		
减：折旧	15	11	优先股（200 万股）	2	2
厂房设备净值	91	77	普通股及资本公积（500 万股）	11	11
其他长期资产	15	15	留存收益	57	45
合计	106	92	合计	70	58
资产总计	167	145	负债与所有者权益总计	167	145

Clancy 狗食饼干公司
2012 年和 2011 年的利润表（单位：百万美元）

	2012 年	2011 年
销售收入	76	80
减：已销产品成本	38	34
毛利	38	46
减：折旧	4	4
其他营业费用	6	5
息税前利润（EBIT）	28	37
减：利息	5	5
税前利润（EBT）	23	32
减：税费	7	10
净利润	16	22
减：优先股股利	1	1
普通股股东所享净利润	15	21
减：普通股股利	3	3
留存收益的追加	12	18

续前表

	2012 年	2011 年
普通股每股数据：		
每股盈余（EPS）	3.00	4.20
每股股利（DPS）	0.60	0.60
每股净资产（BVPS）	13.60	11.20
每股市值（MVPS）	14.25	14.60

13. Chris 室外家具公司去年经营活动产生净现金流量 34 000 万美元。利润表中的净利润为 31 500 万美元，折旧费用为 4 600 万美元。本年度资产负债表中存货的变化额为 3 800 万美元，应付工资及税费的变化额为 1 500 万美元，应付账款的变化额为 2 000 万美元。年初应收账款余额为 5 000 万美元。计算年末应收账款余额。

14. Duffy 害虫防治公司 2012 年利润表中折旧费用为 19 700 万美元，息税前利润为 49 400 万美元，所得税率为 30%。年初固定资产总值为 156 200 万美元，净营运资本为 41 700 万美元。年末固定资产总值为 180 300 万美元。Duffy 公司本年度自由现金流量为 42 400 万美元。计算年末净营运资本。

15. Thelma and Louie 公司留存收益的年初余额为 54 300 万美元，年末余额为 58 900 万美元。公司支付优先股股利 3 500 万美元，支付普通股股利 8 800 万美元。计算 Thelma and Louie 公司当年的净利润。

16. 下表为 Tom and Sue 旅游公司 2012 年度的利润表。

Tom and Sue 旅游公司 2012 年利润表（单位：百万美元）	
销售收入	16.500
减：已销产品成本	7.100
毛利	9.400
减：折旧	2.900
其他营业费用	3.200
息税前利润（EBIT）	3.300
减：利息	0.950
税前利润（EBT）	2.350
减：税费	0.705
净利润	1.645

Tom and Sue 旅游公司的 CEO 计划 2013 年实现净利润 225 万美元。已销产品成本预期为销售收入的 60%，折旧及其他营业费用预期不会发生变化，利息费用预期增至 105 万美元，税率为 30%。为完成 225 万美元净利润的计划，计算需要实现的销售额。

17. Rebecky 公司 2012 年的自由现金流量为 4 300 万美元，息税前利润为 11 000 万美元，所得税费用为 2 500 万美元，折旧费为 1 400 万美元。结合上述信息，填写 Rebecky 公司资产负债表的空格。

Rebecky 公司 2011 年 12 月 31 日与 2012 年 12 月 31 日的资产负债表（单位：百万美元）					
	2012 年	2011 年		2012 年	2011 年
总资产			负债与所有者权益		
流动资产			流动负债		
现金及有价证券	28	25	应付工资及税费	17	15
应收账款	75	65	应付账款	□	50
存货	118	100	应付票据	45	45
合计	221	190	合计	□	110
非流动资产			非流动负债	□	190
厂房设备总值	333	300	所有者权益		
减：折旧	54	40	优先股（500 万股）	5	5
厂房设备净值	279	260	普通股及资本公积（2 000 万股）	40	40
其他长期资产	50	50	留存收益	192	155
合计	329	310	合计	237	200
资产总计	550	500	负债与所有者权益总计	550	500

18. Vinny 公司 2012 年的自由现金流量为 2 540 万美元。Vinny 公司 2012 年的资产负债表显示，固定资产总值的变动值为 700 万美元，净营运资本变动值为 840 万美元。根据这些信息，填好 Vinny 公司 2012 年利润表中的空格。

Vinny 旅游公司 2012 年利润表（截至 2012 年 12 月 31 日）（单位：百万美元）	
销售收入	□
减：已销产品成本	116.10
毛利	66.00
减：折旧	10.20
其他营业费用	12.40
息税前利润（EBIT）	□
减：利息	□
税前利润（EBT）	□
减：税费	□
净利润	27.64

第3章

财务报表分析

- 短期偿债能力比率
- 资产管理比率
- 负债管理比率
- 盈利能力比率
- 市场价值比率
- 杜邦分析法
- 其他比率
- 时间序列与横截面分析
- 运用比率评价业绩时的注意事项

学习目标

1. 计算并解释主要的短期偿债能力比率。
2. 计算并解释主要的资产管理比率。
3. 计算并解释主要的负债比率。
4. 计算并解释主要的盈利能力比率。
5. 计算并解释主要的市场价值比率。
6. 了解各种比率与其他比率之间的关系。
7. 理解时间序列与横截面比率分析的区别。
8. 阐明评价财务比率应注意的事项。

引文

在上一章，我们重温了公司主要的财务报表，这些财务报表反映了某一时点的公司财务状况或者过去某段期间内的经营状况。这些财务报表的内在价值体现在：管理者、投资者与分析师可以使用报表披露的信息来分析公司当前的财务业绩及状况，更重要的是，管理者可以运用这些信息制定计划，以提高公司未来业绩，增加公司市场价值。管理者、投资者与分析师通常采用财务指标进行财务报表分析与评估。**比率分析法**（ratio analysis）是指通过计算和分析各种财务比率对公司业绩进行评估，进而确定未来提高公司业绩的行动方案。最常用的财务比率可分为五类：(1) 短期偿债能力比率；(2) 资产管理比率；(3) 负债管理比率；(4) 盈利能力比率；(5) 市场价值比率。每一类比率对应着财务报表的某一特定区域。

视 角

商业应用

DPH 林场公司的管理者公开声明本公司业绩优于同行业其他公司的业绩。他们声称，公司的流动性和资产管理状况尤为突出。DPH 林场公司在各个领域的优异业绩使得公司股东报酬率更高。为了证明他们所声明的情况属实，DPH 林场公司需要计算并评价哪些关键财务比率？

个人应用

克里斯·瑞安正在考虑投资 DPH 林场公司。克里斯从 DPH 公司的年报中取得了最新的一套财务报表，但她不知道如何衡量和评价业绩，不知道相比于同行业其他公司 DPH 公司的业绩如何。克里斯在评价 DPH 林场公司业绩时应考虑哪些财务比率？克里斯该如何使用这些比率进行业绩评价？

本章将回顾各种财务比率，描述每个比率的含义，指出管理者与投资分析师对每个比率的预期趋势——更高或更低。分析比率时我们应注意，计算比率的数值并不总是好的或总是不恰当的，极值对公司来说有可能是不好的标志。我们将讨论一个看似很好的比率实际上可能存在问题。我们还将探讨各个比率如何相互关联，即一个比率的变化如何影响其他几个比率。对于一组业绩比率，单独理解它们通常很难，因此，管理者或投资者通过比率分析评价公司财务状况时，通常比较公司不同时期的财务比率，以观察其变化趋势，或者将本公司的财务比率与同行业其他公司的相应比率进行比较。最后，本章还讨论运用比率分析法进行业绩评价时的注意事项。本章以 DPH 林场公司为例，利用上一章中表 2—2 和表 2—3（该公司的财务报表）进行比率分析。

短期偿债能力比率

正如上章所述，公司需要现金及其他流动性资产来支付账单或偿付到期债务。**短期偿债能力比率**（liquidity ratios）衡量的是公司流动资产和流动负债之间的关系。最常用的三种短期偿债能力比率分别是流动比率、速动比率以及现金比率。

流动比率＝流动资产/流动负债　　(3—1)

流动比率是应用范围最广的流动性衡量指标，它表示公司可用来偿付每一单位流动负债的流动资产数量。

速动比率＝(流动资产－存货)/流动负债　　(3—2)

存货通常是公司流动性最差的流动资产，而且流动资产中存货的账面价值最不适合衡量其市场价值。也就是说，如果公司必须销售存货以偿付到期账款，那么公司很可能需要以折扣销售才能将其售出。因此，存货是公司最可能发生损失的流动资产。速动比率衡量的是公司在不考虑存货的情况下偿还短期债务的能力。速动比率表示公司可用来偿付每一单位流动负债的速动资产数量，速动资产是指现金、有价证券以及应收账款等。

现金比率＝(现金＋有价证券)/流动负债　　(3—3)

如果公司出售应收账款以偿付到期账款，公司必须贴现出售，也就是说，这类资产销售所得低于其账面价值。因此，现金比率衡量的是公司以现金及有价证券偿还短期债务的能力。

显然，资产负债表中资产流动性非常重要。公司持有的流动资产越多，公司面临财务困境的可能性越小。公司的短期偿债能力越大，面临的流动性风险越小。任何事物都有两面性，高流动性需要公司付出相应的代价，流动性资产的盈利能力差，相反，固定资产的流动性差，但盈利能力强。过高的流动性能避免流动性危机，但这是以低资产报酬率为代价的。高水平的流动性实际上可能表明公司管理不善。因此，在确定持有流动资产的合理水平时，管理者必须权衡流动资产的流动性强之利与盈利能力差之弊。当公司的现金流量极具可预测性时，公司可以保持低水平的流动性，而面临的流动性风险也不会很大。

例3.1　短期偿债能力比率的计算

结合表2—2的资产负债表和表2—3的利润表，计算DPH林场公司2012年的短期偿债能力比率。

[解答]

DPH林场公司的短期偿债能力比率计算如下，右侧列示的是相应比率的行业平均数：

流动比率＝205/120＝1.71	行业平均数＝1.50
速动比率＝(205－111)/120＝0.78	行业平均数＝0.50
现金比率＝24/120＝0.20	行业平均数＝0.15

DPH林场公司这三个流动性指标均比行业平均数要大，说明该公司具有更强的流动性。也就是说，相比于同行业平均水平，DPH林场公司拥有更多的现金及其他流动资产可用于偿还到期的流动负债。

资产管理比率

资产管理比率（asset management ratios）是用来衡量公司对存货、应收账款、固定资产等资产的管理效率，也包括对应付账款的管理效率。这类比率可帮助管理者和投资者评价公司对各种资产的持有水平是否合理，以及对各种资产的管理效率如何。下文按照资产的类型依次讨论了几种最常用的资产管理比率。

存货管理

当确定最佳的存货持有水平时，管理者必须权衡持有存货的利弊。一方面，持有足够的存货能够确保生产经营的正常进行；另一方面，持有过多的存货会导致不必要的储存及管理成本。存货周转率和存货周转天数是存货管理中最常见的两个比率。

存货周转率＝销售收入(或已销产品成本)/存货 (3—4)

存货周转率衡量每一单位存货所对应的销售额。当管理者强调存货以成本列示于资产负债表时，会使用已销产品成本计算存货周转率，反映了每一单位存货所对应的已销产品成本。

存货周转天数＝存货×365/销售收入(或已销产品成本) (3—5)

存货周转天数衡量的是产成品在售出前的持有天数。

一般来说，公司若想每一单位存货对应的销售额较高，必须尽可能快地进行存货周转，即尽可能缩短从原材料到产成品到已销产品这个流程所需时间。每单位存货的销售收入越高，表明储存、监管、保险等存货管理成本越低。因此，存货周转率高和存货周转天数短，意味着公司对存货的管理有效。

然而，如果存货周转率过高、存货周转天数过短，公司所持存货可能不足，以致出现原材料耗尽、生产不能正常持续进行的情况，这样会导致生产和销售停滞，浪费公司的固定资源。因此，存货周转率过高和存货周转天数过短，实际上可能预示着公司对存货管理不善。当然，如果公司的原材料供应链足够稳定和便利，公司可以保持低存货持有水平，也不会面临过大的缺货风险。

应收账款管理

公司通过放宽商业信用政策可以提高销售收入，但会产生大量的应收账款，管理者必须权衡其利弊以确定最佳的应收账款水平。应收账款管理中最常用的两个比率是应收账款周转天数和应收账款周转率。

应收账款周转天数＝应收账款×365/赊销额 (3—6)

应收账款周转天数衡量公司从赊销产品到收回现金所需天数。

应收账款周转率＝赊销额/应收账款 （3—7）

应收账款周转率衡量的是每一单位应收账款所对应的销售额。

一般来说，公司若想应收账款周转率较高，必须尽可能快地收回应收账款，减少应收账款相应的融资成本，包括为负担应收账款而借债所产生的利息费用、应收账款的违约成本等。通常应收账款周转率高或应收账款周转天数短都是管理有效的表现，说明管理者充分考虑到了融资成本以及顾客付款特征。

然而，如果应收账款周转率过高、应收账款周转天数过短，则可能是因为公司的应收账款政策过于严厉，这样会导致顾客更倾向于与竞争公司进行商业往来。公司提供应收账款政策是为了争取顾客，通过向顾客提供更优惠的信用政策，激励顾客从自己的公司而非竞争公司采购商品，否则，顾客会选择从提供更优信用政策的竞争公司采购商品。因此，应收账款周转率过高、应收账款周转天数过短，很可能是管理不善的征兆。

应付账款管理

在确定资产负债表中应付账款的持有水平时，管理者必须进行利弊权衡。公司可以选择最大化使用原材料供应商提供的免费融资，但这有可能导致失去赊购的机会。最常见的两个比率是应付账款周转天数和应付账款周转率。

应付账款周转天数＝应付账款×365/已销产品成本 （3—8）

应付账款周转天数衡量的是公司从采购至支付采购款之间的应付账款持有天数。

应付账款周转率＝已销产品成本/应付账款 （3—9）

应付账款周转率衡量的是每一单位应付账款对应的已销产品成本数额。

一般来说，公司希望尽可能晚地支付采购款。公司支付得越慢，就能越久地使用无偿融资，可以相应减少其他需要融资成本的资金来源，比如应付票据、长期借款等。因此，应付账款周转天数长、应付账款周转率低通常是管理有效的表现。

然而，应付账款周转天数过长、应付账款周转率过低，说明公司可能滥用了原材料供应商提供的商业信用。在某些情况下，供应商会撤回商业信用，这样的话，公司会失去这一免费融资方式。如果这种情况发生，过长的应付账款周转天数和过低的应付账款周转率则意味着管理不善。

固定资产与营运资本管理

两个比率可概括公司整体的资产管理效率，即固定资产周转率和营运资本周转率。

固定资产周转率＝销售收入/固定资产 （3—10）

固定资产周转率衡量的是每一单位固定资产所引起的销售额。

营运资本周转率＝销售收入/营运资本 （3—11）

类似地，营运资本周转率衡量的是每一单位净营运资本所引起的销售额，净营运资本等于流动资产减去流动负债。

通常固定资产周转率越高、营运资本周转率越高，公司运营效率越高。因此，高固定资产周转率和营运资本周转率通常表明公司资产管理有效。然而，如果固定资产周转率和营运资本周转率过高，公司生产可能达到最大产能。如果产能达到极限，公司则不能增加生产或销售。因此，过高的固定资产周转率和过高的营运资本周转率可能预示着公司资产管理不善，管理者有可能不考虑公司增长而允许生产达到最大产能。

需要注意的是，固定资产的使用年限会影响固定资产周转率的高低。固定资产使用年限越久，固定资产周转率越高，因为固定资产是以历史成本列示于资产负债表，公司若重置资产，则资产的账面价值更高。相应地，固定资产更新的公司具有更低的固定资产周转率，但这种情况是以其他公司未重置固定资产为前提的，因此，我们不能就此简单地推断固定资产新的公司经营表现不如固定资产旧的公司。

总资产管理

最后两个比率汇总了资产管理效率，它们分别是总资产周转率和资本密集度。

总资产周转率＝销售收入/资产总额 (3—12)

总资产周转率衡量的是每一单位总资产所引起的销售额。

资本密集度＝资产总额/销售收入 (3—13)

同样，资本密集度反映的是每实现一单位销售收入所需要的资本额。

一般来说，对于一家管理有效的公司，每一单位总资产能产生更多的销售收入，或者每一单位销售收入所需的资产要少。因此，总资产周转率越高、资本密集度越低，公司整体资产管理效率越高。然而，如果总资产周转率过高、资本密集度过低，公司可能存在资产管理问题。如上文所述，存货缺货、产能问题、过紧的应收账款政策均能导致高总资产周转率，实际上却为管理不善。

例3.2 资产管理比率的计算

结合表2—2的资产负债表和表2—3的利润表，计算DPH林场公司2012年的资产管理比率。

[解答]

DPH林场公司的资产管理比率计算如下，右侧列示的是相应比率的行业平均数：

存货周转率＝315/111＝2.84	行业平均数＝2.15
存货周转天数＝111×365/315＝129天	行业平均数＝170天
应收账款周转天数＝70×365/315＝81天	行业平均数＝95天
应收账款周转率＝315/70＝4.50	行业平均数＝3.84
应付账款周转天数＝55×365/133＝151天	行业平均数＝102天
应付账款周转率＝133/55＝2.42	行业平均数＝3.55
固定资产周转率＝315/315＝1.00	行业平均数＝0.85
营运资本周转率＝315/(205－120)＝3.71	行业平均数＝3.20
总资产周转率＝315/570＝0.55	行业平均数＝0.40
资本密集度＝570/315＝1.81	行业平均数＝2.50

上述所有资产管理比率显示DPH林场公司的业绩表现均优于同行业平均水平。该公司的存货周转速度高于同行业平均水平，说明该公司每一单位存货引起的销售额更多。该公司的应收账款回收速度高于同行业平均水平，应付账款支付速度低于同行业平均水平。此外，该公司每一单位的固定资产、营运资本和总资产所产生的销售额多于同行业平均水平。

负债管理比率

正如上章所述，财务杠杆反映了公司在资本结构决策时对债务融资的利用程度。公司的负债占资产的比例越高，财务杠杆越大。**负债管理比率**（debt management ratios）衡量的是公司债务融资与权益融资的相对使用程度。管理者与投资者可运用这些指标评价公司的债务融资是否处于合理水平，公司能否实现足够的盈余或现金以偿还债务。下文讨论了几种最常见的负债管理比率。

债务及权益融资

管理者对**资本结构**（capital structure）的决策会影响公司的长期生存能力。在确定资产负债表中负债水平时，管理者必须权衡利弊，公司利用债务融资可以增加股东享有的现金流，但存在无力偿债的风险。常用的比率有资产负债率、产权比率以及权益乘数。

资产负债率＝负债总额/资产总额 （3—14）

资产负债率衡量了债务融资额占资产总额的比率。

产权比率＝负债总额/股东权益总额 （3—15）

产权比率衡量了每一单位权益融资对应的债务融资额。

权益乘数＝资产总额/股东权益总额

或者

权益乘数＝资产总额/普通股股东权益 （3—16）

权益乘数衡量的是每一单位权益融资或者普通股股东权益所对应的资产额。

你可能会怀疑，这三个比率之间存在相关性，事实的确如此。

产权比率＝1/(1/资产负债率－1)＝权益乘数－1

权益乘数＝1/(1－资产负债率)＝产权比率＋1

因此，资产负债率越低、产权比率越低、权益乘数越高，表明公司的债务融资越少、权益融资越多、股本缓冲作用越大。

当公司发行债券以支撑资产时，债权人享有对公司现金流的第一索取权，且现金流量固定。股东享有支付债权人之后的所有剩余现金流。当公司经营良好时，财务杠杆会增加股东收益，因为债权人享有的现金流量是固定有限的。因此，公司经营良好时，财务杠杆能为股东产生更多的现金流，提高股东报酬率，这种放大效应是股东鼓励管理者使用债务融资的原因之一。

然而，财务杠杆会增加公司财务困境甚至破产的可能性。如果公司当年业绩糟糕，无力偿付到期债务，债权人可迫使公司破产。公司现有及潜在债权人把权益融资视作安全缓冲垫，它能减轻公司盈余、资产价值及担保债务等波动带来的影响。显然，公司现金流的波动性越大，越需要股本缓冲的保护。

偿债能力比率

利息保障倍数、固定费用保障倍数、现金流量保障倍数是另外三个常用的负债管理比率，这些比率从不同角度衡量了公司的偿债能力。

利息保障倍数＝息税前利润/利息费用 (3—17)

利息保障倍数衡量的是公司可用于偿付每一单位利息费用的经营利润额。

固定费用保障倍数＝可用于支付固定费用的利润/固定费用 (3—18)

固定费用保障倍数衡量的是可用于支付利息及其他固定费用的经营利润额。

现金流量保障倍数＝(息税前利润＋折旧)/固定费用 (3—19)

现金流量保障倍数衡量的是可用于支付每一单位利息及其他固定费用的经营现金流量。

通过运用利息保障倍数、固定费用保障倍数及现金流量保障倍数等比率，管理者、投资者与分析师可确定公司的债务负担是否过重。这些比率衡量了公司可用于支付债务及其他固定费用的资金。比率数值为1，意味着公司拥有一个单位的利润或现金可用于支付一单位利息费用及其他固定费用。利息保障倍数、固定费用保障倍数及现金流量保障倍数越低，公司的权益越多、负债越少。低负债水平意味着公司未能充分利用利息费用的税盾作用，而是更多地使用权益资本，从而稀释了股东报酬率。

例3.3 负债管理比率的计算

结合表2—2的资产负债表和表2—3的利润表，计算DPH林场公司2012年的负债管理比率。

[解答]

DPH林场公司的负债管理比率计算如下，右侧列示的是相应比率的行业平均数：

	资产负债率＝(120＋195)/570＝55.26％	行业平均数＝68.50％
	产权比率＝(120＋195)/255＝1.24	行业平均数＝2.17
	权益乘数＝570/255＝2.24	行业平均数＝4.10
或者	＝570/(255－5)＝2.28	行业平均数＝4.14
	利息保障倍数＝152/16＝9.5	行业平均数＝5.15
	固定费用保障倍数＝152/16＝9.5	行业平均数＝5.70
	现金流量保障倍数＝(152＋13)/16＝10.31	行业平均数＝7.78

上述负债管理比率显示，DPH林场公司的负债比重低于同行业平均水平，就每一单位的利息费用，公司拥有更多的利润和现金可用于支付。由于DPH林场公司的利润表中未列示固定费用，因此其利息保障倍数和固定费用保障倍数一

致，都仅考虑了利息费用。该公司的资产负债率较同行业平均水平更低。较低的财务杠杆水平会降低公司财务困境和破产的风险，但也减少了增加股东收益的机会。如果公司当年业绩糟糕，低负债的公司需要向债权人支付的款项较少，破产的可能性很小。然而，如果 DPH 林场公司经营良好，低财务杠杆水平会稀释股东报酬率，这种稀释可能会引发普通股股东的不满。

盈利能力比率

到目前为止，我们已讨论了短期偿债能力比率、资产管理比率以及负债管理比率，这三类比率分别从不同视角孤立地分析公司业绩。**盈利能力比率**（profitability ratios）综合了上述三类比率，更全面地反映了公司经营状况。盈利能力比率是最为人所知和最受关注的财务指标。事实上，公司股价会对这类指标的未预期变化迅速做出反应。下列指标为最常用的盈利能力比率。

销售净利率＝普通股股东享有的净利润/销售收入 （3—20）

销售净利率反映的是销售收入扣除所有费用后的剩余比例。

基本盈利能力比率＝息税前利润/资产总额 （3—21）

基本盈利能力比率反映了不考虑财务杠杆和税费时公司的资产收益情况，该比率衡量的是每一单位资产所能实现的营业利润。

总资产收益率＝普通股股东享有的净利润/资产总额 （3—22）

总资产收益率反映了考虑财务杠杆和税费时公司的资产收益情况，该比率衡量的是每一单位资产所能实现的净利润。

净资产收益率＝普通股股东享有的净利润/普通股股东权益 （3—23）

净资产收益率反映了公司普通股股东的投资报酬率，该比率衡量的是每一单位普通股股东权益所享有的净利润。净资产收益率不仅受净利润影响，而且受财务杠杆即公司债务利用程度的影响。如上所述，财务杠杆放大了股东报酬率。然而，财务杠杆也会增加公司财务困境和破产的风险。一般来说，净资产收益率高表明公司业绩良好，但是如果业绩来自高财务杠杆，那么净资产收益率高则预示着公司面临的破产风险过高。

股利支付率＝普通股股利/普通股股东享有的净利润 （3—24）

股利支付率是指公司向普通股股东支付的股利占普通股股东所享有的净利润的百分比。

对于除股利支付率以外的上述比率，比率越高，公司的盈利能力越强，但正如前文所述，盈利能力比率高可能是其他经营方面管理不善与高效的财务管理二者共同作用的结果。销售净利率高意味着费用相对于收入较低。基本盈利能力比率反映了公司资产在不考虑财务杠杆和税费的情况下能产生多少收益。通常管理者、投资者与分析师在分析与比较具有不同财务杠杆和所得税的公司时，使用基本盈利能力比率更为有效。相对而言，总资产收益率衡量的是公司整体的业绩，即考虑财务杠杆与税费之后公司资产能产生多少收益。

净资产收益率衡量的是普通股股东的投资报酬率。管理者的目标是最大化普通股股价，因此管理者、投资者与分析师相比其他指标而言更注重净资产收益率。股利支付率反映了公司当年利润多少用于留存，多少用于股利分配。股利支付率越低，公司为未来增长或其他项目留存的利润越多。当年实现盈利的公司可把利润留存，既增加权益资本又增加公司价值。

例 3.4 盈利能力比率的计算

结合表 2—2 的资产负债表和表 2—3 的利润表，计算 DPH 林场公司 2012 年的盈利能力比率。

［解答］

DPH 林场公司的盈利能力比率计算如下，右侧列示的是相应比率的行业平均数：

销售净利率＝80/315＝25.40％	行业平均数＝23.25％
基本盈利能力比率＝152/570＝26.67％	行业平均数＝22.85％
总资产收益率＝80/570＝14.04％	行业平均数＝9.30％
净资产收益率＝80/(40＋210)＝32.00％	行业平均数＝38.50％
股利支付率＝25/80＝31.25％	行业平均数＝30.90％

上述比率表明 DPH 林场公司比同行业平均水平具有更好的盈利能力。DPH 林场公司的销售净利率、基本盈利能力比率、总资产收益率等比率均高于同行业平均水平。DPH 公司的净资产收益率低于同行业平均水平，主要原因是 DPH 公司相比同行业具有更低的负债水平和更高的权益水平。如上文所述，DPH 公司对资本结构的管理决策稀释了股东报酬率，这可能会引发普通股股东的不满。为了消除股东的不满，DPH 公司把当年净利润的较大一部分用于分配股利。当然，较高的股利支付率也意味着公司利润用于留存再投资部分变少。当年实现盈利的公司可把利润留存，既增加权益资本又增加公司价值。

市场价值比率

如上文所述，净资产收益率是管理者和投资者进行财务报表分析时最为重要的比率。通常净资产收益率高是经营业绩好的表现。然而，如果净资产收益率高是高财务杠杆的结果，这可能预示着公司面临的破产风险很高。净资产收益率不能直接衡量相应风险，但上市公司的股价可以反映风险。股东投资公司的回报主要来自股票的市场价值变动，因此衡量公司市场价值的比率与其他财务比率一样重要，甚至更为重要。

最后要讨论的一类比率是市场价值比率。**市场价值比率**（market value ratios）把公司的股价与其盈余、账面价值相联系。对于上市公司，市场价值比率反映了投资者对公司未来业绩与风险的预期。

市值账面比＝每股市价/每股账面价值 （3—25）

市值账面比衡量的是投资者愿意为每一单位净资产所支付的价格。每股账面价值是会计数字，反映了资产的历史成本。市值账面比把公司股东权益的历史成本与市场价值进行比较。一般来说，市值账面比越大，公司越好。如果一家公司的流动性、资产管理、负债管理和盈利能力等方面都具有良好表现，那么会有较高的市值账面比。市值账面比大于1，意味着市值高于账面价值，股东愿意为其投资支付溢价。

市盈率＝每股市价/每股盈余 (3—26)

市盈率可能是最为人所知和广泛运用的指标，它反映了投资者愿意为每一单位盈余所支付的价格。管理者、投资者与分析师通常利用市盈率进行同行业公司比较。管理者与投资者常使用市盈率来评价股票的相对财务业绩，通常市盈率越高，公司业绩越好。分析师、投资者与管理者预期具有高市盈率的公司在未来的业绩及股利能急速增长，留存收益能满足公司目标发展所需，但是追求价值的投资者会发现，高市盈率的公司通常股价较高。投资市盈率高的公司风险较大，因为投资者现在需要为未来预期更高的盈余支付较高的股价，而预期盈余不一定实现。市盈率低的公司通常具有较低的预期增长率或较低的未来盈余。需要注意的是，盈余受许多与经营不直接相关的因素影响，比如财务杠杆或税费。

例3.5 市场价值比率的计算

结合表2—2的资产负债表和表2—3的利润表，计算DPH林场公司2012年的市场价值比率。

［解答］

DPH林场公司的市场价值比率计算如下，右侧列示的是相应比率的行业平均数：

市值账面比＝17.25/12.50＝1.38　　行业平均数＝2.15

市盈率＝17.25/4.00＝4.31　　行业平均数＝6.25

上述比率表明，相比于同行业平均水平，DPH林场公司的投资者不愿为每股净资产账面价值支付过高的价格。DPH林场公司比同行业平均水平具有更低的杠杆水平，对权益融资具有更大的依赖，这可能是投资者缺乏兴趣的主要原因。如上文所述，DPH公司这一决策稀释了股东报酬率，这会导致普通股股东的不满，因此，股东会降低其愿意为每股账面价值和盈余支付的价格。

杜邦分析法

表3—1列示了上述比率以及DPH林场公司与同行业2012年相应的比率值。如果DPH林场公司的比率低于同行业水平，数值则标为黑体。前文已提及，许多比率相互关联，因此一个比率的变化会影响其他数个比率。比率之间的相关关系有助于公司业绩评价。管理者与投资者通常运用**杜邦分析法**（DuPont system of analysis）对总资产收益率和净资产收益率进行更为详尽的分析。杜邦分析法最初由杜邦公司使用并由此得到广泛应用，它结合资产负债表和利润表把总资产收益率和净资产收益率分解成多个部分。

表 3—1　　财务比率表

比率	DPH林场公司的比率值	林场行业的比率值
短期偿债能力比率		
流动比率＝流动资产/流动负债	1.71	1.50
速动比率＝（流动资产－存货）/流动负债	0.78	0.50
现金比率＝（现金＋有价证券）/流动负债	0.20	0.15
资产管理比率		
存货周转率＝销售收入（或已销产品成本）/存货	2.84	2.15
存货周转天数＝存货×365/销售收入（或已销产品成本）	129	170
应收账款周转天数＝应收账款×365/赊销额	81	95
应收账款周转率＝赊销额/应收账款	4.50	3.84
应付账款周转天数＝应付账款×365/已销产品成本	151	102
应付账款周转率＝已销产品成本/应付账款	2.42	3.55
固定资产周转率＝销售收入/固定资产	1.00	0.85
营运资本周转率＝销售收入/营运资本	3.71	3.20
总资产周转率＝销售收入/资产总额	0.55	0.40
资本密集度＝资产总额/销售收入	1.81	2.50
负债管理比率		
资产负债率＝负债总额/资产总额	**55.26%**	68.50%
产权比率＝负债总额/股东权益总额	**1.24**	2.17
权益乘数＝资产总额/股东权益总额	**2.24**	4.10
或者　　＝资产总额/普通股股东权益	**2.28**	4.14
利息保障倍数＝息税前利润/利息费用	9.50	5.15
固定费用保障倍数＝可用于支付固定费用的利润/固定费用	9.50	5.70
现金流量保障倍数＝（息税前利润＋折旧）/固定费用	10.31	7.78
盈利能力比率		
销售净利率＝普通股股东享有的净利润/销售收入	25.40%	23.25%
基本盈利能力比率＝息税前利润/资产总额	26.67%	22.85%
总资产收益率＝普通股股东享有的净利润/资产总额	14.04%	9.30%
净资产收益率＝普通股股东享有的净利润/普通股股东权益	**32.00%**	38.50%
股利支付率＝普通股股利/普通股股东享有的净利润	31.25%	30.90%
市场价值比率		
市值账面比＝每股市价/每股账面价值	**1.38**	2.15
市盈率＝每股市价/每股盈余	**4.31**	6.25

基本的杜邦恒等式把总资产收益率分解成销售净利率和总资产周转率。

$$\text{总资产收益率}=\text{销售净利率}\times\text{总资产周转率}$$

$$\frac{\text{普通股股东享有的净利润}}{\text{资产总额}}=\frac{\text{普通股股东享有的净利润}}{\text{销售收入}}\times\frac{\text{销售收入}}{\text{资产总额}} \tag{3—27}$$

基本的杜邦恒等式从经营效率和资产运营效率两个角度综合衡量公司整体盈利能力，即分别观察每一单位销售收入能实现的净利润以及每一单位总资产能实现的销售收入。结合该等式，公司管理者能详细了解总资产收益率变化的原因。举个例子，假设总资产收益率提高，如果杜邦恒等式显示销售净利率不变而总资产周转率提高，则表明总资产收益率的提高是由资产运营效率提高引起的；如果杜邦恒等式显示总资产周转率不变而销售净利率提高，则表明总资产收益率的提高是由经营效率提高引起的。管理者通常使用上述比率，从经营效率和资产运营效率两个方面分析总资产收益率变化的原因。

接下来，杜邦分析法把净资产收益率分解成总资产收益率和权益乘数。

$$净资产收益率=总资产收益率\times 权益乘数$$

$$\frac{普通股股东享有的净利润}{普通股股东权益}=总资产收益率\times\frac{资产总额}{普通股股东权益} \tag{3—28}$$

需要注意的是，在此权益乘数是以普通股股东权益作为分母，因此，杜邦分析法中权益乘数只考虑普通股股东权益，而不是股东权益总额。

若将上述等式进一步分解，杜邦分析法则可把净资产收益率分解成销售净利率、总资产周转率和权益乘数。

$$净资产收益率=销售净利率\times 总资产周转率\times 权益乘数$$

$$\frac{普通股股东享有的净利润}{普通股股东权益}=\frac{普通股股东享有的净利润}{销售收入}\times\frac{销售收入}{资产总额}\times\frac{资产总额}{普通股股东权益} \tag{3—29}$$

管理者、投资者与分析师对净资产收益率进行上述分解，即分解成销售净利率、总资产周转率和权益乘数，可以从经营效率、资产运营效率以及财务杠杆三个方面分析股东报酬率。当然，我们还可以进一步分解，更为详尽地分析净资产收益率变化的可能原因。图3—1阐述了杜邦分析法对净资产收益率和总资产收益率的分解，也表明上文讨论的许多财务比率之间存在关联。

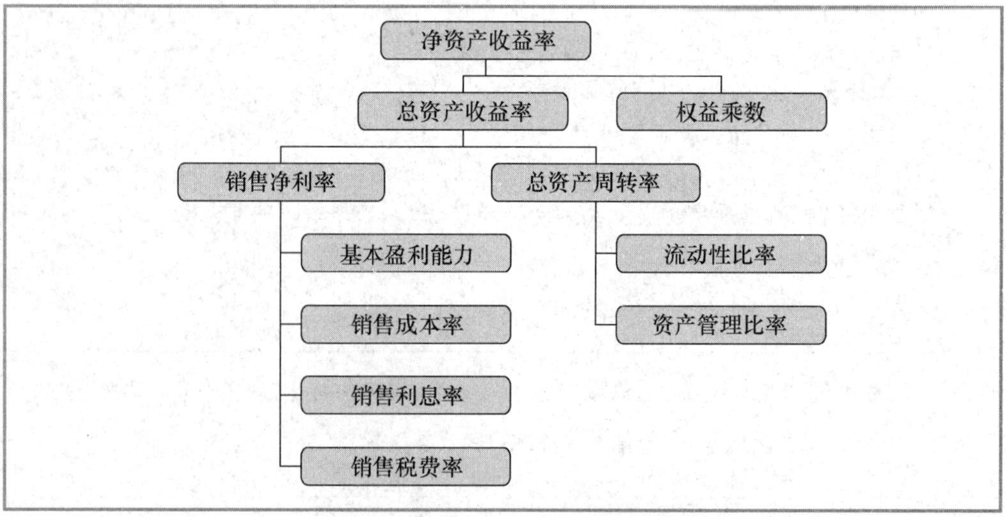

图3—1　杜邦分析法

例3.6 杜邦分析法的应用

结合表2—2的资产负债表和表2—3的利润表，运用杜邦恒等式计算DPH林场公司2012年的总资产收益率和净资产收益率。

[解答]

运用杜邦恒等式对DPH林场公司总资产收益率和净资产收益率的计算过程如下，行业平均数列示其下：

总资产收益率＝销售净利率×总资产周转率

14.04％＝25.396 83％×0.552 63

行业平均数：9.30％＝23.25％×0.40

$$\frac{\text{普通股股东享有的净利润}}{\text{资产总额}}=\frac{\text{普通股股东享有的净利润}}{\text{销售收入}}\times\frac{\text{销售收入}}{\text{资产总额}}$$

$$\frac{80}{570}=\frac{80}{315}\times\frac{315}{570}$$

净资产收益率＝销售净利率×总资产周转率×权益乘数

32.00％＝25.396 83％×0.552 63×2.28

行业平均数：38.50％＝23.25％×0.40×4.14

$$\frac{\text{普通股股东享有的净利润}}{\text{普通股股东权益}}=\frac{\text{普通股股东享有的净利润}}{\text{销售收入}}\times\frac{\text{销售收入}}{\text{资产总额}}\times\frac{\text{资产总额}}{\text{普通股股东权益}}$$

$$\frac{80}{40+210}=\frac{80}{315}\times\frac{315}{570}\times\frac{570}{40+210}$$

总资产收益率衡量了公司整体经营效率与盈利能力，由该比率可知，DPH公司的盈利水平高于同行业平均水平。杜邦恒等式的数值表明，该公司更优的业绩是经营效率和资产运营效率共同作用的结果，它具有更高的销售净利率和总资产周转率。然而，DPH公司的净资产收益率低于同行业平均水平。杜邦恒等式的数值表明，DPH公司净资产收益率更低是因为相比同行业公司，该公司的债务利用水平较低。

其他比率

共同比财务报表

除了上述比率，管理者、投资者与分析师通常还会计算所有资产负债表项目占资产总额的百分比以及所有利润表项目占销售收入的百分比，这个过程称作财务报表的百分比化，会产生经过规模调整的**共同比财务报表**（common-size financial statements）。结合共同比财务报表，感兴趣者可以更好地了解公司业绩的变化。共同比资产负债表和共同比利润表中的环比增长率也是可用于分析业绩趋势的有效比率，它们有助于比较同行业不同公司的资产负债表和利润表。共同比财务报表能从数字上表明公司以及行业的变化方向，它们为管理者的下一步行动提供信息。

内部增长率与可持续增长率

再次请记住，任何公司管理者的工作都是最大化公司市场价值。公司的总资产收益率和净资产收益率可用于评价公司增长能力以及公司最大市场价值。具体而言，管理者、投资者与分析师使用这些比率来计算两个增长能力衡量指标：内部增长率与可持续增长率。

内部增长率（internal growth rate）是指公司仅依靠内部融资即留存收益时所能维持的最大增长率。内部增长率的计算公式为：

$$\text{内部增长率}=\text{总资产收益率}\times\frac{\text{留存收益率}}{1-\text{总资产收益率}\times\text{留存收益率}} \tag{3—30}$$

留存收益率是指当年净利润中公司用于留存再投资部分所占比例。

$$\text{留存收益率}=\text{留存收益追加额}/\text{普通股股东享有的净利润} \tag{3—31}$$

公司净利润要么用于向股东支付股利，要么留存用于再投资，因此股利支付率与留存收益率相加总是等于1。

$$\text{留存收益率}=1-\text{股利支付率} \tag{3—32}$$

如果公司仅依靠内部融资来支持资产增长，会出现一个问题。随着时间的推移，公司的资产负债率会逐渐下降，因为在仅依赖留存收益融资的情况下，公司资产不断增加而债务总额保持不变，这样会导致上文已多次提及的情况发生，随着公司增长，逐渐下降的资产负债率会稀释股东报酬率，股东会对此不满。因此，在公司增长的同时，管理者必须尽量维持最佳资产负债率。这种情况下，管理者会依靠内部融资和新债务来支持资产增长。这种方式下能实现的最大增长率称作**可持续增长率**（sustainable growth rate）。可持续增长率的计算公式为：

$$\text{可持续增长率}=\text{净资产收益率}\times\frac{\text{留存收益率}}{1-\text{净资产收益率}\times\text{留存收益率}} \tag{3—33}$$

最大化可持续增长率有助于管理者实现公司价值最大化。杜邦恒等式（3—29）把净资产收益率分解为销售净利率、总资产周转率和权益乘数，可知公司的可持续增长率取决于以下四个方面：

1. 销售净利率，即经营效率；
2. 总资产周转率，即资产运营效率；
3. 财务杠杆，即债务利用程度；
4. 利润留存情况，即公司使用多大比例的净利润进行再投资而不是股利分配。

上述任何一个因素的增长都会提高公司的可持续增长率，进而促进公司价值最大化。管理者、投资者与分析师在评价公司业绩及市场价值时会特别关注这些方面。

例3.7 内部增长率与可持续增长率的计算

结合表2—2的资产负债表和表2—3的利润表，计算DPH林场公司2012年的内部增长率与可持续增长率。

[解答]

DPH林场公司的内部增长率与可持续增长率计算如下，相应比率的行业平均数列示其下：

留存收益率=(210−155)/80=0.687 5或68.75%

行业留存收益率=1−行业股利支付率=1−0.309 0=0.691 0

内部增长率=0.140 4×0.687 5/(1−0.140 4×0.687 5)
=0.106 8或10.68%

行业平均内部增长率=0.093 0×0.691 0/(1−0.093 0×0.691 0)
=0.068 7或6.87%

可持续增长率=0.320 0×0.687 5/(1−0.320 0×0.687 5)
=0.282 1或28.21%

行业平均可持续增长率=0.385 0×0.691 0/(1−0.385 0×0.691 0)
=0.362 5或36.25%

数据表明，在仅依赖留存收益维持公司增长的情况下，DPH林场公司比同行业平均水平具有更高的增长率。然而，如果公司保持资产负债率不变，也就是说，同时使用债务和留存收益维持业绩增长，DPH林场公司的增长率低于同行业平均水平。再一次说明，这种情况的产生是因为DPH林场公司相比于同行业公司具有更低的负债利用程度。因此，DPH林场公司的资本结构决策限制了其增长。

时间序列与横截面分析

我们已经讨论了许多财务比率，这些比率有助于管理者和投资者进行公司业绩评价。为了有效分析业绩，我们必须按照某种标准或基准来阐释相关比率。为了阐明财务比率，管理者、投资者与分析师通常按照两种基准进行评价：(1)与同一公司不同年度的业绩进行比较，即**时间序列分析**(time series analysis)；(2)与同行业不同公司的业绩进行比较，即**横截面分析**(cross-sectional analysis)。

管理者、投资者与分析师按照时间顺序分析比率的变化情况，可清楚了解公司财务状况是有所改善还是恶化。举个例子，比率分析结果显示，存货周转天数增加，这表明相较于销售收入，存货使用情况不如之前。如果存货的增加是因为管理者有意多备存货以向顾客提供更多的选择，而这一存货增加决策引起未来销售收入增长且存货增加产生的边际收入高于相应边际成本，这种情况下，存货规模变大对公司有利，但是如果存货增加是由于采购和生产稳定进行而销售下滑导致的，那么管理者与投资者应该有所注意。

如果只关注某家公司的财务比率，即使进行时间序列分析，所了解的信息也仅限于这家公司且分析受限。比率分析法通常会把一家公司的比率与同行业其他公司的相应比率进行比较，即进行横截面分析。横截面分析的关键在于找出同一市场中的类似公司，即进行比较分析的公司应该具有相近的资产规模和相似的经营方式。由于不存在完全相同的两家公司，寻找可比较公司实非易事。注意，本章计算了DPH林场公司的财务比率，我们将其与行业平均水平进行比较。用于横截面分析的比较分析比率有多个数据来源，四个主要的财务比率数据来源分别是Value Line Investment Surveys，Robert Morris Associates，Hoover's Online（www.hoovers.com）以及Money网（money central.msn.com）。

运用比率评价业绩时的注意事项

财务报表分析帮助管理者、投资者与分析师更好地了解公司业绩。关于财务报表数据，我们应该注意以下几点。

1. 财务报表数据是历史数据。历史数据不能反映未来业绩。当我们使用历史数据进行预测时，需要注意的是，如果历史业绩不具有持续性，则预测可能不准确。

2. 正如上一章所提及，不同公司的会计核算方法不同。比如，不同公司存货计价方法可能不同。一家公司可能使用先进先出法，以先入库存货的价格计算发出存货成本；另一家公司使用后进先出法，按照后入库存货的价格计算发出存货成本。此外，不同公司固定资产折旧方法也可能不同，可能一家公司使用直线折旧法而另一家公司使用加速折旧法。尤其在运用横截面分析时，会计准则的差异会影响财务报表项目的数值以及财务比率。因此，在使用财务比率分析公司业绩时，很有必要先了解公司采用的会计规则。

3. 公司进行横截面分析时的比较公司通常可能位于世界各地。对于非美国公司，其财务报表不需遵循美国公认会计准则编制。对于不同国家的公司，除了存货计价方法和折旧方法外，不同的会计准则和会计程序也会加大比较财务报表和财务比率的难度。

4. 销售收入和费用在同一年度不同时期会有所不同。管理者、投资者与分析师在进行横截面分析时应注意统一期间，否则分析比较得到的结论可能实际上只是季节性差异。类似地，不同公司会计年度的截止日期可能不同，这会加大横截面分析的难度。此外，一次性事件比如并购会影响公司的财务业绩，进行横截面分析时，如果所比较公司里存在此类公司，可能会产生错误结论。

5. 大型公司通常拥有多个分部、多个经营范围不同的业务单元，这种情况下，管理者与投资者很难对这类公司进行横截面分析。

6. 公司通常对财务报表进行粉饰，以使财务业绩看起来更好。比如，为了提高依据年末资产负债率计算的短期偿债能力比率，公司通常通过延迟支付原材料采购款、设备购置款以及借款等增加流动项目。如果可能，通常使用年末财务报表以外的信息进行比率分析更为准确。

7. 个人分析师计算比率的方法可能不同。比如，一个分析师使用资产负债表年末数据计算比率，而另一个分析师使用资产负债表年末与年初平均数。如果公司当年资产负债表项目变化很大，计算方法的不同会导致比率数值的差异，进而影响对财务健康程度的评价。

财务报表比率分析是公司业绩评价的重要部分。如果管理者、投资者与分析师未考虑上述注意事项，他们对比率的分析结论可能存在错误。然而，如果使用正确且有效，比率分析法能提供许多关于公司目前状况和未来业绩的有用信息。

简述题

1. 将下列比率归入相应的比率类型，即短期偿债能力比率、资产管理比率、负债管理比率、盈利能力比率以及市场价值比率。
   a. 流动比率
   b. 存货周转率
   c. 总资产收益率
   d. 应付账款周转天数
   e. 利息保障倍数
   f. 资本密集度
   g. 权益乘数
   h. 基本盈利能力比率
2. 下列事项对流动比率有何影响？假设资产负债表其他项目保持不变且净营运资本为正。
   a. 收到顾客支付应收账款的现金
   b. 用现金支付应付账款
   c. 折扣销售存货
   d. 折扣采购存货
   e. 应付工资及税费增加
   f. 用现金偿付长期借款
   g. 收到短期银行借款的现金
3. 解释下列比率的含义及意义。
   a. 速动比率
   b. 应收账款周转天数
   c. 净资产收益率
   d. 存货周转天数
   e. 资产负债率
   f. 销售净利率
   g. 应付账款周转率
   h. 市值账面比
4. 一家公司的应收账款周转天数为 10 天，行业应收账款平均周转天数为 25 天。请问这表明该公司应收账款管理良好还是管理不善？
5. 一家公司的资产负债率为 20%，行业平均资产负债率为 65%。请问公司财务杠杆管理是否需要改善？
6. 一家公司的净资产收益率为 20%，行业平均净资产收益率为 12%。请问这是公司管理良好的表现吗？
7. 为什么杜邦分析法是重要的公司业绩评价工具？

8. 一家公司的净资产收益率为10%，行业平均净资产收益率为15%。如何运用杜邦分析法帮助管理者找出差异的原因？

9. 内部增长率与可持续增长率的区别是什么？

10. 时间序列分析和横截面分析的区别是什么？

11. 时间序列分析和横截面分析可以向管理者、投资者与分析师提供哪些信息？

12. 在通过财务比率分析得出业绩评价结论之前，为什么有必要了解公司的会计规则？

13. 公司粉饰财务报表意味着什么？

计算题

1. 你正在评价Goodman's Bees公司的资产负债表。从资产负债表中你获取了如下信息：现金及有价证券=400 000美元；应收账款=1 200 000美元；存货=2 100 000美元；应付工资及税费=500 000美元；应付账款=800 000美元；应付票据=600 000美元。计算Goodman's Bees公司的流动比率、速动比率以及现金比率。

2. Tater and Pepper公司2012年的销售收入为2 300万美元，资产负债表列示的存货为560万美元。一年365天的情况下，计算该公司的存货周转率和存货周转天数。

3. Tiggie宠物玩具公司2012年末的产权比率为1.75。假设该公司年末负债总额为2 500万美元，计算该公司股东权益总额。

4. Maggie除虫公司2012年利润表列示的净销售额为1 250万美元，息税前利润为560万美元，普通股股东享有的净利润为320万美元，普通股股利为120万美元。2012年末的资产负债表中，资产总额为5 250万美元，普通股股东权益为2 100万美元，股数为200万股。计算该公司的销售净利率、基本盈利能力比率、总资产收益率、净资产收益率以及股利支付率。

5. 你正在考虑投资Roxie公司。该公司上期的利润表显示，留存收益追加额为480万美元，普通股股利为220万美元。上期末资产负债表显示，普通股股东权益为3 500万美元，股数为1 000万股，股价为每股9美元。计算该公司的每股账面价值和每股盈余，并计算该公司市值账面比和市盈率。

6. 如果Silas公司的净资产收益率为18%，权益乘数为2，销售净利率为18.75%，请问该公司的总资产周转率和资本密集度分别是多少？

7. 去年Lakesha客厅家具公司的总资产收益率为7.5%，股利支付率为25%，请问该公司的内部增长率为多少？

8. 去年Lakesha客厅家具公司的总净资产收益率为17.5%，股利支付率为20%，请问该公司的可持续增长率为多少？

9. Brenda公司的流动负债为1 500万美元。现金占流动资产总额的比例为10%，应收账款占流动资产总额的比率为40%。Brenda公司的流动比率为2.1。计算该公司存货的值。

10. Mandesa公司的流动负债为800万美元，流动比率为2，存货周转率为12，应收账款周转天数为30天，赊销额为6 400万美元。计算该公司现金及有价证券的值。

11. 你获取了Els公司的如下信息：营运资本周转率为4.6，销售净利率为20%，普通股股东享有的净利润为500万美元，流动负债为600万美元。请问公司的流动资产为多少?

12. 使用下列信息完成这张资产负债表：销售收入为880万美元，资本密集度为2.10，资产负债率为55%，非流动资产周转率为1.2。

资产		负债与所有者权益	
流动资产		负债	
非流动资产		所有者权益	
资产总计		负债与所有者权益总计	

13. Tiggie宠物玩具公司2012年的产权比率为1.75，如果该公司的资产总额为2 500万美元，计算其负债总额和所有者权益总额。

14. 你正在考虑投资Nikki公司，而你仅获取了该公司2012年末的下列信息：净利润为250 000美元，负债总额为250万美元，资产负债率为55%。Nikki公司2012年的净资产收益率是多少?

15. Rick旅行公司请你整理其最近一年的财务信息。管理者给了你下列信息：销售收入为820万美元，负债总额为210万美元，资产负债率为40%，净资产收益率为18%。结合这些信息，计算该公司的总资产收益率。

16. Leonatti公司年末股价为每股35美元。该公司的总资产为5 000万美元，资产负债率为65%，公司未发行优先股，普通股股数为300万股。计算该公司的市值账面比。

17. 去年S公司的净资产收益率为18%，资产负债率为55%，销售收入为1 500万美元，资本密集度为1.25。计算该公司去年的净利润。

18. R公司的销售净利率为10.5%，总资产周转率为0.75，产权比率为0.80，净利润为500 000美元，普通股股利为200 000美元，未发行优先股。计算该公司的内部增长率。

19. 你获取了有关Webb空调公司的下列信息：资产负债率为54%，资本密集度为1.10，销售净利率为12.5%，股利支付率为25%。计算该公司的可持续增长率。

20. 结合Lake of Egypt Marina公司的财务报表，回答下列问题：

Lake of Egypt Marina公司
2011年12月31日与2012年12月31日的资产负债表（单位：百万美元）

	2012年	2011年		2012年	2011年
总资产			负债与所有者权益		
流动资产			流动负债		
现金及有价证券	75	65	应付工资及税费	40	43
应收账款	115	110	应付账款	90	80
存货	200	190	应付票据	80	70
合计	390	365	合计	210	193
非流动资产			非流动负债	300	280
厂房设备总值	580	471	所有者权益		
减：折旧	110	100	优先股	5	5

续前表

	2012年	2011年		2012年	2011年
厂房设备净值	470	371	普通股及资本公积	65	65
其他长期资产	50	49	留存收益	330	242
合计	520	420	合计	400	312
资产总计	910	785	负债与所有者权益总计	910	785

Lake of Egypt Marina公司
2012年和2011年的利润表（单位：百万美元）

	2012年	2011年
销售收入（全为赊销）	515	432
减：已销产品成本	230	175
毛利	285	257
减：折旧	22	20
其他营业费用	30	25
息税前利润（EBIT）	233	212
减：利息	33	30
税前利润（EBT）	200	182
减：税费	57	55
净利润	143	127
减：优先股股利	5	5
普通股股东所享净利润	138	122
减：普通股股利	65	65
留存收益的追加	73	57
普通股每股数据：		
每股盈余（EPS）	2.123	1.877
每股股利（DPS）	1.000	1.000
每股净资产（BVPS）	6.077	4.723
每股市值（MVPS）	14.750	12.550

（1）编制Lake of Egypt Marina公司2011年和2012年的共同比资产负债表和共同比利润表。

（2）计算Lake of Egypt Marina公司2012年末下列比率。

比率	Lake of Egypt Marina公司	行业	比率	Lake of Egypt Marina公司	行业
流动比率		2.00	产权比率		1.67
速动比率		1.20	权益乘数		2.67
现金比率		0.25	利息保障倍数		8.50
存货周转率		3.60	现金流量保障倍数		8.75

续前表

比率	Lake of Egypt Marina 公司	行业	比率	Lake of Egypt Marina 公司	行业
存货周转天数		101.39 天	销售净利率		28.75%
应收账款周转天数		32.50 天	基本盈利能力比率		32.50%
应付账款周转天数		45.00 天	总资产收益率		19.75%
固定资产周转率		1.25	净资产收益率		36.88%
营运资本周转率		4.25	股利支付率		35.00%
总资产周转率		0.85	市值账面比		2.55
资本密集度		1.18	市盈率		15.60
资产负债率		62.50%			

（3）使用杜邦分析法分析 Lake of Egypt Marina 公司的总资产收益率和净资产收益率。

（4）计算 Lake of Egypt Marina 公司的内部增长率和可持续增长率。

（5）利用第(2)题表格，对 Lake of Egypt Marina 公司与同行业进行比较分析。你认为 Lake of Egypt Marina 公司 2012 年的财务业绩如何？

21. 结合下列信息，完成下面的资产负债表。

流动比率＝2.50

销售净利率＝10%

销售收入＝12 亿美元

净资产收益率＝20%

长期负债/长期负债与权益之和＝55%

流动资产		流动负债	21 000 万美元
非流动资产		非流动负债	
		所有者权益	
资产总计		负债与所有者权益总计	

22. 结合下列信息，完成下面的资产负债表。

流动比率＝2.20

赊销额＝12 亿美元

应收账款周转天数＝60 天

存货周转率—1.50

总资产周转率＝0.75

资产负债率＝60%

现金		流动负债	5 亿美元
应收账款		非流动负债	
存货		负债总计	
流动资产		所有者权益	
非流动资产			
资产总计		负债与所有者权益总计	

第 4 章

资金时间价值 1：单一现金流量分析

- 现金流整理
- 终　　值
- 现　　值
- 现值和终值的应用
- 求解利率
- 求解期数

学习目标

1. 学会画现金流量图。
2. 计算资金的终值。
3. 解释复利如何增加财富。
4. 计算未来现金流的现值。
5. 移动不同时点的现金流量。
6. 运用 72 法则。
7. 计算投资回报率。
8. 计算投资回报所需时间。

引文

本章和下一章都将讨论资金时间价值的原理与运用。资金时间价值原理作为公司理财决策的有力工具，其应用将贯穿本书后文。无论是进行公司理财或其他商业管理，还是进行个人生活的理财决策，学会使用资金时间价值原理将有助于做出合理决策。

学习本章后，你将会明白 CEO、CFO 以及其他专业人士为何要做出那些决策。本章和下一章将详尽阐述资金时间价值。考虑到部分同学可能会感到资金时间价值的学习较为困难，我们将这个主题分成两章，并结合许多例题及案例来分析。当你能理解例题且能解决实务问题时，我们相信你会发现资金时间价值并不难。

在运用资金时间价值进行决策时，需要考虑的因素有：

- 现金流量的大小；
- 现金流量发生的时间；
- 我们能实现的报酬率。

本章的标题即为资金时间价值，你是否思考过，为什么资金的价值会变化？为什么资金的价值会受时间影响？假设今天你用 100 美元能买一堆的食物和饮料，五年之后，你还能用这 100 美元买到同样多的东西吗？很可能买不到。通货膨胀可能使今天购买这些东西需要花费 120 美元。这样的话，就购买力而言，这些美元五年来已经失去部分价值。如果你现在不需要使用资金而选择把钱藏在床垫之下，这只会导致你的钱随着时间贬值；相反，你若选择把钱存入银行，银行会支付相应的利息，这个利息就是对资金价值随时间下降的补偿，每一单位货币的价值在未来会更少，但你会获得更多的货币，如此一来，你仍能购买同样多的东西。

资金时间价值的基本原理就是今天的 1 美元比明年的 1 美元更有价值。比明年多值多少呢？今天的 1 美元值明年的 1.05 美元？1.08 美元？还是 1.12 美元？答案取决于当前的利息率。本章介绍资金时间价值的概念，并介绍不同时点下单一现金流量的分析方法。

视　角

商业应用

你是某耳机设备公司的生产经理，刚刚收到来自耳机线供应商的要约。由于计划不当，供应商的电线严重超量，因此愿意以 450 000 美元的价格出售价值 500 000

个人应用

美国发薪日贷款近几年已形成市值数十亿美元的市场。金融机构向人们提供短期贷款，借款者在其下一个发薪日偿还贷款。安东尼最近紧缺几百美元，而下一个美元的耳机线。你手中已有足够一年生产所需材料，如果这次购买了，则需要储存一年，耗费2 000美元。如果你购买并储存这些电线，这一投资的内含收益率是多少？你是否应该进行这次采购？

发薪日是在两周之后。为了取得300美元的贷款，安东尼必须在取得贷款的同时立即偿还50美元，并在两周之后偿还300美元。这一为期两周的贷款内含利率为多少？安东尼是否应该借款？

现金流整理

对现金流时间的管理是商业经营成功的关键之一。**时间轴线**（time line）是现金流整理的有效工具，它反映了不同时点发生的现金流量情况。时间轴线上的时间间隔可以是月份、季度、半年或年度。收到的现金称作**现金流入**（cash inflow），以正数标记；支出的现金比如支付款则称作**现金流出**（cash outflow），以负数标记。

下面的时间轴线表示你往银行存入100美元的存款，利率为5%。1年后，100美元增加至105美元。给定该利息率，现在的100美元和1年后的105美元具有同样的价值。

举个简单的例子，假设你同意银行按5%的成本或5美元借给你100美元的资金，这个成本就称作**利息率或利率**（interest rate）。

时期	0	5%	1	5%	2年
现金流量	−100		105		

利率会影响你一生，无论是商业活动还是个人生活。公司借款修建工厂、扩张新市场，它们期望这些活动未来产生的收入能多于借款的本息和。人们使用信用卡消费、借款买车买房，都是期望消费所带来的效用能大于因借款而支付的利息。理解相应时间内现金流入、流出与利率之间的动态关系是财务管理成功的关键。学好这些概念的根本在于理解资金如何随时间增长。

终　值

在年利率为5%的情况下，1年后银行支付给你的105美元为100美元1年后的**终值**（future value，FV）。如果利率高于5%，则这100美元的终值会更高。如果你把钱存入银行超过1年，它的终值会随着时间增加。这是为什么呢？

单期终值

计算一笔资金1年后的终值很简单，直接把今日的现金流量加上利息即可。在本例中，100美元的终值为：

一年后的价值＝当前现金流量＋利息

105 美元＝100 美元＋5 美元

5 美元的利息等于 100 美元的现金流量乘以 5%的利率。请注意，在等式中利率通常以小数的形式表示，因此我们使用 0.05 代替 5%，即

100＋100×0.05＝105(美元)

等式也可以写成

100×(1＋0.05)＝105(美元)

括号中的 1 表示初始的存款，0.05 表示利率。我们可以使用该等式计算任意现金流量的终值。在终值计算的一般等式中，当前的现金流量称作**现值**（present value，PV)。计算一年后的终值时，通常终值以 FV_1 表示，利率以 i 表示。

一年后的价值＝当前的价值×(1＋利率)

$$FV_1 = PV \times (1+i) \tag{4—1}$$

这个公式与上述计算 100 美元的终值那个等式一致，我们只是把它通用化，以便反复使用。下标 1 表示计算的是一期后的终值，在本例中，一期是指一年。如果利率是 6%而不是 5%，同样可以使用式（4—1）计算得到终值为 106 美元，即 100×(1＋0.06)＝106 美元。

当然，利率越高，终值越大。表 4—1 列示了不同现金流量和利率情况下的利息及终值。表格的前两行中，当前的现金流量均为 100 美元，差异体现在利率上，分别为 5%和 6%。对于 100 美元的本金，利息差仅为 1 美元，差异并不大，但是对于 15 000 美元的本金，如后两行所示，1%的利率差导致 150 美元的利息差，差异不容忽视。

表 4—1　越高的利率和现金流量产生越大的终值　单位：美元

利率越高，终值越大			
当前现金流量	利率	利息	一年后终值
100.00	5.00%	5.00	105.00
100.00	6.00%	6.00	106.00
15 000.00	5.00%	750.00	15 750.00
15 000.00	6.00%	900.00	15 900.00
当前现金流量越大，终值越大			
当前现金流量	利率	利息	一年后终值
500.00	7.50%	37.50	537.50
750.00	7.50%	56.25	806.25

复利与终值

这 100 美元存满 1 年之后，你必须决定是取出 105 美元还是把它继续存入银行

以获取另一笔5%的利息，或者获取按照当前利率的利息额。第2年的存款为105美元，按照5%的利率，利息为5.25美元。很重要的是，第2年的利息多于第1年的5美元，本息和不止110美元。第2年额外的25美分利息是对第1年的利息存款收取的利息。对本金及前期利息计提利息，称作**复利**（compounding）。我们仍以这100美元为例，利息仍为5%，结合时间轴线进行阐述。

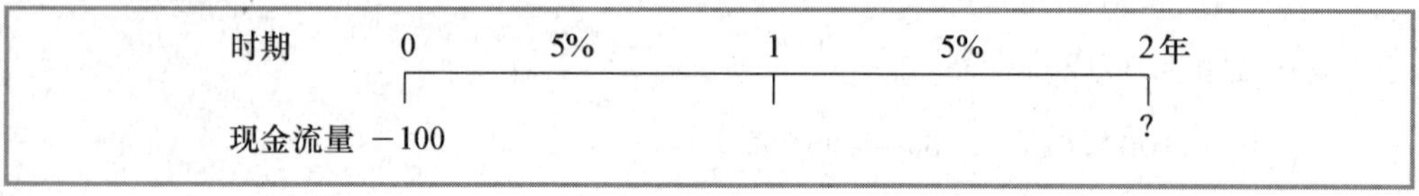

问号标记处的数值是我们想要求解的。对于所有关于资金时间价值的问题，我们第一步需要确定所求解的项目。在本例中，我们要计算的是终值。为了计算2年期复利终值，我们使用两次1年期公式（4—1）即可。

$$100\times(1+0.05)\times(1+0.05)=110.25(\text{美元})$$

也就是说，今天以5%的利率存入100美元，2年后的终值为110.25美元。可以发现，10美元的利息是产生于本金，每年5美元；第2年取得的0.25美元利息则是来自于对前期利息的计息。每年对本金计提5美元利息，称作**单利**（single interest）。任何年度里对5美元利息计提的利息都为复利。随着时间的推移，由复利而来的利息逐渐增多。式（4—1）的多年份形式则可计算N年后的终值。

N年后的终值＝现值×N年复利终值因子

$$FV_N=PV\times(1+i)^N \tag{4—2}$$

我们可以直接运用式（4—2）计算2年期存款的终值，即$100\times(1.05)^2=110.25$美元。运用该公式求解，公式中必须只存在一个未知项。事实上，所有的资金时间价值公式都要求先确认什么是未知的，然后用公式求解出那个未知项。

我们能使用式（4—2）解决许多不同的关于终值的问题。在利率为5%的情况下100美元30年后的终值是多少？运用式（4—2），我们可以迅速计算得出终值为$100\times(1.05)^{30}=432.19$美元，资金大幅增加。你以100美元的本金获得了332.19美元的收益，其中150美元的利息产生于单利，另外182.19美元的利息产生于复利。

对于100美元的本金，5%的利率和6%的利率在第1年只产生1美元的利息差？那么，15年后的终值差异为多大？是15美元吗？如图4—1所示，终值差异随着时间明显增大。15年后的终值差为31.76美元，30年后的终值差为142.15美元。

复利效应

复利的确是财富增长的有效工具。阿尔伯特·爱因斯坦是著名的德裔美籍科学家，作为相对论创造者以及1921年诺贝尔物理学奖获得者，据说他曾说过，宇宙中最强的力量是复利。图4—2阐释了这一点，图中终值分为100美元的本金、本金累计的利息以及利息累计的利息三部分。至第27年，复利利息超过本金利息；至第40年，复利利息多于本金利息的2倍。计息时间越长，复利效应越大。

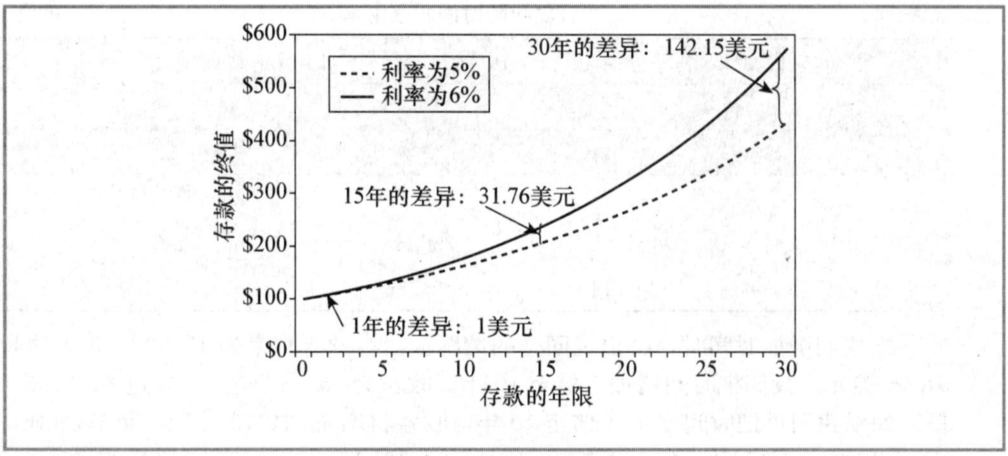

图 4—1　100 美元的终值

注：利率的微小差异会随时间逐渐增大。

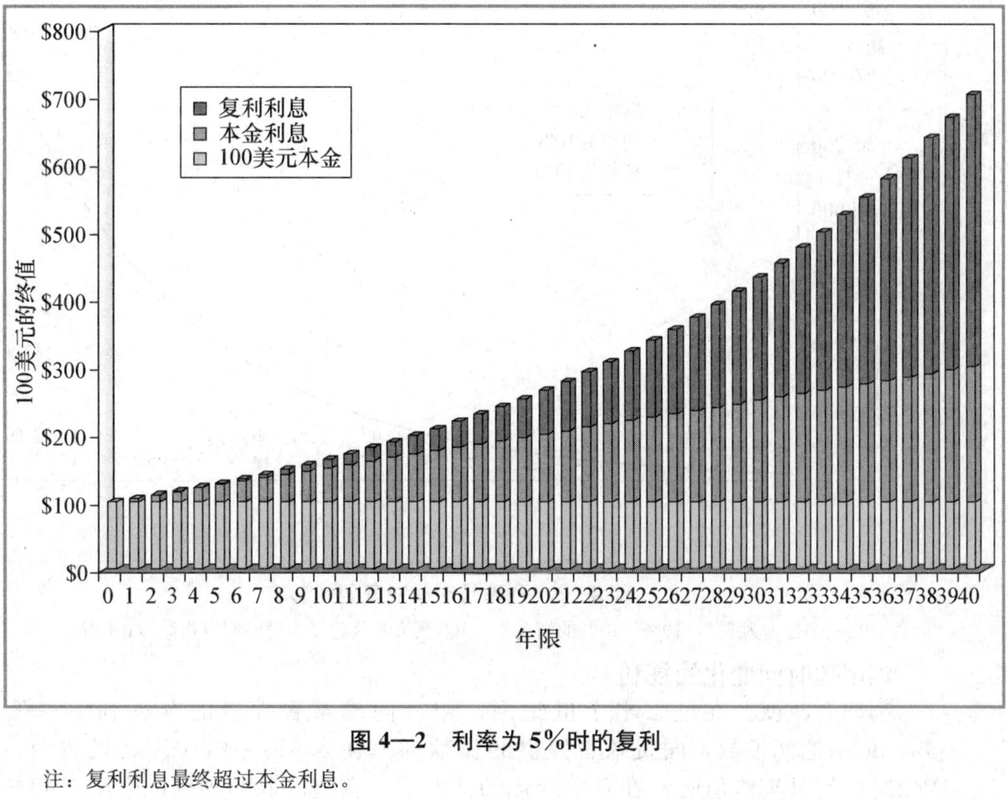

图 4—2　利率为 5%时的复利

注：复利利息最终超过本金利息。

利率越大，复利效应越大。表 4—2 比较了 100 美元在不同利率下的终值差异。在年利率为 5%的情况下，100 美元 5 年后的终值为 127.63 美元，收益为 27.63 美元。那么，利率为 10%时 100 美元 5 年的收益为其 2 倍吗？并不是，因为复利改变了投资的性质，资金以指数的形式增加，而不是简单地以线性形式增加。年利率为 10%时 100 美元 5 年后的终值为 161.05 美元，收益为 61.05 美元，大于年利率为 5%下收益的 2 倍。年利率为 15%时，100 美元 5 年后的终值为 201.14 美元，其利率为 5%的 3 倍，而收益近于利率为 5%时收益的 4 倍。

表 4—2 复利随时间积累财富 单位：美元

利率分别为 5%，10%，15%时 100 美元的终值				
利率	终值			
	5 年	10 年	20 年	30 年
5%	127.63	162.89	265.33	432.19
10%	161.05	259.37	672.75	1 744.94
15%	201.14	404.56	1 636.65	6 621.18

当我们增加时间时，会出现同样的情况。当存款年利率为 10%时，5 年的收益为 61.05 美元。我们把时间增加 1 倍至 10 年，收益为 159.37 美元，超过 61.05 美元的 2 倍。如果我们再把时间增加 1 倍至 20 年，收益将增至 572.75 美元，而不是 318.74 美元（即 159.37 美元的 2 倍）。年利率为 10%的情况下，100 美元的存期若为 30 年，收益将高达 1 644.94 美元。利率和时间均是影响复利的重要因素，图 4—3 阐述了这一点。

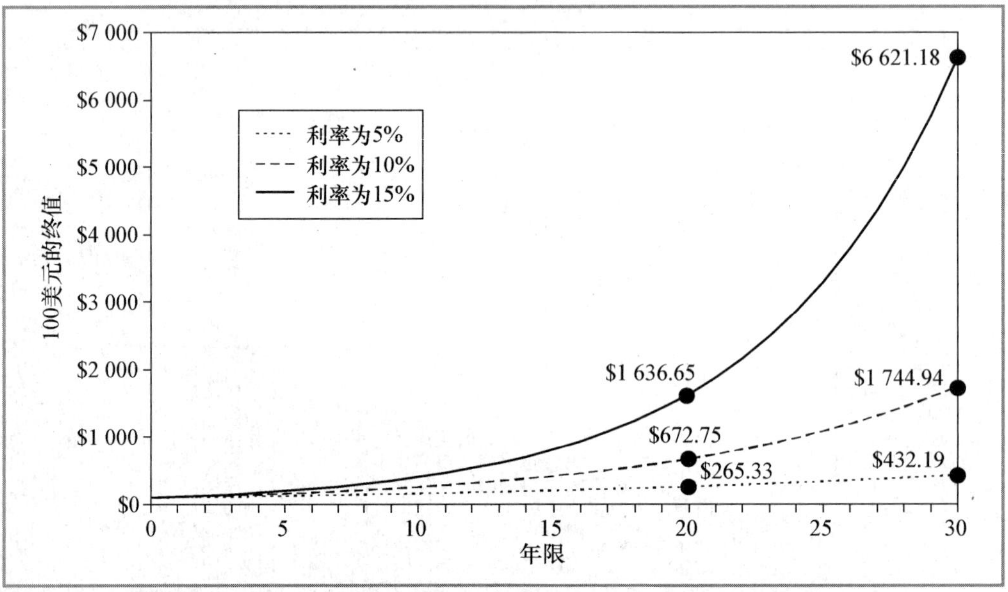

图 4—3 利率及时间对复利的影响

注：在利率分别为 5%，10%，15%的情况下，100 美元的终值差异随时间以指数形式增大。

利率随时间变化的复利

利率会改变。在过去半个世纪内，银行向储蓄者提供的存款利率最低小于 1%，最高达两位数，向贷款者提供的贷款利率在 5.5%～21.6%之间波动。利率变化时如何计算终值呢？在利率变化的情况下，资金赚取的利息也会随时间按照多个不同的利率计算。本章第一个例子中，我们假设你以 5%的利率存入 100 美元。如果现在银行宣告明年的利率为 6%，那么终值为多少？你将赚取多少利息收入？我们仍以时间轴线解释这个问题。

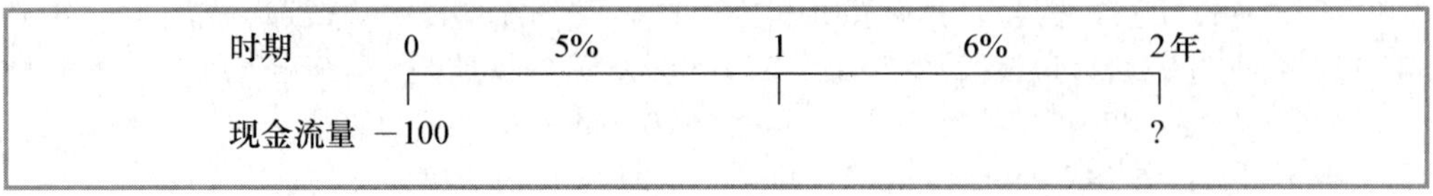

我们已经知道这100美元的存款1年后将增长至105美元。这105美元在第2年会赚取6%的利息，也就是说终值为100×1.06=111.30美元。如果我们把这两个计算步骤结合进一个等式，那么终值111.30美元可由100×1.05×1.06计算而来。通过这个例子你会发现，计算多个利率时终值的通用公式为：

N期后的终值=当前的价值×每一期的复利因子

$$FV_N = PV \times (1+i_1) \times (1+i_2) \times (1+i_3) \times \cdots \times (1+i_N) \quad (4—3)$$

我们可以发现，终值计算公式（4—2）是通用公式（4—3）的一个特殊情况。如果计息期的利率相同，式（4—3）即可写成式（4—2）。

例4.1　毕业贷款

多米尼克是名学制四年的商学院学生，毕业旅行他想去墨西哥，但苦于无钱。这趟旅行之后，他将步入社会，开始工作。因为工作，他需要搬至另一个城镇并添置职业装。于是，他向父母提出借款1 500美元，并承诺3年后偿还。他的父母同意借给他这笔钱，但要求年利率为7%。3年后多米尼克需要向他父母偿付多少资金？其中支付的利息为多少？复利利息为多少？

［解答］

多米尼克3年后需要支付：

$$FV_3 = 1\,500 \times (1.07)^3 = 1\,500 \times 1.225\,043 = 1\,837.56(\text{美元})$$

多米尼克需要向他父母支付1 837.56美元，其中337.56美元为利息。我们可以通过以下的时间轴线进一步理解这个资金时间价值问题。

时期	0	7%	1	7%	2	7%	3年
现金流量	1 500						−1 837.56

我们可以比较单利情况下的利息和复利情况下的利息。本金为1 500美元，年利率为7%，那么每年单利利息为105美元，3年的单利利息总计315美元。复利下的总利息337.56美元与单利下的总利息315美元的差额为利息所生利息，即复利利息为22.56美元。

例4.2　附有偿还激励的毕业贷款

对于例4.1，假设多米尼克的父母提出了一项要求，以激励他尽可能快地偿还贷款。他父母要求第1年的利率为7%，之后每往后一年，利率增加1%。在这种情况下，3年后多米尼克需要向他父母偿付多少资金？在第3年末，多米尼克考虑是否偿还贷款还是继续再贷一年，如果他选择再贷一年需要多支付多少利息？

［解答］

对于3年期的贷款，多米尼克第1年需要支付7%的利息，第2年需要支付8%的利息，第3年需要支付9%的利息。他一共需要支付的资金为：

$$FV_3 = 1\,500 \times 1.07 \times 1.08 \times 1.09 = 1\,500 \times 1.259\,6 = 1\,889.41(\text{美元})$$

这种情况下的现金流量图如下：

时期	0	7%	1	8%	2	9%	3 年
现金流量	1 500						−1 889.41

如果多米尼克选择第 4 年末才偿还贷款，则他第 4 年需要支付 10%的利息。总偿付额则为：

$$FV_4 = 1\ 889.41 \times 1.10 = 2\ 078.35\text{(美元)}$$

因为逐年增长的利率和复利效应，多米尼克最好尽可能早地偿付贷款。偿付越晚，需要支付的利息越多。如果他在第 3 年末决定再贷款一年，则他需要多支付利息 188.94 美元。

现　值

前文中我们讨论的是，如果你以 5%的利率向银行存入 100 美元会发生什么，答案是 1 年后银行会支付给你 105 美元。然而，如果我们反过来思考呢？也就是说，如果 1 年后银行会支付给你 105 美元，利率为 5%，那么为了得到银行的这笔款项你现在需要存入多少钱呢？现在我们一起来讨论，在已知终值的情况下如何计算现值，这种计算方法叫做折现。

折现

现值随着时间增长至终值的过程叫做复利，反过来，已知预期未来终值求解其现值，这个过程叫做**折现**（discounting）。正如复利使得现值显著增长至终值，折现会使得终值显著减少至现值。由于折现与复利是互逆运算，我们可以通过对式（4—1）进行变形计算 1 年期终值已知情况下的现值。

下一期现金流量的现值＝下一期的价值/(1＋利率)

$$PV = FV_1/(1+i) \tag{4—4}$$

假设银行 1 年后会支付给你 105 美元，利率为 5%，那么这笔付款的现值为 105/1.05＝100 美元。现值总是小于终值，因为利率总是大于 0。利率越大，现值与终值的差异越大。同样，支付日越久即时间越长，现值与终值的差异越大。

多期折现

多期折现是多期复利的逆运算。我们可以通过对式（4—2）进行变形得到现值计算公式。

第 N 期现金流量的现值＝第 N 期的现金流量/复利终值因子

$$PV = FV_N/(1+i)^N \tag{4—5}$$

计算现值时所使用的利率，我们通常称之为**折现率**（discount rate）。未来 100 美元的款项在今天价值多少呢？当然，这取决于时间和折现率。如果你将于 5 年后收到这笔资金，折现率为 5%，那么这笔资金的现值为 78.35 美元。

$$PV=100/(1.05)^5=100/1.2763=78.35(\text{美元})$$

现金流量图如下：

时期	0	5%	1	5%	2	5%	3	5%	4	5%	5 年
现金流量	−78.35										100

如果折现率上升至 10%，5 年后 100 美元的现值仅为 62.09 美元。如果折现率为 15%，现值下降至 49.72 美元，低于终值的一半。折现率越高，未来现金流量的现值下降越快、越多，图 4—4 阐释了这一点。

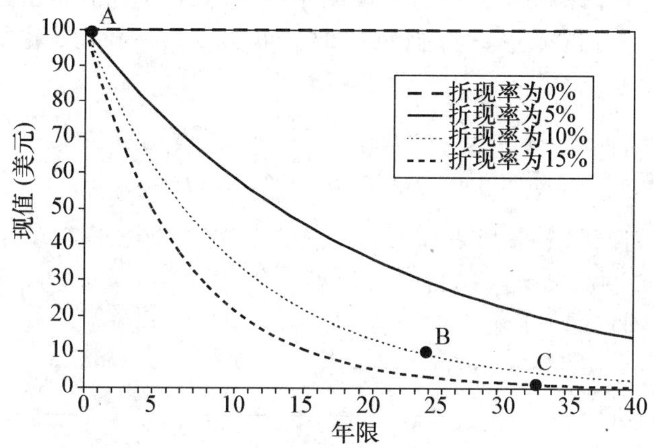

图 4—4 未来 100 美元现金流量的现值

注：折现率越高，现金流量的价值下降得更快。

从图 4—4 中点 A 出发，如果利率为 0%，现值始终等于终值。我们可以从图中曲线形状发现，折现率越大，现值曲线的弯曲程度越大，也就是说，折现率越大，现金流量价值下降越快。折现率为 10%时，25 年后的 100 美元现值低于 10 美元，如图中点 B。折现率为 15%时，33 年后的 100 美元现值低于 1 美元，如图中点 C。

例 4.3 现在购买，两年后再付款

一家家具零售公司的市场经理提出一项促销活动建议。顾客可以现在购买家具，等两年后再付款。从资金时间价值的角度来看，两年后再付款的全价销售相当于付现款的折扣销售。如果年利率为 7.5%，现价为 1 000 美元的沙发床赊销两年，相当于以什么价格现销出去？

[解答]

这个问题的现金流量如下：

时期	0	7.5%	1		2 年
现金流量	?				1 000

使用式（4—5），我们计算现值为：

$$PV = FV_N/(1+i)^N = 1\,000/1.075^2 = 1\,000/1.155\,625 = 865.33(\text{美元})$$

这种情况下，延期付款两年的促销提议相当于以865.33美元的折扣价销售1 000美元的沙发床，折扣率为13.5%。当商店实行这项促销活动时，商店通常认为2年后顾客不会支付全款，因此会要求更高的利率即更高的延期费。对于能够按时付款的顾客，这实为一桩好买卖。

多个折现率时的折现

我们也可以计算每个时期折现率不同时未来现金流量的现值。我们可以通过对式（4—3）进行变形，得到每个时期折现率不同时未来现金流量的现值计算公式。

多个折现率时的现值＝未来现金流量/每一期的复利因子

$$PV = FV_N/[(1+i_1)\times(1+i_2)\times(1+i_3)\times\cdots\times(1+i_N)] \qquad (4—6)$$

假设我们预期未来利率会上升，从今年的7%上升至明年的8%，第3年上升至8.5%。这种情况下，我们如何计算3年后2 500美元现金流量的现值呢？这个问题的时间轴线如下：

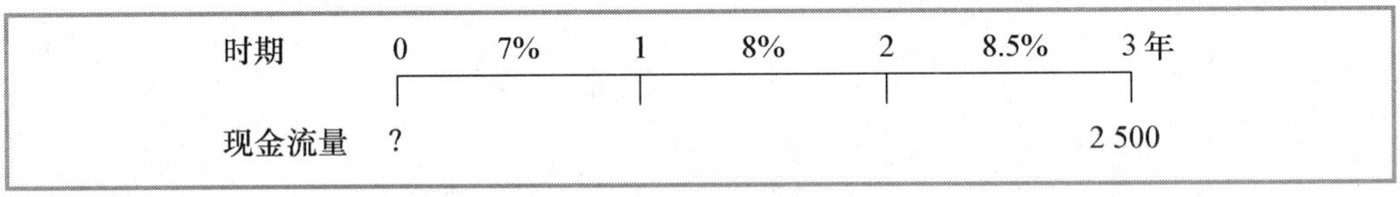

使用式（4—6），我们可以计算得到现值为1 993.90美元。

$$PV = 2\,500/(1.07\times1.08\times1.085) = 2\,500/1.253\,826 = 1\,993.90(\text{美元})$$

案例　　买方自慎

不能按时支付款项可能会产生很大的代价。对于上文例4.3的家具销售，商店向顾客提供全价购买两年后付款的优惠，如果两年后顾客忘了按时付款呢？事实上，很多人都会忘记，又或者，有些顾客到时候没有1 000美元的资金以支付价款。交易条款可以为逾期付款制定严厉的罚款措施。举个例子，交易条款可能要求对任何逾期款从销售日起按10%的利率进行复利计息。如此一来，逾期付款一天需要支付两年的利息，$1\,000\times1.1^2-1\,000=210$美元，顾客除了支付1 000美元的本金，还需支付210美元的罚款利息。

逾期付款的影响不止于此，日后你申请信用卡、贷款等均会受到影响。信用评级机构会从公司、银行、房东等多个渠道收集你的信用信息。如果你频繁地逾期支付你的房租、信用卡贷款、电费等，评级机构会给你一个很差的评分。信用评分越高，你越有可能借到贷款，且贷款利率可能更低。信用评分很低的消费者可能借不到贷款，即使能借到，他们也需要支付更高的利率。利率越高，意味着你的资金使用成本越高，我们可以回想表4—2和图4—3，利率不同导致终值存在差异。对于那些信用评分极差的消费者，因为不能从银行和商家得到贷款或信用支持，只能选择发薪日贷款，这类贷款的利率非常高，正如本章个人应用视角的例子。

总而言之，逾期付款当时看来可能不是个大问题，但日后对你的负面影响极大！

现值和终值的应用

移动现金流

当管理者进行投资决策分析、负债管理及现金流量分析时，他们通常会发现把现金流量移至不同时点有助于分析。假设你一开始计划存款 3 年，到时候用本息购买车，然而计划在不断变化。如果存期为 2 年，你会购买何种类型的车？存期为 4 年呢？如果公司需要比计划早两年重建厂房，公司的财务预测会受到什么影响？无论是财务计划还是决策制定，现金流量在时间轴线上的移动对企业和个人而言非常重要。

把现金流量从一个时点移至另一个时点，需要运用现值和终值公式。具体来说，我们使用现值公式把现金流量往前移，使用终值公式把现金流量往后移。举个例子，利率为 6%时，3 年后的 200 美元现金流量在第 2 年价值多少？这个问题需要把第 3 年的 200 美元现金流量移至第 2 年，时间轴线如下：

时期	0	1	2	6%	3 年
现金流量			?		200

因为现金流量往前移动了一年，我们可运用如下现值公式：

$$PV_2 = FV_3/(1+i)^1 = 200/1.06^1 = 188.68(\text{美元})$$

利率为 6%时，2 年后的 188.68 美元等于 3 年后的 200 美元。

如果把这 200 美元现金流量移动至第 5 年呢？这要求把现金流量往后移动两年，我们使用终值公式。这个例子中，第 3 年的 200 美元现金流量在第 5 年的价值为：

$$FV_5 = PV_3 \times (1+i)^2 = 200 \times 1.06^2 = 200 \times 1.123\,6 = 224.72(\text{美元})$$

表 4—3 列示了几种现金流量移动情况。年利率为 8%时，第 5 年的 1 000 美元现金流量等值于第 10 年的 1 469.33 美元，等值于第 2 年的 793.83 美元。也就是说，年利率为 8%时，第 2 年的 793.83 美元、第 5 年的 1 000 美元、第 10 年的 1 469.33美元三个现金流量是等值的。表 4—3 还列示了其他不同利率和不同时期的现金流量移动情况。

表 4—3　　不同时点的等值现金流量　　单位：美元

利率	现金流量	所处年份	将移至年份	计算等式	等值现金流量
往前往后移					
8%	1 000	5	10	$FV_{10}=PV_5\times(1+i)^5=1\,000\times1.08^5$	1 469.33
8%	1 000	5	2	$PV_2=FV_5/(1+i)^3=1\,000/1.08^3$	793.83
往前移					
10%	500	9	8	$PV_8=FV_9/(1+i)^1=500/1.10^1$	454.55
10%	500	9	0	$PV_0=FV_9/(1+i)^9=500/1.10^9$	212.05
往后移					
12%	100	4	20	$FV_{20}=PV_4\times(1+i)^{16}=100\times1.12^{16}$	613.04
12%	100	4	30	$FV_{30}=PV_4\times(1+i)^{26}=100\times1.12^{26}$	1 904.01

把现金流量从一个时点移至另一个时点，有助于两个现金流量的比较或结合。你更愿意在第 2 年收到 150 美元还是在第 2 年收到 160 美元呢？因为这两个现金流量发生在同一个时点，可以直接比较。然而，如果现金流量发生在不同时点，我们不能直接将其相加或进行比较，我们需要考虑它们的时间价值，因此，我们需要使用现值公式或终值公式，把一个现金流量移至与另一个现金流量相同的时点上，再进行比较。只有计算出不同现金流量在同一时点的价值，我们才可以直接对它们进行比较或运算。

72 法则

72 法则（rule of 72）由阿尔伯特·爱因斯坦提出，是一种用于计算复利情况下投资额增至 2 倍所需年限的数学估计方法。

$$\text{投资翻倍所需年限估计值}=72/\text{利率} \tag{4—7}$$

72 法则也反映了复利的效应。把钱以 6%的年利率存入银行，需要多少年资金才会翻倍？使用 72 法则，我们可以迅速算出答案，72/6＝12 年。利率越高，终值增长越快。在年利率为 9%的情况下，资金翻倍只需 8 年的时间。需要注意的是，这个法则计算的只是数学估计值，利率越低计算结果越精确。如果年利率为 72%，按照这个法则，投资仅需 1 年就可以翻倍，但实际上我们都知道，投资期为 1 年时，只有利率为 100%，投资才会翻倍。

我们还可以使用 72 法则计算在给定年限的情况下投资翻倍所需利率。如果一项投资在 5 年内资金翻倍，那么年利率为多少呢？使用 72 法则，我们可以计算得出年利率为 72/5＝14.4%。

例 4.4　支付赔偿款还是上诉

Timber 公司在一场商业纠纷中输了官司，法官判决 Timber 公司在一年内向原告支付 175 000 美元的赔偿款。Timber 公司的律师建议继续上诉，如果这样，Timber 公司极有可能会再次败诉，仍需要支付 175 000 美元的赔偿款，但是通过上诉，175 000 美元的赔偿款会在第 2 年支付，此外，Timber 公司需要为此再支付律师费 20 000 美元。利率为 7%。Timber 公司是应该支付赔偿款还是上诉？

[解答]

这个问题其实可以这么理解，Timber 公司高管需要决定是一年后支付 175 000 美元还是两年后支付 195 000 美元。为了直接比较这两个选择，需要把第 2 年的现金流量移至第 1 年，然后将其与 175 000 美元进行比较，Timber 公司应该选择支付额更小的选择。

$$PV_1 = FV_2/(1+i)^1 = 195\,000/1.07 = 182\,242.99(\text{美元})$$

第 2 年的 195 000 美元在第 1 年价值 182 242.99 美元，明显大于 175 000 美元，因此 Timber 公司不应该继续上诉，而应该选择在第 1 年支付赔偿款 175 000 美元。或许，Timber 公司需要考虑换一个律师。

求解利率

资金的时间价值计算方法还可以用于求解现金流量已知时的利率。投资行业通常使用这个分析方法。如果你 3 年前以 350 美元购买了一块金币，现在以 475 美元售出，你的投资回报率为多少？这个问题的解答即为求解利率或投资报酬率。现金流量图如下：

时期	0	1	?%	2	3 年
现金流量	−350				475

通常使用财务计算器计算利率更为简便。本题中，使用资金时间价值公式计算利率，需要把现金流代入终值公式（4—2）。

$$FV_N = PV \times (1+i)^N$$
$$475 = 350 \times (1+i)^3$$

变形为：

$$(1+i)^3 = 475/350 = 1.357$$

为了计算利率 i，我们需要同时对等式的两边开三次根。使用计算器的“y^x”键，输入 1.357 和 1/3，可计算得到：

$$1+i=1.107,\text{即 } i=0.107=10.7\%$$

也就是说，如果你 3 年前以 350 美元购买了一块金币，现在以 475 美元售出，你的投资回报率为 10.7%。

计算利率时，时间是一个重要因素。100 美元的投资一年内增长至 200 美元，利率为 100%。两年内投资增倍的利率为 41.42%，因为 $100 \times 1.414\,2^2 = 200$。表 4—4 为不同投资年限下投资翻倍所需利率。复利使得计算变得复杂，并不是简单地除以年限。两年内投资翻倍所需利率为41.42%，而不是50%。表4—4还给出72法则估计的利率。

表4—4　投资翻倍所需利率

年限	精确的年利率（%）	72法则估计的年利率（%）
1	100.00	72.00
2	41.42	36.00
3	25.99	24.00
4	18.92	18.00
5	14.87	14.40
6	12.25	12.00
7	10.41	10.29
8	9.05	9.00
9	8.01	8.00
10	7.18	7.20
15	4.73	4.80
20	3.53	3.60
25	2.81	2.88
30	2.34	2.40

回报率不对称

假设你一年前以700美元购买了一块金币，现在金币的市场价值为350美元，显然，这项投资的回报率为负数。使用财务计算器或资金时间价值公式，可计算得出投资回报率为−50%。你损失了一半的投资！因此，为了盈亏平衡即手中资金仍为700美元，你需要获取正的50%的投资回报率，对吗？错！从350美元再到700美元，实际上是资金翻倍，你需要100%的投资回报率来弥补之前的−50%。类似地，你需要获取33.33%的收益才能弥补之前25%的下降。如果你的投资下降了10%，你需要实现11.11%的回报率以弥补亏损。一般来说，要弥补一个负回报率，需要一个更高的正回报率。

求解期数

有时候你需要计算为积累到一定数量的资金所需的时间。如果已知初始现金流量、利率以及未来现金流量，你可以运用资金时间价值公式计算所需时间。与求解利率一样，求解时间也很复杂，需要使用自然对数。许多人更喜欢使用财务计算器求解期数。

计算期数的公式为：

$$N=\frac{\ln(FV_n/PV)}{\ln(1+i)}$$

利率为9%时，5 000美元的投资需要多久能翻倍？

$$I=9，PV=-5\,000，PMT=0，FV=10\,000$$

使用财务计算器，我们可计算得到答案为8.04年，即8年零两周。使用72法则计算的答案为8年，二者非常接近。

例4.5　员工需求量的增长

假设你是一家人力资源管理软件生产公司的销售经理，你正在计划你的员工配备，而员工需求量取决于销售收入。公司目前每年的销售额为35 000万美元，过去增长率为7%。如果增长率保持不变，公司的销售收入需要多久才能增至50 000万美元？增至60 000万美元需要多久？

[解答]

时间轴线如下：

时期	0	1	7% …	2	?年
现金流量	−35 000				50 000

$$FV_N=PV\times(1+i)^N$$

$$50\,000=35\,000\times(1+7\%)^N$$

我们可以使用计算器，计算得出35 000万美元的销售收入按照7%的增长率，需要5年零3个月才能增至50 000万美元，增至60 000万美元需要8年差两周的时间。

简述题

1. 列示并描述附有初始现金流量和终期现金流量的时间轴线每一部分的作用，并指出哪个现金流量为负，哪个为正。为什么？
2. 现值和终值之间如何相关？
3. 你更喜欢一项为期40年、利率为5%的投资，还是一项为期20年、利率为10%的投资？解释原因。
4. 利率变化会如何影响现值？
5. 你如何看待后面这句陈述："2年后我将收到100美元，3年后我将收到200美元，因此我一共将收到终值300美元的资金。"两个现金流量如何才能进行比较或运算？
6. 解释如何使用72法则估计投资增至4倍所需时间。
7. 不经过计算，直接指出哪一种情况具有更高的利率。
   a. 100美元在5年内增至200美元与在7年内增至200美元。
   b. 500美元在4年内增至750美元与在4年内增至800美元。
   c. 300美元在2年内增至450美元与在3年内增至500美元。
8. 一项1 000美元的投资在投资回报率为9%的情况下8年内增至2 000美元。请问，如果利率保持不变，投资增至 4 000 美元另需要多久？

计算题

1. 当前现金流量为 600 美元，第 2 年末现金流出 726 美元，利率为 10%，请作出现金流量图。

2. 以 9%的年利率存入 500 美元，1 年后的终值为多少？

3. 以 8%的年利率存入 150 美元，8 年后你的储蓄账户余额为多少？

4. 你往银行存入 350 美元，存期为 3 年，每年的利率各不同，第 1 年为 8%，第 2 年为 6%，第 3 年为 5%，计算存款第 3 年的终值。

5. 当利率为 10%时，1 年后 250 美元的现值是多少？

6. 当利率为 8%时，6 年后 1 500 美元的现值是多少？

7. 计算 3 年后 1 000 美元的现值，其中第 1 年利率为 6%，第 2 年为 7%，第 3 年为 8%。

8. 当利率为 7%时，100 美元的投资要实现翻倍，大约需要多长时间？

9. 要使投资在 5 年里实现翻倍，利率大约为多少？

10. 现在存入 1 400 美元，1 年后将收到 1 700 美元，计算这笔存款的利率。

11. 以 8%的年利率存入 2 000 美元，存期 5 年。5 年后的终值为多少？利息为多少？其中，复利利息为多少？

12. 当利率为 8%时，现在收取 500 美元与 3 年后收取 625 美元，哪一个更值？为什么？

13. 如果利率为 10%，第 6 年的 700 美元现金流量在第 3 年价值多少？

14. 如果利率为 9%，第 4 年的 1 000 美元现金流量在第 10 年价值多少？

15. 1 000 美元的投资 6 年后增长至 2 500 美元，请问利率为多少？

16. 年利率为 7%时，200 万美元增长至 500 万美元需要多长时间？

17. 你在 30 岁时以 8%的年利率存入 1 000 美元，在 40 岁时以 11%的利率存入 1 000 美元，到你 60 岁时，上述哪种情况的本息和更多？

18. 一年前，你在股票市场投资了 2 000 美元，这项投资的当前价值为 1 500 美元。你的投资回报率为多少？下一年你需要实现多大的回报率才能保证盈亏平衡？

19. 在第 2 年投资 4 000 美元，第 7 年末增长至 7 000 美元。请问利率是多少？

20. 黑利在 10 年前以 9%的固定年利率投资了 2 000 美元，投资期为 30 年。艾丹现在可以以 10%的固定年利率投资 20 年。请问：为了 20 年后取得与黑利一样多的资金，艾丹现在需要投入多少资金？

21. 你预期第 1 年能收到 500 美元，第 2 年能收到 1 000 美元，第 3 年会支付 800 美元。如果利率为 10%，这些现金流量的现值总计为多少？

22. 过去 10 年石油价格上涨了许多。下表列示了自 1949 年以来每年的平均油价。石油产品是许多企业的经营资源，如航空公司、塑胶制品生产商，这些公司的管理者会密切关注石油价格变化对其成本的影响。现值和终值公式中的利率也可以理解为销售收入、成本或利润等的增长速率。

    a. 使用 1949 年和 1969 年的石油价格，计算这 20 年石油价格的年增长率。

    b. 计算 1969—1989 年、1989—2010 年的年增长率。

c. 根据 2010 年的价格以及你所计算的 1989—2010 年的增长率，预测 2015 年和 2020 年的石油价格。

石油平均价格

单位：美元

年份	每桶	年份	每桶	年份	每桶
1949	2.54	1970	3.18	1991	16.54
1950	2.51	1971	3.39	1992	15.99
1951	2.53	1972	3.39	1993	14.25
1952	2.53	1973	3.89	1994	13.19
1953	2.68	1974	6.87	1995	14.62
1954	2.78	1975	7.67	1996	18.46
1955	2.77	1976	8.19	1997	17.23
1956	2.79	1977	8.57	1998	10.87
1957	3.09	1978	9.00	1999	15.56
1958	3.01	1979	12.64	2000	26.72
1959	2.90	1980	21.59	2001	21.84
1960	2.88	1981	31.77	2002	22.51
1961	2.89	1982	28.52	2003	27.54
1962	2.90	1983	26.19	2004	38.93
1963	2.89	1984	25.88	2005	46.47
1964	2.88	1985	24.09	2006	58.30
1965	2.86	1986	12.51	2007	64.67
1966	2.88	1987	15.40	2008	91.48
1967	2.92	1988	12.58	2009	53.48
1968	2.94	1989	15.86	2010	71.57
1969	3.09	1990	20.03		

第 5 章

资金时间价值 2：年金现金流量分析

- 多重现金流量的终值
- 多重现金流量的现值
- 普通年金与先付年金
- 复利计息频率
- 年金贷款

学习目标

1. 把多重现金流量复利至终期。
2. 计算多重等额现金流量的终值。
3. 把多重现金流量折现至当前。
4. 计算年金的现值。
5. 计算永续年金的现值。
6. 调整先付年金的价值。
7. 解释复利计息频率的影响，并解释名义年利率与有效年利率的区别。
8. 计算年金现金流量的利率。
9. 计算车贷和房贷的摊销表和支付额。
10. 计算贷款的还款期数。

引文

上一章我们讨论了基本的资金时间价值计算。那些资金时间价值公式只涉及单一现金流量从一个时点移至另一个时点。当涉及企业或个人的现实问题时，通常面临的是多重现金流量。实际上，对于多重现金流量的项目，大多数情况下这些现金流量都是相等的。因为这些情况更为复杂，所以本章继续讨论资金时间价值这一主题，主要针对多个相等的现金流量。举例来说，车贷和房贷通常要求贷款者连续数月或数年每月支付相同的还款额；人们每月向基金储蓄等额资金以备未来之需；退休后的人需要把他们现有的储蓄规划为每月的开支；公司也会产生定期的付款，如 JNJ 公司需要每半年支付一次借款利息，GM 公司连续 6 年每个季度需要向股东支付每股 0.50 美元的股利，直至 2006 年股利变为每股 0.25 美元。上述例子都是间隔一定时间的多重现金流量，比如车贷的月供。这种情况下，我们如何将其转换为普通的现金流量项目或者可比较的现金流量项目？本章我们将讨论如何对多重现金流量包括等额现金流量进行估值，以及如何处理不同的复利计息频率。

视　角

商业应用

Walkabout 音乐公司 10 年前为修建工作室筹资，发行了 2 000 万美元的债券，债券票面利率为 7%，每半年付息一次，自发行日起的到期期限为 30 年。现在发行债券的话，利率为 6%。该公司的 CFO 考虑是否发行一项为期 20 年的新债券以偿还之前的债券。要提前偿清之前的债券，公司需要向债券持有者支付赎回溢价 140 万美元。此外，发行新债券，公司还需要向投资银行支付 120 万美元的发行费。该公司是否应该发行新债券以偿还旧债券？

个人应用

三年前你取得一笔 150 000 美元的住房按揭贷款，还款期为 30 年。你一直按照 8%的固定年利率按月支付还款额，目前未偿还本金为 145 920.10 美元。最近，你的按揭贷款经纪人告诉你，新的按揭贷款利率下降至 7%。他建议你重新贷款，这样每月可节省一些资金。为按照新利率取得为期 27 年的住房贷款，你需要支付 1 000 美元的费用。你是否应该重新贷款呢？

多重现金流量的终值

第 4 章讨论了如何把单一现金流量复利至终期。为了储蓄足够的资金以支付住房首付款或供退休之用，人们通常会定期存入一定的资金。我们可以把这些现金流量的终值加总，计算它们在未来某个时点的价值总和，这个时点可以是 65 岁退休那年或者是支付首付款的前两年。

计算多重现金流量的终值

假设一个储蓄账户在一段时间内发生了如下现金流量，你今天存入 100 美元，第 1 年末存入 125 美元，第 2 年末存入 150 美元，如果年利率为 7%，存款在第 3 年末的终值为多少？现金流量图如下：

时期	0	1	7%	2	3年
现金流量	−100	−125		−150	?

第一笔存款需要复利 3 年，也就是说，计算第 0 年发生的现金流量在第 3 年的终值需要复利 3 次。第 1 年末的现金流量需要复利 2 次。一般来说，第 m 年末存入的存款在第 N 年末的终值，复利次数为 $N-m$。我们通过计算每一项现金流量的终值并将其加总，即可得到 3 年末的终值总额。使用第 4 章的终值公式，今天存款的终值为 $100\times(1+0.07)^3=122.50$ 美元。同样，第 1 年末和第 2 年末存款的终值分别为 $125\times(1+0.07)^2=143.11$ 美元和 $150\times(1+0.07)^1=160.50$ 美元。把这三个单个的现金流量终值加总，即可得到第 3 年末该账户的终值：

$$
\begin{aligned}
FV_3 &= 100\times(1+0.07)^3+125\times(1+0.07)^2+150\times(1+0.07)^1 \\
&= 426.11(\text{美元})
\end{aligned}
$$

对于多重现金流量的终值计算，一般公式为：

$$
\begin{aligned}
FV_N &= \text{第一期现金流量的终值}+\text{第二期现金流量的终值}+\cdots \\
&\quad +\text{最后一期现金流量的终值} \\
&= PMT_m\times(1+i)^{N-m}+PMT_n\times(1+i)^{N-n}+\cdots+PMT_p\times(1+i)^{N-p}
\end{aligned}
\tag{5—1}
$$

式中，m，n，p 均表示现金流量发生的时点。每一期现金流量的大小可能不等于其他期现金流量。

例 5.1　存钱买车

作为一名大学新生，你计划在未来三个暑假里做一份油漆工的工作，每年储蓄一部分暑期薪水，以供大四学年初买车。假如你第一个暑假能存入 2 000 美元，第二个暑假存入 2 500 美元，第三个暑假存入 3 000 美元，每年利率均为 5%，到时你有多少钱可用于买车？

[解答]

现金流量图如下：

时期	0	1	5%	2	3年
现金流量	0	−2 000		−2 500	−3 000
					?

第一笔现金流量发生在第一年末，需要复利两次。第二笔现金流量仅需计息一次。最后一笔现金流量正好在买车之前发生，不需要计息。使用式（5—1），计算结果为：

$$
\begin{aligned}
FV_3 &= 2\,000\times(1+0.05)^{3-1}+2\,500\times(1+0.05)^{3-2}+3\,000\times(1+0.05)^{3-3}\\
&= 2\,000\times1.102\,5+2\,500\times1.05+3\,000\times1\\
&= 7\,830(\text{美元})
\end{aligned}
$$

在你大四开学时，你将拥有 7 830 美元可供买车。

等额现金流量的终值

假设每期现金流量的大小相等，且每年均发生，我们把定期、等额的系列现金流量称作**年金**（annuity）。年金的第一期现金流量通常发生在第一年末，并持续至最后一年末。我们可由多重现金流量的终值一般公式（5—1）得到年金终值公式。

$$
\begin{aligned}
FVA_N &= \text{第一期现金流量的终值}+\text{第二期现金流量的终值}+\cdots\\
&\quad +\text{最后一期现金流量}\\
&= PMT\times(1+i)^{N-1}+PMT\times(1+i)^{N-2}+PMT\times(1+i)^{N-3}+\cdots\\
&\quad +PMT\times(1+i)^{0}
\end{aligned}
$$

式中，FVA 表示年金终值。对于年金，每期现金流量 PMT 相等，公式可化简为：

年金终值＝现金流量×年金终值因子

$$FVA_N = PMT\times[(1+i)^N-1]/i \tag{5—2}$$

假设连续 5 年每年末存入 100 美元，利率为 8%。使用式（5—2），这期年金的终值为：

$$FVA_5 = 100\times[(1+0.08)^5-1]/0.08 = 100\times5.866\,6 = 586.66(\text{美元})$$

我们可在时间轴线上画出这些现金流出及其终值。

时期	0	1	2	8%	3	4	5年
现金流量		−100	−100		−100	−100	−100
							586.66

五期存款均为 100 美元，因此终值 586.66 美元中的 86.66 美元为利息。与大多数资金时间价值问题一样，年金的时间长度和利率大小都是年金终值计算中非常重要的因素。表 5—1 列举了几种情况。连续 20 年每年以 6%的年利率存入 50 美

元，终值为 1 839.28 美元。如果存款额为每年 100 美元，则终值增加至 3 678.56 美元。现金流量翻倍，终值也翻倍。如果每年存入 100 美元，连续 40 年，终值为 15 476.20 美元，时间长度为 20 年的 2 倍，但终值超过其 4 倍。时间越长，复利累积的财富越多。利率同样具有这个效应。对于 40 年期的年金，把利率从 6%提升至 10%，终值为 44 259.26 美元，增长近 3 倍。

表 5—1 **年金终值** 单位：美元

年金现金流量	年限	利率	终值
50	20	6%	1 839.28
100	20	6%	3 678.56
100	40	6%	15 476.20
100	40	10%	44 259.26

如图 5—1 所示，对于每期现金流量仅为 100 美元的年金，其价值随时间显著增长，那么对于现金流量为 2 000 美元的年金呢？

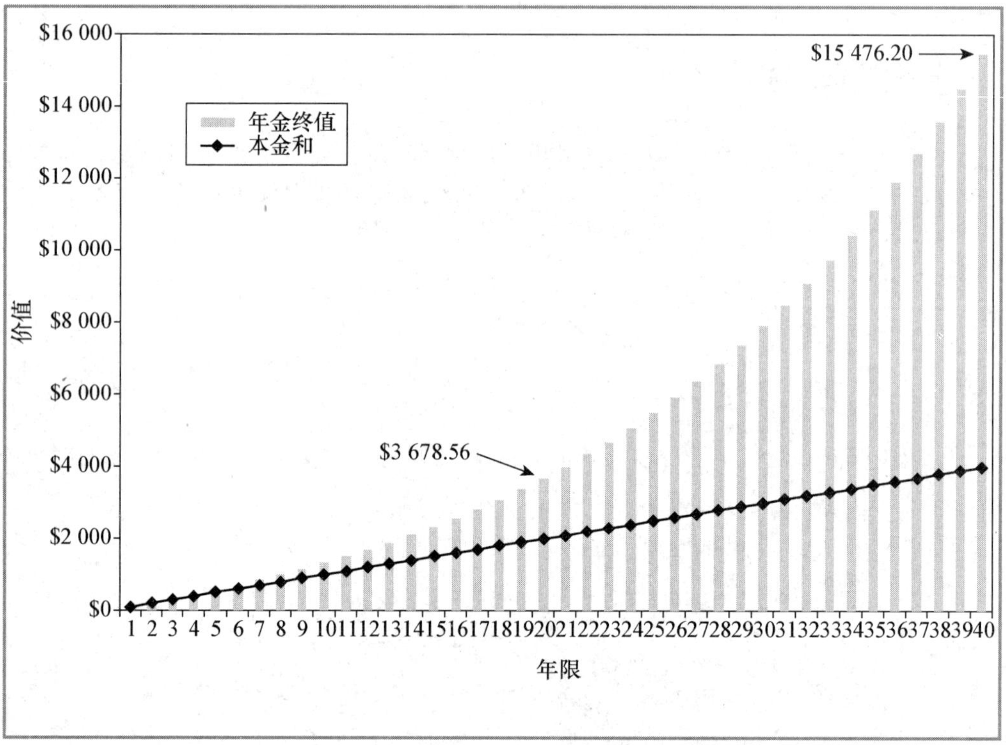

图 5—1 利率为 6%时 100 美元的年金终值

例 5.2 退休金计划

你大学毕业之后开始了第一份工作。你所在公司实行一项退休金计划，即公司每年按照你存入的退休金金额另外为你再存入 50%。因此，如果你每年从收入中取出 3 000 美元存入退休金账户，公司会为你再增加 1 500 美元。你计划 40 年后退休。如果回报率为 7%，等你退休时你的退休金账户金额为多少？如果回报率为 8%呢？

[解答]

每年，你和公司为你存入的退休金一共是 4 500 美元。使用式（5—2），可计算得到这笔年金的终值为：

$$FVA_{40}=4\,500\times[(1+0.07)^{40}-1]/0.07=4\,500\times199.635\,1$$
$$=898\,358.00(\text{美元})$$

你会发现，你的退休金计划积累成一笔可观的财富。如果回报率增加 1%，也就是 8%，你将成为一位百万富翁。

$$FVA_{40}=4\,500\times[(1+0.08)^{40}-1]/0.08=4\,500\times259.056\,5$$
$$=1\,165\,754.33(\text{美元})$$

多重年金的终值

有时候，商业活动和个人生活中都会出现多重年金的情况。举个例子，由于升职或者找到一个更好的新工作，你可以增加每月的存款额。在这之前，你计划连续 5 年以 8%的年利率每年存入 100 美元。你已经连续存款 3 年，从现在起，你打算把存款额提升至 150 美元，也就是说，第 4 年和第 5 年你每年存入 150 美元。当存在两笔不同的年金时，我们如何使用年金公式计算终值？这种情况下，现金流量可分为两笔年金：第一笔年金为期 5 年，每期现金流量为 100 美元；第二笔年金为期 2 年，每期现金流量为 50 美元。现金流量图如下：

时期	0	1	2	8%　3	4	5年
现金流量	0	−100	−100	−100	−100	−100
					−50	−50
						?

为了确定这两笔年金的终值，我们先分别单独计算每一笔年金的终值，然后把它们相加。5 年期 100 美元的年金终值前面已计算过，为 586.66 美元。对于 2 年期 50 美元的年金，其终值可通过年金终值公式计算得出：

$$FVA_{2}=50\times[(1+0.08)^{2}-1]/0.08=50\times2.08=104(\text{美元})$$

因此，这笔 5 年期存款的终值为 586.66+104=690.66 美元。如果后两年的存款额不是增加 50 美元而是减少 50 美元，我们可以用同样的方法计算出终值。在这个例子中，我们直接减去后两期年金终值 104 美元而不是加上，即可得到后两期存款额减少 50 美元情况下的存款终值。

例 5.3　退休金增长

上一个例题中，你连续 40 年每年存入退休金 4 500 美元。你认为，随着升迁，日后每年能存入更多的退休金。假设从你事业中途起，也就是后 20 年里，你每年能存入 6 000 美元的退休金，这 6 000 美元已包括公司提供的那部分。这种情况下，如果利率为 7%，你的退休金终值为多少？

[解答]

这种情况下，你的退休金计划相当于存在两笔年金现金流量，你可以分别计算这两笔年金的终值。第一笔年金为期 40 年，每年现金流量为 4 500 美元。第二笔年金为期 20 年，每年现金流量为 6 000－4 500＝1 500 美元。在上个例题中，我们已经计算出第一笔年金终值为 898 358.00 美元。第二笔年金的终值为：

$$FVA_{20}=1\,500\times[(1+0.07)^{20}-1]/0.07=1\,500\times 40.995\,5$$
$$=61\,493.24(\text{美元})$$
$$898\,358.00+61\,493.24=959\,851.24(\text{美元})$$

因此，按照这个计划，等退休时，你的退休金有 959 851.24 美元。

多重现金流量的现值

终值的概念非常有助于我们对未来财富增加的理解。现值的概念在个人理财中的主要运用是贷款估值，比如车贷或房贷。现值的概念也常用于公司理财活动，比如确定某项商业机会的价值。

计算多重现金流量的现值

本章一开始我们就描述了如下一项现金流活动：你今天存入 100 美元，第 1 年末存入 125 美元，第 2 年末存入 150 美元。前文中我们求解的是年利率为 7%时的终值，而现在我们计算的是这三笔现金流量的现值。现金流量图如下：

时期	0	1	7%	2年
现金流量	−100	−125		−150
	?			

第一笔现金流量就发生在时点 0，因此它的价值不会发生变化。第二笔现金流量需要往前折现一年，第三笔现金流量需要往前折现两年。使用上一章的现值公式，今天的现金流量现值为 $100/(1+0.07)^0=100$ 美元。同样地，后两笔现金流量的现值分别为 $125/(1+0.07)^1=116.82$ 美元和 $150/(1+0.07)^2=131.02$ 美元。因此，这些现金流量的现值为 $100+116.82+131.02=347.84$ 美元。

把上述三个现值公式加总即可得到：

$$PV=100/(1+0.07)^0+125/(1+0.07)^1+150/(1+0.07)^2=347.84(\text{美元})$$

对于多重现金流量的现值计算，一般公式为：

$$PV=\text{第一期现金流量的现值}+\text{第二期现金流量的现值}+\cdots$$
$$+\text{最后一期现金流量的现值}$$
$$=PMT_m/(1+i)^{N-m}+PMT_n/(1+i)^{N-n}+\cdots+PMT_p/(1+i)^{N-p} \quad (5\text{—}3)$$

式中，m，n，p 均表示现金流量发生的时点。每一期现金流量的大小和发生的时点都可能与其他期现金流量不同。

等额现金流量的现值

我们可发现，年金现值概念的应用极为普遍。对于分期还款的贷款，每期支付的现金流量相当于年金，收到的借款为其现值。贷款者事先会了解借款者的财务情况，确定借款者每月能偿付多少，最大贷款额为月还款额的现值。由于借款者定期等额还款，我们可由多重现金流量的现值公式（5—3）得到年金现值公式。

年金现值＝现金流量×年金现值因子

$$PVA_N = PMT \times [1 - 1/(1+i)^N]/i \qquad (5\text{—}4)$$

假设某人连续 5 年每年末支付 100 美元，利率为 8%。这笔年金现金流量的现值为：

$$PVA_5 = 100 \times [1 - 1/(1+0.08)^5]/0.08 = 100 \times 3.992\,7 = 399.27(\text{美元})$$

如下时间轴线表示了这笔年金及其现值：

时期	0	1	2	8% 3	4	5年
现金流量	399.27	−100	−100	−100	−100	−100

尽管连续 5 年每期现金流量为 100 美元，总共是 500 美元，但它们的现值仅为 399.27 美元。再次强调，时间和利率是年金现值的重要影响因素。当你从银行借钱时，银行把贷款额视作你日后还款额的现值。如表 5—2 所示，连续 20 年每年以 6%的年利率存入 50 美元，现值为 573.50 美元。如果存款额为每年 100 美元，则现值增加至 1 146.99 美元。现金流量翻倍，现值也翻倍。时间长度对现值的影响则不同于现金流量，时间长度翻倍不会使得现值翻倍。如果每年存入 100 美元，连续 40 年，现值为 1 504.63 美元，增长率不到 50%。利率同样会影响现值。对于 40 年期的年金，把利率从 6%提升至 10%，现值急剧下降至 977.91 美元。

表 5—2　　**年金现值**　　单位：美元

年金现金流量	年限	利率	现值
50	20	6%	573.50
100	20	6%	1 146.99
100	40	6%	1 504.63
100	40	10%	977.91

时间越久，现值越小，如图 5—2 所示。这解释了为什么表 5—2 中年限从 20 年增至 40 年，现值仅增加约 30%。如图所示，现金流发生的越晚，现值下降越多，尤其是折现率高的情况下。20 年后 100 美元的现值在利率为 10%时低于 15 美元，而利率若为 5%，其现值近 38 美元，高于利率为 10%时现值的 2 倍。同样，折现率越高，现值下降越快。图中，年金的现值是各期现金流量现值的总和。由于利率为 10%的情况下各期现金流量现值越小，年金现值也随着利率的增加而更小。

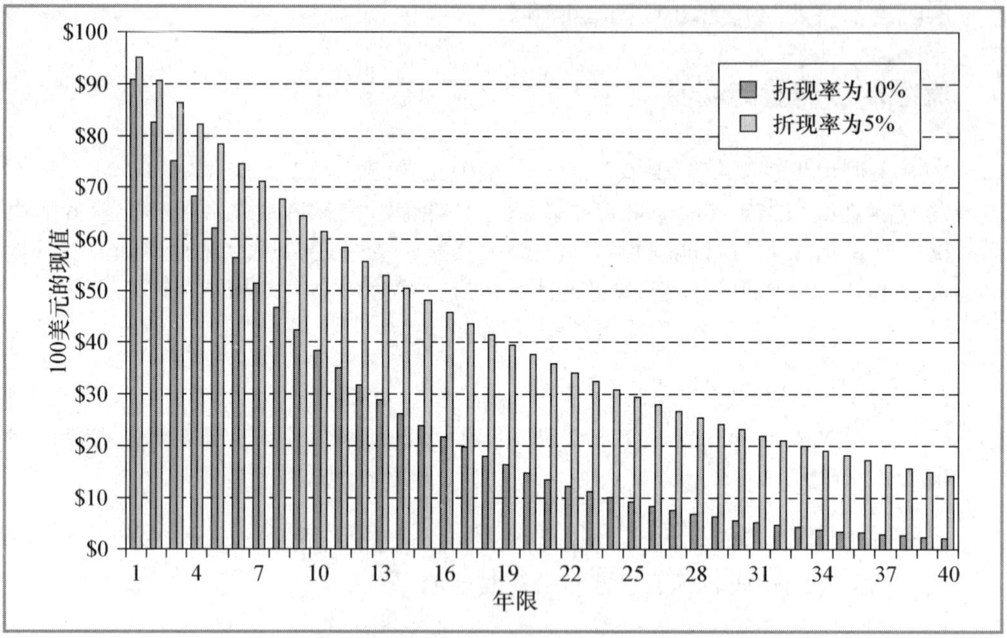

图 5—2　各期年金现金流量的现值

例 5.4　付款方式

你公司正在考虑添置一台价值 20 000 美元的理疗设备。设备生产商同意你公司可以采取未来 4 年每年末支付 6 000 美元的付款方式。你公司的借款利率为 9%。你应该选择现在支付生产商 20 000 美元还是未来 4 年分期付款？

［解答］

对于这笔年金，为期 4 年，每期现金流量为 6 000 美元，因此其现值为：

$$PVA_4 = 6\,000 \times [1 - 1/(1+0.09)^4]/0.09 = 6\,000 \times 3.239\,7$$
$$= 19\,438.32(\text{美元})$$

若采取分期付款方式，设备成本为 19 438.32 美元，低于现购款 20 000 美元，因此，公司应该选择分期付款方式。

多重年金的现值

当年金现金流量发生变化时，可以通过把现金流量分成多个年金，分别计算并将其汇总以求解终值，我们可采取同样的思路来求解现金流量变化时的年金现值。以 2000 年阿莱克斯·罗德里格兹（Alex Rodriguez）与得克萨斯游骑兵队签署的棒球合同为例，合同使得阿莱克斯身价增加 25 200 万美元。按照合同，游骑兵队应该支付阿莱克斯签约金 1 000 万美元，2001—2004 年每年应向其支付 2 100 万美元，2005 年和 2006 年应向其支付 2 500 万美元，2007—2010 年应向其支付 2 700 万美元。签约金和年薪的总和为 25 200 万美元，然而，年薪在未来才能收到。如果折现率为 8%，阿莱克斯的合同款现值为多少？

首先，我们画出阿莱克斯未来 10 年年薪的现金流量图：

时期	0	1	2 8%	3	4	5	6	7	8	9	10年
现金流量	?	21	21	21	21	25	25	27	27	27	27

其次，我们创造一笔为期 10 年，每期现金流量为 2 700 万美元的年金，对应的现金流量图分解如下：

时期	0	1	2 8%	3	4	5	6	7	8	9	10年
现金流量	?	27	27	27	27	27	27	27	27	27	27
		−6	−6	−6	−6	−2	−2				

接下来，我们再创造一笔为期 6 年，每期现金流量为 200 万美元的年金。

时期	0	1	2 8%	3	4	5	6	7	8	9	10年
现金流量	?	27	27	27	27	27	27	27	27	27	27
		−2	−2	−2	−2	−2	−2				
		−4	−4	−4	−4						

现金流量为 200 万美元的年金产生的同时，也相应产生一笔为期 4 年，每期现金流量为 400 万美元的年金。因此该现金流量图包含了三笔年金，每一年的现金流量相加即为阿莱克斯当年的年薪。使用式（5—4），可分别计算得到三笔年金的现值：

$$PVA_{10}=27\times[1-1/(1+0.08)^{10}]/0.08=27\times 6.7101$$
$$=181.17(\text{百万美元})$$
$$PVA_{6}=-2\times[1-1/(1+0.08)^{6}]/0.08=-2\times 4.6228$$
$$=-9.25(\text{百万美元})$$
$$PVA_{4}=-4\times[1-1/(1+0.08)^{4}]/0.08=-4\times 3.3121$$
$$=-13.25(\text{百万美元})$$

把这三笔年金的现值相加，得到阿莱克斯所有年薪的现值：

$$181.17-9.25-13.25=158.67(\text{百万美元})$$

加上签约金，合同款的现值为 16 867 万美元。尽管阿莱克斯合同款的价值仍然相当可观，但远低于 25 200 万美元。

永续年金——一种特殊的年金

永续年金（perpetuities）是一种特殊形式的年金，是指一系列等额、无限期支付的现金流量，如优先股股利、英国发行的**统一公债**（consols）。

这类投资的价值就等于未来所有现金流量的现值。因为现金流量无限期持续，不能直接使用式（5—4）计算永续年金的现值。对于式（5—4），当 N 趋于无穷时，公式可简写为：

永续年金的现值＝每期现金流量/利率

$$PV=PMT/i \tag{5—5}$$

举个例子，每期支付额为100美元的永续年金，其现值为100/0.10＝1 000美元。与表5—2中为期40年的年金现值相比，40年期的年金现值为977.91美元。把支付额从40年延续至无限期，仅增加了22.09美元。这个例子再次说明未来多年后发生的现金流量，其现值非常小。

普通年金与先付年金

到目前为止，我们一直假设每期现金流量都发生在期末，但许多情况下，现金流量发生在期初。现金流量发生在期初的年金，称作**先付年金**（annuity due）。

现在有一笔为期5年，每期现金流量为100美元的先付年金。对于先付年金，第1年初的现金流量即为现在发生的现金流量，而不是第1年末。

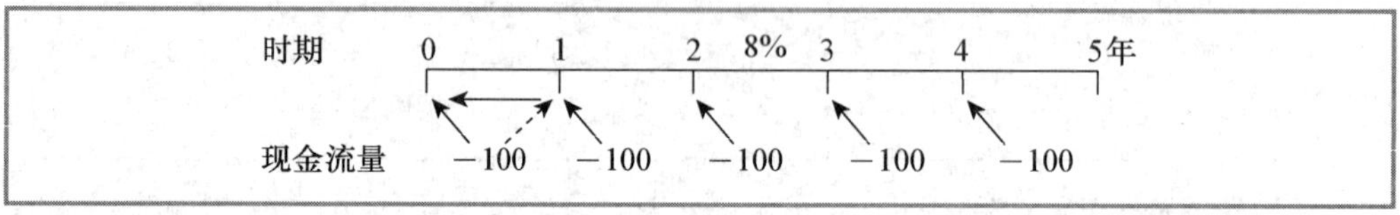

如图所示，一笔5年期的先付年金实际上相当于当前现金流量加上一笔4年期的普通年金。

先付年金的终值

我们如何计算5年期先付年金的终值？对于5年期普通年金的终值计算，第一期现金流量需要复利4次，最后一期现金流量不需要复利。从上述现金流量图可知，先付年金的第一期现金流量发生在当前，即第0年。因此，对于5年期先付年金的终值计算，第一期现金流量需要复利5次，最后一期现金流量需要复利一次。在计算终值时，先付年金和普通年金的最大差异是，先付年金的每一期现金流量都需要比普通年金多复利一次。因此，先付年金的终值等于普通年金的终值乘以（$1+i$）。

先付年金终值＝普通年金终值×(1＋i)

$$FVA_N\text{due}=FVA_N\times(1+i) \tag{5—6}$$

前面我们已经计算出这笔普通年金的终值为586.66美元，因此，先付年金的终值为586.66×1.08＝633.59美元。

先付年金的现值

上述5年期先付年金的现值是多少呢？对于5年期普通年金的现值计算，第一期现金流量需要折现1次，最后一期现金流量需要折现5次。因为先付年金的第一期现金流量就发生在0点，不需要折现。先付年金的最后一期现金流量只需折现4次。事实上，在计算现值时，先付年金的每一期现金流量都比普通年金少折现一次。因此，先付年金的现值等于普通年金的现值乘以 $(1+i)$。

先付年金现值＝普通年金现值×$(1+i)$

$$PVA_N\text{due}=PVA_N\times(1+i) \tag{5—7}$$

前面我们已经计算出这笔普通年金的现值为 399.27 美元，因此，先付年金的现值为 399.27×1.08＝431.21 美元。

很有趣，我们发现，无论是终值还是现值，先付年金的价值都为普通年金的价值乘以 $(1+i)$。

案例　立即兑奖吗

2006 年 2 月 18 日，ConAgra Foods 公司的一群员工中了 36 500 万美元的强力球头奖。这些人有两个选择：他们可以选择立即兑奖，一次性取得所有奖金，但奖金会有很大的折扣；他们也可以选择以 30 年期年金的形式取得奖金，第一笔付款即刻发生，年金的每期付款额为 36 500 万/30＝1 217 万美元。一次性兑奖的话，付款额为 17 730 万美元。两种兑奖方式的决策可运用资金时间价值的概念计算年金现值，并将其与一次性付款额进行比较。

当时，长期利率为 5%，我们可计算出年金现值为 19 638 万美元。需要注意的是，奖金为 36 500 万美元，不代表奖金的价值为 36 500 万美元。如果从这个角度来看，这些人应该选择年金的支付方式，因为这种方式下奖金价值更高。然而，事实上这些人选择了一次性兑奖，许多中奖者都会选择这种方式。财务咨询师也建议中奖者选择一次性兑奖，因为他们认为资金能获得比利率 5%更高的报酬率。

然而，也有充分的理由去选择年金。要想取得更高的报酬率，咨询师和中奖者都必须冒险，必须把大部分奖金用于投资，但实际上，很多选择一次性兑奖的中奖者通常在前两年消费了大部分奖金，有些中奖者兑奖之后没几年就宣告破产，这类故事并不少见。选择以年金的方式兑奖，有助于约束财富消费，因为中奖者不可能挥霍尚未领取的奖金。

资料来源："8 Win Record U. S. Lottery Jackpot，$365 million，" *The New York Times*，February 23，2006，page A24，and www. powerball. com.

复利计息频率

到目前为止，我们讨论的现金流量都是每年发生一次，按年度复利或折现，但许多情况下现金流量发生的时间间隔不一定是年度，可能更为频繁或间隔更长。债券通常半年计息一次，股票每季度需要支付一次股利。大多数的消费贷款都是按月度偿还，因此需要按月复利。在这里，我们将要讨论计息频率高于一年一次的复利情况。

复利计息频率的影响

今天以 12%的年利率存入 100 美元，1 年后的终值为多少？上一章中式（4—2）告诉我们，答案是 112 美元。如果银行每半年计息一次而不是每年年末计息，终值又是多少呢？第 6 个月末，银行会按照年利率 12%的一半即 6%计息一次，第

6 个月末时的存款余额增至 106 美元。到年末时，银行按照 6%再计息一次，但这次计息额是 106 美元，而不是本金 100 美元，因此，年末时终值为 112.36 美元。相比每年计息一次，每年计息两次使得终值增加 0.36 美元。尽管这个数值很小，但你会惊讶于差异变得显著的速度。

如果每个季度计息一次呢？因为一年有 4 个季度，所以季度利率为 12%/4＝3%。一年内复利 4 次，则终值为 $100\times1.03^4=112.55$ 美元。终值随复利计息频率的增加而增加。

表 5—3 描述了复利计息频率的影响。有两点需要我们注意：第一，计息频率越高，终值越大；第二，计息频率引起的价值增加额会随着计息频率的增长而减小。举个例子，计息频率从每年一次增加至每半年一次，终值增加 36 美分，但计息频率再从按日计息提高至按时计息，终值仅增加 0.1 美分。有可能会出现无限期计息的情况，这种情况下，终值 $FV_N=PV\times e^{(i\times N)}$，其中 e 等于 2.718 3。对于年金现金流量，计息频率通常与其每年发生的次数一致。如果年金现金流量是每月发生一次，则按照月度进行复利，后文会有两个例子。

表 5—3　　100 美元在不同计息频率下的终值（年利率为 12%）　　单位：美元

计息频率	计息期利率（%）	终值计算公式	终值
年度	12	100×1.12^1	112.00
半年度	6	100×1.06^2	112.36
季度	3	100×1.03^4	112.55
月度	1	100×1.01^{12}	112.68
每天	0.032 877	$100\times1.000\,328\,77^{365}$	112.748
小时	0.001 369 86	$100\times1.000\,013\,698\,6^{8\,760}$	112.749

注：复利计息频率越高，终值越大。

名义年利率与有效年利率

如果你以 12%的年利率借入 100 美元，年末你需要支付 112 美元。如果贷款是按月计息，则年末你需要支付 112.68 美元，如表 5—3 所示。也就是说，如果年利率为 12%的贷款按月计息，你的利率实际上比 12%高，为 12.68%。这个例子中，利率 12%为**名义年利率**（annual percentage rate，APR），利率 12.68%为**有效年利率**（effective annual rate，EAR），更准确地衡量了你的资金使用成本。

法律上要求贷款者按名义年利率向借款者报价。这个例子中名义年利率和有效年利率的差异并不大，有趣的是法律只规定贷款者提供准确度较低的名义年利率。因为有效年利率更为精确，我们有必要了解如何把名义年利率转换成有效年利率，转换公式如下，其中 m 为一年内计息次数。

$$EAR=(1+APR/m)^m-1 \tag{5—8}$$

表 5—4 列示了几种利率的转换。如果按年度计息，有效年利率等于名义年利率。一年内计息次数超过一次，有效年利率则大于名义年利率。由表 5—4 可知，利率越高，贷款时间越长，复利计息频率的影响就越大。若名义年利率为 5%，按季计息的有效年利率为 5.09%，差异微乎其微。若名义年利率为 12%，按季计息的有效年利率为 12.55%，明显大于名义年利率。

表 5—4　名义年利率与有效年利率

名义年利率	计息次数	计算公式	有效年利率
不同的计息次数			
5%	1	$(1+0.05/1)^{1}-1$	5.00%
5%	4	$(1+0.05/4)^{4}-1$	5.09%
5%	12	$(1+0.05/12)^{12}-1$	5.12%
不同的名义年利率和计息次数			
9%	4	$(1+0.09/4)^{4}-1$	9.31%
9%	12	$(1+0.09/12)^{12}-1$	9.38%
12%	4	$(1+0.12/4)^{4}-1$	12.55%
12%	12	$(1+0.12/12)^{12}-1$	12.68%

例 5.5　贷款买车

你现在计划买车。基于自己的预算，你确定每个月能支付 500 美元以供车贷。年利率为 9%。如果你计划 4 年还清贷款，你能借到多少？如果计划 6 年呢？

[解答]

贷款额等于现金流量为 500 美元、为期 48 个月的年金的现值。贷款期数为 4×12=48 个月，计息期利率为 9/12=0.75。使用式（5—4），你可以计算出，你能借到 20 092 美元。

$$PVA_{48}=500\times[1-1/(1+0.0075)^{48}]/0.0075=500\times 40.1848$$
$$=20\,092.39(\text{美元})$$

如果你选择贷款 6 年，只需把上述公式中的 48 换成 72，即可算出你能借到 27 738 美元。这种情况下，你能买到更贵的车，当然，你也需要多支付两年 500 美元的月还款额。

例 5.6　按月存入退休金

对于例 5.2 的退休金计划，你原计划连续 40 年每年存入 4 500 美元。但现在你决定按月存入退休金，年存款额仍为 4 500 美元，预期年回报率为 7%。等你退休时，你的退休金账户余额为多少？

[解答]

如果你选择按月存入退休金，你每月的支付额为 4 500/12=375 美元，一共是 480 个月，月回报率为 7/12=0.583 33。使用式（5—2），你可计算出这笔年金的终值为：

$$FVA_{40}=375\times[(1+0.07/12)^{480}-1]/(0.07/12)$$
$$=375\times 2\,624.8135=984\,305.02(\text{美元})$$

若你选择按年存入退休金，退休时退休金的终值为 898 358.00 美元。通过改变存款频率，你的退休金余额增加至 984 305.02 美元，增长额近 86 000 美元。

例 5.7 评估信用卡

作为一名大学生，你可能经常收到各种关于信用卡办理邀请的邮件。假设你正在考虑两张信用卡，第一张信用卡的名义年利率为16%，按月复利。第二张信用卡的名义年利率为15.5%，按周复利。哪一张信用卡的有效年利率更低？

［解答］

分别计算两张信用卡的有效年利率，再比较二者。

第一张信用卡的有效年利率为：$(1+0.16/12)^{12}-1=17.23\%$

第二张信用卡的有效年利率为：$(1+0.155/52)^{52}-1=16.74\%$

你应该选择第二种信用卡，因为它的有效年利率更低。无论选择哪张卡，请记得按时付清信用卡欠账。

年金贷款

本章主要讨论的是年金终值和年金现值的计算。实际上，许多情况下某项投资的价值是已知的，需要计算的是每期付款额或者内含利率，内含利率通常是指项目能提供的最高利率。

求解利率

在许多商业活动或个人生活中，许多投资的价值、年金现金流量的大小以及期数都已知，这种情况下，我们需要计算的是投资的内含利率。然而，并不存在简单的通用公式可用于计算年金利率。即使是财务计算器，也需要通过一个迭代过程耗费较长的时间以求得近似结果。

一家小型诊所的经理计划以100 000美元的价格购买一台医疗设备，这台设备在未来6年每年会给诊所带来25 000美元的利润，期满时设备报销，残值为零。这项购买决策的回报率是多少呢？现金流量图如下：

时期	0	1	2	3	4	5	6年
现金流量	−100 000	25 000	25 000	25 000	25 000	25 000	25 000

使用财务计算器，我们输入 $N=6$，$PV=-100\,000$，$PMT=25\,000$，$FV=0$，可求得利率为12.98%。因此，如果这个回报率高于100 000美元其他用途的回报率，那么这家诊所应该考虑购买这台医疗设备。

例 5.8 年金利率的计算

事业上奋斗数十载后，你和你的配偶准备退休，你们的储蓄金共800 000美元。你需要把这笔资金用于股票和债券的证券组合投资，以保证未来30年每月能从中取出6 000美元。那么，这项证券组合的回报率为多少时你才会投资？

［解答］

使用财务计算器，我们输入 $N=360$，$PV=-800\,000$，$PMT=6\,000$，$FV=0$，

求得计息期利率为 0.686 0%。因为现金流量是每月发生一次，所以计算出的利率为月利率。名义年利率为 0.686 0% × 12 = 8.23%。有效年利率为 $1.00686^{12}-1=8.55\%$，更能反映该项投资的真实利率。要想你的现有储蓄金能保证未来 30 年每月 6 000 美元的取款额，你的投资名义年利率至少为 8.23%。

摊销贷款的分期还款额

许多消费者和小业主已经知道所需借款额以及当前利率大小，通常他们需要根据这些信息计算出分期付款额，以确定能否付得起。按等额本息还款方法偿还的贷款称作**摊销贷款**（amortized loan）。为了计算摊销贷款的分期还款额，我们需要把年金现值公式（5—4）进行变形，变形后的公式如下：

$$PMT_N = PV \times i / [1 - 1/(1+i)^N] \tag{5—9}$$

大多数的车贷都要求在 3～5 年内按月还款。假设你需要 10 000 美元的借款来买车，贷款期为 4 年，名义年利率为 9%，则计息期利率为 9%/12=0.75%，期数为 48 个月。将数值代入式（5—9）可得：

$$\begin{aligned} PMT_{48} &= 10\,000 \times 0.0075 / [1 - 1/(1+0.0075)^{48}] \\ &= 10\,000 \times 0.024\,885 = 248.85(\text{美元}) \end{aligned}$$

因此，利率为 9%时，对于 4 年期的 10 000 美元贷款，每个月需要偿还 248.85 美元。

利率和贷款期限都会影响分期还款额的大小。表 5—5 给出了不同利率和不同期限情况下按揭贷款的月还款额。随着利率的下降，月还款额亦下降，这就是为什么在利率下降时人们通常会选择为按揭贷款再次贷款。利率下降一两个百分点，借款者每月可节省数百美元。贷款期限越短，月还款额越高。相比 30 年期的贷款，15 年期贷款的月还款额更高，当然，这也节省了数千美元的利息费用。

表 5—5　　225 000 美元贷款的月还款额

名义年利率	还款期	月还款额（美元）
30 年期贷款		
10%	30	1 974.54
8%	30	1 650.97
7%	30	1 496.93
6%	30	1 348.99
15 年期贷款		
8%	15	2 150.22
7%	15	2 022.36
6%	15	1 898.68

例5.9 按揭贷款月还款额

你计划购买一座美丽而古老的都铎式建筑，房价为250 000美元。按揭贷款经纪人告诉你，你能申请到的贷款额为房价的80%（200 000美元）。如果按揭贷款还款期为15年，则要求6.1%的名义年利率。如果还款期为30年，名义年利率则为6.4%。你将按照月还款额的大小进行决策。这两种贷款的月还款额分别是多少？

［解答］

15年期按揭贷款的月还款额肯定大于30年期按揭贷款的月还款额。15年期按揭贷款的利率更低，稍微降低了月还款额更大的压力。15年期按揭贷款的月还款额计算如下：

$$PMT_{180}=200\,000\times0.005\,083\,3/[1-1/(1+0.005\,083\,3)^{180}]$$
$$=200\,000\times0.008\,492\,7=1\,698.54(\text{美元})$$
$$PMT_{360}=200\,000\times0.005\,333\,3/[1-1/(1+0.005\,333\,3)^{360}]$$
$$=200\,000\times0.006\,255\,06=1\,251.01(\text{美元})$$

因此，15年期按揭贷款的月还款额高于30年期按揭贷款的月还款额近450美元。你必须决定提前15年还清贷款是否值得每个月多支付450美元。这个决策取决于你的财务预算以及你想早还清贷款的程度。

事实上，大多数房主更关心的是支付总额，包括房屋灾害保险和房产税。通常把这些支付款称作PITI，即本金、利息、税费以及保险费。为了简化，我们在此只考虑了本金和利息。

贷款摊销表

当你偿还车贷或房屋按揭贷款时，你通常想知道还有多少贷款未还，即**贷款本金**（loan principal）剩余多少。举个例子，两年前你贷款买车，还款期为4年。现在你准备把车售出，在此之前，你需要把车贷还清。能否计算贷款本金余额会影响你的售车行为。

平息贷款允许借款人到期前每期只支付利息，到期一次性偿还本金。对于名义年利率为9%的10 000美元平息贷款，每个月仅需要支付75美元的利息。如果4年内对10 000美元贷款进行摊销偿还，前面已经计算过，每个月需要偿还248.85美元。贷款额同样为10 000美元，对于两种还款方式，第一个月的还款差额为248.85−75=173.85美元，该数字即为摊销还款方式下第一个月的本金偿还额。因此，第一个月支付之后，摊销贷款的本金余额减少至9 826.15美元，平息贷款的本金余额仍为10 000美元。

第二个月，摊销贷款当月利息为9 826.15×9%/12=73.70美元，因此第二个月248.85美元的还款额中有175.15美元是本金偿还额。表5—6为该笔摊销贷款的**摊销表**（amortization schedule）。由表5—6可知，摊销贷款的早期利息偿还额较多而本金偿还额较少。随着到期时间的接近，利息偿还额逐渐下降，本金偿还额逐渐增多，本金余额逐渐减少。

通过该摊销表可知，你若想在贷款2年后把车出售，你需要向贷款公司还清剩余本金5 447.13美元。如果你的贷款是平息贷款，那么2年后你的本金仍为10 000美元。摊销表还可用于其他方面，比如了解整个贷款期内的利息总额。在这个例子中，4年期的摊销贷款一共需要你支付本金10 000美元，利息1 945美元。贷款期越长，每期还款额中利息比重越大。对于 30 年期的按揭贷款，首期还款额中利息比重通常为 75%～95%，具体取决于利率。按揭贷款的本金余额在前期下降较慢。

摊销表中，除第一个月之外，月初本金余额等于上月末的本金余额。我们使用月初本金余额计算当月利息。每期还款额扣除当期利息，即为当期本金偿还额。月初本金余额减去当月本金偿还额，即为月末本金余额，也就是下个月月初本金余额。摊销表的编制并不难，按照上述思路重复计算即可得到。

表 5—6　　**贷款摊销表**　　单位：美元

月份	期初余额	每期还款额	利息支付额	本金偿还额	期末余额
1	10 000.00	248.85	75.00	173.85	9 826.15
2	9 826.15	248.85	73.70	175.15	9 651.00
3	9 651.00	248.85	72.38	176.47	9 474.53
4	9 474.53	248.85	71.06	177.79	9 296.74
5	9 296.74	248.85	69.73	179.12	9 117.61
6	9 117.61	248.85	68.38	180.47	8 937.15
7	8 937.15	248.85	67.03	181.82	8 755.32
8	8 755.32	248.85	65.66	183.19	8 572.14
9	8 572.14	248.85	64.29	184.56	8 387.58
10	8 387.58	248.85	62.91	185.94	8 201.64
11	8 201.64	248.85	61.51	187.34	8 014.30
12	8 014.30	248.85	60.11	188.74	7 825.56
13	7 825.56	248.85	58.69	190.16	7 635.40
14	7 635.40	248.85	57.27	191.58	7 443.81
15	7 443.81	248.85	55.83	193.02	7 250.79
16	7 250.79	248.85	54.38	194.47	7 056.32
17	7 056.32	248.85	52.92	195.93	6 860.40
18	6 860.40	248.85	51.45	197.40	6 663.00
19	6 663.00	248.85	49.97	198.88	6 464.12
20	6 464.12	248.85	48.48	200.37	6 263.75
21	6 263.75	248.85	46.98	201.87	6 061.88
22	6 061.88	248.85	45.46	203.39	5 858.49
23	5 858.49	248.85	43.94	204.91	5 653.58
24	5 653.58	248.85	42.40	206.45	5 447.13
25	5 447.13	248.85	40.85	208.00	5 239.14
26	5 239.14	248.85	39.29	209.56	5 029.58
27	5 029.58	248.85	37.72	211.13	4 818.45
28	4 818.45	248.85	36.14	212.71	4 605.74

续前表

月份	期初余额	每期还款额	利息支付额	本金偿还额	期末余额
29	4 605.74	248.85	34.54	214.31	4 391.43
30	4 391.43	248.85	32.94	215.91	4 175.52
31	4 175.52	248.85	31.32	217.53	3 957.99
32	3 957.99	248.85	29.68	219.17	3 738.82
33	3 738.82	248.85	28.04	220.81	3 518.01
34	3 518.01	248.85	26.39	222.46	3 295.55
35	3 295.55	248.85	24.72	224.13	3 071.41
36	3 071.41	248.85	23.04	225.81	2 845.60
37	2 845.60	248.85	21.34	227.51	2 618.09
38	2 618.09	248.85	19.64	229.21	2 388.88
39	2 388.88	248.85	17.92	230.93	2 157.94
40	2 157.94	248.85	16.18	232.67	1 925.28
41	1 925.28	248.85	14.44	234.41	1 690.87
42	1 690.87	248.85	12.68	236.17	1 454.70
43	1 454.70	248.85	10.91	237.94	1 216.76
44	1 216.76	248.85	9.13	239.72	977.04
45	977.04	248.85	7.33	241.52	735.51
46	735.51	248.85	5.52	243.33	492.18
47	492.18	248.85	3.69	245.16	247.02
48	247.02	248.87	1.85	247.02	0.00

求解期数

也许你还想知道，在每期还款额既定的情况下，还清一笔贷款需要多久？为了确定还款期数，只需计算出式（5—9）中的 N，但计算过程甚为复杂。计算公式如下：

$$N=\frac{\ln[PMT/(PMT-PVA_N\times i)]}{\ln(1+i)}$$

许多人都选择使用财务计算器或电子表格计算。我们可以检查一下，利率为9%时，每月偿还 248.85 美元能否真的在 4 年内还清 10 000 美元贷款。我们在财务计算器上输入 $i=0.75$，$PV=10\ 000$，$PMT=-248.85$，$FV=0$，答案正是 48 个月。

例 5.10 信用卡还账期

由于理财不善，你朋友信用卡欠账已经达到 5 000 美元，其信用卡的名义年利率高达 19%，并按月计息。他最近收到信用卡账单，信用卡公司要求他这个月必须至少还款 150 美元。按照这个支付额，你朋友需要多久才能还清他的信用卡？

[解答]

使用财务计算器，输入 $i=1.58333$，$PV=5000$，$PMT=-150$，$FV=0$，答案为 48 个月，即 4 年。如果你朋友每月按最低还款额支付，他需要 4 年才能还清。当然，信用卡公司会非常乐意如此，因为回报率很高。你朋友应该提高月还款额，以尽快还清信用卡欠账。

加息摊销法

加息摊销法（add-on interest）是计算发薪日贷款每期还款额的常用方法。这种方法下，在贷款之初先按照名义年利率计算出利息总额，再加上本金，二者之和除以期数则为每期还款额。假设现有一笔为期 6 个月，利率为 9%的 1 000 美元贷款。按照加息摊销法，这笔贷款的利息总额为 $1000\times9\%\times1/2=45$ 美元，加上本金 1 000 美元共计 1 045 美元。因此，6 个月内每月还款额为 $1045/6=174.17$ 美元。需要注意的是，加息摊销法严重低估了贷款的实际利率。如果你借入 1 000 美元，每月偿还 174.17 美元，连续 6 个月，那么你的月利率为 1.27%，也就是说，这笔贷款的名义年利率为 15.24%（$=1.27\%\times12$），有效年利率为 16.39%（$=1.0127^{12}-1$），远高于 9%。

简述题

1. 如何在第 7 年把第 2 年的现金流量和第 4 年的现金流量相加？

2. 如果人们在工作之初开始存入退休金，等退休时就有可能成为百万富翁。阐释年利率为 9%时连续 40 年每个月存入 250 美元退休金的增长情况。

3. 当你折现多重现金流量时，现金流量发生的时点如何影响它的现值？以及如何影响全部现金流量的价值和？

4. 如何使用年金现值概念来确定你能支付的房价？

5. 因为永续年金的现金流量无限期发生，如何计算它的现值？为什么永续年金的现值是有限的？

6. 解释为什么无论是终值还是现值，先付年金的调整因子都为（$1+i$）。

7. 使用复利思想解释为什么有效年利率大于名义年利率。

8. 现值都为 10 000 美元，你是愿意连续 5 年每年支付 2 500 美元，还是连续 10 年每年支付 1 250 美元？为什么？

9. 你的住房按揭贷款利息可以税前扣除。为什么贷款早期比后期的税盾作用更显著呢？

10. 如何使用年金每期付款额的计算思路来解决信用卡还款问题？每期还款额如何影响还款期数？

计算题

1. 年利率为 10%，第 1 年存入 2 000 美元，第 3 年存入 1 500 美元。计算存款在第

8 年末的终值。

2. 利率为 9%，每年现金流量为 900 美元的 5 年期年金的终值是多少？

3. 年利率为 10%，第 1 年存入 2 000 美元，第 3 年存入 1 500 美元。计算存款的现值。

4. 利率为 9%，每年现金流量为 900 美元的 5 年期年金的现值是多少？

5. 利率为 7.5%，每期现金流量为 50 美元，无限期持续。这些现金流量的现值是多少？

6. 7 年期普通年金的现值为 6 500 美元，利率为 8.5%，相应先付年金的现值是多少？

7. 7 年期普通年金的终值为 6 500 美元，利率为 8.5%，相应先付年金的终值是多少？

8. 一笔贷款按月计息，名义年利率为 10%，这笔贷款的有效年利率为多少？

9. 利率为 4%。第 1，2，3，4 年分别发生了 1 000 美元、1 200 美元、1 200 美元、1 500 美元的现金流量，计算这些现金流量在第 6 年的终值。

10. 你的退休金计划原为每月存入 200 美元，连续 20 年。之后，你又能再持续存入 30 年，每月存入 400 美元。利率为 7%，计算 50 年后你的退休金终值。

11. 利率为 6%。第 1，2，3，4 年分别发生了 1 000 美元、1 200 美元、1 200 美元、1 500 美元的现金流量，计算这些现金流量的现值。

12. 一位业主向银行申请贷款。这位业主在前三年每月能偿还 1 000 美元，后两年每月能偿还 2 000 美元。如果银行要求的名义年利率为 7.5%，银行愿意向业主提供的贷款额为多少？

13. 你计划买车，未来 4 年你每月能支付 450 美元，除了贷款，你还能支付首付款 1 000 美元。名义年利率为 7%，你能负担的价格为多少？

14. 一项永续年金的年现金流量为 100 美元，利率为 7.5%。如果利率增至 9%，永续年金的价值如何变化？是增加还是减少？

15. 从现在起，你每月存入 50 美元，持续 5 年。名义年利率为 10%，这笔年金的终值是多少？现值是多少？

16. 发薪日贷款是期限很短、利率很高的贷款。假设你今天借入 225 美元的发薪日贷款，2 周后需要偿还 300 美元，2 周内利率高达 33.33%。这笔发薪日贷款的年利率是多少？

17. 每年现金流量为 5 000 美元的 5 年期年金的现值为 20 000 美元，那么利率是多少？

18. 如果你每月支付 1 000 美元，要想 6 年后终值为 75 000 美元，那么要求的年回报率是多少？

19. 你借入一笔 500 美元的贷款，贷款者要求按照加息摊销法还款，年利率为 8%。还款分为两次，第一次支付是在 6 个月后，第二次支付是在年末。计算每期等额还款额。

20. 你计划买一辆价值 25 000 美元的车。交易商向你提供了一笔 4 年期贷款，名义年利率为 10%。每月支付额为多少？如果你选择到期前只支付利息，每月支付额又是多少？这一决策有何影响？

21. 乔伊的信用卡欠账 5 000 美元。信用卡的名义年利率高达 17%。他若每个月还款 150 美元，需要多久才能还清信用卡？

22. 第 1 年存入 1 000 美元，第 3 年存入 2 000 美元，第 4 年取出 700 美元。年利率为 8%，计算这笔存款第 7 年末的终值。

23. 你借入一笔 2 000 美元的加息摊销贷款，年利率为 10%，分 12 个月偿还。计算每月还款额以及贷款的有效年利率。

24. 一家汽车公司正在实行一项优惠活动，你可以选择在购买时收到 500 美元的现金返还，或一笔名义年利率为 3%的 4 年期贷款，车价为 15 000 美元。你能够以 7%的名义年利率从信用合作社取得 4 年期贷款。哪项交易更好呢？

25. 一笔贷款为 15 000 美元，按月计息，年利率为 9%，贷款期为 3 年。请编制贷款摊销表。

26. 莫妮卡决定储蓄足够的退休金，以便退休后的 25 年里每月能支出 3 500 美元，利率为 8%。到目前为止，她没有任何储蓄，离退休还有 30 年。莫妮卡现在起每月需要存入多少钱才能达到目标？

27. 雷切尔 3 年前贷款买了一辆 15 000 美元的车，贷款利率为 8%，为期 4 年。她现在决定把车出售，如果售价能够支付贷款余额，那么雷切尔能接受的最低售价是多少？

28. 按揭贷款经纪人提供一项 183 900 美元的 30 年期贷款，利率可调。前两年贷款名义年利率为 4%，第 2 年后，利率上升至 7%。前两年的月还款额为多少？第 2 年后的月还款额又为多少？

29. 某人从 25 岁开始实行退休金计划，直至 65 岁，共 40 年。前 10 年，她每年存入 3 000 美元；第 11 年至第 20 年，每年存入 5 000 美元；第 21 年至第 30 年，每年存入 10 000 美元；后 10 年，每年存入 15 000 美元。资金回报率为 9%。到她 65 岁时退休金的价值是多少？退休后，她计划在未来的 40 年里以年金的形式支取资金，利率为 8%，那么她每月能支取多少？

30. 你现在 35 岁，刚换了份新工作。上一份工作你储蓄的退休金余额为 80 000 美元，你打算把它转移至这份工作。这份工作中，你计划每年存入 3 600 美元的退休金。如果转入后的资金和每年新储蓄的退休金都有 7%的回报率，那么 30 年后你的退休金余额是多少？

31. 你的客户刚收到一笔 100 万美元的信托资金，在他 65 岁之前即 25 年内他无权支配这笔资金。25 年后，他每月能支取 25 000 美元。如果这笔资金的回报率为 5.5%，从他有权支取之日起，他一共能支取多少个月？

32. 一家当地的家具店正在促销，一套餐桌现在的价格为 3 000 美元，你可以在购买的 2 年后再付款，且不收取任何利息。为了 2 年后能支付 3 000 美元的账单，你需要从现在起每月存入多少钱？名义年利率为 5%，按月复利。

33. 你购买了一座 200 000 美元的房屋，首付款为 20 000 美元，剩余 180 000 美元采取按揭贷款的方式支付。如果你申请了一笔利率为 7%的 30 年期贷款，你每月还款额为多少？5 年末的贷款余额为多少？如果房屋每年的增值率为 3%，5 年后房屋的价值为多少？其中，属于你的权益部分的价值是多少？

34. 你从银行获得一笔 2 年期的贷款用于建房。贷款条款规定，你现在能收到 200 000 美元的贷款资金，1 年后将收到剩余的 100 000 美元贷款，名义年利率为 10%，按月计息。2 年内不支付任何款项，因此贷款余额会按 10%的利率复利增长。第 2 年末，贷款余额转换成利率为 6%的 30 年期普通按揭贷款。那么，按照等额本息还款法，你的按揭贷款每月还款额是多少？

第6章

金融市场与金融机构

- 金融市场
- 金融机构
- 利　率

学习目标

1. 区别一级市场与二级市场，区别货币市场与资本市场。
2. 列出货币市场与资本市场的证券类型。
3. 了解不同类型的金融机构及其提供的服务。
4. 分析影响利率的特定因素。
5. 运用多种理论解释利率期限结构。
6. 阐述如何使用利率期限结构确定远期利率。

引文

资金如何在经济中流转？金融市场如何运作，如何与其他金融市场相互作用？这些都是作为个人投资者或财务经理应该知道的。你的未来决策能力取决于此。投资者的资金通过金融市场流转，比如纽约证券交易所、按揭市场等。金融机构，比如商业银行、投资银行以及共同基金等，作为中介机构提供渠道，使得储户或投资者的资金流向金融市场。本章主要讲述了金融市场的类型及其运作，并讨论了参与市场的金融机构。金融市场中交易的股票、债券以及其他证券将在第7章和第8章作详细讨论。

本章还将阐述金融机构业务模式的变化如何催生2008年的金融危机。在分析危机产生的根本原因时，我们回顾了金融危机时期发生的重大事件，并讨论了危机引起的监管变化和行业变化。

视角

商业应用

DPH公司计划发行新债券，要么今年发行，要么2年后发行。DPH公司的盈利状况一直良好，但是如果美国经济下滑，DPH公司的销售也会随之显著下降，因为它的产品对整个经济的变化非常敏感。目前DPH公司发行在外的债券有1 000万美元，但其债券的市场交易情况并不活跃。管理层在决定是今天还是2年后发行债券时，需要考虑哪些因素？DPH公司如何才能把债券出售给潜在投资者，从而筹集到所需资本？

个人应用

约翰·亚当斯计划从两家公司债券中选择其一进行投资。一家公司的债券利率为8%，到期期限为10年；另一家公司的债券利率为10%，到期期限为9年。第二种债券看似更好，约翰是不是应该投资它？假设约翰已确定哪家债券是更好的投资，他将如何购买债券呢？

金融市场

金融市场（financial markets）是实现资金在投资者与筹资者之间或投资者相互之间流转并对其进行管理的市场。我们通常按照金融工具的主要特征或市场的定位来区分金融市场，比如按照债券期限进行分类。具体来说，我们可按照两个维度对市场进行如下分类：

- 一级市场与二级市场

- 货币市场与资本市场

一级市场与二级市场

一级市场

一级市场（primary markets）是资金需求者如公司或政府机构等新发行股票和债券等证券以筹集资金的金融市场。公司或政府机构不断有新投资项目或生产扩张需求，但内部资金不足以支撑资本需求，因此，公司或政府机构需要在外部一级市场中发行证券以筹集资本。它们把新发行的金融工具销售给初始购买者，筹得所需资金。

在美国，**投资银行**（investment banks）作为金融机构的一种，承担了大多数的一级市场交易活动。美国知名的投资银行有摩根士丹利（Morgan Stanley）、高盛公司（Goldman Sachs）、美林证券公司（Merrill Lynch）等。这些公司在证券发行方与投资者之间即资金需求者与资金提供者之间起中介作用。投资银行还向资金需求者提供其他服务，比如向公司或政府机构提供证券发行事项的咨询服务、吸引初始证券投资者。需要资金的公司通常自身不擅长筹集资金，因此它们会借助投资银行发行证券，以规避风险并降低成本。

证券的首次销售要么是以公开发行的方式，要么是向一小部分投资者进行私募。投资银行在公开发行中充当证券承销商的角色。在私募方式下，证券发行方约定投资者购买全部证券，定向发行的投资者一般是金融机构，通常少于 10 位。为了保护个人投资者，避免信息披露不足的情况发生，公开交易的证券必须在美国证券交易委员会进行注册。私募可以不注册，但只能再次销售给大型专业金融投资者。大型投资者通常能够获取信息，并且有足够的专业能力对证券风险进行分析评估。证券市场中私募发行的股票或债券通常是流通性最差的证券。通常只有超大型的金融机构或机构投资者能够购买并持有私募证券，因为它们缺乏活跃的二级市场。私募证券的发行者通常知名度不高，比如中型的公司或政府机构。由于信息不足和风险较高，私募证券的回报率通常高于公开发行的证券。

图 6—1 所示为一级市场中公司新发行股票或债券的资金流转情况。第 8 章会进一步讨论公司、美国财政部以及销售政府初级证券的政府机构等单位如何进行初级证券销售。本章对政府证券的讨论主要从买方的角度展开，而不是卖方。你可以通过财政学课程更好地从卖方视角了解政府证券。

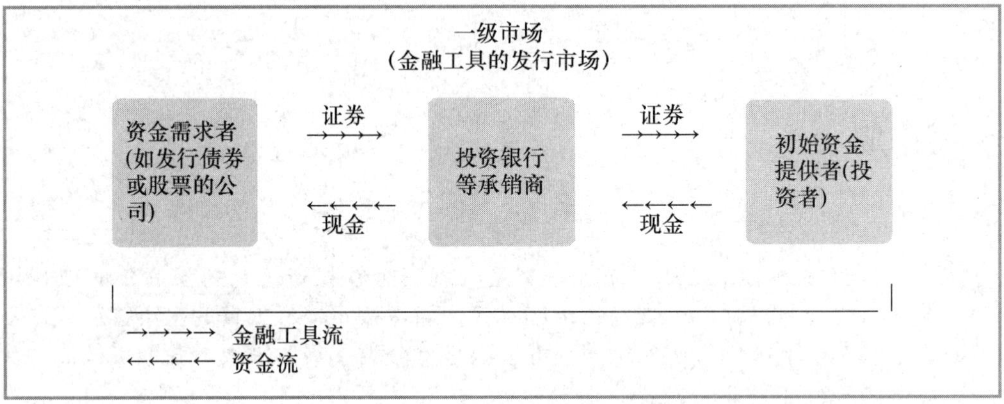

图 6—1 一级市场的资金流转

一级市场金融工具包括公司上市时首次公开发行的股票。公司第一次在股票市场发行股票通常称作**首次公开募股**（initial public offerings，IPO）。举个例子，2010 年 5 月 28 日，玩具反斗城公司宣告首次公开发行 8 亿美元的普通股，玩具反斗城公司的承销商为高盛公司在内的几家投资银行。上市公司也可以在一级市场增发债券或股票。举个例子，2010 年 3 月 18 日 Genpact 公司宣告将以每股 15 美元的价格增发 3 864 万股普通股，由投资银行承销，如摩根士丹利、高盛公司等，此次发行增加了该公司净资产。

二级市场

公司在一级市场发行金融工具之后，投资者在**二级市场**（secondary markets）对这些股票和债券再次进行交易。纽约证券交易所（NYSE）和纳斯达克市场（NASDAQ）是两个知名的股票交易二级市场。除了股票和债券，二级市场还进行其他金融工具的交易，比如依靠按揭贷款或其他资产的金融工具、外汇、期货与期权等。

二级市场证券的卖方是需要资金的经济行为人。二级市场向经济行为人提供了一个能快速高效买卖大多数证券的集中场所，因此，二级市场能为经济行为人节省搜寻成本。图 6—2 所示为二级市场的资金流转情况。二级市场卖方通常会雇用证券经纪人如嘉信理财或其他经纪公司作为证券交易的中介。需要注意的是，二级市场交易不涉及当初发行股票或债券的公司，二级市场股票交易的资金并不为公司所有。

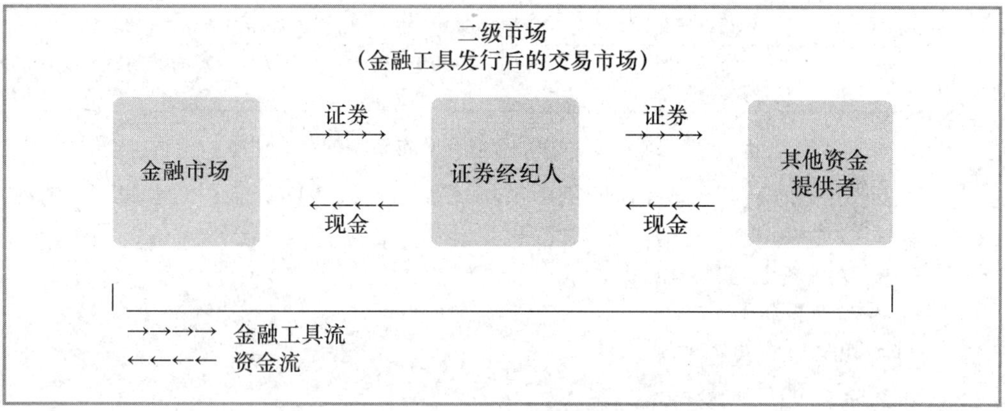

图 6—2　二级市场的资金流转

投资者与发行者都受益于二级市场。投资者获得流动性和分散化收益。尽管公司证券发行者并不直接参与二级市场交易，但发行者可通过二级市场获取有关证券现行市场价值的信息。上市公司可通过分析其证券在二级市场的价格，观察投资者对公司价值和公司决策的态度和反应。这些价格信息能帮助发行者评估公司资金运用情况，也可作为下次发行证券时的参考价格。

二级市场的交易量可以相当大。**交易量**（trading volume）是指某一证券在一定时期内被买卖的股数总量。实际上，每个卖方和每个买方都与交易清算所订有合同，交易清算所负责为每一笔交易匹配买卖方。交易清算所是营利性公司，它的股票也在市场进行交易。

每天证券交易所和交易清算所要处理大量交易。1997 年 10 月 28 日，纽约证券交易所每日交易量首次超过 10 亿股。2008 年 10 月 10 日，在金融危机的高峰时期，纽约证券交易所的交易量突破73亿股，迄今为止仍为最高交易量。相比之下，在20世纪80年代中期，纽约证券交易所2.5亿股的交易量即被视为高交易量。

货币市场与资本市场

上文已提及，金融市场可按照交易工具的到期期限进行分类。当我们区分货币市场和资本市场时，这个分类标准很重要。两个市场都进行债务证券交易，资本市场还进行权益证券交易。在区分两类市场时，判断标准之一是证券何时到期。

货币市场

货币市场（money markets）是金融工具到期期限在一年以下的金融市场，如图6—3所示。货币市场中，短期资金多余的一方可把多余资金借给短期资金短缺的另一方。资金提供者购买货币市场金融工具，资金需求者销售货币市场金融工具。货币市场中，由于金融工具为短期证券，二级市场价格的通胀效应通常很小。由于波动性小，货币市场证券比长期金融工具的风险要小。在美国，许多货币市场证券不在特定场所进行交易，而是通过电话、电汇、计算机交易等方式进行。因此，美国绝大多数的货币市场又称作**场外交易市场**（over-the-counter（OTC）markets）。

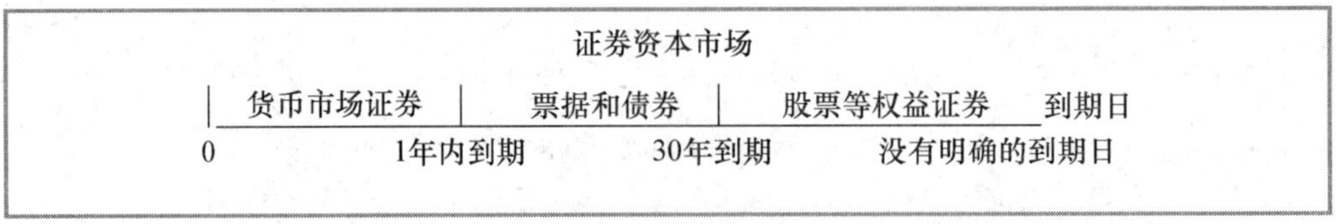

图6—3 货币市场与资本市场的到期期限

公司和政府机构发行各种货币市场证券以筹集短期资金。这些证券包括：

- 国库券；
- 联邦基金与回购协议；
- 商业票据；
- 可转让定期存单；
- 银行承兑汇票。

表6—1列示了上述几种货币市场证券的定义。图6—4描述了近30年来美国货币市场证券情况及每种证券所占比重。2011年，可转让定期存单在所有货币市场证券中所占比重最高，其次是国库券、商业票据、联邦基金与回购协议。

表6—1 **货币市场金融工具**

国库券（treasury bills）：美国政府发行的短期债券。
联邦基金（federal funds）：金融机构之间流转的短期资金，通常不超过一天。
回购协议（repurchase agreements）：资金融入方在出售证券的同时和证券购买者签订的在特定日期按特定价格购回证券的协议，通常原出售价格低于回购价格。
商业票据（commercial paper）：公司为筹集短期资金而开出的短期无担保票据。
可转让定期存单（negotiable certificates of deposit）：银行发行的具有可转让性质的定期存款凭证，凭证上载有存款金额、利率以及到期日。面值通常至少为100 000美元。
银行承兑汇票（banker's acceptances）：由银行担保的支付给供应商的定期汇票。

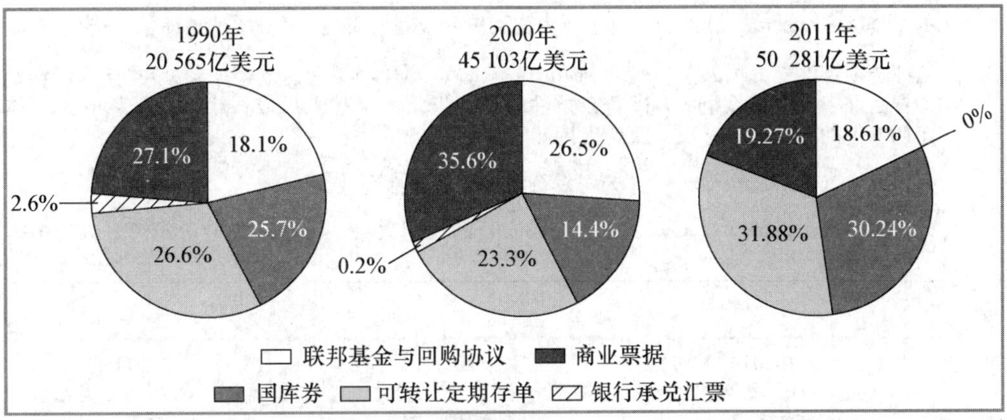

图 6—4　美国货币市场证券情况

资料来源：Federal Reserve Board,"Flow of Fund Accounts," *Statistical Releases*, Washington, DC, various issues. www. federalreserve. gov.

资本市场

资本市场（capital markets）是指期限在 1 年以上的各种权益和债务工具交易的金融市场。由于到期期限较长，资本市场工具比货币市场工具具有更大的价格波动性。

资本市场证券包括：

- 美国中长期国债；
- 州政府及地方政府公债；
- 美国政府机构债券；
- 抵押贷款及抵押贷款证券；
- 公司债券；
- 公司股票。

表 6—2 列示了上述几种资本市场证券的定义。图 6—5 描述了近 30 年来美国资本市场证券情况及每种证券所占比重。最大的资本市场工具是公司股票，其次分别是抵押贷款及抵押贷款证券、公司债券。资本市场的规模取决于两个因素，分别是证券数量与证券市场价格。20 世纪 90 年代见证了持续上涨的牛市，股票价值急剧上升。21 世纪初，股票价值随着美国经济的下滑而下降，部分是因为"9・11"事件，部分是因为利率开始上升，因此股价下降。之后，股市持续恢复，至 2007 年股价甚至超过 1999 年。受金融危机的影响，股价急转直下。2008—2009 年，股价急剧下降。至 2009 年 3 月中旬，道琼斯工业平均指数在不到一年半的时间里下降了 53.8%。这个幅度远大于 1937—1938 年的股市崩溃，当时指数下降 49%。不过，2009 年下半年和 2010 年上半年，股价随经济开始恢复。2009 年 3 月至 2010 年 4 月，指数上涨了 71.1%。

表 6—2　资本市场金融工具

中长期国债（treasury notes and bonds）：美国财政部代表联邦政府发行的用于国家债务及联邦政府支出等方面的长期债券。
州政府及地方政府公债（state and local government bonds）：美国州政府与地方政府发行的长期债券。

抵押贷款（mortgages）：个人或企业为购买房屋或其他实物资产而借入的长期贷款。

抵押贷款证券（mortgage-backed securities）：以预期本金和利息作为担保品的长期证券。这类证券由许多抵押贷款组成，即符合条件的抵押贷款集中起来形成一个抵押贷款的集合体，由定期发生的本金和利息现金流所支持。

公司债券（corporate bonds）：公司发行的长期债务性证券。

公司股票（corporate stocks）：上市公司发行的长期权益性证券，股票份额代表对公司所有权基本的请求权。

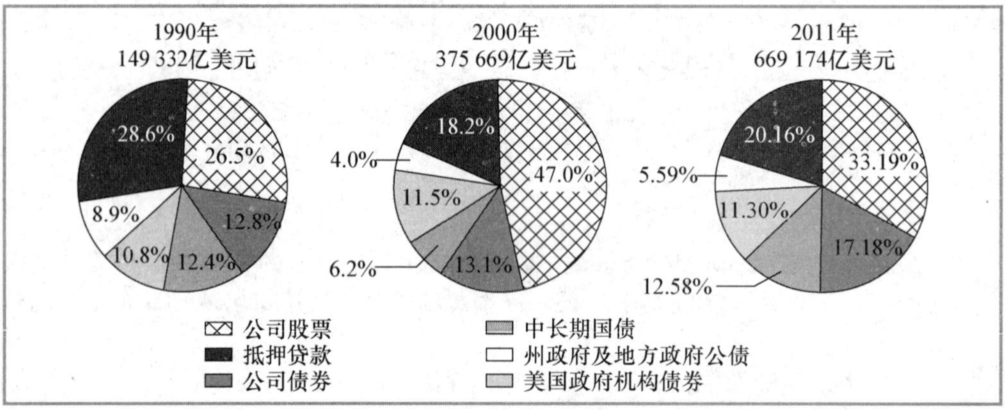

图6—5 美国资本市场证券情况

资料来源：Federal Reserve Board，"Flow of Fund Accounts，" *Statistical Releases*，Washington，DC，various issues. www. federalreserve. gov.

其他市场

外汇市场

如今，许多公司都全球化经营。称职的财务经理应该了解其他国家金融市场的事件和变化是否会对本公司的经营业绩产生潜在影响。21 世纪初，可口可乐公司有 31%的营业利润来自欧洲。尽管 2009 年可口可乐在欧洲的销售量增加了 4%，但是由于美元和欧元之间的不利变动，可口可乐公司的营业利润下降了 11%。

外汇市场（foreign exchange markets）是实现外币即期交易或远期交易的场所。公司向国外销售证券或商品时，以外币标价的现金流量会给公司带来**外汇风险**（foreign exchange risk）。风险来自于外币兑换为美元的价格具有不确定性。外汇汇率会随外币和美元在全球的供给需求的变化而变化。投资者购买外币标价的证券，也会面临同样的风险。

公司从国外投资收到的美元实际数不仅取决于投资业绩，还取决于美元和外币的汇率。公司必须把外币兑换为美元。若是投资期间外币相对于美元有所贬值，收到的现金流量的美元数会减少；如果外币相对于美元升值，从国外投资收到的现金流量的美元数会增加。

外汇汇率是不断变化的。每天的汇率会随全球外币需求供给量和美元需求供给量的变化而变化。中央政府有时会直接干预外汇市场。政府还可以通过改变本国现行利率而间接影响外汇汇率。

衍生证券市场

衍生证券（derivative security）是价值依赖于标的证券的一种金融证券，如期货、期权、抵押贷款证券等。标的证券可以是资本市场中的股票，也可以是外汇市场中的英镑。衍生证券一般是协议的形式，合约双方约定在未来特定日期以预定价格交换一定数量的资产或现金。衍生证券的价值会随标的证券价值的变化而变化。

尽管衍生证券已存在数个世纪，尤其是对于实物商品，但直到 20 世纪 70 年代，衍生证券市场才开始迅速发展，70 年代至 90 年代期间，衍生证券市场蓬勃发展，主要原因是交易者、公司和学术界都已知道如何使用衍生合约分散标的商品和标的证券的风险。衍生合约一般具有很高的杠杆效应，也就是说，投资者仅需投入标的资产价值的很小一部分就可以影响或控制标的资产。

衍生证券市场交易者既包括为套期保值或其他目的而持有衍生证券的使用者，也包括为赚取手续费而提供清算等服务的交易商。下面以商品为标的资产如玉米、小麦和大豆期货作为套期保值的例子来阐述。假设你经营一家面粉厂，你在未来一段时间需要采购软质小麦或硬红冬麦。如果你担心小麦价格会上涨，你可以通过在商品交易所购买小麦期货来锁定小麦价格，以满足你 6 个月后的需求。如果你的预期正确，小麦价格在 6 个月后上涨了，你可以将期货平仓，按照期货价格而不是更高的市场价格采购小麦。同样，如果你确定 3 个月后将出售一批货物至欧洲，你可以相抵持仓，利用欧元期货合约锁定欧元与美元的汇率，消除这笔交易的外汇风险。

衍生证券市场是最新的金融证券市场，可能也是风险最大的市场。金融机构表外抵押贷款证券的亏损是金融危机产生的关键所在。2006 年末和 2007 年初，美国经济存在的重大问题已开始显露迹象，房价骤降，违约开始影响整个抵押贷款行业，对经济其他方面也产生显著影响。从 2006 年最后一个季度起按揭贷款拖欠现象不断出现，尤其是次级贷款，因为 21 世纪初期购买房屋或为房屋再贷款的房主已无力支付贷款月供。随着借款人不断违约，持有按揭贷款及其衍生证券的金融机构开始宣告巨额亏损。至 2009 年初，全球的贷款亏损达到 7 000 亿美元，最终导致许多金融机构倒闭和并购。幸亏政府救援，一些大型金融机构才得以继续生存。全球的金融市场和经济体系都受到巨大创伤。

金融机构

金融机构（financial institutions）在各种证券市场中发挥着至关重要的作用。资金通过金融机构从资金提供者流向资金需求者。换言之，金融机构经营着金融市场，金融机构使得金融市场成为资金流转成本最低却最有效的场所。金融机构有助于市场参与者之间的风险分散。分散风险功能对企业经营非常重要，因为很少有企业或个人自身能完全承担研发昂贵新产品或新程序的风险。个人投资者通过购买风险企业的股票分担了企业的风险。投资者可以通过投资组合减小投资风险，这一点第 9 章和第 10 章将继续讨论。表 6—3 总结了多种类型的金融机构。本节案例讲述了沃尔玛转型金融机构的尝试最终失败。

表 6—3　　金融机构类型

商业银行（commercial banks）：主要资产是贷款、主要负债是存款的存款机构。商业银行的贷款种类繁多，包括消费贷款、商业贷款以及不动产贷款等，种类比其他类型的储蓄机构多。由于商业银行规模更大，更容易进入证券市场，商业银行的负债通常比其他类型的储蓄机构包含了更多的非储蓄资金。
储蓄机构（thrifts）：包括储蓄协会、储蓄银行、信用合作社在内的存款机构。储蓄机构的经营业务类似于商业银行，但其贷款业务通常集中于某一种类型，比如不动产贷款或者消费贷款。信用合作社是非营利机构，为特定人群设立，如工会或特定的公司员工。
保险公司（insurance companies）：为个人和公司提供负面事件财务保障的金融公司。人身保险公司为人们因意外死亡或疾病而造成经济损失提供保险，也提供退休计划服务。财产保险公司为人们因事故、盗窃、火灾等造成经济损失提供保险。
证券公司和投资银行（securities firms and investment banks）：承销证券，参与证券经纪、证券交易、创造证券交易市场等业务活动的金融机构。
金融公司（finance companies）：向个人和企业提供贷款的金融机构。金融公司不同于存款机构，它不接受存款业务，资金来源依赖于短期或长期负债，它提供的贷款大多会以实物商品如家具作为抵押物。
共同基金（mutual funds）：集中个人和公司的资金并将其用于投资组合的金融机构。
养老基金（pension funds）：提供储蓄计划服务的机构，基金参与者在工作期间可通过养老基金储蓄退休金。参与者从退休起开始支取退休金，此时的退休金通常包含原存入工资的投资收益。存入养老基金的资金免征税款，但从 55 岁起支取的退休金需要缴纳税款，税率较低。

为了理解金融机构对金融市场有效运营的重要性，我们设想一个不存在金融机构的世界。在这样一个世界里，居民收入用于消费后剩余的部分成为储蓄，作为拥有储蓄的资金提供者，面临一个抉择，他们可以选择把储蓄以现金的形式持有在手，也可以选择把这些现金投资于资金使用者发行的证券。一般来说，资金需求者发行证券筹集资金，填补他们投资项目所需资金与内部资金的差额。图 6—6 为不存在金融机构时的资金流转情况。在缺少金融机构的情况下，资金从资金提供者**直接转移**（direct transfer）至资金使用者，同时，金融证券直接从资金使用者转移至资金提供者。

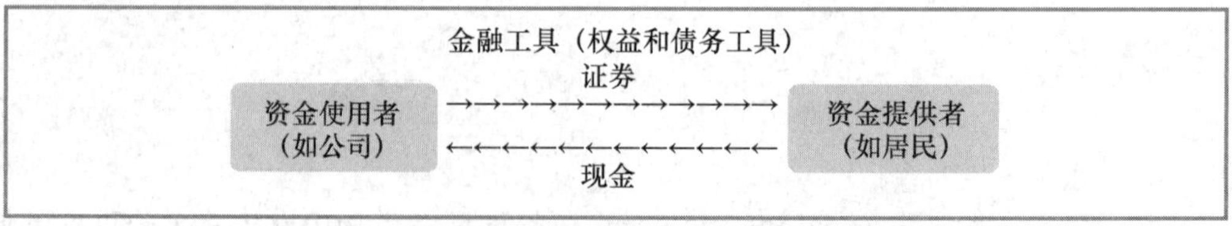

图 6—6　无金融机构时的资金流转

在没有金融机构的经济体中，资金提供者与资金需求者之间的资金流转很可能非常小，原因有以下几点：

（1）一旦把资金投资于金融工具，资金提供者需要继续监督资金的使用。资金提供者必须确保资金使用者没有盗用资金或者把资金浪费在投资回报率低甚至为负的项目上，因为盗用和浪费行为会降低资金提供者收回资金并赚取收益的可能性。监督资金的使用可以避免资金的盗用、低效使用等情况，但是监督行为会耗费资金提供者大量的时间和精力，而且每个资金提供者都必须进行同样的高成本且费时的监督活动。此外，许多投资者缺少足够的金融知识，不能理解必要的商业信息，无法评估资金需求者是否最佳使用资金。事实上，资金提供者面临许多投资机会，即使那些熟悉财务分析的资金提供者也很少有时间来监督他们所有的投资。缺乏监督会导致投资风险的增加。因此，资金提供者更偏好委托他人监督资金使用者以确保业绩良好。

（2）许多金融工具是长期合约，比如按揭贷款、公司股票、债券等，但资金提供者可能并不希望直接持有这些金融工具。如果在现金与长期证券之间选择，资金提供者通常会选择持有现金以确保**流动性**（liquidity），尤其是当借款者尚未偿还借款而资金提供者消费需要钱时。资金提供者会担心无人购买他们手中的金融证券，因而无法获取流动资金。当金融市场不够发达，活跃的投资者数量不多，就会出现这类流动性问题。

（3）即使现实世界中金融市场通过帮助投资者之间进行证券交易可解决一些流动性问题，投资者在买卖证券时还是要承担**价格风险**（price risk）。资金提供者可能拿不回本金，更别说投资报酬。二级市场的证券交易会发生各种交易成本。投资者在二级市场出售证券的价格通常与其原来的买价有所不同。在买卖之间，市场对证券的估值会变化。另外，交易商会收取证券交易费用。因此，即使投资者在买入证券的第二天就把它售出，也有可能因交易差价和其他成本而发生亏损。

金融机构的职能

由于监督成本、流动性成本和价格风险的存在，大多数投资者并不愿意直接投资，资金提供者更愿意持有现金，因此，金融市场活动很可能极不活跃。然而，金融体系为资金提供者与资金需求者提供了间接的资金转移渠道，金融中介机构把资金**间接转移**（indirect transfer）至资金最终使用者。因为监督、流动性风险和价格风险会产生成本，相比直接持有资金最终使用者发行的金融工具，资金提供者更愿意持有金融机构的金融工具。图6—7比图6—6更准确地描绘了美国金融体系下的资金流转方式。金融机构在资金提供者与资金使用者之间充当中介者，也就是说，资金通过金融机构从资金提供者转移至资金使用者。金融机构具有风险衡量与风险管理的能力，因此会降低监督成本、流动性成本和价格风险。

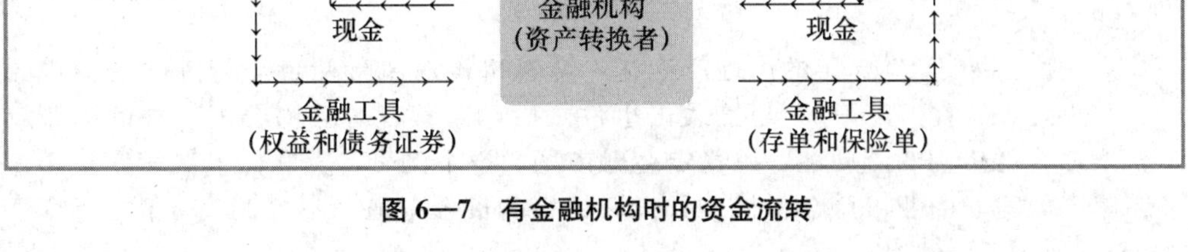

图6—7　有金融机构时的资金流转

监督成本

如上文所述，资金提供者直接投资于资金使用者，实时监督资金使用者的行为会产生很高的成本。解决这个问题的方法之一就是，许多小型投资者集中资金，投资于金融机构发行的金融工具，金融机构再把筹集的资金投资于资金使用者发行的金融工具。金融机构集中资金提供者的资金能解决一系列问题。

首先，金融机构有更大的动机去收集信息并监督资金最终使用者的行为，因为金融机构的风险远比任何单个小型投资者大。

其次，金融机构内部有专业人士执行必要的监督活动。从经济学角度看，金融机构是资金提供者的**代理监督者**（delegated monitor），为其利益服务。全能服务证券公司如美林证券公司对新发行的证券实施调查，向其客户推荐投资项目，而商业银行从资金提供者那里吸收存款，再将其贷给资金最终使用者（如公司）。金融机构发挥作用的一个重要原因是，它们有能力和动机去监督资金最终使用者。

流动性和价格风险

除了能更多更好地提供关于资金使用者的信息之外，金融机构还能为资金提供者保证一定的流动性。作为**资产转换者**（asset transformers），一方面，金融机构购买资金使用者发行的初始证券如债券和股票等；另一方面，又以存款、保险及其他**次级证券**（secondary securities）的方式向资金提供者销售金融工具以筹集资金。次级证券由金融机构发行，通常比初始证券具有更好的流动性。银行和储蓄机构提供一定利率的**汇票存款**（draft deposit），本金额固定，资金提供者急需资金时通常可动用这些账户。资金市场中共同基金通常向家庭储户发行证券，在基本维持固定本金的同时，还能获得比银行存款更高的利率，此外，储户可以在急需资金时填写支票，从账户中支取资金。人身保险公司允许投保人在没有事先通知的情况下从其所在公司的保单额中取得借款。

金融危机和风险衡量与管理

21世纪初发生的金融危机改变并重塑了金融服务行业。20世纪八九十年代金融机构的监管变化导致金融系统的系统风险显著增加，主要原因是银行业务模式的转变，由原来的“放款至持有到期”到“放款加转销”模式。传统模式下，银行吸收短期存款及其他资金，再把资金放贷给企业和消费者，银行通常持有这些贷款至其到期，这样银行就有动机去记录和监督借款人的活动。传统的银行业务模式会带来流动性风险、利率风险和信用风险等。为了规避风险，追求风险与报酬的最佳平衡，银行转而采用承销模式。在这种模式下，银行先提供贷款，再把贷款销售出去。事实上，大多数大型银行都以金融控股公司的组织形式经营新型业务。如此一来，金融机构的风险从表内转移至表外或金融系统的其他组成部分。在新业务模式下，金融机构作为承销商，不需要承担传统银行所面对的流动性风险、利率风险和信用风险，因而，尽管贷款最初是由它们贷出的，但它们缺乏动机去监督借款人的活动，因此，作为风险衡量与管理的专家，金融机构却未能履行上文所述的功能与职责。

由于始于2001年的房地产泡沫，金融机构对风险衡量与管理的忽视现象愈发严重，尤其在“9·11”恐怖袭击事件之后，监管者对恐怖袭击事件的即刻反应是增加金融机构的流动性，以稳定金融市场。举个例子，美联储下调短期货币市场利率，放宽非商业银行金融机构如投资银行的资金渠道。不足为奇，由于利率下降，流动性增强，消费贷款、按揭贷款和企业债务融资等行为迅速扩张，人们对按揭贷款和信用卡的需求急剧上升。随着按揭贷款需求的增加，尤其是对那些之前因信用不良而不受市场欢迎的消费者，金融机构开始下调信用质量分界点。此外，为了增加盈利，银行和其他提供按揭贷款的机构通常提供相对低利率的可调整利率贷款，这类贷款的初始利率异常低，但两三年之后利率逐步显著提高，最终形成了所谓的“次贷市场”。在传统银行业务模式下，银行不会如此争取信用不良的客户，因为担心他们贷款违约，然而，在放款加转销模式下，资产证券化和银团贷款使得银行仅保留极少部分甚至不保留原来由这些银行贷出的贷款以及相应的违约风险。因此，只要借款人在贷款的最初几个月里不发生违约，银行可将贷款出售或以不附追索权的形式证券化，这样最初放款的银行不用考虑后续信用风险问题，这直接导致了信贷质量的恶化，同时消费者和公司的杠杆急剧上升。

最终，2006年房价开始下降，与此同时，美联储开始上调货币市场利率以抑制通货膨胀。在2001—2005年产生的次级贷款中，许多都是浮动利率，按揭贷款的成本逐渐上升，许多低收入群体开始不能稳定维持还款额的支付。房价下降，利率上升，按揭贷款成本增加，导致次贷市场出现大量违约和丧失抵押品赎回权现象，这又反过来刺激房价进一步下降。随着这些情况的发生，次贷市场中的信贷质量可想而知，违约率远远超过次贷证券评级机构的预期。这种情况从2006年持续至2007年下半年。截至2007年2月，逾期90天及以上的按揭贷款高达10.09%，远高于2005年5月的5.37%。2007年6月，逾期60天以上的次级贷款比例为17.1%，至2007年8月，这个比例超过20%。借款人无力偿还现有按揭贷款，也不可能为现有贷款再贷款，因为利率更高。至2007年秋季，美国房地产经纪人协会公布数据，新屋销售额下降24%，成屋销售额下降8.6%。

经济体中，金融机构应该担任风险衡量与管理专家的角色，正因金融机构未能执行这一关键职能，以致全球金融危机爆发，导致世界范围内信贷市场的崩溃以及权益市场波动性的增加。金融危机的产生与危害反映了金融机构这一角色的重要性。若金融机构未能执行好风险衡量与管理的职能，后果就是会爆发一场金融市场信任危机。

案例　零售巨人的银行计划

尽管已是零售巨人，沃尔玛仍在寻求各种方式扩大其现有庞大的业务帝国。沃尔玛已在申请政府许可，试图进入一个与原有业务完全不同的行业——开设自己的内部银行。作为世界上最大的零售商，沃尔玛向美国联邦储蓄保险公司申请开设银行的许可，该银行与其原有业务经营相分离，旨在处理每个月数百万张的支票和信用卡支付。沃尔玛表示它对经营商业银行不感兴趣，但反对者仍担心无论以何种方式，允许沃尔玛进入银行业都有可能伤害当地银行，正如它当时快速扩张时导致许多杂货店关门。

这是沃尔玛第四次申请建立自己的银行，它之前的请求引发了无数的评论。“这是美国商业和金融服务历史上里程碑的战役。”前美国证券交易所高级律师、现撒切尔、普罗菲特 & 伍德律师事务所金融服务律师杰里·科米佐（Jerry Comizio）如是说。

沃尔玛表示，消费者和商业零售银行无须担心，它保证不会实行银行分行制，不会提供消费贷款等服务，但反对者认为这些承诺听起来不诚恳。“我们认为有理由相信沃尔玛的这些计划日后会扩张，沃尔玛已经好几次尝试进入全能服务银行业。”美国银行家协会政府关系主管阿特·约翰逊（Art Johnson）在联邦储蓄保险公司听证会中说道，“美国银行家协会认为，银行业对美国而言甚为重要，沃尔玛的这个计划太过冒险而不能尝试。”

沃尔玛认为，如果允许其开设内部银行处理每年14 000万张账单，可以节省成本，但存在两个方面的顾虑：其一是银行业和商业的混合经营，传统上这两个行业分开经营，直至1999年《格拉斯-斯蒂格尔法案》的废除；其二是担心沃尔玛银行会吞并当地银行，以它在全国的影响力和经济实力，很可能成为能与美国银行等此类大型金融机构相竞争的银行。

资料来源：Adapted from *The Wall Street Journal*, April 8, 2006, p. A3.

利　率

我们通常提及利率时好像所有金融境况下或交易都为同一个利率，实际上，任何一天美国经济中存在多种经济情境，所对应的利率数以百计。本节中，我们稍微了解一下金融机构如何设定利率以及利率之间如何相关。事实上，我们在金融市场上观察的是**名义利率**（nominal interest rates），也是财经新闻中最常引用的利率。名义利率也可简称为利率，它直接影响大多数可交易证券的价值或价格，这一点你会在第7章和第8章进行更深入的理解。名义利率的任何变化都会对证券价格产生显著影响，因此，财务管理者和个人投资者会花费大量时间和精力来确定影响未来利率水平的因素。

当然，利率的变化会影响投资业绩，促使个人投资者、企业和政府机构进行买卖决策。2008—2009年，为了应对严重的金融危机，美联储突然宣布将把联邦基准利率范围下调为0～0.25%，把银行贴现率下调至0.5%，这是20世纪40年代以来的最低水平。本节案例讨论的就是这一利率下调决策。

图6—8描述了美国几种关键利率在过去38年的变化情况，包括：

- 商业贷款优惠利率；
- 3个月期国库券利率；
- 高级公司债券利率；
- 房屋按揭贷款利率。

如图6—8所示，利率随着时间的推移而不断变化。优惠利率在20世纪80年代早期最高超过20%，而20世纪70年代初期低至4.75%。优惠利率在20世纪90年代基本上处于10%以下，21世纪初期一度下降至4%，然后又回升至8.25%。在2008—2009年金融危机期间，美联储采取激进的经济刺激措施，利率下调至历史最低水平，因此，优惠利率下降至3.25%，一直持续到2010年末。

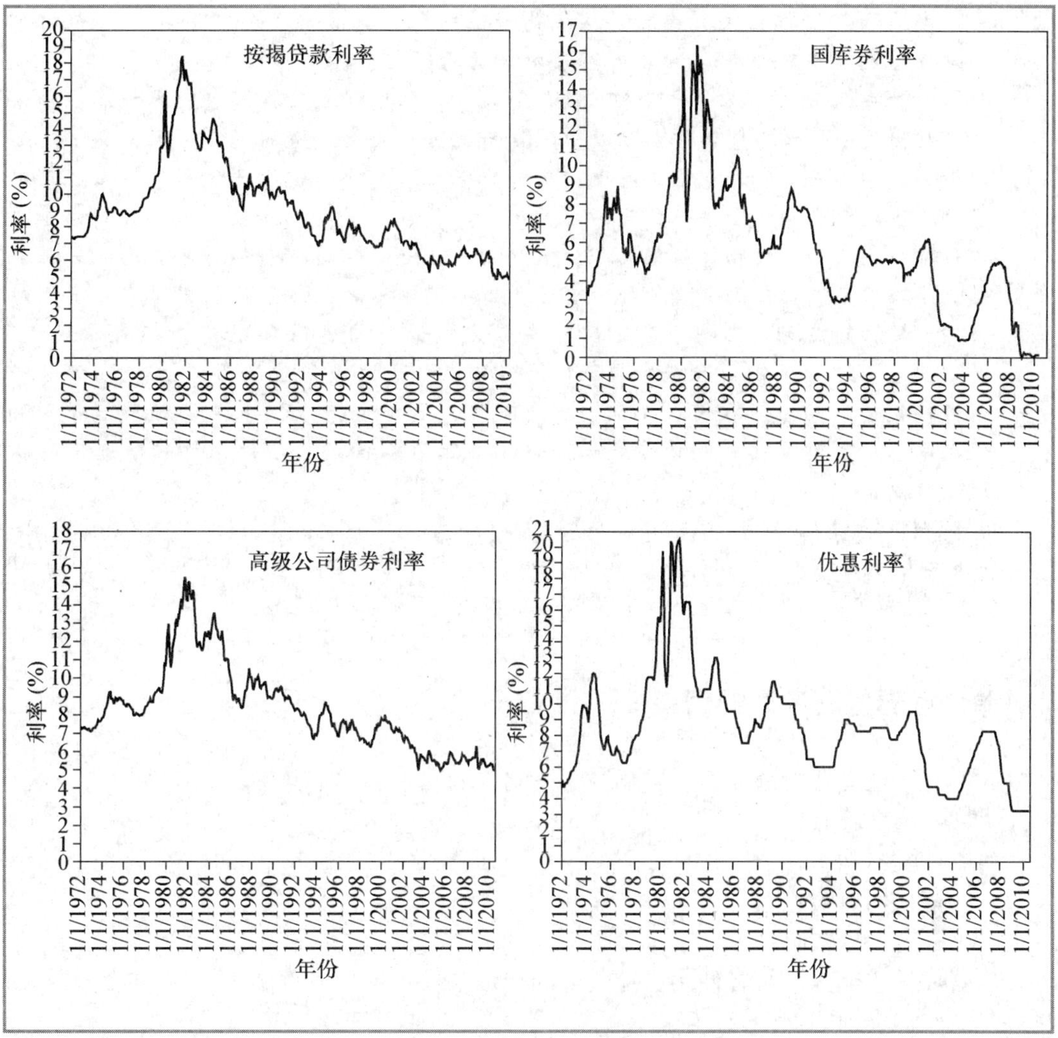

图 6—8　美国关键利率（1972—2010 年）

资料来源：Federal Reserve Board，website，various dates. www. federalreserve. gov.

案例　美联储与金融危机的利率战

美联储于周二把基准利率调至 0～0.25%区间，达到历史新低，宣称它将开展一个非常规贷款和证券购买项目。美联储官员进行了为期两天的讨论，之后，央行表示它将竭尽所能，运用一切方法来拯救美国经济，首当其冲的便是利率。美联储将目标利率从原来的 1%进行下调，将银行贴现率下调至 0.5%，为 20 世纪 40 年代以来的最低。这一利率调整措施超出了许多经济学家的预期，美联储主席本·伯南克在声明中表示，央行已准备采取激进措施以恢复经济。

美联储发表声明，表示将使用一切可用工具来促进经济可持续发展的恢复，维持价格稳定。它预期这次的极低利率将维持一段时间，现行政策希望能抑制长期利率。在正常情况下，利率下降，家庭、企业和金融机构的筹资成本下降，也就是说，利率下降会刺激借贷活动及其他经济活动。然而，效果微乎其微，因为许多家庭和企业都已被沉重债务压得喘不过气来。许多官方借款利率如3个月期的国库券利率下跌近零，为自大萧条以来的最低纪录。

在为期两天的会议中，联邦官员花费大量时间商讨央行在降息近零之后应该采取哪些措施。伯南克在其学术生涯中认真研究过有关金融危机的各方面问题，他运用毕生所学，提出过许多方案，现在美联储正在采纳实施这些方案。这样做也存在多种风险，可能最终会导致严重的通货膨胀，它也使得美联储作为一个独立的中央银行却涉及政治干涉和贷款损失。最重要的是，这一措施有可能并不会奏效。美联储已开展项目，直接向受损的金融市场和公司提供贷款，几乎任何借款者都要提供抵押。美联储在周二声明中表示，所有努力能够维持美联储资产负债表的规模。美联储表示，如果银行和金融市场不提供贷款，它将履行它们的部分职能。

按揭贷款的利率在过去几周内有所下降，这是金融市场中信贷成本下降的领域之一。美联储在其声明中还表示，它已经做好准备，在条件允许的情况下将扩展项目。

资料来源：*The Wall Street Journal*，December 17，2008，p. Al，by Jon Hilsenrath. Reprinted by permission of *The Wall Street Journal*.

单个证券的利率影响因素

对于任何特定的证券，影响其名义利率的因素有如下几种：

- 通货膨胀；
- 实际利率；
- 违约风险；
- 流动性风险；
- 关于证券发行者使用所筹资金的特殊条款；
- 证券到期期限。

表6—4汇总了名义利率的影响因素，我们将依次讨论这些因素。

表6—4　名义利率影响因素

通货膨胀（inflation）：整个经济内产品和服务的价格持续普遍上涨的经济现象。
实际利率（real interest rate）：调整通货膨胀后的利率，通常低于名义利率。
违约风险（default risk）：证券发行人无法还本付息而使投资者遭受损失的风险。
流动性风险（liquidity risk）：证券在短期内不能以接近价值的价格和低交易成本售出的风险。
特殊条款（special provisions）：对证券持有人产生正面或负面影响的条款，如可征税性、可转换性、可赎回性等，其影响通常反映在证券的利率上。
到期期限（time to maturity）：证券被偿还所需要的时间。对于债券，到期期限是债券持有人收回本金所需要的时间。

通货膨胀

影响利率的第一个因素是整体经济的实际通货膨胀率或预期通货膨胀率。具体来说，实际或预期通货膨胀率越高，利率水平越高。一般物价指数的**通货膨胀**（inflation）或者称**通货膨胀溢价**（inflation premium，IP）是指标准化的一篮子商品和服务在一定时期内的价格上涨幅度。美国商务部通常使用消费者价格指数（CPI）、生产者价格指数（PPI）等指数来衡量通货膨胀。以消费者价格指数计算年通货膨胀率的公式如下：

$$IP=(CPI_{t+1}-CPI_{t})/CPI_{t}\times 100 \qquad (6—1)$$

利率与通货膨胀率之间的正相关关系是相当直观的。通货膨胀时，一般物价整体上涨，购买金融资产的投资者必须要求更高的利率，才能补偿继续持有投资的代价，即投资者会要求通货膨胀溢价。持有投资意味着，投资者现在放弃对商品和服务的消费，而在未来以更高的价格去购买相同的商品和服务。换言之，通货膨胀率越高，同一篮子商品和服务在未来的价格更高。

实际利率

实际利率（real interest rate，RIR）是指剔除通货膨胀之后证券的真实利率，它反映的是社会对当前消费而不是未来消费的相对时间偏好。社会越偏好当前消费，资金时间价值越高，实际利率越高。

经济学家通常把实际利率（RIR）、预期通货膨胀率（IP）以及名义利率（i）三者之间的关系称作**费雪效应**（Fisher effect）。费雪效应是以经济学家欧文·费雪（Irving Fisher）的名字命名，他在20世纪初提出这些经济关系。费雪效应认为，金融市场的名义利率必须从两个方面补偿投资者：

- 投资到期时因通货膨胀引起的购买力损失，以通货膨胀率表示。
- 不考虑通货膨胀时对当前消费的放弃，反映的是实际利率。

$$i=\text{预期 } IP+RIR \qquad (6—2)$$

因此，只有当市场参与者预期通货膨胀率为零时，名义利率才等于实际利率。同样，只有实际利率为零时，名义利率才等于预期通货膨胀率。费雪公式通常写作$(1+i)=(1+IP)\times(1+RIR)$，即$i=IP+RIR+IP\times RIR$，因为$IP\times RIR$非常小，可以忽略，因此本文使用的是上述近似公式。我们把名义利率公式进行变形，可得到实际利率计算公式：

$$RIR=i-\text{预期 } IP \qquad (6—3)$$

需要注意的是，通货膨胀率很难精确计量，因此，实际利率也很难精确衡量，投资者的预期并不总会实现。

2009年1年期国库券利率为0.47%，当年的消费者价格指数为2.70%，因此实际利率为−2.23%。也就是说2009年的实际利率为负，当年的投资价值实为下降。

图6—9描述了1年期国库券名义利率和消费者价格指数在1962—2010年的变化情况。一般情况下，国库券利率都高于消费者价格指数，也就是说，证券的实际利率为正，但是在经济衰退时期，国库券利率低于消费者价格指数，也就是说，这个时候的实际利率为负。

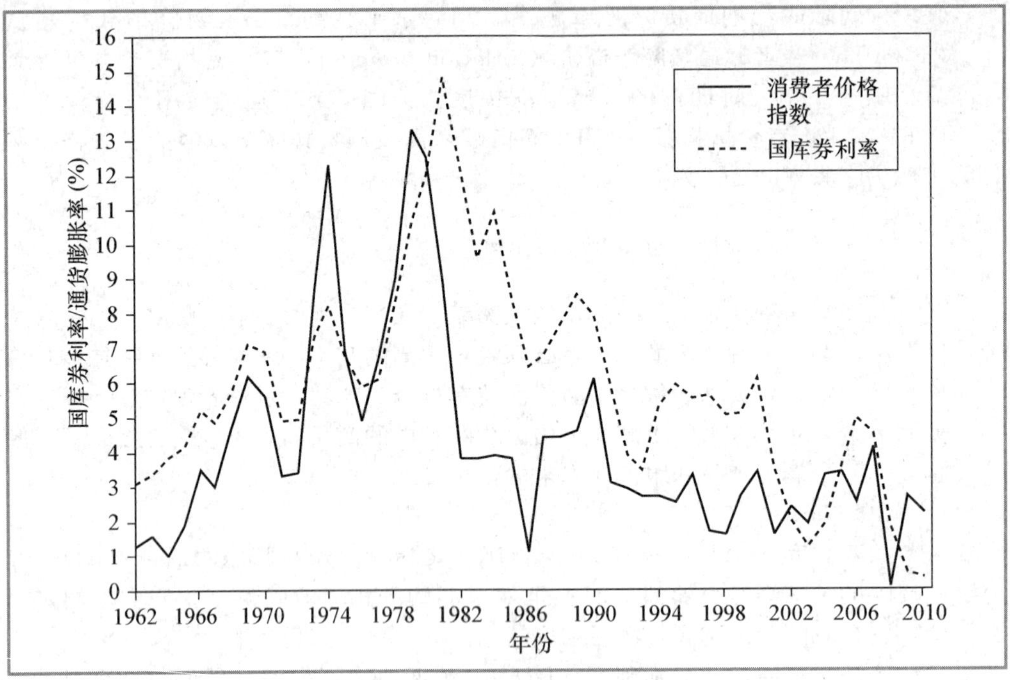

图 6—9　名义利率与通货膨胀率

资料来源：Federal Reserve Board and U. S. Department of Labor websites，various dates. www. federalreserve. gov and www. states. bls. gov/cpi/home. htm.

例 6.1　计算实际利率

2007 年，1 年期国库券利率平均为 4.53%，以消费者价格指数衡量的通货膨胀率为 4.10%。如果投资者预期未来通货膨胀率与现在一致，根据费雪效应计算 2007 年的实际利率。

[解答]

4.53%−4.10%=0.43%

即实际利率为 0.43%。

违约风险

违约风险（default risk）是指证券发行人无法向债券持有者还本付息或无法向优先股股东支付股利的风险。违约风险越高，证券购买者要求的利率越高，以补偿他们承担的违约风险。美国国库券无违约风险。美国政府有征税权力，也能印发货币，因此美国国库券违约风险为零。对于其他借款人，如企业或个人，未来现金流的可预期性较低，不像政府可以通过征税立即筹到资金，因此，投资者必须向政府机构以外的发行者要求风险溢价。某种证券的报价利率与和该证券具有相似期限、流动性及其他特征的国库券利率之间的差额，称作**违约风险溢价**（default risk premium，DRP），或称作**信贷风险溢价**（credit risk premium）。

$$DRP_j = i_{jt} - i_{Tt} \tag{6—4}$$

式中，i_{jt}是期限为m，在t时间到期的非国库券证券（j）利率；i_{Tt}是期限为m，在t时间到期的国库券（T）利率。

包括穆迪公司、标准普尔公司在内的许多评级机构会对公司债券、州债券、市政债券、公司股票等证券进行违约风险评估和分类。第 8 章将更为详细地讨论证券评级。2010 年 10 年期国库券利率为 3.31%。穆迪公司评估的 Aaa 等级和 Baa 等级公司债券的利率分别为 4.98%和 6.23%。因此，Aaa 等级和 Baa 等级公司债券的违约风险溢价分别为：

$$DRP_{Aaa}=4.98\%-3.31\%=1.67\%$$
$$DRP_{Baa}=6.23\%-3.31\%=2.92\%$$

图 6—10 描述了 Aaa 等级和 Baa 等级公司债券从 1977—2010 年的违约风险溢价。结合图 6—9 和图 6—10，我们可以发现，经济收缩时，违约风险溢价上升；经济扩张时，违约风险溢价下降。由图 6—9 可知，2007—2008 年，实际利率从 0.43%上升至 1.73%。同一时期内，Aaa 等级债券的违约风险溢价从 1.39%上升至 1.97%，Baa 等级债券的违约风险溢价从 2.55%上升至 3.78%。

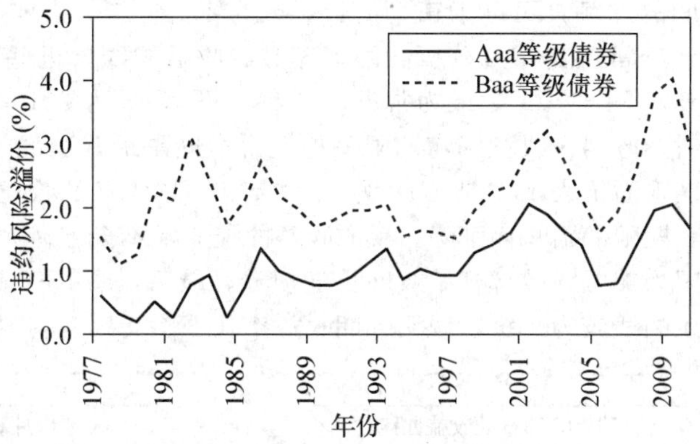

图 6—10　公司债券的违约风险溢价

资料来源：Federal Reserve Board website，various dates. www. federalreserve. gov.

流动性风险

流动性高的资产能以较低的交易成本和合理的价格售出，也就是说，资产的持有者能在短期内按照公允价值将其售出。证券的利率一定程度上反映了它的流动性。在其他条件相同的情况下，流动性越高，利率越低。如果某种证券缺乏流动性，投资者会在原证券利率的基础上要求**流动性风险溢价**（liquidity risk premium，LRP）。在美国，政府发行的证券以及大型公司的股票和债券通常具有较高的流动性，而小公司发行的证券流动性相对较低。

还有另一种类型的流动性风险溢价。由于长期证券价格受利率变化的影响比短期证券更大，部分投资者不喜欢长期证券。这种情况下，到期期限越长，流动性风险溢价越高，因为利率变化会为长期证券带来更大的价格风险。

特殊条款

有时候，证券发行方会对发行的证券附有特殊条款，这类条款通常涉及的是证券的可征税性、可转换性、可赎回性等，会影响证券的利率。举个例子，投资者投资市政债券收到的利息收入不需要缴纳联邦税，因此，相比于其他可比的应纳税的债券，比如公司债券或应缴纳联邦税的国库券，市政债券持有者要求的利率会相对较低。

另外，也有针对证券可转换性的特殊条款。可转换公司债券允许债券持有人在一定条件下把债券按照预定价格转换成债券发行公司的股票。这种可转换期权对于证券购买者是具有价值的，因此，投资者对可转换证券要求的利率通常会相对较低。一般来说，特殊条款有利于证券持有人，证券利率会较低，比如免征税、可转换性等；特殊条款有利于证券发行者，证券利率会较高，以吸引投资者购买，比如可赎回性。证券的可赎回性是指证券发行方拥有权利在到期日之前以预定价格赎回证券，这种情况下，证券利率会更高。

到期期限

利率也会因债券到期期限的不同而不同。**利率期限结构**（term structure of interest rates）反映了某一时点利率与到期期限之间的关系，也称作**收益曲线**（yield curve）。收益曲线的形状是资金时间价值原则的直接体现。利率期限结构在假设其他条件都相同的情况下比较不同期限的债券利率。利率随债券期限的变化而变化。一般来说，期限越长，债券购买者要求的利率越高，这附加的利率则是**期限溢价**（maturity premium，MP）。期限溢价是其他特征一致时长期证券收益率与短期证券收益率之间的差额，可能为正、为负，或为零。

金融行业经常会公布并分析美国国库券的收益曲线。近些年来美国国库券曲线呈现多种形状，图 6—11 是最为常见的三种。图（a）为 2010 年 6 月 8 日的收益曲线，曲线呈向上倾斜，收益率随期限平稳上升，这是最普遍的收益曲线。一般来说，这类曲线的期限溢价为正。图（b）为 2000 年 11 月 24 日的收益曲线，该曲线向下倾斜，即收益随期限的增长而下降。反向收益曲线通常不会维持太久。这条收益曲线为反向的，是因为美国财政部开始赎回长期债券。最后，图（c）为 2007 年 6 月 4 日的收益曲线，该曲线较为平缓，说明到期收益率几乎不受到期期限的影响。

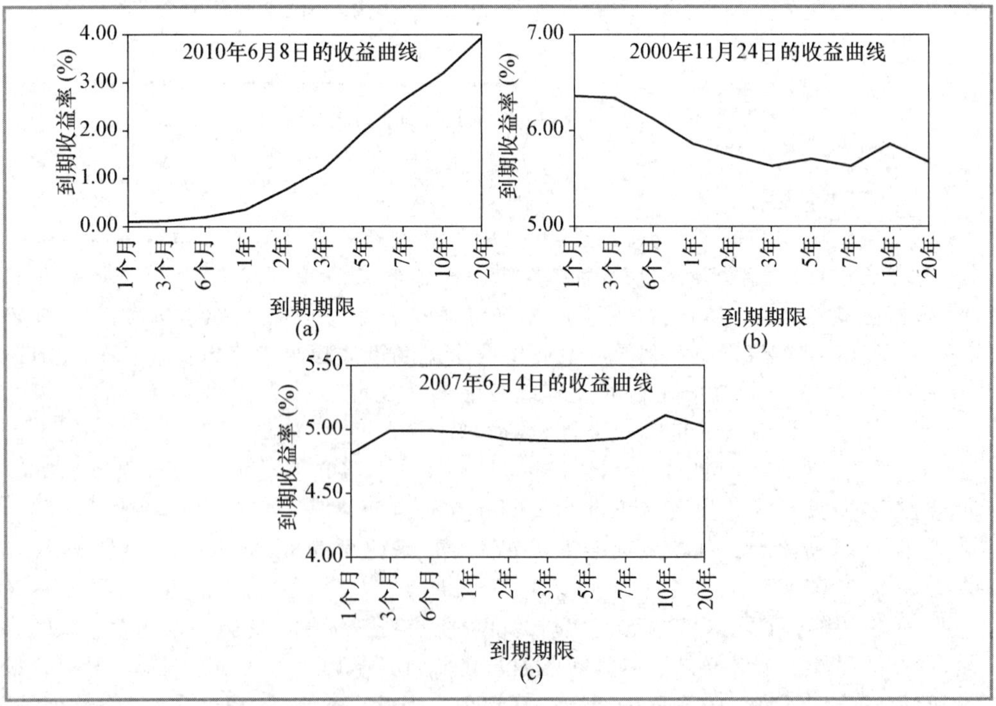

图 6—11 常见的国库券收益曲线

注：三种最常见的收益曲线分别为向上倾斜曲线、向下倾斜曲线、平缓曲线。

资料来源：U. S. Treasury，Office of Debt Management，Daily Treasury Yield Curves，various dates. www. ustreas. gov.

需要注意的是，收益曲线不仅仅反映了投资者对证券到期期限的偏好，实际上，收益曲线不同点上交易的证券通常具有不同的流动性。例如，其他条件一致时，相比增发的10年期国库券，新发行的20年期国库券提供的回报率可能要低。这是因为增发的10年期的国库券可能具有更强的流动性。增发的10年期国库券在此之前已发行10年，也就是说它实为20年期债券，此20年期国库券具有较强的流动性，新发行的20年期国库券的流动性相对较差，若投资者对前者的需求不断增长，可能足以使得新发行的20年期国库券的均衡利率低于增发的10年期国库券的均衡利率，甚至低于短期利率。下文将要阐述金融分析师用于解释收益曲线或者说利率期限结构的三种主要理论。

我们可以使用下列一般公式对影响利率的多个因素进行汇总。i_j^* 是指单个金融证券的利率，下面这些因素从不同角度反映了对投资者承担各种证券风险的利率补偿。

$$i_j^* = f(IP, RIR, DRP_j, LRP_j, SCP_j, MP_j) \tag{6—5}$$

式中，IP 为通货膨胀溢价；RIR 为实际利率；DRP_j 为第 j 只证券的违约风险溢价；LRP_j，SCP_j 为第 j 只证券的特殊条款溢价；MP_j 为第 j 只证券的期限溢价。

前两个因素 IP 和 RIR 影响所有证券，而其他四个因素仅影响单个证券的价格。

利率期限结构理论

上文已解释期限溢价的必要性以及证券利率与其到期期限之间的关系。利率期限结构存在多种不同的形状。如你所想，经济学家和金融理论家对于收益曲线形状有所差异的原因持有不同的观点。关于收益曲线形状差异的解释，主要存在以下三种理论：

- 无偏见预期理论。
- 流动性偏好理论。
- 市场分割理论。

我们再回到图6—11中的图a，2010年6月8日的国库券收益曲线向上倾斜，反映的是收益率与到期期限之间的正相关关系。接下来，我们将分别运用这三种主要的理论来解释这条曲线的形状。

无偏见预期理论

根据利率期限结构的无偏见预期理论，在任意一个时点上，收益曲线都反映了当前市场对未来短期利率的预期。我们结合图6—12来理解无偏见预期理论。如果投资者有4年的投资期，他可以选择现在购买一张4年期的债券，4年期债券的当前年收益率为${}_1R_4$；也可以选择连续4年每年投资1年期的债券，1年前债券的当前收益率为${}_1R_1$，尽管不确定未来3年的年收益率，但投资者预期它们分别为$E({}_2r_1)$，$E({}_3r_1)$，$E({}_4r_1)$。每个利率有两个脚注，如${}_1R_4$，第一个脚注表示证券购买时期，1表示该证券是在第一期期初购买，第二个脚注表示证券的到期期限，4表示所购买的证券为4年期证券。类似地，$E({}_3r_1)$ 为第三期期初购买的1年期证券的预期收益率。

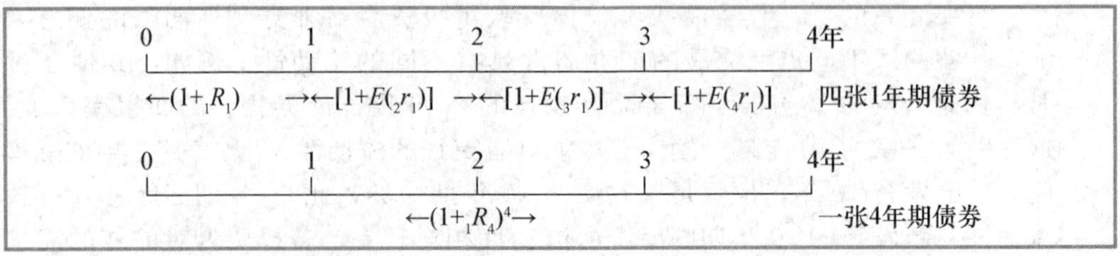

图 6—12　利率期限结构的无偏见预期理论

根据无偏见预期理论，投资一张 4 年期证券的收益率应该等于投资四张 1 年期证券的预期收益率，市场处于均衡状态。如果二者收益率不一致，则存在套利机会，也就是说，如果投资多张 1 年期债券能获取更多的收益，投资者会出售 4 年期债券，用所得收入连续购买四张 1 年期债券，同样是 4 年的投资期，但收益更多。无偏见预期理论认为，如果市场预期未来年利率高于上一期年利率，则收益曲线向上倾斜，即 4 年期债券的即期利率高于 3 年期债券利率，3 年期债券利率高于 2 年期债券利率，依此类推。类似地，如果市场预期未来年利率保持不变，则 4 年期债券利率等于 3 年期债券利率，也就是说，在预期未来利率不变的相应时期内，利率期限结构保持平缓。具体来说，无偏见预期理论认为，当前长期利率是当前短期利率与预期未来短期利率的几何平均数。下列公式表达了这种关系：

$$(1+{}_1R_N)^N=(1+{}_1R_1)[1+E({}_2r_1)]\cdots[1+E({}_Nr_1)] \qquad (6—6)$$

因此

$${}_1R_N=\{(1+{}_1R_1)[1+E({}_2r_1)]\cdots[1+E({}_Nr_1)]\}^{1/N}-1 \qquad (6—7)$$

式中，${}_1R_N$为当前 N 年期利率；N 为到期期限；${}_1R_1$为当前一年期利率；$E({}_ir_1)$ 为未来各年的预期利率，$i=2，3，\cdots，N$。

注意，大写字母表示的利率为当前真实的利率，如${}_1R_t$；小写字母表示的利率为未来预期估计的利率，如${}_ir_1$。

例 6.2　收益曲线作图

假设 1 年期国库券的即期利率与未来预期利率分别如下：

$${}_1R_1=2.94\%，E({}_2r_1)=4\%，E({}_3r_1)=4.74\%，E({}_4r_1)=5.10\%$$

使用无偏见预期理论作出收益曲线图。

[解答]

根据无偏见预期理论，1 年期、2 年期、3 年期、4 年期国库券的即期利率分别是：

$${}_1R_1=2.94\%$$

$${}_1R_2=[(1+0.029\,4)(1+0.04)]^{1/2}-1=3.47\%$$

$${}_1R_3=[(1+0.029\,4)(1+0.04)(1+0.047\,4)]^{1/3}-1=3.89\%$$

$${}_1R_4=[(1+0.029\,4)(1+0.04)(1+0.047\,4)(1+0.051)]^{1/4}-1=4.19\%$$

因此，该条收益曲线向上倾斜，如下图所示，表明市场对未来短期利率的预期是上升的。

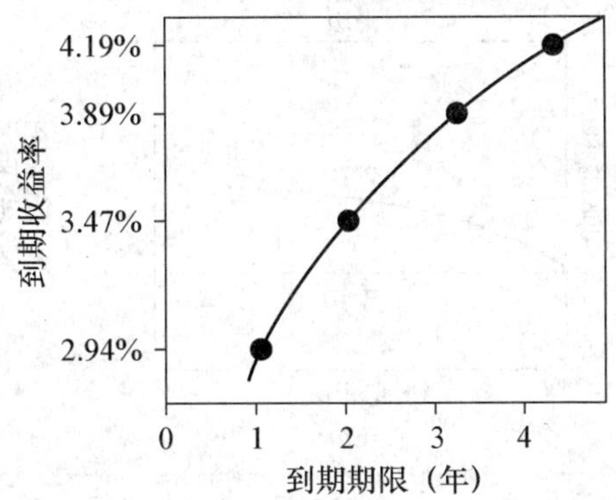

流动性偏好理论

第二个解释利率期限结构的常用理论是流动性偏好理论，它是建立在无偏见预期理论的基础上。根据流动性偏好理论，只有长期证券提供期限溢价以弥补证券未来价值的不确定性，投资者才会持有长期证券，因为证券的风险或不确定性会随着期限的延长而增大。这个理论与前文对市场风险和流动性风险的讨论相一致。在充满不确定性的世界里，短期证券具有更活跃的二级市场，可交易性更强，价格风险比长期证券小。对于短期证券而言，利率变动引起的价格波动较小，因此投资者更偏好持有短期证券，它转换成现金的市场风险很小。换句话说，持有短期证券，投资者面临的资本损失风险很小。长期证券的资本损失风险高，因此持有长期证券的投资者会要求流动性风险溢价。长期证券比短期证券对利率变化更敏感，这是由市场风险和流动性风险直接导致的。证券期限越长，意味着市场风险和流动性风险越大，要求的风险溢价也会随期限而增加。

流动性偏好理论认为，长期利率等于当前短期利率和预期短期利率的几何平均数再加上随证券期限增加的流动性风险溢价。流动性偏好理论在无偏见预期理论的基础上考虑了流动性风险溢价。图 6—13 比较了流动性偏好理论和无偏见预期理论下的收益曲线。根据流动性偏好理论，如果投资者对未来短期利率的预期不变，但流动性风险溢价随期限增加，那么收益曲线也会向上倾斜。事实上，对于向上倾斜的收益曲线，投资者对未来利率的预期可能是上升，也可能保持不变，甚至是下降，只要流动性风险溢价随期限增加的幅度足够大，曲线就会向上倾斜。可用如下公式表达流动性风险溢价：

$$ {}_1R_N=\{(1+{}_1R_1)[1+E({}_2r_1)+L_2]\cdots[1+E({}_Nr_1)+L_N]\}^{1/N}-1 \qquad (6—8)$$

式中，L_t 为第 t 期的流动性风险溢价，且 $L_2<L_3<L_N$。

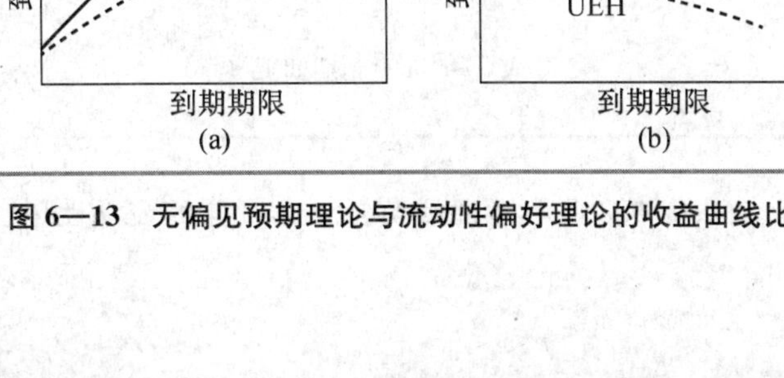

图 6—13　无偏见预期理论与流动性偏好理论的收益曲线比较

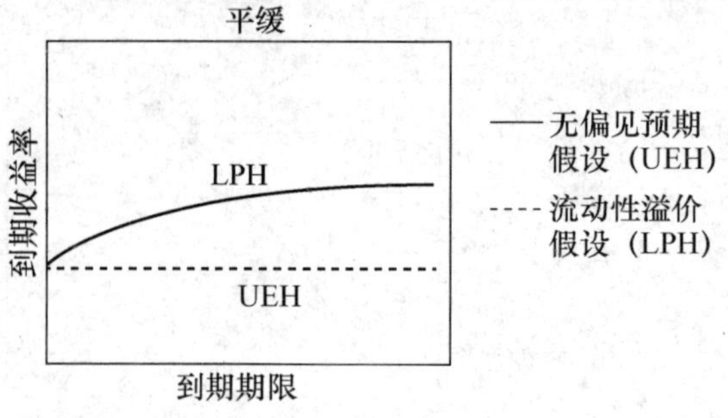

(c)

图 6—13（续）

例 6.3 根据流动性偏好理论作出收益曲线图

假设 1 年期国库券的即期利率与未来预期利率分别如下：

$${}_1R_1=2.94\%，E({}_2r_1)=4.00\%，E({}_3r_1)=4.74\%，E({}_4r_1)=5.10\%$$

此外，投资者对长期证券要求流动性风险溢价，分别为 $L_2=0.10\%$，$L_3=0.20\%$，$L_4=0.30\%$。

使用流动性偏好理论作出收益曲线图。

［解答］

根据流动性偏好理论，1 年期、2 年期、3 年期、4 年期国库券的即期利率分别是：

$${}_1R_1=2.94\%$$

$${}_1R_2=[(1+0.029\,4)(1+0.04+0.001)]^{1/2}-1=3.52\%$$

$${}_1R_3=[(1+0.029\,4)(1+0.04+0.001)(1+0.047\,4+0.002)]^{1/3}-1=3.99\%$$

$${}_1R_4=[(1+0.029\,4)(1+0.04+0.001)(1+0.047\,4+0.002)(1+0.051+0.003)]^{1/4}-1=4.34\%$$

该条收益曲线向上倾斜，如下图所示：

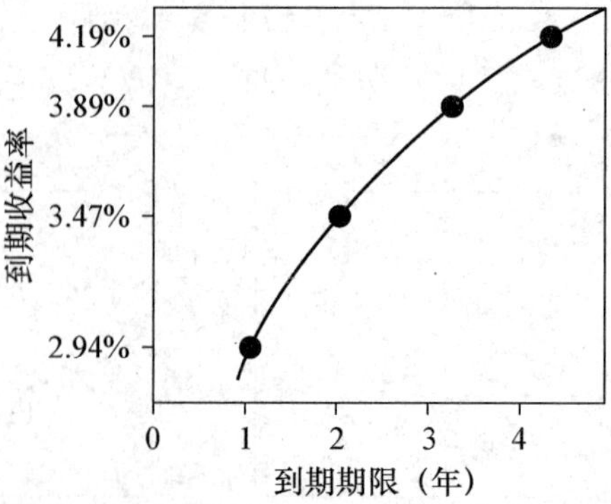

比较例 6.2 和例 6.3 的收益曲线可知，第 2 年的流动性风险溢价引起 2 年期国

库券收益率溢价 0.05%，第 2 年和第 3 年的流动性风险溢价引起 3 年期国库券收益率溢价 0.10%，后三年的流动性风险溢价引起 4 年期国库券收益率溢价 0.15%。

市场分割理论

市场分割理论没有建立在无偏见预期理论或流动性偏好理论的基础上，它认为个人投资者和金融机构拥有特定的期限偏好，这种偏好使得其在持有非最偏好的证券时要求更高的利率。市场分割理论的主要观点是，不同期限的证券对投资者而言不是完全替代品。个人投资者和金融机构明显偏好于那些到期期限与其债务到期日相近的证券。比如说，银行更偏好于持有短期国库券，因为银行的存款性负债通常是短期的，银行需要在客户要求支付时能拿出资金；保险公司更偏好于持有长期国库券，因为人寿保险通常是长期合约。因此，根据市场分割理论，不同投资者对不同期限的证券有着截然不同的偏好，偏好于某一种特定证券的需求和供给决定了这种证券的利率，长期利率和短期利率有各自的市场均衡。

市场分割理论认为，在没有足够的补偿即利率溢价时，投资者通常不会转换手中持有的证券。图 6—14 描绘了短期证券和长期证券市场中，供给变化如何引起收益曲线的变化。对证券的需求越高，说明证券收益率越高。一般来说，证券的价格和收益率呈负相关关系。当证券价格下降时，需求会增加。也就是说，证券收益率上升时，证券价格下降，因此需求增加。当短期市场证券供给减少，长期市场证券供给增加时，收益曲线更为倾斜。当短期市场证券供给增加，长期市场证券供给减少时，收益曲线较为平缓，甚至向下倾斜。实际上，美国财政部在 2000 年初大量回购长期国库券，这是 2000 年 2 月的收益曲线向下倾斜的主要原因。

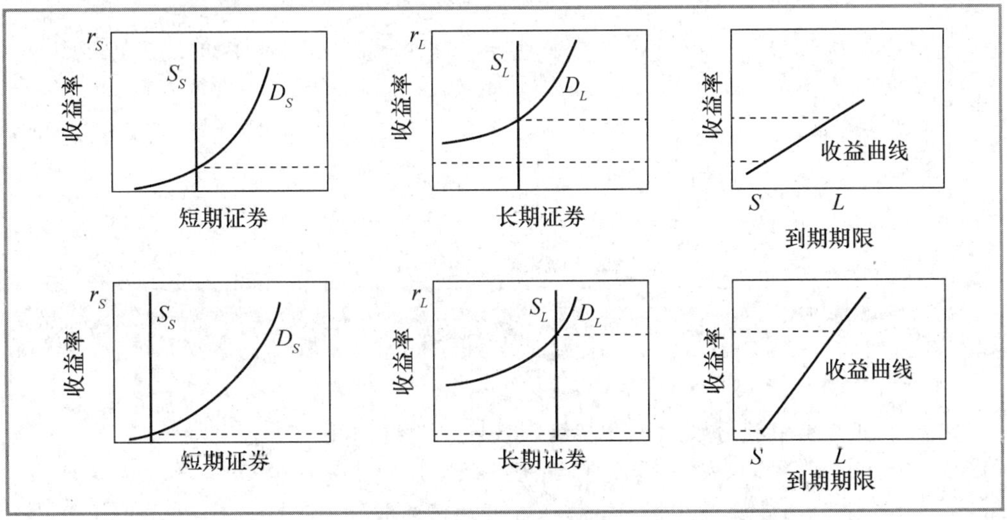

图 6—14　市场分割理论下收益曲线斜率的决定因素

利率预测

第 4、5 章在对资金时间价值的讨论中提到，利率变化时，金融证券的价值也会变化，因此，个人投资者和上市公司都希望具有预测利率的能力，这样有助于在交易中获利。如果利率上升，个人和公司的投资组合价值会下降，导致财富的损失，因此，利率预测对于公司和个人的财富管理至关重要。

回想上文中的无偏见预期理论，该理论认为，市场对未来短期利率的预期决定了收益曲线的形状。向上倾斜的收益曲线表明市场预期未来短期利率会上升。我们可以使用无偏见预期理论来预测未来的利率。**远期利率**（forward rate）是指未来某个时点上短期证券的预期利率。结合无偏见预期理论，我们可以利用证券即期市场的真实利率来确定远期利率。

按照无偏见预期理论，我们可使用如下公式，计算1年期证券在1年后的远期利率：

$$ {}_1R_2=[(1+{}_1R_1)(1+{}_2f_1)]^{1/2}-1 \qquad (6\text{—}9) $$

式中，${}_2f_1$为第2年预期1年期利率，即第2年远期1年期利率。

将上述公式进行变形，可求出市场对第2年远期1年期利率的预期：

$$ {}_2f_1=(1+{}_1R_2)^2/(1+{}_1R_1)-1 \qquad (6\text{—}10) $$

一般来说，我们可以使用无偏见预期理论公式计算任意一年的远期利率，计算公式如下：

$$ {}_Nf_1=(1+{}_1R_N)^N/(1+{}_1R_{N-1})^{N-1}-1 \qquad (6\text{—}11) $$

例6.4 计算远期利率

2000—2010年中期，1年期、2年期、3年期、4年期国库券的即期利率分别如下：

$$ {}_1R_1=5.00\%，{}_1R_2=4.95\%，{}_1R_3=4.93\%，{}_1R_4=4.94\% $$

根据无偏见预期理论，计算一年期零息国库券在第2年、第3年、第4年的远期利率。

［解答］

$$ {}_2f_1=(1.049\,5)^2/(1.050\,0)-1=4.90\% $$
$$ {}_3f_1=(1.049\,3)^3/(1.049\,5)^2-1=4.89\% $$
$$ {}_4f_1=(1.049\,4)^4/(1.049\,3)^3-1=4.97\% $$

简述题

1. 下列交易事项分别发生在一级市场还是二级市场？
   a. IBM公司新发行2亿美元的普通股。
   b. 某公司首次公开发行5 000万美元普通股。
   c. IBM公司从其可交易证券组合中出售了500万美元的通用汽车公司优先股。
   d. 麦哲伦基金购买了1亿美元的IBM公司已发行债券。
   e. 保诚保险公司出售了1 000万美元的通用汽车公司普通股。
2. 下列金融工具是属于货币市场证券还是资本市场证券？
   a. 联邦基金
   b. 普通股
   c. 公司债券
   d. 按揭贷款

e. 可转让定期存单
f. 美国短期国库券
g. 美国中期国库券
h. 美国长期国库券
i. 州政府及地方政府公债

3. 金融机构有哪些类型？它们主要提供的服务分别是什么？
4. 如果没有金融机构，资金提供者与资金使用者之间的经济交易如何进行？
5. 如果资金在资金提供者与资金使用者之间只存在直接转移，这很可能导致极低的资金流水平，为什么？
6. 金融机构如何降低资金提供者与资金使用者之间与资金流转相关的监督成本？
7. 金融机构如何降低想投资公司证券的投资者所面临的流动性风险？
8. 决定单个证券名义利率的六个因素分别是什么？
9. 当某种证券的流动性风险增加，该证券的均衡利率会有何变化？
10. 讨论并比较收益曲线形状的三种解释。
11. 无偏见预期理论和流动性偏好理论是完全独立的两个理论吗？请解释原因。
12. 什么是远期利率？
13. 如果 1 年期国库券利率高于 2 年期国库券利率，那么对于 1 年后的预期 1 年期国库券利率，我们能据此推断出什么？

计算题

1. 某证券的违约风险溢价为 2%。对于所有证券，通货膨胀风险溢价为 1.75%，实际利率为 3.50%。该证券的流动性风险溢价为 0.25%，期限风险溢价为 0.85%，不存在特殊条款。计算该证券的均衡利率。

2. Dakota 公司 15 年期债券的均衡利率为 8%。对于所有证券，通货膨胀风险溢价为 1.75%，实际利率为 3.50%。该证券的流动性风险溢价为 0.25%，期限风险溢价为 0.85%，不存在特殊条款。计算该债券的违约风险溢价。

3. 假设 1 年期国库券的即期利率与未来三年的预期年利率分别如下：

$$ {}_1R_1=6\%,\ E({}_2r_1)=7\%,\ E({}_3r_1)=7.5\%,\ E({}_4r_1)=7.85\% $$

根据流动性偏好理论，计算 1 年期、2 年期、3 年期、4 年期国库券的即期利率，并作出相应的收益曲线。

4. 1 年期国库券的即期利率为 3.45%。预期 1 年后，1 年期国库券利率将升至 3.65%。2 年期证券的流动性风险溢价为 0.05%。如果流动性偏好理论是正确的，那么 2 年期国库券的即期利率是多少？

5. 某公司 15 年期债券当前的年收益率为 8.25%。预期未来 15 年里，每年的通货膨胀风险溢价为 2.25%，实际利率为 3.50%。该债券的违约风险溢价为 0.80%。5 年期债券的到期风险溢价为 0.75%，在此基础上，到期期限每增加 1 年，风险溢价增加 0.04%。计算该公司 15 年期债券的流动性风险溢价。

6. 假设我们观察到 ${}_1R_1=8\%$，${}_1R_2=10\%$。如果利率期限结构的无偏见预期理论正确，那么预期 1 年后的年利率 $E({}_2r_1)$ 应该是多少？

7.《华尔街日报》指出，3年期国债利率为5.25%，4年期国债利率为5.50%。预期3年后的年利率$E({}_4r_1)$为6.10%。根据流动性偏好理论，4年期国债的流动性风险溢价为多少？

8. 你在《华尔街日报》上发现下列收益曲线。根据无偏见预期理论，1年后的1年期远期利率${}_2f_1$为多少？

到期期限	收益率
1天	2.00%
1年	5.50%
2年	6.50%
3年	9.00%

9.《华尔街日报》指出，10年期国债的即期利率为7.25%，20年期国债的即期利率为7.85%，MHM公司20年期债券的即期利率为8.75%。假定到期风险溢价为零。如果MHM公司10年期债券的违约风险溢价和流动性风险溢价与MHM公司20年期债券的一样，计算MHM公司10年期债券的即期利率。

10. 假定3年期国债利率${}_1R_3$为8%，未来2年的预期年利率$E({}_2r_1)$，$E({}_3r_1)$分别为4%，6%。如果利率期限结构的无偏见预期理论正确，1年期国库券的即期利率${}_1R_1$为多少？

11. 假定1年期国债、2年期国债、3年期国债的即期利率分别为4.50%，5.25%，6.50%。如果利率期限结构的无偏见预期理论正确，第3年的1年期远期利率${}_3f_1$为多少？

第 7 章

债券估值

- 债券市场概览
- 债券估值
- 债券收益率
- 信用风险
- 债券市场

学习目标

1. 描述债券的属性。
2. 了解不同债券发行人及其发行债券的动机。
3. 解读债券报价。
4. 运用现值概念计算债券价格。
5. 解释债券价格与利率之间的关系。
6. 计算债券收益率。
7. 明确债券评级并评估信用风险对债券收益率的影响。
8. 评估债券市场业绩。

引文

对于资本主义经济，债券及债券市场有多重要呢？那些对金融市场不熟悉的读者可能会有这样的印象，认为在美国和其他国家，股票市场主导着资本市场，因为电视和报纸经常会有关于股票市场的新闻，相反，我们很少听到关于债券市场的消息。尽管对债券的关注度不如股票，但对企业、政府机构及其他组织而言，债券是更为重要的资本来源。事实上，债券市场比股票市场更大。2010 年末，美国债券市场中发行在外的债券市值约为 36 万亿美元，同一时期，股票市场中所有普通股市值约为 13.2 万亿美元，约为债券市场的 1/3。

债券交易的发生很频繁，交易量也很大。2012 年 6 月，所有类型的美国债券平均日交易额达到 9 990 亿美元。股票市场更加吸引投资者，是因为股票市场的潜在投资报酬率较高，当然，较高的报酬率也伴随着较高的风险。相比股票，债券提供的报酬率通常更安全、更稳定。也有一些债券的潜在报酬率很高，但相应风险也很高。

本章主要讨论债券的特点及其价格动态。你将发现，债券的定价会大量运用前面章节所学到的资金时间价值原理。

视 角

商业应用

你是 Beach Sand 度假酒店的财务总监。公司需要 1.5 亿美元的资金用于翻新酒店。与信用评级机构讨论公司此项计划之后，你了解到，如果发行 15 年期债券筹集资本，债券会被评为 BB 级，所提供的回报率必须达到 7%。为了筹集到必需的资本，公司需要发行多少债券？如果公司每半年支付一次利息，利息为多少？

个人应用

你计划投资债券。你的经纪人推荐了两只不同的债券。第一只债券由 Trust Media 公司发行，于 2018 年到期，报价为 96.21，票面利率为 5.7%。推荐的第二只债券也是 2018 年到期，由 Abalon 公司发行，报价为 101.94，票面利率为 5.375%。为了作出选择，你想要知道，对于这两只债券，购买 10 张债券分别需要多少资金？能收到多少利息？现在购买的话两只债券提供的回报率分别是多少？此外，你还需理解这些信息所透露的两只债券的风险差异。

债券市场概览

债券属性

债券（bond）是企业、联邦政府或其机构、州政府及当地政府等为各种项目或经营筹集资金而发行的债务性证券。这些组织偶尔会因为各种原因需要筹集资本，如上章所述。债券通常是**固定收益证券**（fixed-income securities），因为债券持有人知道他们将会收到的利息额，以及本金偿还时间。从债券发行者的角度来看，债券是一项贷款，需要定期支付利息，最终需要偿还所借的**本金**（principal）。**债券契约**（indenture agreement）是记载债券发行者与债券持有人之间的明确条款的法律合同。任何债券都包括以下几个属性：

- 本金偿还的日期，即**到期日**（maturity date）。
- **票面价值**（par value，face value），即借款者必须偿还的本金数。
- 票面利率。
- 有关抵押及抵押品的协议。
- 发行者无力支付利息或偿还本金时债券持有人可采取的措施。

表7—1描述了票面价值及债券的其他属性。大多数债券的面值为1 000美元，这是发行者承诺日后偿还的本金数额。债券有固定的到期期限。从发行者于到期日向债券持有人偿还本金之时起，债券便化作一张废纸。尽管债券是在某一特定日期到期，但我们通常只说债券的**到期期限**（time to maturity），比如2年、5年或20年等。事实上，市场按照到期期限归集债券，并把它们分为短期债券、中期债券以及长期债券，而不考虑发行者。长期债券的到期期限通常是20～30年，当然，随着时间的推移，30年期的债券会变成20年期债券，再变成10年期债券，最终到期。不过，也存在其他年限的到期期限，比如，福特公司于1997年5月15日发行了到期期限为100年的债券，该债券的票面利率为7.70%，将于2097年到期。

表7—1 **债券属性**

属性	属性描述	常见属性值
面值	贷款的偿还额，即债券的本金	1 000美元
到期期限	离到期日所剩的年限	1～30年
可赎回权	发行者在债券到期日之前提前赎回债券的权利，通常赎回是因为利率下降或发行者的境况有所变化。赎回债券时，发行者通常需要支付本金和一年的利息。	许多债券不可赎回。对于那些可赎回债券，其共同点之一是赎回权在发行10年之后才可行使。
票面利率	用于计算每年利息支付额的利率，以百分比表示。通常一年支付两次利息。	2%～10%
债券价格	债券的市场价格，通常以面值的百分比报出。	面值的80%或120%

当整个经济的利率下降几个百分点，房屋所有者会选择为其房屋按揭贷款再贷

款，以降低每月支付的利息额，当然，有时候也为了减少本金的偿还额。债券发行在外的公司也想为其债券再融资。有些债券契约允许公司这么做，但也有些债券契约明确禁止再融资。可以再融资的债券都具有可赎回权，也就是说，发行者可以赎回债券，在到期日之前提前偿还本金。为了补偿债券被提前赎回的债券持有人，发行者在偿还本金的同时还会支付**赎回溢价**（call premium）。最常见的赎回溢价是一年的利息。对于某些债券契约，赎回溢价随着时间逐渐减少。

债券的**票面利率**（coupon rate）决定了债务人应该支付给债券持有人的利息额。票面利率记载在债券之上，以面值的百分比形式表示。5%的票面利率意味着发行者每年会按1 000美元本金的5%支付利息，即年利息额为50美元。发行者通常分两次支付利息，也就是说，票面利率为5%的债券每6个月会支付25美元的利息。息票（coupon）一词是沿袭旧时的用法，在过去，债券是以息票书（coupon book）的形式发行。每6个月，债券持有人会撕下一张息票券寄给发行者，发行者在收到之后支付利息。这类债券有时也称为不记名债券，因为无论是谁，只要持有息票书就有权收取利息。尽管现在的发行者会登记债券所有人，并定期自动把利息支付给债券所有人的银行账户或其经纪人账户，但息票一词仍被保留并使用。

初始发行时，债券通常是以票面价值销售，除非利率极其波动，债券持有人会在债券到期日收回本金。然而，在发行日和到期日之间的任意时刻，债券都有可能在二级市场中为投资者所交易。二级市场中，**债券价格**（bond price）通常不是票面价值，债券以高于或低于面值的价格进行交易。本章后续会详细阐释债券定价的相关知识。债券价格通常以面值的百分比而不是按具体数值进行报价。价格为1 150美元的债券，其交易信息会列示为115，而不是1 150美元。同样地，价格为870美元的债券，信息列示为87。

例7.1 债券属性

一只债券已发行10年，发行时到期期限为30年，票面利率为8%。这只债券目前在债券市场的交易价格为109。假设面值为1 000美元，计算该债券目前的到期期限、每半年的利息支付额、数值形式的债券价格。

[解答]

到期期限＝30－10＝20(年)

年利息支付额＝0.08×1 000＝80(美元)

因此，半年的利息支付额为40美元。

债券价格＝1.09×1 000＝1 090(美元)

债券发行人

过去很长一段时间，债券被视为不活跃的、过于稳健的投资，但再也不是了！过去几十年来，固定收益行业经历了巨大创新。金融行业创造并发行了许多新型债券和固定收益证券。有些债券以其首字母缩写代称，略显奇怪，比如国库券投资成长票据（TIGRs），它是以美国国库券为基本标的的证券。即使创新百出，三大债券发行者仍未变，它们发行的传统债券分别为美国国库券（U. S. treasury bonds）、公司债券（corporate bonds）、市政债券（municipal bonds）。图7—1列示了这三类债券发行者每年筹集的资本额。

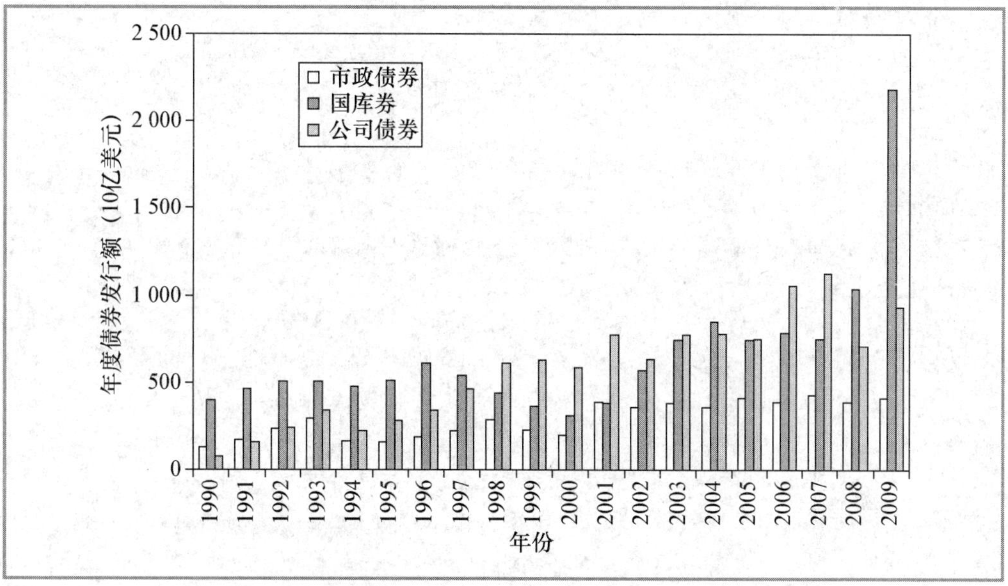

图 7—1　当地政府、联邦政府及公司每年发行债券筹集的资本额

注：过去 20 年里，当地政府、联邦政府和公司发行了许多新型债券和固定收益证券。
资料来源：Securities Industry and Financial Markets Association.

国库券

国库券是基于美国政府的十足信用而发行的，因此长期被投资者认为是世界上最安全的固定收益投资。联邦政府以公开拍卖的方式销售国库券，以弥补财政赤字。赤字较大时，需要拍卖更多的国库券。此外，联邦储备局（Fed）也常借助国库券实施货币政策。一般来说，发行时到期期限为 1～10 年的国库券称作中期国库券；到期期限为 10～30 年的国库券称作长期国库券。图 7—1 显示，自 20 世纪 90 年代后期，随着联邦预算赤字减少，每年新发行的国库券也相应减少。然而，2002 年国库券变化趋势发生逆转，联邦债务加速增加。

公司债券

公司筹集资本投资于存货、厂房设备、研发以及业务扩张等方面。管理者需要确定融资方式，公司可进行债务融资、权益融资或将二者混合使用。公司融资决策的根本日的是最小化资本成本。如图 7—1 所示，在 20 世纪 90 年代，公司主要通过权益融资筹集资本，而从 1998 年开始，公司转而采用发行债券的融资方式，充分利用债务利率低的优点，1998—2009 年，公司新发行债券达 9.4 万亿美元。

市政债券

州政府及当地政府筹集资金主要用于修建或修缮马路、高速公路、医院、学校、排水系统等。市政债券的利息和本金通常有两种支付方式。全部公民受益的项目通常发行一般责任债券，使用税收偿还债券，比如法院、学校、市政办公楼等；部分公民受益的项目通常发行收益债券，使用这些项目所收取的使用费偿还债券，比如收费公路、机场等。联邦政府和所在州政府对市政债券的利息收入不征税。

案例　直接购买国库券

国库券是美国政府发行的、允许投资者在二级市场上进行交易的债务证券。政府也直接向投资者发行一种不可在市场交易的债券，称之为储蓄国债（saving bonds）。1980年开始发行的EE储蓄国债是美国最常见的储蓄国债，它的利息不是定期支付，而是计提后计入债券的价值。持有一年之后，投资者可在几乎任何一家银行或信用社取回本息。现在你可以通过美国财政部官网购买储蓄国债和其他类型的国库券，比如短期国库券、长期国库券等。你可以立即开设一个账户，并使用账户里的资金购买储蓄国债。在收回国债本息后，你可将资金转回你的银行账户。储蓄国债可一周七天、一天24小时实时无成本购买。

债券持有人兑换债券时，会同时收到本金和计提的利息。"Paper bond"是一种按面值半价发行的储蓄债券，如果投资者购买并持有30年，到期则可按面值兑换债券，收回本息。不像其他类型的债券，储蓄国债投资者在实际收到本息之前不需要就债券的利息向美国国税局申报收入，因此，购买储蓄国债算得上是延迟纳税的一种投资。

大约1/6的美国人持有储蓄国债。储蓄国债有很多用途，比如个人储蓄工具、祖父母给孙辈的礼物。2001年9月11日恐怖袭击事件之后，许多美国人都想尽力支持政府。2001年12月，承销EE储蓄国债的银行在债券上面印有"爱国者债券"的字样，因此，EE储蓄国债现在常被称为"爱国者债券"。

其他债券及基于债券的证券

通货膨胀保值债券（treasury inflation-protected securities，TIPS）是债券市场最为成功的创新之一。美国财政部于1997年开始发行这种新型债券。TIPS具有固定的票面利率，正如传统的国库券。它的不同之处在于，联邦政府可根据通货膨胀调整TIPS的票面价值。具体来说，它的面值会随通货膨胀率的增长而增加。通货膨胀率通常使用消费者价格指数（CPI）衡量。债券面值随时间而变化，利息也会相应变化。到期时，投资者会收到调整通货膨胀后的本金额。如果通货膨胀严重，投资者收到的调整后本金会显著高于1 000美元。假设2007年1月15日发行了10年期的TIPS，票面利率为2.375%。发行时的CPI指数为201.664 52，3年后的CPI指数为216.246 10。因此，2010年初TIPS的面值为1 000×216.246 10/201.664 52=1 072.31美元。半年支付一次利息，则利息为0.023 75×1 072.31/2=12.73美元。TIPS债券的回报率不仅取决于利息支付额，也取决于面值的通货膨胀调整额。

例7.2　TIPS支付额计算

一只TIPS债券发行于2006年7月15日，票面利率为2.5%，发行时的CPI指数为201.95。支付利息时的CPI指数如下所示：

2009年1月	214.70
2009年7月	213.52
2010年1月	216.25

根据给出的信息，计算三次利息支付时 TIPS 的面值及利息额。2009 年 1 月至 2010 年 1 月的总回报率是多少？

[解答]

分别使用当前的 CPI 指数除以发行时的 CPI 指数计算各期的 TIPS 指数比率。以 2009 年 1 月为例：2009 年 1 月的面值 = 1 000 × 214.70/201.95 = 1 063.13 美元，利息额=0.025×1 063.13/2=13.29 美元。以同样的方法计算其他两个日期的债券面值和利息额，结果如下：

日期	面值	利息额
2009 年 7 月	1 057.29 美元	13.22 美元
2010 年 1 月	1 070.81 美元	13.39 美元

2009 年 1 月至 2010 年 1 月之间的资本利得为 1 070.81－1 063.13＝7.68 美元，两期的利息收入为 13.22＋13.39＝26.61 美元，因此，总回报率＝(7.68＋26.61)/1 063.13＝3.23%

美国政府机构证券是向住房、教育、农业等活动提供低成本融资而发行的债务性证券。房地美、房利美、学生贷款市场协会、联邦农业系统等发行**机构债券**（agency bond）以支持经济体中的特定部门。尽管机构债券不以联邦政府的十足信用为担保，但政府从未置这些机构于不顾。投资者相信联邦政府会继续充当监督角色，因此他们认为机构债券的安全性高，同时提供的回报率会略高于国库券。

美国政府机构创造了一种广受欢迎的债券，即**按揭抵押证券**（mortgage-backed securities）。房利美和房地美向不具备按揭贷款资格者尤其是首次购房者提供帮助或按揭贷款担保。房利美以国营企业的性质成立于 1938 年，并于 1968 年变更为股份有限公司。房地美于 1970 年以股份有限公司的形式成立。从 2008 年起，这两家受美国政府监管和保护的公司由美国联邦住房金融局接管。为了增强住房按揭贷款市场的资金流动性，房利美和房地美从银行等信贷机构购买住房按揭贷款，它们把按揭贷款和其他贷款多元组合，向投资者发行按揭抵押证券。按揭抵押证券是以一揽子按揭贷款为标的或担保，代表对按揭贷款享有的份额。当住房贷款者偿还按揭贷款或为其再融资时，证券持有人会收到相应部分的标的一揽子按揭贷款的还本付息额。按揭贷款提供者向房利美和房地美销售按揭贷款后，又拥有资金去提供更多的新按揭贷款。几十年来这一贷款模式运作良好，直至 2000—2010 年后期，次级贷款涌现，贷款者无力偿付，正如你所知，这些贷款的违约最终导致了金融危机。

我们可以对任何类型的贷款进行相同的操作，实际上，金融市场已创造许多诸如此类的基于一揽子贷款的证券。典型的例子包括信用卡债、汽车消费贷款、住宅股权贷款以及设备租赁。和按揭抵押证券一样，当借款人偿还消费贷款时，证券投资者可从**资产抵押证券**（asset-backed securities）收取相应的本息。资产证券市场目前已是金融服务发展最为迅速的领域之一。

案例　按揭抵押证券与金融危机

很早之前，一家可贷资金为100 000美元的银行通常只会贷一笔按揭贷款，并收取贷款费用。银行定期收取利息，到期才收回贷款。过去几十年来，贷款模式发生了变化。银行可将按揭贷款出售给投资银行，收回100 000美元。随后，银行可再次以这100 000美元进行贷款，再一次地收取贷款费用。银行的收入从过去的利息收入转变成现在的贷款费用收入。新的贷款模式良好运行了多年，银行实现了更多的利润，更多的资金流向购房者。债务的证券化使得这一切成为可能。以房利美和投资银行为代表的金融机构买下这些按揭贷款并将其打包，然后以一揽子按揭贷款为标的向投资者发行债券，即按揭抵押证券。实际上，按揭抵押证券的购买者才是按揭贷款真正的贷款机构，银行仅仅通过提供贷款赚取费用。

需要注意的是，这一贷款模式使得银行和按揭经纪人竭尽其所能地创造更多的按揭贷款，以最大化其贷款费用收入。2000到2004年初，美联储持续下调联邦基准利率，维持低利率政策。这两方面原因提高了购买者的支付能力，促使房产泡沫形成，也促使投资者寻求收益率更高的债券。因此，银行开始向信用不足的个人即次级贷款者提供贷款，向其收取更多的利息。由于次级贷款的利率更高，当其加入一揽子按揭贷款时，按揭抵押证券的收益率也相应更高。因此，投资者对这类按揭抵押证券的需求增大，进而促使产生了更多的信用不佳的贷款。

在2004年7月至2006年7月这一期间，美联储开始上调利率。利率的上升带来了房价下降的压力，因为欲购房者的支付能力随利率的上升而相应下降。大多数2005—2006年发生的次级按揭贷款采用的是可调整利率，因此，美联储上调利率时，这类次级按揭贷款的利率相应提高，以致月偿还额开始挑战贷款购房者的偿还能力。很快，次级贷款者开始无力按期支付月还款额，最终导致丧失抵押品赎回权，房价下降的压力更大。房屋的贬值侵蚀了房屋所有者的财产，因而丧失抵押品赎回权的现象愈发严重，房价进一步下降，按揭抵押证券也相应地迅速贬值。

谁持有按揭抵押证券？事实证明，按揭抵押证券持有者是全球的金融公司，比如投资银行、商业银行、保险公司、互助基金以及养老基金等机构。金融实力的严重受损导致银行等破产，需要紧急救助，最终引发全球金融危机。

资料来源：Yuliya Demyanyk, and Otto Van Hemert, "Understanding the Subprime Mortgage Crisis," *Review of Financial Studies*, 2009.

解读债券报价

对于那些熟悉债券术语者而言，债券报价提供了投资决策所需的所有信息。国库券的每日交易量相当大。长期国库券和中期国库券平均每日交易额超过5亿美元。投资者对公司债券和市政债券的热情明显比国库券小，或许是因为具有相同到期期限、票面利率和信用评级的债券市场较小，因而流动性不足。大部分债券报价表只报出一小部分流通债券在某一特定日期的信息。债券报价可在《华尔街日报》、雅虎金融（yahoo. finance. com）、债券在线（www. bonds-online. com）等网站找到。表7—2给出了三个关于债券报价的例子。

表 7—2 债券报价示例

国库券					
票面利率	到期日	买方报价	卖方报价	变化值	收益率
2.75%	2014（n）年 2 月	104：25	104：26	−3	0.898%
公司债券					
公司名称	票面利率	到期日	最新价格	收益率	
CIT Group	7.00%	2016 年 5 月	91.735	8.838%	
市政债券					
发行者	票面利率	到期日	价格	收益率	
NYC MuniWtr Fin Auth	4.500%	06-15-37	97.570	4.66%	

第一个例子是典型的国库券报价。这只国库券向债券持有人提供的票面利率为 2.75%，面值为 1 000 美元，则年利息为 27.50 美元，半年支付一次的话，即每 6 个月支付 13.75 美元。这只债券将于 2014 年 2 月到期，即将到期，因此这只债券是短期债券。报价中的"n"表明该债券发行时是中期国库券，即到期期限为 1～10 年。报价中的买方报价和卖方报价均是以面值的百分比形式表示。买方报价是投资者能卖出债券的价格。冒号后面的数字代表百分之 1/32。104：25 的买方报价意味着债券购买者需要支付 1 000×[(104+25/32)%]=1 047.81 美元。投资者可按卖方报价 104：26，即 1 048.13 美元的价格购买这只债券。这只债券的价格高于其面值，因为它的票面利率高于当前市场利率，债券溢价卖出。投资者通常称这类债券为**溢价债券**（premium bond）。

需要注意的是，本例中，卖方报价高于买方报价，二者之间的差额称作买卖差价，投资者高价买入低价卖出，买卖差价即是投资者买卖债券的交易成本。投资者是与债券交易商进行买卖交易。债券交易商的交易情况正好相反，低价买入高价卖出，买卖差价算是对交易商承担风险的补偿。购买此债券的投资者若是持有至到期，则会发生资本损失 1 048.13−1 000=48.13 美元。"−3"意味着该债券在某一日的交易中损失了面值的百分之 3/32。最后一项表明，债券向按卖方报价购买债券并持有至到期的投资者提供的年收益率为 0.898%。

公司债券报价提供了相似的信息。报价表显示，CIT Group 公司债券向债券持有人提供的票面利率为 7.00%，也就是说半年的利息为 35 美元。这只债券算是中期债券，因为其将于 2016 年到期，到期期限在 5 年之内。公司债券的报价也是以面值的百分比形式表示，但庆幸的是，不采用百分之 1/32 这一惯例。91.735 表明该债券最新的交易是以 917.35 美元实现。该债券的价格低于面值，因此称作**折价债券**（discount bond）。购买该债券并持有至到期的投资者将会获得 82.65 美元的资本利得。如果投资者以 91.735 美元的价格买入 CIT Group 公司债券，年收益率为 8.838%。请注意，该公司债券的收益率高于国库券。这种情况的出现并不是巧合，它符合金融理论。CIT Group 公司不像美国政府那样拥有无限的资源，相比美国政府，CIT Group 公司贷款偿还发生困难的可能性更大。投资 CIT Group 公司债券存在更大的风险，因此投资者理应获得更高的收益率。

公司在发行债券之初便设定好债券的票面利率。决定票面利率的因素有如下几种：

- 公司能否偿付本息的不确定性的程度；
- 贷款期限；
- 整体经济下的当前利率水平。

不同公司的债券，其票面利率不同，因为上述决定因素存在差异。即使是同一家公司，每一次发行的债券，票面利率也不尽相同，因为债券发行时所处的经济环境不同或利率不一样。

表 7—2 还给出一只市政债券的报价，该债券由纽约市城市供水财政机关发行，该市政机构通过发行市政债券筹集资本以建立供水储水设备。该债券的票面利率为 4.50%，于 2037 年到期，因此它属于长期债券。根据表 7—2，该债券的交易价格略低于面值。与其他债券不同的是，市政债券的面值通常是 5 000 美元而不是典型的 1 000 美元。因此，97.57 的报价意味着该债券的价格为 4 878.50 美元。与到期期限相近的国库券相比，市政债券的收益率较低，原因之一是，市政债券的利息收入不需要缴纳联邦所得税。本章后续再讨论这个优势。

例 7.3 债券报价

你获取到如下债券报价，想通过报价信息确定每一只债券的价格、到期期限以及利息。

国库券					
票面利率	到期日	买方报价	卖方报价	变化值	收益率
9.00%	2018 年 11 月	137：19	137：20	−5	4.80%
公司债券					
公司名称	票面利率	到期日	最新价格	收益率	
Kohls Corp	7.375%	2011 年 10 月 15 日	110.01	4.991%	
市政债券					
发行者	票面利率	到期日	价格	收益率	
Florida St Aquis & Bridge Constr	5.00%	2025 年 7 月 1 日	106.78	4.458%	

[解答]

国库券于 2018 年 11 月到期，票面利率为 9%。投资者每半年会收到现金利息 0.09×1 000/2=45 美元。该国库券的到期期限低于 10 年，却大于 1 年，因此属于中期国库券。到期日无“*n*”，表明该债券发行时的到期期限为 30 年。投资者卖出该债券的价格为 1 000×[(137+19/32)%]=1 375.94 美元，买入该债券的价格为 1 000×[(137+20/32)%]=1 376.25 美元。在某一日，价格下降 1 000×(5/32)%=1.56 美元。该债券为溢价债券，债券交易商就每次交易获利 1 376.25−1 375.94=0.31 美元。

Kohls 公司债券的票面利率为 7.375%，半年的利息额为 0.073 75×1 000/2=36.88 美元，债券价格为 1 100.10 美元。该债券的票面利率高于市场利率，因此投资者愿意为其支付溢价。

佛罗里达州发行市政债券用于桥梁修建。面值为 5 000 美元，半年的利息额为 0.05×5 000/2=125 美元。该债券的价格为 5 339.00 美元。

债券估值

债券现金流量的现值

任何债券的价值计算都是直接运用资金时间价值概念。债券持有人知道债券利息支付情况和到期本金的偿还。因此，债券的当前价格等于所有未来现金流量按现行市场利率折现的现值和。现行市场利率取决于债券的到期期限、信用状况以及税收情况等。

运用资金时间价值计算最简单的债券是**零息债券**（zero coupon bond）。顾名思义，零息债券不支付任何利息，零息债券只在到期日偿还面值，因此，零息债券是按面值折价发行，且折价幅度较大。举个例子，一只债券的面值为 1 000 美元，到期期限为 20 年，报价收益率为 6%，那么它的现行价格为 306.56 美元。20 年后，投资者会收到 1 000 美元，1 000 美元与 306.56 美元的差额（693.44 美元）即是 20 年来按收益率 6%计算的利息收入。该零息债券的现金流量图如下：

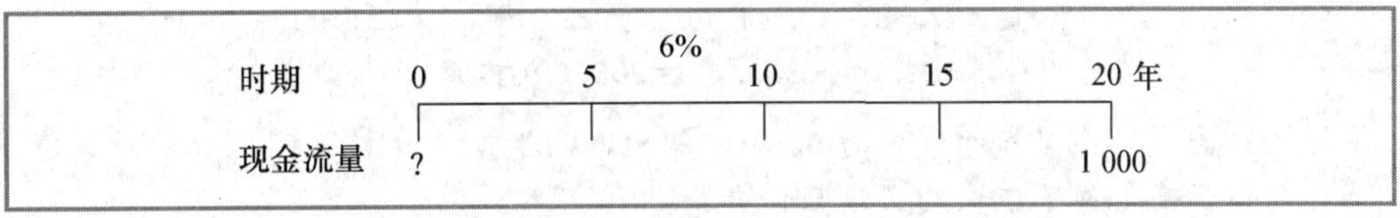

我们通过 20 年后 1 000 美元现金流量的现值来确定零息债券的价格。为了和付息债券一致，零息债券也按照每半年一次复利。因此，现值计算公式中的期数为 40、利率为 3%，而不是期数 20、利率 6%。使用第 4 章的现值计算公式，计算如下：

$$PV=FV_N/(1+i)^N=1\,000/1.03^{40}=1\,000/3.262=306.56(\text{美元})$$

因此，零息债券的价格实际上就是对其面值的一个相当大的折扣。这是情理之中的，只有价格远低于面值，投资者才会愿意购买不支付利息同时要多年后才能收回 1 000 美元的债券。我们可以比较一下 20 年期的零息债券和 20 年期的票面利率为 7%的付息债券。20 年期付息债券每 6 个月支付一次利息，利息额为 35 美元。我们可以把利息看作年金现金流。如果市场年折现率为 6%，则现金流量图如下：

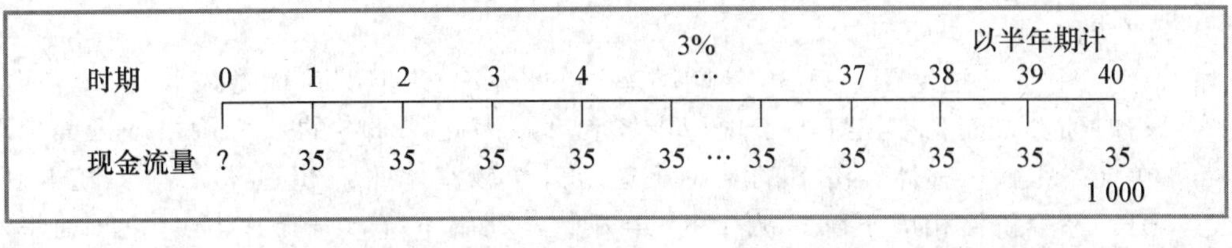

如图所示，35 美元的利息现金流量共发生 40 期，最后一期偿还本金。务必请谨记，当债券每半年支付一次利息，折现率也必须是半年的折现率，因此，年折现率为 6%需要换算成半年折现率为 3%。债券的价格等于利息年金现金流的现值加上未来面值的现值。债券估值公式就等于年金现值公式加上复利现值公式。

债券现值＝利息现值＋面值现值

$$=PMT\times[1-1/(1+i)^N]/i+1\,000/(1+i)^N \qquad (7—1)$$

式中，PMT 为利息支付额；N 为至到期日的期数；i 为相同特征债券的每期市场利率。如果债券按年支付利息，则这些参数都是年度的数值。由于该债券每半年支付一次利息，PMT，N，i 均为半年的数值。根据公式，该债券的价格为：

$$债券价格=35\times[1-1/(1+0.03)^{40}]/0.03+1\,000/(1+0.03)^{40}$$
$$=809.017+306.557=1\,115.57(美元)$$

这 1 115.57 美元的价格，主要部分来自于每半年 35 美元的利息支付，而不是未来面值的偿还。因为式（7—1）较为复杂，我们可使用财务计算器或计算机计算债券价格。

例 7.4　评估债券

现有一只 15 年期的债券，票面利率为 5.5%，每半年支付一次利息。如果现行市场利率为 6.5%，债券价格为 940 美元，你会购买这只债券吗？

[解答]

使用式（7—1），对债券价值的计算如下：

$$债券价值=27.50\times[1-1/(1+0.032\,5)^{30}]/0.032\,5+1\,000/(1+0.032\,5)^{30}$$
$$=522.00+383.09=905.09(美元)$$

因此，该债券的价值为 905.09 美元，低于市价 940 美元。市场对该债券的估值过高，你不应该购买这只债券。

债券价格与利率风险

购买之时，债券的利息支付和面值偿还是固定且已知的。随着时间的推移，整体经济下的利率会发生变化，而债券的票面利率固定不变。当现行利率上升，也就是折现率上升，债券价值会有所下降；反之，如果利率下降，债券价值会有所上升。假设现行利率上升，新发行债券所提供的利率高于已发行债券的利率。要想卖出票面利率更低的已发行债券，它的市场价格必会下降，这样购买者才能预期取得与投资新发行债券相近的收益。同样，如果现行利率下降，已发行、流通在外的债券市场价格会上升，使得票面利率更高的旧债券投资回报率拉回至新债券的投资回报率。可见，债券价格与市场利率呈负相关关系，也就是说，它们呈反方向变化。

图 7—2 描绘了一只 30 年期国库券的价格变化情况。债券发行于 1980 年，发行时债券票面利率正好等于现行市场利率，因此，债券的发行价格即为面值 1 000 美元。很快，整体经济下的利率迅速上升至较高水平，超过了 15%。随着利率上升，债券价格相应下降。从 1984 年开始，利率下降，开始了长期的低利率水平，至 2009 年，利率几近为 0。我们可以发现，一只债券发行价为 1 000 美元，到期时偿还 1 000 美元，但期间债券价格可能会发生剧烈的波动。债券投资者必须意识到，债券价格随利率波动而波动。债券持有人可能会获得大额资本利得，也可能遭受资本损失。

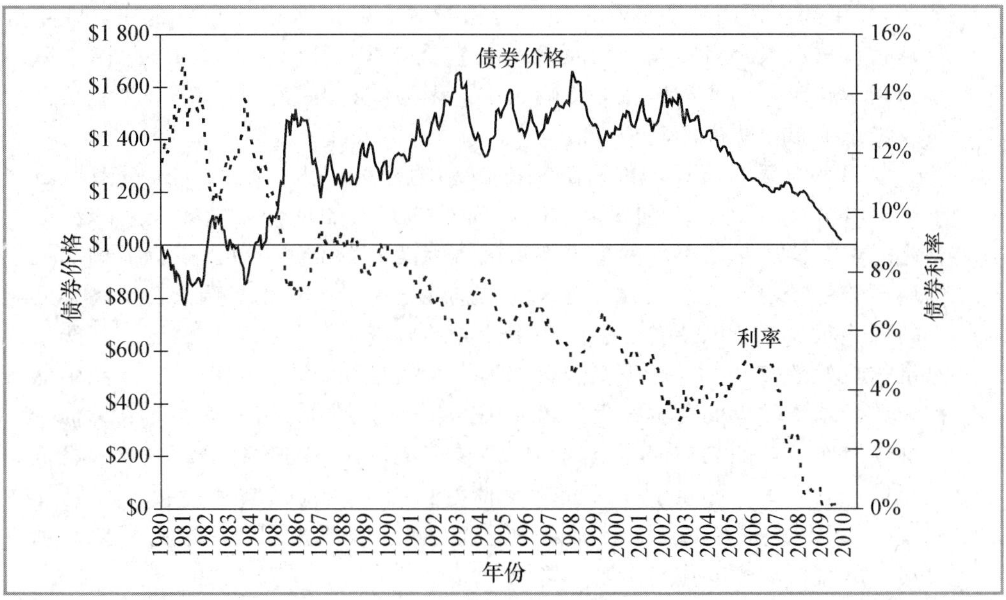

图 7—2　债券价格与利率风险（30 年期国库券，发行于 1980 年，票面利率为 11.7%）

注：当利率上升时，债券价格下降。通过此图，可以感受到 30 年来经济的巨大变化。长期债券持有人面对的利率风险很大。

事实上，对于债券价格随现行利率变化而变化，金融业有个专有名词，即**利率风险**（interest rate risk）。利率风险的存在表明，在相应期间内，当利率大幅变化时，债券持有人会发生显著的资本利得或资本损失。利率风险对所有债券的影响并不完全一致。期限非常短的债券价格波动极小甚至不发生波动，因此这类债券的持有人承担的利率风险极小。长期债券持有人承担很大的利率风险。表 7—3 显示了票面利率和到期期限不同的债券所受到的利率风险影响也有所不同。

表 7—3　　**利率风险**

到期期限	票面利率	利率为 6%时的价格（美元）	利率为 7%时的价格（美元）	差额
票面利率对价格的影响				
30 年	0%	169.73	126.93	−25.2%
30 年	5%	861.62	750.55	−12.9%
30 年	7%	1 138.38	1 000.00	−12.2%
30 年	10%	1 553.51	1 374.17	−11.5%
到期期限对价格的影响				
20 年	5%	884.43	786.45	−11.1%
10 年	5%	925.61	857.88	−7.3%
5 年	5%	957.35	916.83	−4.2%
2 年	5%	981.41	963.27	−1.8%

表 7—3 上半部分列示了不同票面利率的 30 年期债券的价格及其价格变化。由

表7—3可知，票面利率越高，债券价格越高。一般来说，利息越高，即年金支付额越高，债券投资者对其估值越高。利率从6%上升至7%，债券价格下降。债券票面利率越高，所受利率变化影响越小，因为债券持有人收到高额利息后，可将其再投资于回报率更高的新债券。

票面利率低的债券，价格随利率波动的程度更大，是因为**再投资风险**（reinvestment rate risk）。当利率上升时，债券持有人的现金流量即定期的利息支付和最终的本金偿还是以更高的折现率折现，因而债券价值下降。因为低票面利率债券的现金流量较小，这类债券持有人的利息现金流量中可用于购买新的高票面利率债券的现金很少，所以持有低票面利率债券的投资者，其资本被捆绑于不能给他们带来足够收益的资产上。这类投资者面临一个两难困境，他们可以卖掉手中低票面利率债券，承受较大的资本损失，再使用这些现金去购买新的高票面利率债券，也可以继续持有低票面利率债券至到期以避免资本损失，但收到的利息收入较低。无论选择哪一种方式，相比于高票面利率债券持有人，他们有所亏损。我们可通过表7—3中30年期债券的例子直观地感受这一点。再投资回报率能为高票面利率债券抵消一部分折现率变化所带来的影响。

影响再投资风险的另一个因素是债券到期期限。表7—3中后四种债券的票面利率均为5%，但各自的到期期限不同。当利率上升时，到期期限较长的债券，价格下降幅度更大。这表明债券到期期限越长，票面利率越低，所面临的利率风险越大。高票面利率的短期债券，面临的利率风险最小。利率风险高的债券，利率上升时，会出现大幅度的价格下降，当然，利率下降时，这些债券也会产生显著的资本利得。市场利率在一天或一个月内变化一个百分点不是常见现象，但在几个月或一年里，这样的变化幅度并不少见。

例7.5　债券市场的资本利得

假设你推测第2年长期利率将从当前的6%下降至5.5%。如果这一情况真发生了，利率下降期间，投资一只票面利率为6.5%的20年期债券，总回报率是多少？

[解答]

为了求得总回报率，我们需要分别确认投资期间的资本利得或损失、利息收入。资本利得或损失由债券价格变化决定。债券的当前价格为：

$$\begin{aligned}债券价格&=32.50\times[1-1/(1+0.03)^{40}]/0.03+1\,000/(1+0.03)^{40}\\&=751.230+306.557=1\,057.79(美元)\end{aligned}$$

1年后的债券价格为：

$$\begin{aligned}债券价格&=32.50\times[1-1/(1+0.027\,5)^{38}]/0.027\,5+1\,000/(1+0.027\,5)^{38}\\&=760.276+356.690=1\,116.97(美元)\end{aligned}$$

因此，资本利得＝1 116.97－1 057.79＝59.18美元。一年的利息收入为65美元。如果利率下降至5.5%，投资该债券的总报酬为124.18美元。

$$总回报率=124.18/1\,057.79=11.74\%$$

当然，这只是你推测的利率变化，并不一定发生。

债券收益率

当前收益率

尽管我们常说的是现行利率，但实际上存在多种债券利率。一些利率能准确反映债券所提供的回报率，但难以计算。也有一些利率容易计算，但只能大约估计债券的真实回报率，如**当前收益率**（current yield)。债券的当前收益率等于票面利息收入与当前市场价格之比，它衡量的是，如果以当前价格买入债券，投资者能够仅通过票面利息收入获取的年收益率。当前收益率衡量的不是总收益率，因为它没有考虑任何的资本利得或损失。

到期收益率

相比于当前收益率的简单计算，**到期收益率**（yield to maturity）更有意义。到期收益率衡量的是债券投资者以某个特定价格买入并持有至到期的总收益率。到期收益率比当前收益率提供的信息更多，它的计算更为复杂，因为我们必须计算出债券现金流量的内含收益率。这个计算旨在求得一个利率，它能使得债券当前市价等于所有预期未来利息和面值现金流的价值。换句话说，它是使得债券所有未来现金流的现值等于债券当前市价的折现率。为了计算到期收益率，投资者必须先使用式（7—2）计算出内含利率。

$$\text{债券价格}=\text{年金}\,PV(PMT,\ i,\ N)+\text{面值}\,PV(FV,\ i,\ N) \qquad (7—2)$$

投资者通常使用财务计算器计算到期收益率。某债券的票面利率为7%，每半年支付一次利息，到期期限为8年，当前市价为1 150美元。为了计算该债券的到期收益率，投资者可在财务计算器中输入 $N=16$，$PV=-1\ 150$，$PMT=35$，$FV=1\ 000$，这样计算出利率 i 为2.363%。我们必须记住的是，2.363%仅是6个月的回报率，因为债券每6个月计息一次。到期收益率通常指的是年收益率，因此，该债券的到期收益率为2.363%×2=4.73%。

请注意到期收益率与计算债券价格的现行市场利率之间的联系。我们使用市场利率来计算债券价格，使用实际的债券价格来计算到期收益率。如果债券正好是按照其价值定价，那么市场利率等于到期收益率。前面我们讨论的债券价格与市场利率的关系同样也适用于到期收益率，也就是说，债券价格与到期收益率呈负相关关系。当市场价格下降时，到期收益率上升；当市场价格上升时，到期收益率下降。回顾图7—2，你会很清楚地明白这一关系。

例7.6　当前收益率和到期收益率的计算

某只国库券的票面利率为3.5%，还有4年到期，报价为96：09。计算该债券的当前收益率和到期收益率。

[解答]

（1）首先，确定债券的价格：1 000×[(96+9/32)%]=962.81美元。

（2）年利息为35美元，分两次支付，每次支付17.5美元。债券的当前收益率为35/962.81＝3.64％。

（3）使用式（7—2）计算到期收益率。在财务计算器中输入$N=8$，$PV=-962.81$，$PMT=17.50$，$FV=1\,000$，计算得出利率i为2.263％，乘以2即得到到期收益率4.53％。

（4）很明显，当前收益率低于到期收益率，因为当前收益率没有考虑持有至到期能获得的资本利得。

赎回收益率

到期收益率的计算假定债券持有人会持有债券至到期，但是许多债券都设有赎回条款，发行者可在到期日之前赎回债券。债券发行者通常是在市场利率大幅下降的情况下赎回债券。这种情况下，发行人通常向持有人支付债券面值再加一年的利息。提前赎回债券的原因显而易见，当利率大幅下降时，发行人可以以更低的利率发行新债券。公司也会为其债务再融资，以降低利息支付额。

赎回条款赋予发行人很大的优势，因为他们拥有再融资的机会。当然，同样的赎回条款给债券投资者带来不利。当债券被赎回时，债券投资者收到相应的面值和赎回溢价，但是投资者必须使用这些现金去寻找相同报酬率的债券。投资者需要承担再投资风险，因为利率的下降影响了可购债券的收益率。债券通常是在投资者最糟糕的时候被赎回。此外，利率下降时债券价格会上升，这又使得债券发行人在销售新债券时有可能赚取收益，但是债券价格的上升会受债券可能被赎回这一事实限制，债券被提前赎回的可能性会抑制价格上升的潜力。我们可以使用以下公式计算可能被赎回的债券的价格：

$$\begin{aligned}\text{可赎回债券的价格} &= \text{截至赎回日的利息现值} + \text{赎回价格的现值}\\ &= PMT\times[1-1/(1+i)^N]/i + \text{赎回价格}/(1+i)^N\end{aligned}\tag{7—3}$$

式中，N为截至债券被赎回的期数；i为现行市场利率。可赎回债券的现行市场利率很可能有别于不可赎回债券的利率。收益曲线告诉我们，到期期限不同的债券，收益率不同。一只债券正常情况下是20年后到期，但很可能在第5年被赎回，因此计算时使用5年期债券利率较为合适。

回想前文中票面利率为7％的20年期债券那个例子。如果债券在5年后以1 070美元的价格被赎回，其时合适的折现率为5.75％。这种情况下，现金流量图如下：

2.875％　以半年期计

时期	0	1	2	3	4	…	7	8	9	10
现金流量	?	35	35	35	35	…	35	35	35	35 1 070

半年一次的利息支付发生次数为10期，半年度折现率为2.875％，赎回价格为1 070美元，我们可计算出该可赎回债券的价格：

$$可赎回债券的价格=35\times[1-1/(1+0.02875)^{10}]/0.02875+1070/(1+0.02875)^{10}$$
$$=300.47+805.91=1106.38(美元)$$

这个例子中，可赎回债券的定价为 1 106.38 美元，相应的不可赎回债券定价为 1 115.57 美元，可赎回债券定价略低。

如果某债券很可能被赎回，到期收益率的计算方法则不能有效帮助投资者估算其投资收益率。债券投资者可使用**赎回收益率**（yield to call），它和到期收益率计算方法的差异仅在于它假设投资者在最早的可赎回日收到面值和赎回溢价。举个例子，回想票面利率为 7%、到期期限为 8 年的那只债券，该可赎回债券的当前市价为 1 130 美元，略低于到期债券价格 1 150 美元。如果该债券在三年后被提前赎回，赎回价格为面值加上一年的票面利息，那么赎回收益率为多少？在财务计算器中输入 $N=6$，$PV=-1130$，$PMT=35$，$FV=1070$，可计算得到利率 i 为 2.26%，因此该债券的赎回收益率为 4.52%（=2×2.26%）。

市政债券收益率

相比于公司债券和国库券，市政债券所提供的到期收益率较低，这是因为市政债券的利息收入免税，至少联邦所得税如此。具体来说，投资者就市政债券的利息收入不需要向联邦政府和债券发行所在州州政府缴纳税收，因此，市政债券投资者愿意接受比应税债券收益率低的收益率。一般来说，投资者将应税债券的税后利息收入和市政债券的利息收入进行比较。假设某投资者的边际所得税率为 35%，准备进行 100 000 美元的债券投资，正在考虑是投资公司债券还是投资市政债券。如果投资票面利率为 7%的公司债券，每年会收到应税利息收入 7 000 美元；如果投资票面利率为 5%的市政债券，每年会收到免税利息收入 5 000 美元。缴纳所得税后，投资公司债券给投资者带来的净收益为 4 550 美元，很明显，低于市政债券带来的免税收入 5 000 美元。

将市政债券收益率和应税债券收益率进行比较，常用的方法是把市政债券的收益率换算成**应税等值收益率**（taxable equivalent yield），计算公式如下：

$$应税等值收益率=市政债券收益率/(1-税率) \qquad (7—4)$$

对于边际所得税率为 35%的高收入投资者，票面利率为 5%的市政债券，其应税等值收益率为 7.69%（=0.05/(1−0.35)）。可见，对这位投资者而言，票面利率为 5%的市政债券比票面利率为 7%的公司债券更具吸引力。然而，对于边际所得税率为 28%的低收入投资者，该市政债券的应税等值收益率仅为 6.94%。对这位投资者而言，投资公司债券带来的税后收益更多。为什么市政债券在高收入群体中更受欢迎？原因显而易见。

汇总收益率

这部分汇总了几种不同类型的与债券相关的利率或收益率，见表 7—4。这些收益率中，很多都相互关联。表 7—5 列示了几种债券及相应收益率情况。（1）～（3）号国库券分别给出了各自的票面利率、当前收益率和到期收益率。交易价格为面值的债券，其票面利率、当前收益率和到期收益率均相等。溢价出售的债券，其当前收益率和到期收益率略低于票面利率。折价出售的债券，其当前收益率和到期收益率均高于票面利率。需要注意的是，对于折价债券，到期收益率高于当前收益率；对于溢价债券，到期收益率低于当前收益率。换言之，当前收益率总是处于票面利率与到期收益率之间。当前收益率和到期收益率的变动方向，均与债券价格变动方向相反。

(4)～(6) 号债券均为可赎回公司债券。债券市价等于面值时，其票面利率、当前收益率和到期收益率均相等。当利率下降时，债券价格上升，债券发行公司有强烈动机根据债券契约在5年后赎回债券，如债券（5），因此，投资者应该根据赎回收益率进行购买决策。当利率上升时，债券价格下降，如债券（6），这种情况下，投资者可以计算赎回收益率，但它不是有用信息，因为利率上升时公司不太可能会赎回债券。

表7—5中最后三种债券为市政债券，因为其利息收入免税，市政债券的收益率通常较低。先计算市政债券的应税等值收益率，再进行三种债券的比较更为方便。在这里，我们计算时使用35%的边际税率。表7—5最后一列为应税等值收益率，可见，与公司债券的收益率相比，市政债券的应税等值收益率相当具有竞争力。对于边际税率为35%的投资者，如果市政债券的应税等值收益率高于公司债券的到期收益率或赎回收益率，市政债券是更好的投资选择。

通过表7—5我们还可知道，到期期限相近的情况下，国库券的收益率低于公司债券。国库券和公司债券的收益率差异引发了下文对债券信用风险的讨论。

表7—4　　利率汇总表

利率	用途	描述
票面利率	计算债券的利息支付额	票面利率作为债券的属性之一，以百分比形式表示，将其乘以债券面值即可算出年利息额。票面利率在债券期限内不会变化。
当前收益率	快速评估债券所提供的利率	当前收益率等于年利息额与债券当前价格之比。它衡量的仅是若以当前市价买入债券，利息收入能带来的收益率。债券价格每天都会变化，因此当前收益率也会相应变化。
到期收益率	准确衡量债券所提供的利率	到期收益率反映的是以现行市价买入债券所获取的收益率，考虑了持有至到期的所有利息收入以及资本利得或损失。到期收益率每天会随债券价格的变化而变化。
赎回收益率	如果债券被赎回，投资者能取得的收益率	赎回收益率类似于到期收益率，唯一不同在于其假设债券在最早的可赎回日被赎回。
应税等值收益率	便于比较非应税债券和应税债券的收益率	大多数债券都是应税债券，但是市政债券的利息收入免税。为了比较市政债券收益率和应税债券收益率，可计算应税等值收益率，即把市政债券收益率除以1减去投资者的边际税率。
市场利率	比较所有债券的价格	债券的市场利率由买卖双方进行债券交易的债券价格所决定。债券的到期期限不同、风险水平不同，其市场利率也不同。
总收益率	确定一项投资所实现的业绩	总收益率是已实现收益率，考虑了收益和资本利得或损失。

表 7—5　　十年期债券的价格、票面利率及收益率之间的联系

	价格（美元）	票面利率	当前收益率	到期收益率	赎回收益率（5 年）	应税等值收益率（35%）
(1) 国库券	1 000.00	5%	5%	5%		5%
(2) 国库券	1 100.00	5%	4.55%	3.79%		3.79%
(3) 国库券	900.00	5%	5.56%	6.37%		6.37%
(4) 公司债券	1 000.00	6%	6%	6%	6%	6%
(5) 公司债券	1 110.00	6%	5.41%	4.61%	4.59%	4.61%
(6) 公司债券	900.00	6%	6.67%	7.44%	9.52%	7.44%
(7) 市政债券	1 000.00	4%	4%	4%		6.15%
(8) 市政债券	1 100.00	4%	3.64%	2.84%		4.37%
(9) 市政债券	900.00	4%	4.44%	5.30%		8.16%

注：赎回价格＝票面价值＋1 年利息。

信用风险

债券评级

债券发行人在接下来的 10 年、20 年甚至 30 年里会支付承诺的利息和面值吗？**信用质量风险**（credit quality risk）是指债券发行人不能及时支付本息的可能性。为了评估信用风险，独立的**债券评级**（bond rating）机构如穆迪公司、标准普尔公司等，在债券期限内监控着公司、美国政府机构、市政部门，并以信用分数或等级的形式报告其调查发现。美国政府发行的债券信用质量最高，尽管因美国债务及预算赤字的激增，近期出现一些质疑。美国债券评级机构有穆迪投资者服务公司、标准普尔公司、惠誉国际评级公司、多美年债券评级服务机构（Dominion Bond Rating Service）以及 A. M. Best 公司等。这些评级机构中，每一家都基于对债券发行人的财务状况、整体经济以及信用市场状况、抵押物的经济价值等的详尽分析进行评级，评级结果通常相近。表 7—6 为标准普尔的信用评级标准，其最高信用质量评级为 AAA 级。评级为 AAA，AA，A 及 BBB 级的债券被视为**投资级**（investment grade）债券。这些债券的发行人通常能够按照债券契约如期支付利息和面值。

表 7—6　　标准普尔债券信用评级

信用风险	信用评级	描述
投资级		
质量最高	AAA	发行人偿还债务的能力极强
高质量	AA	发行人偿还债务的能力很强
中上等	A	发行人偿还债务的能力较强，较易受不利经济环境的影响
中等	BBB	发行人提供了充分的保护，然而，其偿还债务的能力很容易受不利经济状况和环境变化的影响

续前表

信用风险	信用评级	描述
投机级		
一定程度的投机	BB	发行人面临重大的持续经营不确定性或经营、财务及经济状况的不利变化，导致其偿还债务的能力不足
投机	B	经营、财务及经济状况的不利变化很可能损害偿还债务的能力或意愿，即发行人偿还债务的能力较大地依赖于良好的经营、财务及经济状况
高度投机	CCC	目前无力偿还，且发行人偿还债务的能力极度依赖于良好的经营、财务及经济状况
最具投机性	CC	目前完全无力偿还
即将违约	C	发行人已申请破产或采取类似行动，但该债务的支付尚持续
违约	D	债务违约或公司破产申请已被受理，不能偿还债务

资料来源：Standard & Poor's Web page.

投资界认为评级为BB级及以下的债券为非投资级债券，一些投资者如养老基金或一些信托机构，其投资组合中不能包含这些债券。这些债券被视作投机级债券，是因为发行人不能按期支付利息和面值的风险很大。投机债券有时也称作**垃圾债券**（junk bond）。为了吸引投资者，发行人大幅折价销售债券，相应地，到期收益率较高。对于AA至CCC等级，评级机构通常增加一个"+"或"−"符号对级别进行微调，表示债券等级在各主要评级中的相对强度。举个例子，标准普尔于2010年7月14日将电力公司Black Hills的债券评级从BBB−级调整至BBB+级，而穆迪公司在7月13日将葡萄牙政府债券从Aa2级下调为A1级。债券评级的变化不仅会影响已有债券的市价，如果Black Hills、葡萄牙政府计划发行新债券，还会影响到新债券的利率。

标准普尔公司表示，它在考虑是否进行一些评级变化，在信用观察名单中加入私人债券或某个发行人的所有债券。评级机构通过其评级信息平台向公众提供评级信息。除了出版的报告，评级信息在许多公共图书馆和网上亦可获取。

信用评级机构不仅会对公司经营进行整体经济分析，而且会分析特定公司具体的财务状况。一家公司可以发行多只债券，若这些债券的基本属性存在差异，它们的信用风险也会不同。比如**无担保公司债券**（unsecured corporate bond）仅以公司的信誉和财务状况作为支撑。在公司产生违约行为或破产时，**优先债券**（senior bond）与非优先债券相比，具有优先索偿权，因此，优先债券的信用风险更低。一些债券是以抵押物为担保，当你使用贷款买车时，汽车即为贷款的抵押物，如果你不能按期支付贷款偿还额，银行有权收走汽车。公司在发行债券时同样也可以提供抵押物作担保。公司使用房地产或工厂设备作为抵押物时，所发行的债券分别称作**按揭贷款**（mortgage bond）或**设备信托债券**（equipment trust certificates）。无担保债券通常具有更高的信用风险。

信用风险与收益率

只有在提供更高回报率的情况下，投资者才会购买那些更高风险的债券，因此，信用风险越高，到期收益率越高。垃圾债券又叫做**高收益债券**（high-yield bond）。政府债券和公司债券的收益率差异主要源自信用风险的差异。图 7—3 为 1980 年以来长期国库券、Aaa 级公司债券及 Baa 级公司债券的平均年收益率。低信用质量债券总是比高信用质量债券提供更高的收益率。然而，随着时间的推移，不同信用质量债券的收益率差异会发生明显的波动。国库券和 Baa 级公司债券之间的收益率差异在 1982 年和 2003 年分别高达 3.7%和 3.3%，但差异在 1994 年和 2006 年分别缩至 1.3%和 1.4%。

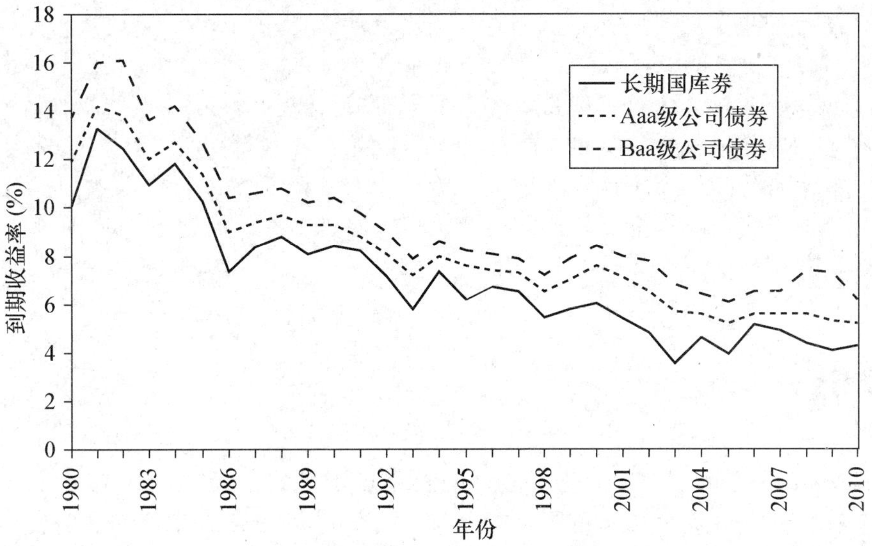

图 7—3　1980—2010 年不同信用风险的长期债券收益率

某些公司的债务是如何变成垃圾债券的？一些经济效益欠佳和高财务杠杆的公司发行垃圾债券。某些情况下，财务状况良好的公司发行的是投资级债券，但随着时间推移，公司陷入困境，最终投资级债券可能被降至垃圾级债券。在 20 世纪 50 年代至 90 年代前期，通用汽车公司的债券一直被视为信用质量最高的债券。然而，2005 年 5 月 9 日，标准普尔公司将通用汽车公司债券的信用评级降至垃圾级。发行时为投资级的垃圾债券，被称作“堕落天使”。通用汽车公司最终于 2009 年 6 月申请破产保护。

信用评级下降的债券必须提供更高的收益率。未来所有现金流是固定的，因此债券价格必须下降，这样才会提高到期收益率。相应地，对于信用评级上升的债券，价格会上升，到期收益率会下降。债券评级上升通常发生在经济繁荣时期，因为该时期发行公司能创造更好的业绩。经济衰退环境下，由于违约风险上升，高收益率债券会失去吸引力，因此经济衰退时，会出现更多信用评级下降的现象。

案例　　希腊债务危机

2000 年，希腊加入欧洲货币联盟，意味着欧元替代德拉克马成为希腊的国家货币。欧元是远比德拉克马坚挺的货币，因为其以整个欧盟的经济繁荣为支撑。此后，希腊政府能以低很多的利率向外国投资者借款，此举有利于确保希腊的经济繁荣以及政府支出的扩张。

希腊政府长期以来就处于高预算赤字和借款的状态，但问题真正爆发是在2009年，新选举的政府发现其继承的财务负担远大于之前所报告的。修正后的预算赤字高于经济总规模的13%。巨额财政赤字及债务的披露，引发大家对希腊政府偿债能力的严重质疑。

风险增加很快被公之于世。2009年12月8日，惠誉公司把希腊主权债券的信用评价降至BBB级。随后，标准普尔公司和穆迪公司分别于2010年5月和6月把希腊主权债券评为垃圾债券。此时，希腊发现它已很难借到更多的资金，又必须向贷款者提供12%的收益率，债务危机就此形成。

为了重建投资者信心，希腊政府保证实行财政紧缩政策，减少支出和财政赤字。然而，这项计划因国内罢工、暴乱等事件而未能成功。作为临时解决方案，欧盟和国际货币基金组织一起提供巨额贷款，以拯救希腊于水火之中。2012年3月，希腊部分债务违约，重建方案也不再那么鼓舞人心。即便如此，希腊的债务和预算赤字依然过高。这些事件很可能还会持续好些年，一些国家可能会发现自身也处于类似的麻烦之中。

债券市场

大部分债券交易在分散的场外交易市场中进行。大多数交易是由债券交易商和大型机构如互助基金、养老基金及保险公司等完成的。投资者出售债券时，交易商出价购买；投资者意图购买时，交易商则从其存货中提供债券。交易极其活跃的国库券市场正是如此，但一小部分公司债券是以集中交易的方式开展交易的。

纽约证券交易所拥有最大的美国债券集中交易市场，其中大部分债券交易量来自公司债券。表7—7为2010年7月14日交易最为活跃的债券。即使是最为活跃的债券，交易量也较低。一些债券是短期债券，如Citigroup Funding债券以及BP Capital Markets债券的其中之一。其他债券都是长期债券，还有很多年才到期，如Kraft Foods债券于2040年2月才到期。这只Kraft Foods债券的信用评级并不是很高，票面利率为6.5%，当前市价对应的到期收益率为5.69%。

债券市场由多种多样的债券组成，这些债券可以来自不同的发行人，具有不同的信用质量。此外，这些债券的基本属性如到期期限、票面利率等，可能也存在着差异。引起债券价格变化的最大因素是利率的变化，因此，描述债券价格变化方向的普遍方式之一，即为报告利率的变化情况，因为我们知道，利率变化会以同样的方式影响所有债券。常用参考利率是10年期国库券的到期收益率及收益率日变化值。投资者知道该利率当天的变化情况，也就可以大概了解所有债券的整体价格变化情况。

债券指数追踪债券市场的特定分区。许多证券公司如巴克莱资本、美林证券公司会计算那些可反映某个特定分区的债券价格和收益率变化的指数。你可以通过网站和《华尔街日报》等出版物获取主要的债券指数。表7—8为按照发行人和到期时间（短期、中期和长期）来追踪债券的几种指数。

表 7—7　　2010 年 7 月 14 日纽约证券交易所交易最活跃的投资级债券

发行人名称	代码	票面利率	到期日	信用评级	最高价	最低价	收盘价	变化值	收益率
CITIGROUP FUNDING	C. HTH	1.875%	Nov 2012	Aaa/AAA/AAA	102.148	101.534	102.119	0.165	0.950
KRAFT FOODS	KFT. GZ	6.500%	Feb 2040	Baa2/BBB−/BBB−	112.001	108.559	111.488	1.180	5.692
CITIGROUP	C. HRY	8.500%	May 2019	A3/A/A+	124.101	121.752	122.314	0.182	5.304
BP CAPITAL MARKETS PLC	BP. JM	1.550%	Aug 2011	A2/A/BBB	98.375	96.200	97.719	−0.131	3.762
BP CAPITAL MARKETS PLC	BP. JH	3.875%	Mar 2015	A2/A/BBB	93.774	91.453	93.332	−0.518	5.522
DOW CHEMICAL CO	DOW. TY	8.550%	May 2019	Baa3/BBB−/BBB	123.402	121.500	122.132	−0.191	5.366
JPMORGAN CHASE & CO	JPM. MXL	4.950%	Mar 2020	Aa3/A+/AA−	107.223	104.799	105.504	−1.000	4.250
AL TRIA GP	MO. HC	9.700%	Mov 2018	Baa1/BBB/BBB+	130.380	126.696	128.639	0.194	5.378
PFIZER	PFE. GQ	5.350%	Mar 2015	A1/AA/AA−	113.465	111.682	113.348	0.253	2.309
BANK OF AMERICA CORP	BAC. BP	5.625%	Jul 2020	A2/A/A+	105.051	101.400	102.902	0.379	N/A

资料来源：*The Wall Street Journal Online*.

表 7—8　　《华尔街日报》报告的主要债券指数（2010年7月14日）

指数	收盘价	变化值（%）	总收益率（%）	52周变化值（%）	52周的收益率（%）最新值	最低值	最高值	52周的差异值（•表示最新值）最新值	最低值	最高值
活跃市场指数（巴克莱资本）										
美国国库券指数	1 735.48	0.39	5.49	8.89	2.570	2.560	3.680	63.00	50.00	112.00
巴克莱总体指数	1 524.31	0.29	5.45	8.75	2.810	2.790	4.170	51.00	46.00	103.00
每日国库券指数（巴克莱资本）										
复合指数（价格收益率）	1 416.36	0.36	3.65	2.74	1.860	1.810	2.670	−6.00	−6.00	6.00
复合指数（总收益率）	11 723.42	0.37	5.38	6.07	1.860	1.810	2.670	−6.00	−6.00	−5.00
中期指数（价格收益率）	1 274.80	0.27	2.90	2.07	1.580	1.530	2.320	−6.00	−7.00	−5.00
中期指数（总收益率）	10 025.46	0.28	4.46	5.09	1.580	1.530	2.320	−6.00	−7.00	6.00
长期指数（价格收益率）	1 904.60	0.95	8.71	6.84	3.750	3.620	4.600	−5.00	−5.00	−4.00
长期指数（总收益率）	18 446.30	0.96	11.56	12.14	3.750	3.620	4.600	−5.00	−5.00	4.00
美国公司债券指数（巴克莱资本）										
美国公司债券指数	1 905.84	0.53	6.19	15.30	4.160	4.160	5.910	182.00	139.00	297.00
中期指数	1 925.13	0.38	5.60	13.65	3.590	3.590	5.570	175.00	132.00	308.00
长期指数	2 224.92	0.97	7.91	20.46	5.840	5.780	6.990	201.00	159.00	261.00
AA级指数	409.26	0.44	5.27	11.19	3.240	3.240	4.570	122.00	86.60	195.00
Baa级指数	444.51	0.56	6.41	17.95	4.740	4.680	6.850	228.00	173.00	381.00
高收益率债券（美林证券）										
美国受限高收益率指数	241.66	0.24	6.49	29.04	8.637	7.975	12.984	670.00	542.00	1 057.00
CCC级指数	231.11	0.24	8.31	53.12	12.350	10.849	20.274	1 071.00	855.00	1 822.00
前100高收益率指数	1 760.45	0.203	5.38	17.42	7.421	6.779	9.253	572.00	454.00	703.00
欧洲受限高收益率指数	170.01	0.42	7.11	33.10	9.087	7.981	17.222	724.00	592.00	1 397.00
全球受限高收益率指数	214.30	0.27	6.83	30.43	8.739	8.042	13.775	680.00	554.00	1 122.00
按揭抵押证券（美林证券）										
吉利美	595.39	0.26	6.79	9.31	3.330	3.305	4.661	24.00	−10.00	34.00
房利美	570.54	0.29	6.97	8.34	3.599	3.480	4.671	20.00	−5.00	37.00
房地美	352.32	0.29	7.16	8.54	3.643	3.567	4.710	23.00	0.00	39.00
免税证券（美林证券）										
市政综合指数	399.43	0.07	4.06	7.80	2.876	2.875	3.451	41.00	34.00	63.00
7~12年期指数	272.98	0.08	5.48	9.09	2.936	2.893	3.580	53.00	43.00	77.00
12~22年期指数	284.55	0.06	4.68	9.61	4.130	3.878	4.707	41.00	32.00	66.00
22年期以上指数	262.16	0.07	4.52	13.79	5.001	4.722	5.771	68.00	57.00	118.00
债券购买者6%市政指数	115.72	0.11	3.18	8.66	5.130	4.930	5.600	—	—	—

资料来源：*The Wall Street Journal Online*. Major Bond Indexes Web page.

简述题

1. 赎回条款赋予发行人什么权利？为何他们要行使该权利？
2. 列举通货膨胀保值债券和传统国库券的区别。
3. 解释按揭抵押证券的运作机理。
4. 说明折价债券和溢价债券的定义并举例。
5. 描述票面利率为5%的债券和零息债券在利息支付和债券价格上的区别。
6. 其他条件一致的情况下，短期债券和长期债券，哪种债券的价格受利率变化的影响更大？为什么？
7. 其他条件一致的情况下，票面利率大的债券和票面利率小的债券，哪种债券的价格受利率变化的影响更大？为什么？
8. 解释在整体经济利率不变的情况下，债券利率如何随时间变化。

9. 比较当前收益率计算方法和到期收益率计算方法的优点和缺点。

10. 赎回收益率是什么？为何它对债券投资者而言很重要？

11. 为什么要计算市政债券的应税等值收益率？

12. 解释为什么高收入群体更有可能购买市政债券而非公司债券？

13. 为什么到期期限相同，国库券提供的收益率比公司债券低？能否出现到期期限不同的公司债券提供更低收益率的情况？解释原因。

14. 描述发行时收益率高的债券和后来变成“堕落天使”的债券之间的区别。

15. 国库券和公司债券的交易量有何差异？举例说明。

计算题

1. 计算这三种债券的利息支付额：假设面值为 1 000 美元，第一种债券是票面利率为 3.5%、半年付一次利息的公司债券，第二种债券是票面利率为 4.25%的中期国库券，第三种债券是 10 年期零息债券。

2. 福特公司在 1997 年 5 月 15 日发行一只债券，到期日为 2097 年 5 月 15 日。假设现在是 2012 年 11 月 16 日，计算该债券的到期期限。

3. 一只票面利率为 6%的公司债券可在 5 年后赎回，赎回溢价为 1 年的利息。假设面值为 1 000 美元，发行人赎回债券时应该支付给债券持有人多少现金？

4. 一只通货膨胀保值债券的票面利率为 2.75%，发行时的 CPI 指数为 185.4。如果当前 CPI 指数为 210.7，那么该债券当前的利息和面值是多少？

5. 现有如下三个债券报价：中期国库券的报价为 97:27，公司债券的报价为 103.25，市政债券的报价为 101.90。假设国库券和公司债券的面值均为 1 000 美元，市政债券的面值为 5 000 美元。这三种债券的价格分别是多少？

6. 假设市场利率为 4.5%，计算 20 年后到期的零息债券的现行价格。

7. 一只公司债券的报价为 102.08，票面利率为 4.5%，计算该债券的当前收益率。

8. 假设投资者的边际税率为 33%，到期收益率为 3.5%的市政债券的应税等值收益率是多少？

9. 下列债券的到期期限相同，请根据其到期收益率从高到低进行信用风险排序。到期收益率为 5.55%的国库券，到期收益率为 7.49%的 IBM 公司债券，到期收益率为 8.76%的 Trump Casino 公司债券，到期收益率为 5.99%的美国第一银行债券。

10. 一只通货膨胀保值债券的票面利率为 3.5%，发行时的 CPI 为 185.6。今年年初 CPI 为 193.5，年末 CPI 为 199.6，那么该债券的资本利得是多少？分别以金额和百分数的形式表示。

11. 一只债券的票面利率为 4.5%，每半年支付一次利息，到期期限为 15 年，市场利率为 6.8%。计算该债券的价格，并指出其为溢价债券还是折价债券。

12. 一只债券的票面利率为 5.2%，每半年支付一次利息，到期期限为 18 年，市场利率为 4.6%。计算该债券的价格，并指出其为溢价债券还是折价债券。

13. 一只票面利率为 5.75%的债券，到期期限为 10 年，现行市价的到期收益率为 6.5%。你相信 1 年后到期收益率会变为 6.0%。那么，债券价格会变化多少呢？

14. 一只票面利率为 5.65%的债券，每半年支付一次利息，到期期限为 19 年，现行市价为 1 035.25 美元。计算该债券的到期收益率。

15. 一只票面利率为6.75%的债券，到期期限为26年，可在6年后被赎回，赎回溢价为1年的利息。当前市价为1 135.25美元。计算该债券的赎回收益率。

16. 某投资者的边际税率为33%，正在比较到期收益率为4.5%的市政债券和到期收益率为6.45%的公司债券，风险相似的情况下，哪一种债券能给该投资者带来更高的税后收益呢？

17. 一只通货膨胀保值债券的票面利率为3.5%，发行时的CPI为185.6。年初购买该债券时上期利息已支付，CPI为193.5。年中支付利息时，CPI为195.1。到年末，CPI为199.6，并支付了利息。该债券的总收益是多少？总回报率是多少？

18. 一只票面利率为6.25%的债券，到期期限为22年，现行市价的到期收益率为5.5%。你预期一年后到期收益率会变为6.0%。如果你的预期实现了，投资该债券的总收益是多少？总回报率是多少？

19. 一只票面利率为2.50%的市政债券，到期期限为12年，报价为98.45。该债券能在4年后被赎回，赎回溢价为1年的票面利息。假设该债券的面值为5 000美元，每半年支付一次利息，计算其当前收益率、到期收益率、投资者边际税率为35%时的应税等值收益率以及赎回收益率。

20. 一只票面利率为6.75%的公司债券，到期期限为10年，信用评级为BB级，到期收益率为8.2%。该公司近期财务日益稳定，评级机构将其债券升级至BBB级，新的合适的折现率为7.1%。假设利息每半年支付一次，计算债券价格的变化值和变化率。

21. 2012年6月，某公司发行债券，到期日为2015年6月。债券票面利率为5.75%，每半年支付一次利息。债券发行时，信用评级为AAA级。

a. 用Excel建立一张表格，列示出每期利息支付的时间以及利息额。假设公司共发行了50 000张债券。

b. 假设债券发行时信用评级为BBB级，票面利率为6.30%。列出该评级下的利息支付情况。解释为什么债券评级对发行债券融资的公司而言很重要。

c. 假设2012年上半年整体经济利率上升了。如果公司在2012年1月发行债券，票面利率只需5.4%。因为6月份才发行债券，公司为此每年需要多支付多少利息？

第 8 章

股票估值

- 普通股
- 股票市场
- 股票估值的基本方法
- 其他估值方法

学习目标

1. 理解普通股股东所享有的权利和报酬。
2. 了解股票交易市场如何运作。
3. 使用股票指数追踪大型股票市场，区别每种指数所包含的信息。
4. 了解股票交易的专业术语。
5. 运用股利折现模型与固定增长率模型计算股票价值。
6. 计算多阶段增长公司的股票价值。
7. 运用市盈率模型评估股票的相对价值。

引文

企业启动业务经营、扩展产品线和服务、开拓新市场，均需要资本投入。上一章讨论了债券，债务是企业融资来源之一。另一个资本来源是权益，或者称作企业所有权。公众公司通过向投资者发行股票筹集资本，购买股票的投资者取得相应的企业所有权。当公司以这种权益形式筹集资金，公司会放弃部分所有权及相应的控制权。投资者购买股票后，享受企业所有权带来的利益。大多数人没有时间或专业能力来设立并经营自己的企业，但他们可以通过持有股票参与分享经济活动创造的财富。企业家则通过向公众筹集权益资本使企业转变成为公众公司，企业规模可不断扩大，成为大型企业，如苹果公司的史蒂夫·乔布斯、谷歌公司的拉里·佩奇。如此一来，公司的创立者和新股东均可以积累更多的财富。投资者愿意购买股票作为投资，很重要的一个原因是，他们知道可在交易日随时出售手中的股票。投资者是在股票市场实现股票买卖，因此，良好运作的股票市场，对于任何资本经济体均至关重要。本章主要讨论股票市场运作以及股票估值。

视　角

商业应用

Dawa 科技公司以制造电脑配件为主营业务。作为 Dawa 科技公司的 CEO，你努力实现了 8%的股利增长率，最近一期股利为每股 2 美元，你预期这个增长率能继续保持。现在股价上升至每股 65 美元，市盈率为 16.25。

你计划明天约见一些股东和财务分析师。为了会见能顺利进行，你需要事先了解股东的预期收益率，并估计未来三年 Dawa 科技公司的股价情况。为此，你要做好哪些准备？

个人应用

你对 CBC 新闻公司印象深刻，该公司最近一期支付的年股利从三年前的每股 1.25 美元增至 1.68 美元。你发现有 15 位分析师在追踪这家公司，根据他们对该公司预期增长率的估计，平均增长率为 10.1%。假设合理的股票回报率为 13.5%，你想知道对于每股 54 美元的现行市价，投资该公司的股票是否可取。

普通股

权益证券代表公司的所有权份额。**普通股**（common stock）股东享有利息收益和股价上升所带来的资本利得。随着时间的推移，公司部分利润会用于再投资，留存收益的再投资会增加每一个股东享有的公司权益价值。任意时点，公司普通股的市场价值取决于诸多因素，包括以下几种：

- 公司的盈利能力；
- 未来发展前景；
- 当前市场利率；
- 整个股票市场的状况。

过去三四十年里，股票投资是增加财富的绝佳途径。股票会出现价格下降的情况，且股票价格波动在短时间内也可能非常剧烈，因此股票投资同样也需要长远眼光。

事实上，任何股份制公司都可选择公开发行股票。普通股股东投票选举董事会，也会就其他股东或管理层的各种提议投票表决。作为公司的所有者，普通股股东是公司资产的**剩余权益人**（residual claimants），也就是说，在所有其他索赔人取得应得财物之后，普通股股东享有现金流或公司价值的剩余索取权。当公司实现现金流收益时，它必须支付供应商货款、职工薪酬、营业费用、税费以及债务利息。股东享有向其他利益相关者支付后的剩余现金流。这些利润可用于公司经营再投资以促进增长，也可用于向股东分配股利。

成长型公司和分配股利的公司，其股票都具有价值。公司剩余现金流量越大，其所发行的股票的价值越高。股票价值反映为股票价格，因此，股票价格的内含价值由公司内在经营状况决定。许多投资者和分析师根据公司的前景或某些理论估计股票的基本价值，但是实际的股票价格最终由股票市场上投资者的交易确定。下文将讨论股票交易过程，进而探讨如何进行股票估值。

股票市场

一般来说，只有知道可以随时把持有的股票转换为现金，投资者才会将大量财富投资于股票。股票交易能提供投资者所需要的流动性，因为股票买卖双方可随时进行股票交易。由于股票交易的流动性，人们通常愿意把股票作为投资首选。流动性差的资产如房地产，很难按公允价值迅速变现。相比于投资流动性差的资产，投资股票和债券更具吸引力。

世界上最知名的股票交易所是**纽约证券交易所**（New York Stock Exchange, NYSE），位于美国纽约市百老汇大街和华尔街的拐角。按照上市公司的价值和交易活动的交易额排序，纽约证券交易所是美国最大的股票交易所。纽约证券交易所是世界上最大的权益证券交易市场，近 2 300 家公司在其挂牌，且许多公司发行多种证券。尽管其他交易所称其挂牌公司更多，但世界上最大型的公司都选择在纽约证交所挂牌。纽约证交所—泛欧证交所集团（NYSE Euronext）不仅拥有纽约证券交易所，还经营着欧洲证券交易所。纽约证券交易所和欧洲证券交易所中挂牌交易的证券超过 8 000 种，包括权益证券、衍生权益证券、固定收益证券等。

纽约证券交易所的多数股票买卖都发生在交易大厅的 17 个站台，称作**特定证券交易台**（trading post）。每个交易台有一名股票交易**庄家**（specialist），由他负责监管该交易台股票交易的有序进行。股票交易**经纪人**（broker）作为中介，在交易大厅为投资者进行股票买卖交易。经纪人通过匹配买卖订单执行交易。一旦买卖订单相匹配，交易被执行，交易信息会显示在电子屏幕上，人们都可以看到。

设想这样一个情景，由于新推出的菜单及其他原因，你决定购买麦当劳的股票。通过电话或者网上经纪服务方式，你向你的经纪人下单购买 100 股麦当劳的股票。经纪人通过电子系统把你的订单发送至负责麦当劳股票的那个交易台。在这个交易台，庄家需要确保交易是以公平有序的方式进行的。在你的购买订单与其他订单确定最佳交易价格后，交易大厅经纪人会执行你的购买订单。你会收到经纪人发送的交易确认信息，详细描述交易，并提醒你购买 100 股麦当劳股票的买价以及所需支付的佣金。纽约证券交易所报出该项交易之后的几秒内，它会出现在全国乃至全球相应的显示器上。纽约证券交易所的买卖订单是从全球各地以电子发送的方式获取，之后按照同一路线把交易结果发送回去。既然大多数的交易订单都是电子形式，为什么不直接电子自动匹配买卖订单而需要在交易大厅进行人工处理呢？事实上，纽约证券交易所的其他许多交易电子化程度越来越高。一些交易大厅的庄家公司也许会见证一个时代，人工处理再也不是纽约证券交易所大厅交易的一部分。纽交所宣称人工处理能发现并阻止电子交易出现的问题，这一说法现已被广泛质疑。

纽约证交所任何一天处理的麦当劳股票交易量均达数百万股。麦当劳公司**股票代码**（ticker symbol）为 MCD。图 8—1 为交易日内麦当劳股票的股票报价。2010 年 9 月 27 日午后不久，麦当劳股票交易量已超过 300 万股。最新一笔交易的股价为每股 75.01 美元，比前一交易日收盘价低 0.09 美元。麦当劳股票的 52 周最高价格为 76.26 美元，52 周最低价格为 56.03 美元，显然，目前这个价格更接近于最高价。

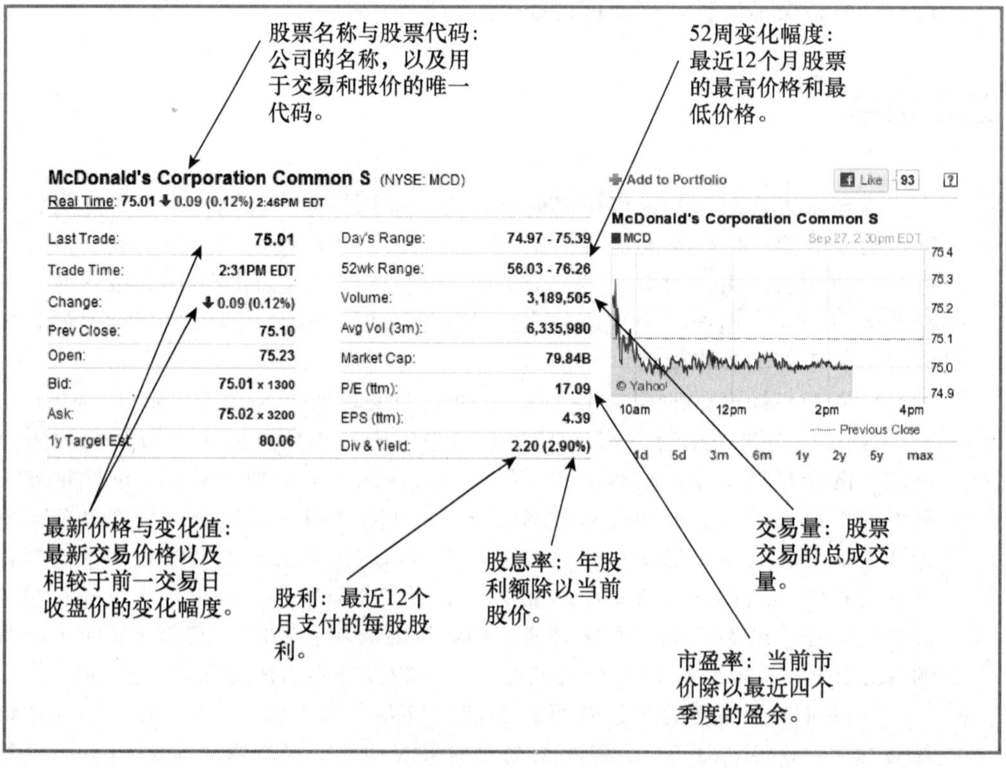

图 8—1　股票报价

另一个知名的股票交易所是**纳斯达克股票市场**（NASDAQ Stock Market），它是一个没有实体交易大厅的电子股票市场。现如今，纳斯达克股票市场主要有许多知名高科技公司，这些公司投资者应该都知道，如苹果公司（股票代码：AAPL）、英特尔公司（股票代码：INTC）、微软公司（股票代码：MSFT）、高通公司（股票代码：QCOM）等。许多新高科技公司也在纳斯达克股票市场上市，如谷歌公司（股票代码：GOOG）、Netflix 公司（股票代码：NFLX）、Adobe 系统公司（股票代码：ADBE）。按总交易额来看，纳斯达克股票市场在全球权益市场中排行第二，名列纽约证券交易所之后。纳斯达克股票市场挂牌公司近 2 800 家，包括本土公司和外国公司。

纳斯达克没有交易大厅，取而代之的是一个巨大的电子交易系统，由计算机而非人工执行交易。纽约证券交易所交易大厅每只股票都有一个庄家监管交易过程，而纳斯达克股票市场使用多个**市场庄家**（market makers）或**交易员**（dealers）。市场庄家使用他们自己的股票库存和资本与其他交易员竞争买卖其所代理的股票。当投资者通过股票经纪人下单购买纳斯达克上市公司股票，由电子系统记录处理订单，投资者可从提供最佳价格的交易员手中购买所需股票。典型的纳斯达克股票允许十个市场庄家同时相互竞争。

表 8—1 列示了 2010 年 9 月 28 日三家主要股票交易所的交易活动情况。纽约证券交易所和纳斯达克股票市场的交易量都很大，纽约证券交易所的交易量超过 30 亿股，纳斯达克的交易量近 20 亿股。美国证券交易所（AMEX）的交易量不到 10 亿股，远小于其他两家。

表 8—1　　2010 年 9 月 28 日 NYSE，NASDAQ 及 AMEX 的交易情况

	NYSE	AMEX	NASDAQ
股票总数	3 192	708	2 756
价涨股票	2 190	491	1 751
价跌股票	903	178	891
价稳股票	99	39	114
新高	273	40	123
新低	14	10	21
总成交量	3 787 608 269	819 013 492	1 910 213 309

资料来源：Yahoo! Finance（http://finance.yahoo.com/advances）.

向投资者或投机者提供股票或其他金融资产的交易平台的业务在迅速变化。许多交易所由原来配有交易员的实体大厅的交易系统，转变为无交易大厅的电子交易系统。一些长期存在的传统交易所采取和其他国内和国际交易所合作的方式，提供为数不多而规模大的交易平台，不仅关注美国证券，还关注许多国际金融资产。证券种类的增多，为交易者提供了在全球范围内建立证券交易关系的良好机会。全球范围内的交易有利于合理价格的形成以及金融稳定性。

追踪股票市场

市场上每分钟会发生成千上万笔股票交易，有些股票价格上升，而另一些股价下降。如表 8—1 所示，交易日内，纽约证券交易所内 2 190 只股票价格上涨，903

只股票价格下跌。美国证券交易所和纳斯达克股票市场与此一致，价格上涨的股票数大于价格下跌的股票数。表8—1不仅描述股价上涨和下跌的股票数，还列出创52周股价新高和新低的股票数，其中当日纽约证券交易所有273只股票创股价新高，14只股票创股价新低。这一天是股票市场的好日子还是糟糕的一天？

股票指数（stock index）是描述股票市场总体变化方向的指标。有些股票指数用于描述整个市场，而更多的股票指数则用于追踪不同的分市场。最常见的三种指数分别是**道琼斯工业平均指数**（Dow Jones Industrial Average，DJIA）、**标准普尔500指数**（Standard & Poor's 500 Index，S&P 500）以及**纳斯达克综合指数**（NASDAQ Composite Index）。

1884年，道琼斯公司的创始人查尔斯·亨利·道（Charles H. Dow）编制了第一种股票平均指数。20世纪之交，铁路公司是第一大类公司，因此，最初采用的11种股票中，大部分是铁路公司股票。他简单地把这11种股票的价格加总再除以股票种类数11，得到价格平均指数。两年之后，道开始追踪12种工业股票。这种工业平均指数逐步演化为现在的以30家著名工业公司股票为编制对象的道琼斯工业平均指数，所选30家大型工业企业股票价值约占全美国股票价值的30%。道琼斯工业平均指数的变化反映了一段时期内股市中最大型公司的表现情况。表8—1所述当天，道琼斯工业平均指数为10 858.14点，上升了46.10点，增幅为0.43%。

标准普尔公司在1957年推出了标准普尔500指数，所选公司分别代表了经济中的十个行业，列示如下：

- 金融行业
- 信息技术行业
- 医疗卫生行业
- 工业
- 非必需消费品行业
- 必需消费品行业
- 能源行业
- 电信服务行业
- 公共事业
- 材料工业

股票市值（market capitalization）等于股价乘以发行在外的股数，可用于衡量公司规模。标准普尔公司使用前500大公司的市值来计算指数，而不仅仅是股价。这500家公司的市值约占总市值的80%。尽管道琼斯工业平均指数长期以来广受媒体和个人投资者的喜爱，但标准普尔500指数更受投资者的青睐，因为它更能代表整个市场。标准普尔500指数的表现为美国资金管理者和养老金计划投资者提供了一个投资业绩评价的标准。2010年9月28日收盘时标准普尔500指数为1 147.70点，上升了5.54点，增幅为0.49%。

纳斯达克综合指数衡量的是在纳斯达克上市的所有普通股的市值。纳斯达克上市公司主要为科技类公司，因此许多投资者和分析师认为纳斯达克综合指数更多地反映了科技板块的业绩，而不是整个股票市场的业绩。2010年9月28日，纳斯达克综合指数增长9.82点至2 379.59点，增幅为0.41%。这三个最主要的指数在当天的表现都为上涨，大多数报告会反映这一天是股票市场的好日子。

图8—2为1980年以来三种股票指数的变化情况。左边的纵轴为道琼斯工业平

均指数，右边的纵轴为标准普尔500指数和纳斯达克综合指数。纳斯达克股票价格在20世纪90年代后期涨势迅猛，当时正为科技股泡沫时期，纳斯达克综合指数出现了前所未见的急剧上涨情况。纳斯达克综合指数从1995年3月的817点开始猛增，至2000年3月10日达到最高峰，为5 048.62点。仅仅五年的时间，回报率高达518%，纳斯达克股价平均每年增长43.9%，高于道琼斯工业平均指数的19.0%和标准普尔500指数的22.7%。纳斯达克股价泡沫的破灭成为历史上股价下跌幅度最严峻的情形之一。2002年10月9日，纳斯达克综合指数骤降至1 114.11点，价值亏损78%。这期间其他指数也出现下降，但没有那么剧烈。道琼斯工业平均指数在2006年3月才恢复到2000年的指数水平，标准普尔500指数最终在2007年5月恢复到原来的最高点。纳斯达克综合指数仍有很长一段路去恢复到它在2000年的指数水平。

图8—2也反映了股票市场对2008年金融危机的反应。当时，三种指数都出现了急剧的下降。道琼斯工业平均指数在2007年10月12日达到新高，为14 093.08点，但2009年3月9日收盘时仅为6 547.05点。三年过去了，这些指数仍然未恢复到原来的最高点。

图8—2 1980年以来股票市场指数变化情况

案例 投资者心理

1634—1636年，荷兰全民陷入“郁金香狂热”，单株稀有郁金香球茎售价近35 000美元，今天在我们看来，这一切荒谬至极。狂热之后泡沫破灭，郁金香价格骤降，不到1美元。我们或许会说那些以35 000美元购买一株郁金香球茎的人一定是疯了。

然而，历史似乎总在不断重演。20世纪60年代，投资者以不可想象的高价投资新计算机股票；20世纪70年代，投资“漂亮50”公司股票；20世纪80年代，投资日本股票；20世纪90年代，投资互联网股票。以Lomega公司为例，由于投资者对其股票的狂热投资，股价在短短16个月内从1995年的每股1美元上升到超过75美元。泡沫破灭时，价格急剧下跌。数年之后，该公司被EMC公司并购。这只是其中一家公司。几乎所有互联网公司的股票都经历了类似的投资狂热，最终股价狂跌。1998年后期，投资者编制了一个股票指数用于追踪互联网股票，但那个时候业余投资者和富有经验者都已经处于疯狂状态。互联网股票指数从开始的250点迅速上升，2000年3月涨至1 270点，随后2002年10月下跌至63点。当然，科技股泡沫破灭之后，房地产泡沫紧随其后。回顾过去，我们可以发现非理性泡沫事件不局限于17世纪荷兰的郁金香球茎。

非理性行为似乎不只发生于价格泡沫的异常冲动时期。最近发现，“正常”投资者的行为经常并不是一种完全理性的行为方式。作为人类，投资者容易出现认知偏差和情绪化的现象。投资者行为研究表明，投资者普遍存在心理偏见，继而出现如下表现：

- 交易过多；
- 过快卖出获利资产；
- 拒绝出售亏损资产；
- 过于自信，尤其在线上交易时；
- 寻求价格已过高增长的股票；
- 孤立对待单只股票，而忽略整个投资组合。

长期获利的投资者，往往都是成功克服心理偏见的投资者。

股票交易

投资者在买卖股票之前需要开设股票经纪账户。传统的全服务经纪公司，如摩根士丹利、美林等，不仅为投资者执行交易，还提供研究和咨询业务，投资者需要支付服务费用，这些服务的佣金大概每笔交易超过100美元。折扣经纪公司，如嘉信理财折扣经纪公司、宏达理财优惠投资经纪公司，收取的佣金低很多，通常每笔交易为5～30美元，但是它们不提供额外服务。折扣经纪公司的客户通常仅通过经纪网站进行交易。

买卖订单经由经纪公司发送至股票交易所内庄家手中。**买方报价**（bid quote）是庄家提供的愿意支付的最高买价。投资者没有选择，只能接受这个售价，因为无论选择哪个经纪人，市场庄家才是唯一的售出对象。**卖方报价**（ask quote）是庄家愿意接受的最低卖价，因此投资者按此价格购买股票。对于交易量大的股票，买卖报价差通常只有0.01美元，对于交易不频繁的股票，买卖报价差可能高达0.2美元。买方报价和卖方报价的差额是投资者的成本，也是市场庄家的利润，是对市场庄家提供股票市场和流动性的一种报酬。

投资者可以采用**市价订单**（market order）的方式。市价订单也叫市价委托，市价买单是按照当前卖方报价立即买入某一特定股票的订单，市价卖单是按照当前买方报价立即卖出某一特定股票的订单。采用市价订单的优势在于可能以最好的价格执行订单，而缺陷在于投资者不能提前知道执行价。投资者可采用**限价订单**(limit order)，限定他们愿意执行买卖订单的交易价格。当卖方报价等于或低于目标价格时，限价买单会被执行；当买方报价超过特定价格时，限价卖单会被执行。如果当前价格不符合限价订单的价格要求，订单不会被执行，交易不会发生。限价订单的优点是投资者能够以其合意的价格完成交易，不足之处是交易有可能不会发生。

假设麦当劳股票的买方报价为 75.00 美元，卖方报价为 75.05 美元。如果投资者发出的是市价订单，市价买单会以 75.05 美元的价格完成交易，市价卖单会以 75.00 美元的价格执行。如果投资者同时买入并卖出 100 股股票，需要支付 7 505 美元，同时收到 7 500 美元，这个过程中亏损 5 美元。如果投资者发出目标价格为 74.75 美元的限价买单，只有当卖方报价下跌至 74.75 美元及以下，订单才会被执行，如果卖方报价未下跌或未下跌至此，订单不会被执行。买方报价和卖方报价向投资者表明了当前能够实现股票交易的价格。以卖方报价买入股票，并不代表其即为股票的价值。接下来我们将讨论合理地对股票进行估值的多种方法。

股票估值的基本方法

股票现金流

上一章讨论了如何通过计算未来利息和面值的现值来进行债券估值。股票估值的原理一样，即计算未来股利和未来售价的现值。当然，由于未来股价和股利现金流的不确定性，股票估值较为复杂。我们先从简单的例子开始，投资者持有股票一年的现金流量图如下：

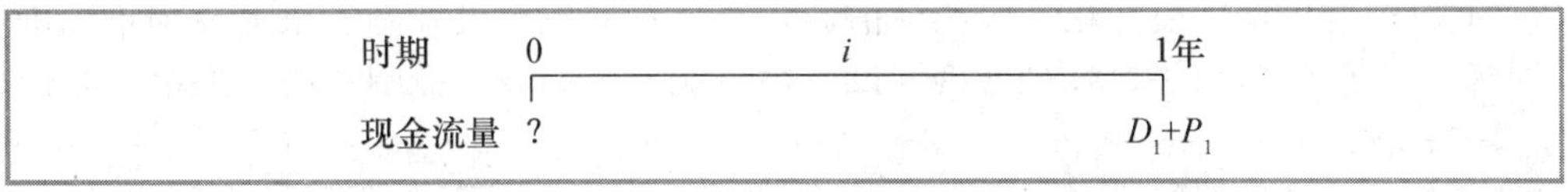

这样一项投资，股票现在的价值 P_0 等于第一年收到的股利 D_1 的现值加上一年后预期售价 P_1 的现值。现金流的折现率为 i。运用第 4 章的现值公式可得：

股票价值＝下一年股利和股价的现值

$$P_0=(D_1+P_1)/(1+i) \tag{8—1}$$

无论投资者选择何时的未来股价和未来股利，他们都必须使用预期值，而不是确定值。公司很少会调减它们的股利支付额，大多数公司的股利要么保持不变，要么缓慢增长。了解公司过去几年来的股利支付情况有助于确定公司未来的股利政策。举个例子，可口可乐公司（股票代码：KO）2006 年每季支付股利每股 0.31 美元，2007 年每季股利增至每股 0.34 美元。2008 年、2009 年和 2010 年每季股利分别为每股 0.38 美元、0.41 美元和 0.44 美元。股利每年增长 0.03 美元，趋势相对平稳。

然而，相对于股利而言，股价的波动性更大。短期内预测股价面临许多不确定性。长期内预测股价可以减少一些不确定性，但不能完全规避。2 年持有期的现金流量图如下：

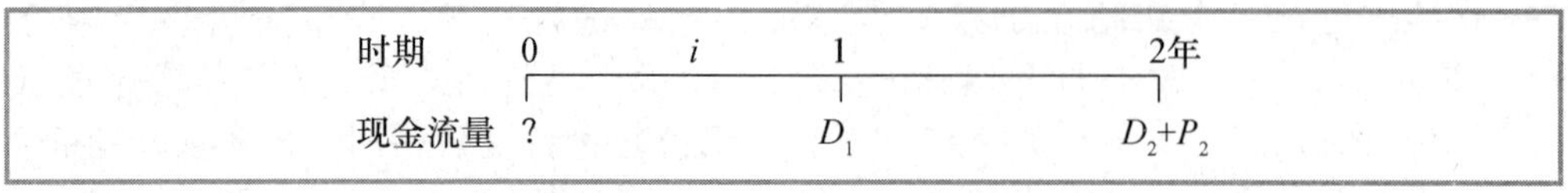

现在股票的价值等于第 1 年和第 2 年现金流现值的总和。

股票价值＝第 1 年股利现值＋第 2 年股利和股价的现值

$$P_0 = D_1/(1+i) + (D_2+P_2)/(1+i)^2 \qquad (8—2)$$

注意，式（8—2）等号右侧第二项的因子为二次方，表明第 2 年发生的现金流必须折现两次。对于任何持有期，都可以按照这个思路进行分析。持有期为 n 年的股票价值等于未来 n 年的股利和最终股价的现值之和。

股票价值＝未来所有现金流的现值之和

$$P_0 = D_1/(1+i) + D_2/(1+i)^2 + \cdots + (D_n+P_n)/(1+i)^n \qquad (8—3)$$

式（8—3）综合了股利收益和资本利得或资本损失，包含了投资者总投资报酬的主要部分。

尽管原理如此，对于某些公司，实际运用该公式时仍会面临许多问题。公司未来股利是多少？3 年、5 年或 10 年后股价是多少？虽然可口可乐公司股利增长似乎一直稳定，但麦当劳公司的实际股利和股价一直在变化。图 8—3 描绘了 2000 年以来麦当劳的股利和股价情况。

麦当劳从 2000—2007 年按年分配股利。某些年份的增长额较小，如 2000 年到 2001 年再到 2002 年，每年增长仅 0.01 美元。其他年份的增长额很大，如 2006 年到 2007 年，年股利增长 0.50 美元。从 2008 年开始，麦当劳采用更为普遍的股利支付方式，按季支付股利。图 8—3 显示，这段时期麦当劳股票价格波动较大。股价从 2000 年的 37 美元下跌至 2003 年的 12 美元，之后迅速增长，至 2007 年股价为 60 美元。2000 年投资麦当劳股票的投资者很难准确预测未来股利和股价。事实上，短期股价随机变化。股票估值通常是从长期视角展开的。未来股利难以准确预测，因此估值结果最好是合理假设下很可能发生的股价范围，而不是单一股价。

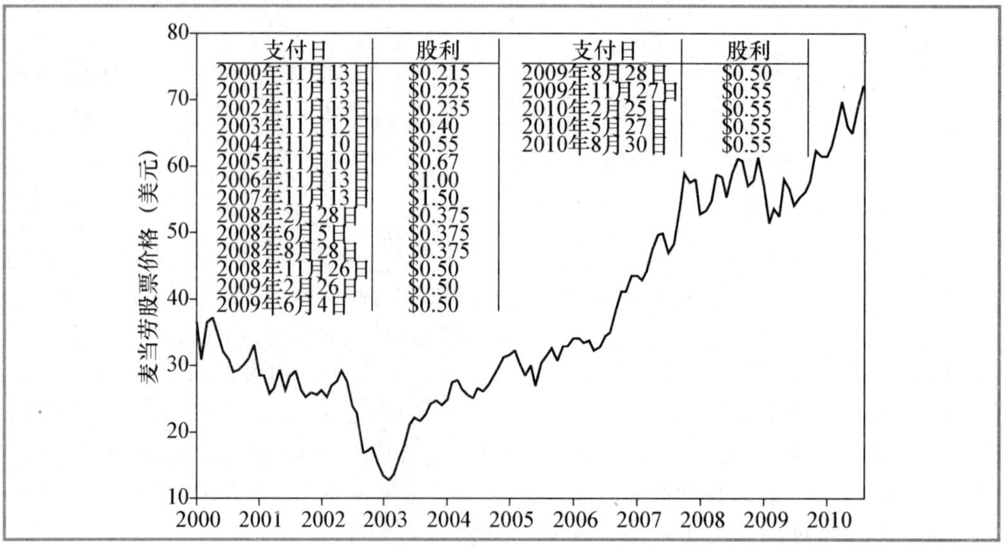

图 8—3　2000 年以来麦当劳公司的股利与股价情况

例 8.1　可口可乐股票估值

1 月份，你对可口可乐股票进行估值，以便与其市价进行比较。股票当前市价为每股 65 美元。根据可口可乐公司股利支付的历史信息，你预期公司第 1 年股利支付额为 1.88 美元，第 2 年和第 3 年的股利支付额分别为 2.00 美元和 2.12 美元。此外，你还预期可口可乐股票价格在第 3 年末为每股 85 美元。假设合理折现率为 11.5%，可口可乐股票的价值是多少？

[解答]

你可以借助现金流量图整理数据：

时期	0	11.5%	1	2	3年
现金流量	?		1.88	2.00	2.12+85

运用式（8—3），股票价值计算如下：

$$P_0=1.88/(1+0.115)+2.00/(1+0.115)^2+(2.12+85)/(1+0.115)^3$$
$$=1.686+1.609+62.848=66.14(\text{美元})$$

分析表明，你所估计的可口可乐公司股票的价值为每股 66.14 美元，而它的当前市价仅为每股 65 美元，股票价值略被低估。按照你的预期，现在可能是买入可口可乐公司股票的良好时机。

股利贴现模型

我们可以把式（8—3）现金流折现法扩展为股利无限期的情形，即 n 趋于无穷，不存在最后一期售价。如果股东未来现金流都是股利的形式，那么股票的价值就等于所有未来股利的现值。换言之，股价反映的是所有未来股利的价值。因此，这种情况下，股票估值公式如下：

$$P_0=D_1/(1+i)+D_2/(1+i)^2+D_3/(1+i)^3+\cdots \tag{8—4}$$

该公式为**股利贴现模型**（dividend discount model）的一般形式。股利贴现模型提供了一个有效的理论基础，它阐释了股利作为股价决定因素的重要性。

财务专业人士会发现难以应用股利贴现模型，因为它需要估计无穷期数的未来股利。分析师建立了一些简单的假设，以便在实际中能运用该模型。最普遍的一个假设为，公司的股利增长率 g 固定不变。这种情况下，下一年的股利即为今年的股利以同一增长率增长一年，也就是说 $D_1=D_0\times(1+g)$。事实上，我们可以用 D_0 表示任何一期的股利，公式可变形为：

$$P_0=D_0\times(1+g)/(1+i)+D_0\times(1+g)^2/(1+i)^2+D_0\times(1+g)^3/(1+i)^3+\cdots \tag{8—5}$$

根据这个模型，我们不需要预测未来无限期股利，只需要预测上一期股利 D_0 和增长率 g。然而，我们仍需要计算无限次数。幸运的是，数学家善于处理这类公式。这类公式属于幂级数。该公式可简化为**固定增长模型**（constant-growth model），前提假设为增长率小于折现率。

股票价值＝下一年股利/(折现率－增长率)

固定增长模型：

$$P_0=D_0\times(1+g)/(i-g)=D_1/(i-g) \tag{8—6}$$

如果 $g\geqslant i$，分母则为零或为负。无论从经济上还是数学上来看，这是没有意义的结果。短期来看，公司可以非常迅猛地增长，长期来看，没有哪家公司的增长率能永远超过整体经济的增长率。固定增长模型也称作戈登增长模型（Gordon growth model）。

投资者可使用多种方法估计该模型中的公司增长率。投资者可以预测未来股利趋势并据此确定内含增长率，也可以计算过去增长率，还可以考虑使用证券分析师预测的增长率。以可口可乐公司为例。基于可口可乐公司股利行为，如果 2010 年股利为 1.76 美元，那么预计 2014 年股利会增至 2.24 美元，因此内含年增长率为 6.21%。2006—2010 年，实际股利增长率为 9.15%。除了这两种方式，我们还可以在网上查找分析师预测。雅虎财经网显示，分析师预测的可口可乐公司未来 5 年平均增长率为 8.50%。

例 8.2　固定增长率与可口可乐股票

假设你再次对可口可乐股票进行估值。这一次，你使用固定增长模型，折现率为 11.50%。

［解答］

你可以选择三种增长率。预测的内含增长率为 6.21%，过去的股利增长率为 9.15%，分析师预测的增长率为 8.50%。依次使用这三种增长率计算股票价值。

使用 6.21%的增长率，股票价值为 35.34 美元。

$$P_0=1.76\times(1+0.0621)/(0.115-0.0621)=35.34(\text{美元})$$

使用 8.50%的增长率，股票价值为 63.65 美元。

$$P_0=1.76\times(1+0.0850)/(0.115-0.0850)=63.65(\text{美元})$$

使用 9.15%的增长率，股票价值为 81.75 美元。

$$P_0=1.76\times(1+0.0915)/(0.115-0.0915)=81.75(\text{美元})$$

可以发现，使用固定增长模型时，增长率的微小变化会对股票价值产生很大影响。当前市价为每股 65 美元，在不同的增长率下，可口可乐公司股票可能被低估，也可能正好，还可能被高估，这都取决于所使用的增长率。

优先股

固定增长模型的一种特殊情形是，股利不会增长，每年保持不变。**优先股**（preferred stock）就属于这种股利零增长情况。优先股的优先二字体现在，这类股票的持有者在企业破产程序中比普通股股东优先受偿，也就是说优先股股东比普通股股东在破产清算时优先获取财产权利。优先股主要是由其他公司持有，而非个人投资者持有。其他公司持有的优先股的股利收入大部分是免税的（70%的收益免税）。然而，优先股股东不像普通股股东，并不享有表决权，正因如此，投资者不能通过持有优先股实现对公司的控制。

优先股的一大特征是股利固定。由于股利不会变化，优先股可以使用固定增长模型进行估值，其中增长率为零，公式可简写为 $P=D/i$。如果可口可乐公司的股利保持每股 1.76 美元而不增长，那么它的股票价值为多少呢？使用上述公式可计算得到，可口可乐股票估值为 15.30 美元（1.76/0.115）。假定可口可乐公司当前股价为每股 65 美元，那么 76.5%（=(65−15.30) ÷65）的股票价值都是源自对其股利增长的预期，换言之，投资者对成长型公司的估值高。

大部分公司仅发行普通股，但目前仍存在近 1 000 只优先股。表 8—2 列示并比较了六家公司的普通股和优先股情况。许多发行优先股的公司都属于金融、能源或房地产行业。需要注意的是，优先股的**股利支付率**（dividend yield）高于普通股，因为优先股股东仅能预期通过股利获得投资回报，普通股股东还可以预期获取资本利得。普通股的交易频率也远高于优先股。

表 8—2　　普通股与优先股（2010 年 9 月 28 日）

公司	普通股				优先股			
	股票代码	股价（美元）	年股利（美元）（收益率）	交易量	股票代码	股价（美元）	年股利（美元）（收益率）	交易量
美铝公司	AA	12.22	0.12（1.0%）	30 122 719	AA. PR	68.50	3.75（5.5%）	3 100
杜邦公司	DD	45.67	1.64（3.6%）	5 777 108	DDPRA	72.00	3.50（4.9%）	300
福特汽车公司	F	12.52	0.00（0.0%）	42 671 766	FPRS	48.18	3.25（6.8%）	146 166
National Healthcare	NHC	36.30	1.12（3.1%）	30 004	NHCA	13.40	0.80（6.0%）	2 456
PG&E Corp.	PCG	45.55	1.82（4.0%）	2 565 535	PCG. PRA	27.26	1.50（5.5%）	1 311
Public Storage Inc.	PSA	98.36	3.20（3.3%）	1 694 942	PSAPRL	25.55	1.68（6.6%）	9 324

资料来源：New York Stock Exchange（www. nyse. com）.

固定增长模型表明，在零增长情况下，股利固定不变，优先股的价格变化取决于折现率。当整个经济的利率变化时，折现率也会随之变化。优先股价格的变化类似于债券价格。利率上升时，优先股价格下跌；利率下降时，优先股价格上涨。尽管优先股和普通股都是代表权益所有权，但是由于优先股的特征更类似于债券，优先股一般都归类于固定收益证券。

预期回报率

股票估值模型需要一个折现率以计算未来现金流的现值。模型所使用的折现率应该反映投资风险水平。投资风险水平越高，折现率越大。上一章提及，债券风险越高，所提供的回报率越高，如垃圾债券。同样地，股票风险越高，投资者要求的回报率越高。本书后续会讨论股票风险的衡量以及合理预期回报率。

确定投资者要求的股票回报率的方法之一是使用固定增长率模型。如果当前股价公允地反映了股票的价值，那么式（8—6）中的折现率应该为预期回报率。我们可以使用式（8—7）计算预期回报率：

$$预期回报率=i=D_1/P_0+g=股息率+资本利得 \quad (8—7)$$

预期回报率取决于两个方面，分别是股息率与资本利得。举个例子，假定可口可乐公司下一年的股利预期为每股 1.88 美元。当前股价为 65 美元，那么可口可乐公司提供的股息率为 2.89%。投资者认为公司股价的增长率为 8.50%，因而投资者预期股票总回报率为 11.39%（=2.89%+8.50%）。股息率是投资者回报率的重要组成部分，但许多投资者过于追求不分配股利的**成长型股票**（growth stocks），为此失去了一部分回报率。

公司管理层重视预期回报率概念的应用，以确定股东预期的回报率。后续章节会详细讨论这一概念的运用。

案例　　财务分析师的预测与意见

财务分析师通过仔细调查和了解公司的经营和财务状况，评价其长期发展前景与管理有效性。分析师在评价时会考虑经济、金融市场与行业前景等，结合微观层面和宏观层面进行分析。分析师的评价结果主要是盈余预测、股价目标以及关于是否购买某股票的意见等，这些建议帮助投资者进行股票买卖决策。

股票经纪商和投资银行雇用的分析师称作卖方分析师（sell-side analysts），因为这些公司通过销售股票和债券赚取利润。这类分析师会公开披露或通过公司的“内情报告”向其客户传达他们的预期和意见。投资者需要注意的是，卖方分析师通常有强烈动机表现得过于乐观。养老基金和互助基金等基金公司通常会雇用分析师为基金管理者提供证券买卖意见，这类分析师称作买方分析师（buy-side analysts），因为投资机构雇用这些分析师是为了获取买入何种股票的建议，买方分析师为该机构的投资组合提供分析报告，这类分析报告为该机构私人所有，通常不对外公布。

雅虎财经网现有 15 份关于可口可乐公司的卖方分析师预测报告。根据这些分析师的预期，5 年内可口可乐股价增长率平均预期为 8.50%，低于工业预期增长率（13.58%）和部门预期增长率（13.20%）。最后，分析师还提供了关于买入、卖出或持有可口可乐股票的建议。分析师意见分为五个等级，分别为强力买入、买入、持有、卖出、强力卖出。在这 15 份分析报告中，5 份建议强力买入，8 份建议买入，剩下 2 份建议持有。尽管分析师对可口可乐公司增长率的预期低于工业和部门的平均预期增长率，且提供的股价目标较低，但没有一位分析师建议卖出或强力卖出可口可乐股票。分析师的预期普遍乐观。有经验的投资者明白，持有意见通常已是卖方分析师所能给出的最负面评价，因此，持有意见实际上传递的是卖出信号。

其他估值方法

多阶段增长模型

一些公司增长率过高，以致不能使用固定增长率模型预测股票价值。高增长率可能会持续好几年，但不可能永远持续下去。假设现有一家公司高速增长，那么其他公司肯定会关注高速增长的市场潜力，并进入相应产品市场，与那家高速增长公司形成竞争。竞争会迅速拉低该产品市场中所有公司的增长率。这些经历高速增长的公司会发现，除非存在进入障碍如规模经济或政府管制等，否则增长率在未来终究会趋于正常。

对于 $g>i$ 的情况，固定增长模型使用受限。当然，我们不能预期高速增长公司的增长率会持续不变。为了评估这类公司，我们需要使用**多阶段增长**（variable growth rate）模型。多阶段增长模型结合了式（8—3）的现金流现值计算和式（8—6）的固定增长模型。

对于两阶段分析，投资者需要使用两个不同的增长率。第一个增长率 g_1 为当前高速增长情况下的增长率，预期仅持续数年。数年之后，我们预期公司增长速度较之前慢但增长更为稳定，增长率为 g_2。图 8—4 为二阶段增长情况下的现金流量图，第一个增长率持续至前 n 年，第二个增长率持续至永远。

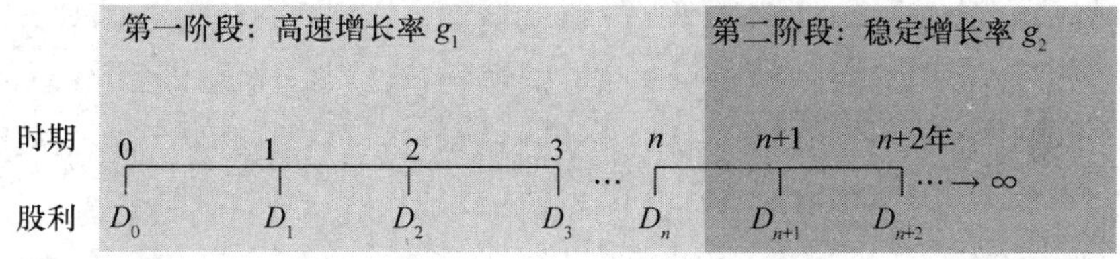

根据新增长率首次出现的年份划分阶段。

图 8—4　二阶段增长情形

当我们分析多阶段增长股票时，以图 8—4 中股票为例，我们需要知道最近一期的股利 D_0 以及两个阶段的预期增长率。继而，我们可以计算出每一期的股利。举个例子，第一年的股利为第零年的股利以 g_1 增长一年，即 $D_1=D_0(1+g_1)$。第二年的股利为第一年的股利以 g_1 再增长一年，即 $D_2=D_0(1+g_1)^2$。第一阶段中，股利持续以 g_1 增长至第 n 年，$D_n=D_0(1+g_1)^n$。图 8—5 列示了二阶段增长情形的第一阶段股利。

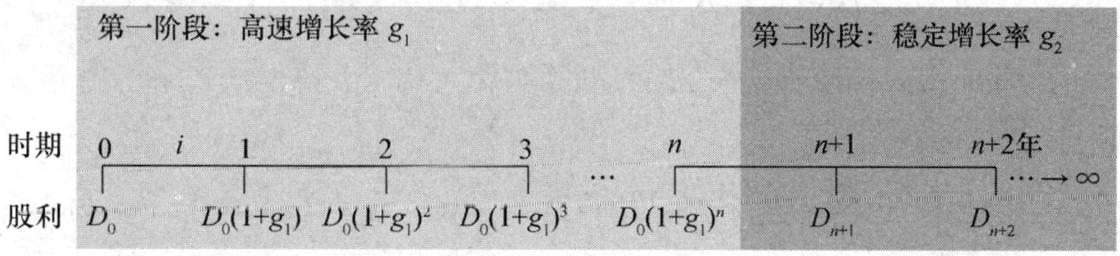

计算第一个阶段的股利。

图 8—5　第一阶段股利

第 n 年之后，公司步入第二个阶段，保持一个更为适度的增长率 g_2，股利反映了这一增长率。第 $n+1$ 年的股利为第 n 年的股利 D_n 以 g_2 增长一年，即 $D_{n+1}=D_0(1+g_1)^n(1+g_2)$。类似地，第 $n+2$ 年的股利 $D_{n+2}=D_0(1+g_1)^n(1+g_2)^2$。因此，图 8—5 中的股利可以进一步进行计算，得到图 8—6。

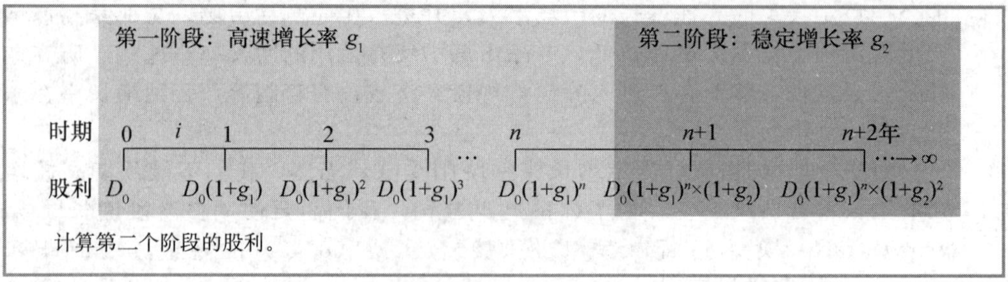

图 8—6 第二阶段股利

一旦计算出所有的股利，就可以估计多阶段增长股票的价值。假设本例中第二阶段的股利以 g_2 持续增长至永远。只要 $g_2<i$，第二阶段便可使用固定增长模型。固定增长模型中 $P_0=D_1/(i-g)$，因此，图 8—6 的现金流可整理为图 8—7 所示现金流。

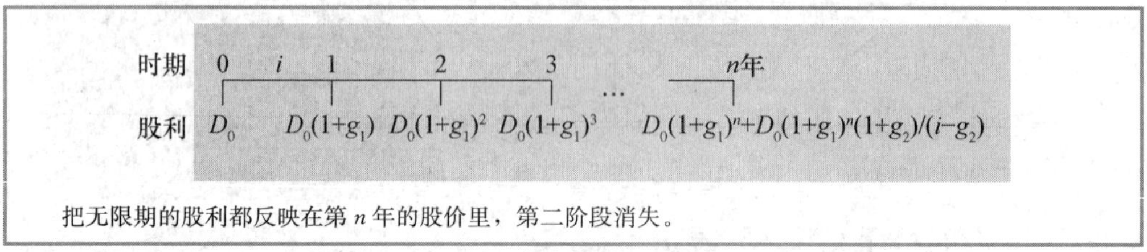

图 8—7 多阶段增长模型中新的第一阶段

通过把第二阶段持续至无限期的所有现金流都反映在第 n 年的股价里，我们把问题化解为求解固定期数现金流的现值，即多阶段增长股票的价值等于这些现金流的现值。把图 8—7 的现金流代入式（8—3），即可得到多阶段增长股票估值的一般公式。

两阶段增长模型的一般形式为：

股票价值＝第一阶段每期股利的现值＋第二阶段所有股利的现值

$$P_0=D_0\times(1+g_1)/(1+i)+D_0\times(1+g_1)^2/(1+i)^2+D_0\times(1+g_1)^3/(1+i)^3+\cdots$$
$$+[D_0(1+g_1)^n+D_0(1+g_1)^n(1+g_2)/(i-g_2)]/(1+i)^n \qquad (8—8)$$

实际应用多阶段增长模型时，投资者需要确定在稳定增长率出现之前，当前高增长率能持续多久。

例 8.3 多阶段增长的麦当劳股票

麦当劳公司的股利从 2006 年 11 月 13 日的每股 1.00 美元增长至 2010 年的每股 2.20 美元，年增长率为 21.80%。你预期该增长率会持续三年，之后回落至稳定增长率，分析师预测长期增长率为 10.20%。假设折现率为 14%。

[解答]

图 8—3 显示麦当劳公司最近一个会计年度的股利为 2.20 美元（4×0.55 美元）。使用式（8—8），此题中第一阶段的时间为 3 年，$i=0.14$，$g_1=0.218$，$g_2=0.102$，$D_0=2.20$ 美元。现金流量图如下：

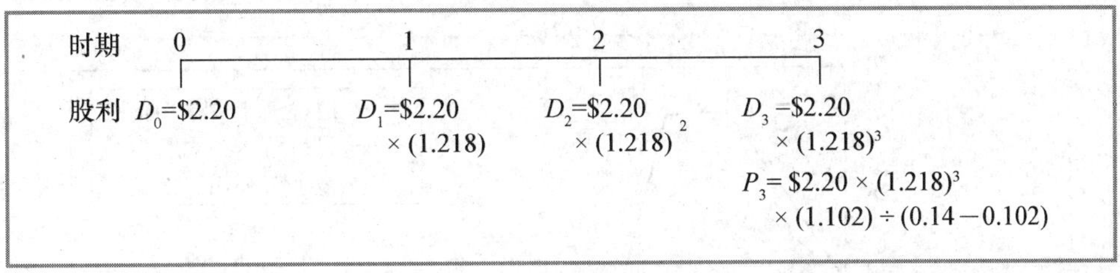

$$
\begin{aligned}
P_0 &= 2.20\times(1+0.218)/(1+0.14)+2.20\times(1+0.218)^2/(1+0.14)^2\\
&\quad +[2.20(1+0.218)^3+2.20(1+0.218)^3(1+0.102)/(0.14\\
&\quad -0.102)]/(1+0.14)^3\\
&= 2.35+2.51+(3.98+115.28)/1.482=85.33(\text{美元})
\end{aligned}
$$

按照这些参数，麦当劳股票价值为 85 美元多一点。图 8—3 中 2010 年末麦当劳股票价格约为 73 美元。比较股票价值和市场价格可知，麦当劳股票的价值被市场低估。

市盈率模型

到目前为止，我们所讨论的这些有助于投资者计算股票基本价值的模型，都是基于投资者所能获取的股票未来预期现金流量。另一种常用的股票估值方法是评估股票的**相对价值**（relative value）。该方法通过比较某家公司和其他公司的股票价值，评价目标公司股票是否合理定价。单独观察某一股票的价格，并不能很好地衡量它的定价是否合适。比如说，在杂货店买东西时，比起一袋糖的总价，我们更关注每一磅糖的价格。同样地，相比于每股价格，股票每一单位盈余所对应的价格更重要。

假设某家公司当年每股盈余为 5 美元，股价为 100 美元。另一家公司的每股盈余为 2 美元，股价为 50 美元。乍一看，第一只股票更贵，因为其股价为 100 美元，高于第二只股票 50 美元，然而，第一家公司实现的每股盈余亦高于第二家公司。买第一只股票意味着你买入了 5 美元的盈余，股价为 100 美元，表明每 1 美元的盈余所对应的成本为 20 美元。第二只股票股价为 50 美元，表明每 1 美元的盈余所对应的成本为 25 美元。这样看来，第二只股票更贵。**市盈率**（price-earnings ratio, P/E ratio）是投资界最常用的估价指标，能帮助投资者快速比较每单位盈余的购买成本。市盈率等于股票的当前价格除以最近四个季度的每股盈余。

$$\text{市盈率}=\text{股票当前价格}/\text{最近 12 个月的每股盈余} \tag{8—9}$$

更准确地说，该公式计算的是**历史市盈率**（trailing P/E ratio），通常标注为 P/E_0，脚标“0”表明使用的是过去的盈余。

图 8—8 显示了近 12 年来可口可乐公司、麦当劳公司以及道琼斯工业平均指数的历史市盈率。道琼斯工业平均指数的市盈率波动较小，主要保持在 18～27 的幅度内，2010 年下降至 15。过去道琼斯工业平均指数的市盈率最低跌至个位数，最高超过 30。如图 8—8 所示，麦当劳公司市盈率的变化大于指数市盈率。可口可乐公司市盈率变化幅度很大，最高至 63，最低为 18。图 8—8 表明，投资者在 20 世

纪末对可口可乐股票的估值高于麦当劳股票，2008 年初对二者的估值相近。

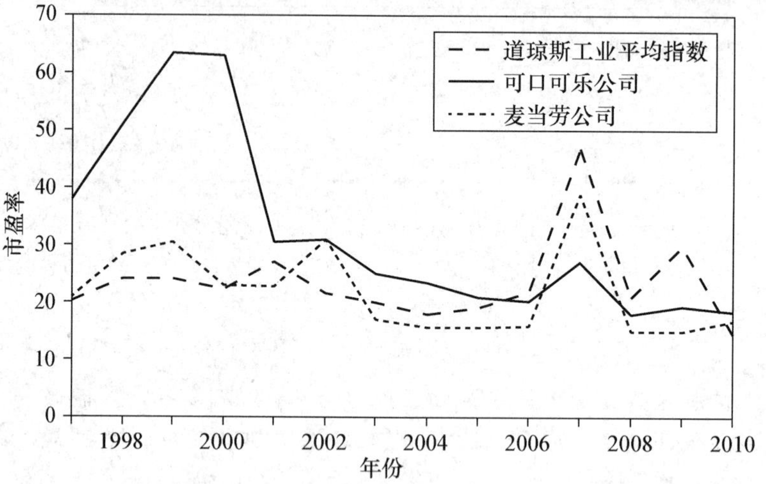

即使是经营成功的大型公司，其市盈率也可能随时间发生显著的变化。本图中，在 20 世纪 90 年代后期，投资者对可口可乐公司的估值高于麦当劳公司，但是 2008 年初起，这种偏好有所变化（趋于平缓）。

图 8—8　可口可乐、麦当劳及道琼斯工业平均指数的历史市盈率

热门公司的市盈率波动可能会相当剧烈。举个例子，2008 年 1 月，谷歌公司的市盈率为 51，康菲石油公司的市盈率为 13.1。从市盈率来看，谷歌公司的股票远比康菲石油公司的股票昂贵，但这并不意味着投资康菲石油公司的股票比投资谷歌公司的股票是更好的选择。投资者愿意为谷歌公司支付更高价格，是因为他们预期谷歌公司未来增长更快。实际上，分析师预测未来 5 年谷歌公司年增长率为 34.4%，而对康菲石油公司增长率的预期仅为 10.7%。例 8.2 很好地阐释了增长率的微小变化却可引发股票价值的巨大变化。谷歌公司与康菲石油公司预期增长率之间的差异最终导致更大的相对价值之间的差异。

我们可以通过变换固定增长模型公式，更直接、清晰地理解增长率的影响。对于公式 $P_0=D_1/(i-g)$，我们在等式两边同除以公司每股盈余，可得到 $P_0/E_0=(D_1/E_0)/(i-g)$。变换后的公式表明，市盈率的大小取决于股利支付率 D_1/E_0、折现率 i 以及增长率 g。其他条件一致，增长率越大，市盈率越高。同样地，股利支付率越高，市盈率越高。当然，如果一家公司股利支付比例过高，可能会导致没有足够的现金支持高速增长，因此，股利支付率高的公司，其股票价格通常没有高增长公司的股价高。

股票的价值以及价格与公司未来经营状况直接相关。估值模型使用的是未来的股利和增长率。由于投资者关注的是未来，因此相较于历史市盈率，投资者更偏好面向未来的市盈率。**远期市盈率**（forward P/E ratio）的计算使用的是投资者预测的未来 12 个月的盈余，而不是过去 12 个月的盈余，通常标注为 P/E_1。远期市盈率的优点在于与历史市盈率不同，它融入了投资者对公司未来收益的预期；缺点在于未来预期盈余难以估计，因此准确度不如历史盈余。媒体通常使用历史市盈率，而财务经理和投资者更多地使用远期市盈率。

富有经验的投资者通常使用市盈率作为相对价值评估的方法，并将其与公司预期增长率结合考虑。表 8—3 列示了 30 家道琼斯工业平均指数公司的远期市盈率与分析师预测的增长率，公司按照远期市盈率从大到小依次排序。投资者认为市盈率和增长率均高的公司，其股价是合理的，同样地，市盈率和增长率均低的公司，其股价也是合理的。然而，对于那些市盈率高而增长率仅为个位数的公司，投资者应该慎重。比如可口可乐公司、宝洁公司、威瑞森公司及迪士尼公司等，从其增长率来看，它们过于昂贵。许多投资者喜欢购买成长股，他们寻求高增长率的公司，但是购买成长股的投资者也会担心是否支付过多，因此，投资者在选择成长股时，可以使用市盈率进行评估。在投资者看来，市盈率低但预期增长率高的股票，其价值被市场低估，这类股票通常被称作**价值股**（value stock）。表 8—3 中雪佛龙公司和旅行家公司均属于价值股。许多投资者喜欢购买价值股，他们认为是以折扣价取得了稳定型公司的股票。

表 8—3　　市盈率与分析师预测的增长率

股票代码	公司名称	股价（美元）	远期市盈率	未来 5 年增长率（%）
KO	可口可乐	58.56	15.59	8.50
MCD	麦当劳	74.56	15.36	10.18
CAT	卡特彼勒	78.90	14.98	20.00
HD	家得宝	31.79	14.32	14.10
PG	宝洁	59.90	14.24	8.76
VZ	威瑞森通信	32.76	14.19	6.54
DIS	迪士尼	33.25	14.05	8.81
DD	杜邦	44.79	14.02	9.50
KFT	卡夫	30.89	13.77	7.15
MMM	3M	87.00	13.74	12.00
UTX	联合技术	71.46	13.44	10.36
BA	波音	66.92	13.43	9.33
GE	通用电气	16.30	12.91	13.13
JNJ	强生	61.94	12.35	6.41
WMT	沃尔玛	53.67	12.29	10.48
AA	美铝	12.13	12.01	15.00
AXP	美国运通	42.63	11.84	9.50
T	AT&T	28.75	11.43	5.94
CSCO	思科系统	22.11	11.16	12.56
IBM	IBM	134.57	10.85	11.23
INTC	英特尔	19.39	10.07	12.25
MRK	默克	36.79	9.80	6.01
XOM	埃克森美孚	62.03	9.76	8.40
MSFT	微软	24.65	9.38	10.37
TRV	旅行家	52.31	9.13	17.43

续前表

股票代码	公司名称	股价（美元）	远期市盈率	未来5年增长率（%）
BAC	美国银行	13.15	8.95	10.00
JPM	JP摩根大通	38.05	8.70	8.00
CVX	雪佛龙	81.28	8.28	18.00
HPQ	惠普	42.31	8.21	10.08
PFE	辉瑞	17.25	7.63	1.64

资料来源：Yahoo! Finance Screener.

预测未来股价

我们通常发现有必要预测未来股价。式（8—3）表明，现金流折现估值模型需要未来股利和股价的估计值，那么投资者如何预测未来股价呢？他们可以使用市盈率模型达到目的。股价等于市盈率乘以每股盈余。因此，为了预测未来股价，只需要将预期市盈率与预期盈余相乘。式（8—10）表达了这一概念：

$$\text{未来股价}=\text{未来市盈率}\times\text{未来每股盈余}$$
$$P_n=(P/E)_n\times E_n$$
$$=(P/E)_n\times E_0\times(1+g)^n \tag{8—10}$$

如式（8—10）所示，第 n 年的盈余使用盈余增长率进行估计。许多投资者认为第 n 年的市盈率最好使用当前市盈率作为估计，然而，如果某公司当前市盈率较类似公司或指数的市盈率显得异常，则调整是明智的选择。

例8.4 雪佛龙公司的市盈率模型

表8—3显示，雪佛龙公司的市盈率为8.28，分析师预测的增长率为18.0%，市盈率明显低于增长率。雪佛龙上年的每股盈余为8.41美元，每股股利为2.88美元。你决定探索这个明显异常的现象，并计算5年后雪佛龙公司的股价。

[解答]

5年后的预期股价存在两种情形：第一种情形是，雪佛龙公司5年后的市盈率等于现在的市盈率；第二种情形是，由于现在的市盈率较低，预计市盈率会上升至11。两种不同情形下，未来股价的估计值分别如下：

$$P_5=(P/E)_5\times E_0\times(1+g)^5=8.28\times8.41\times(1+0.180)^5=159.31(\text{美元})$$
$$P_5=(P/E)_5\times E_0\times(1+g)^5=11\times8.41\times(1+0.180)^5=211.64(\text{美元})$$

我们可以发现，如果5年后市盈率从8.28上升至11，未来股价高出市盈率不变情况下的股价超过30%。

简述题

1. 作为所有人，股东享有哪些权利和优势？

2. 描述剩余权益人的特点，并说明剩余权益人的优点。

3. 从网上获取当前麦当劳股票报价，并与图 8—1 进行比较，描述变化。

4. 获取美国三大股票市场的交易数据，并与表 8—1 进行比较。

5. 为什么标准普尔 500 指数可能比道琼斯工业平均指数更好地衡量股票市场业绩？为什么道琼斯工业平均指数比标准普尔 500 指数更受欢迎？

6. 道琼斯工业平均指数在某天下跌而纳斯达克综合指数在同一天上涨，解释什么情况下会出现这种现象。

7. 买方报价和卖方报价哪个更高？为什么？

8. 举例说明交易佣金成本如何影响投资者回报？

9. 描述市价订单和限价订单在交易执行时限和交易价格确定性上的差异。

10. 描述普通股和优先股的差异。

11. 举例阐述增长率对股票价值的重要性。

12. 哪种情况下运用固定增长率模型不合适？

13. 固定增长率模型计算的预期回报率取决于股息率和资本利得，这两部分收益分别如何得来？

14. 用文字描述如何使用多阶段增长模型进行股票估值。

15. 某家公司第一阶段增长率为负，第二阶段增长率稳定为正，这种情况下多阶段增长模型是否适用？解释原因。

16. 解释为什么市盈率相对价值方法可用于评估不支付股利的公司。

17. 公司市盈率的变化如何反映在股价上？举例说明。

18. 区分成长股和价值股。

19. 市盈率与公司增长率存在何种联系？

20. 描述运用市盈率估计未来股价的步骤。

计算题

1. 2007 年 10 月 9 日，道琼斯工业平均指数创下新高。收盘时指数为 14 164.53 点，当日上涨 120.80 点。当天该股票市场的回报率是多少呢？

2. 你的经纪公司就每笔交易的收费为 8.95 美元。PFE 公司股票每股 27.22 美元，购买 200 股该公司股票，你需要支付多少钱？

3. 你的经纪公司就每笔交易的收费为 120 美元。以 20.13 美元的价格卖出 150 股诺基亚公司股票，你最终会收到多少钱？

4. 你计划购买 SIRI 公司股票，当前卖方报价和买方报价分别为 3.96 美元和 3.93 美元。你发出一个以现行报价为执行价格的市价买单，数量为 500 股。你需要为该项交易支付多少资金？

5. 你计划卖出 200 股 XBKS 公司股票。当前卖方报价和买方报价分别为 4.66 美元和 4.62 美元。你发出一个以 4.65 美元为执行价格的限价卖单。交易执行后，你能收到多少资金？

6. Duquesne Light 公司每年支付优先股股利 2.10 美元。如果该优先股必要报酬率为 5.4%，该股票的价值为多少？

7. UPL 公司的每股盈余为 1.56 美元，市盈率为 32.48，该公司股价是多少？

8. 预期某家公司明后年股利分别为1.35美元和1.50美元。分析师认为该公司两年后能实现目标股价每股75美元。假定必要报酬率为11.5%，计算该股票的价值。

9. AT&T公司的年股利从2000年的0.96美元增长至2006年的1.33美元。请问年增长率为多少？

10. 财务分析师预测SAF公司未来增长率为10%。该公司最近一期的股利为1.20美元。若必要报酬率为12%，该公司股票价值是多少？

11. Ecolap公司最近支付每股股利0.46美元，预期股利增长率为14.5%，当前股价为每股44.12美元。股东预期报酬率是多少？

12. 某家公司目前尚未支付股利，预期三年后会支付第一笔股利，每股0.20美元，并以11%的增长率永续增长。折现率为12%，计算该股票的价值。

13. 凯洛格公司（Kellogg）最近一期实现盈利，每股收益为2.52美元，市盈率为19.86，过去几年股利增长率为5%。假定股利以此增长率持续增长，市盈率不变的情况下，5年后股价为多少？若5年后市盈率下降至15，股价又为多少？

14. 某公司刚支付年股利每股0.45美元，预期接下来4年里股利每年以10%的速度增长，预期第4年末股价为每股80美元。如果股票的必要报酬率为14.5%，它的价值为多少？

15. Walgreen公司2000年支付股利每股0.137美元，2006年股利增长至0.286美元，预期该增长率将持续。必要报酬率为13.7%，2007年初该股票价值为多少？

16. 假定某家公司按照10%的增长率和12%的必要报酬率进行股价定价，最近一期股利为每股1.20美元。该公司刚宣布，由于一项新的合并，公司增长率很可能上升至10.5%。那么，股价会如何变化？以金额和百分比的形式分别表示。

17. 某家公司高速增长，最近一期股利为每股0.35美元。预期未来三年股利以20%的速度增长，之后，股利增长率保持在12%。如果合理折现率为13%，该股票价值为多少？

18. 某家公司最近一期每股收益为2.50美元，每股股利为1.30美元，预期增长率为8%。然而，该公司当前市盈率为22，相对增长率而言略高。预期5年后市盈率下降至18。通过估计这5年的股利和5年后股价，计算该股票的价值，并使用10%的必要报酬率折现相关现金流。

19. 电子表（spread sheet）有助于股票价值的计算，尤其是存在多个假设的情况下。假定某家公司未来预期股利支付情况如下：

年份	1	2	3	4	5	6	之后以5%增长
每股股利（美元）	1.20	1.20	1.50	1.50	1.75	1.90	

a. 折现率为11%，计算股票价值。

b. 如果折现率为10%，股票价值为多少？折现率为12%呢？

c. 如果6年后的增长率为6%，股票价值为多少？以上述三种折现率分别计算。

d. 通过上面的计算，关于股票估值及其假设你有何总结？

第 9 章

衡量风险与收益

- 历史收益率
- 历史风险
- 构建投资组合

学习目标

1. 计算投资收益值及投资收益率。
2. 了解股票、债券及现金有价证券等市场的历史收益率和波动性等信息。
3. 使用多种方法衡量并评估投资总风险。
4. 理解风险与收益之间的关系及其含义。
5. 充分利用多元化投资的优点制定投资计划，以降低总体风险。
6. 了解有效投资组合和最优投资组合。
7. 计算投资组合的投资收益。

引文

投资时，你可以选择非常安全的方式，如开设储蓄账户或购买国库券。你可能感到疑惑，为什么明明有低风险的投资机会，却仍有投资者选择投资高风险的股票和债券？答案是，风险非常低的投资，相应地，它所带来的回报也非常低。投资者选择高风险投资，是为了取得高额报酬。同样地，企业也会选择一些高风险的资本投资项目，以实现预期的高报酬，通常预期报酬包括投资者要求的回报，它至少要能弥补成本。投资者和企业持有相同的观点，即风险与预期报酬呈正相关关系。当然，承担风险就意味着无法保证能收回投资。短期来看，高风险投资的业绩表现显著不如低风险投资。企业和投资者应该从长期的眼光来看待高风险能带来高报酬。此外，并不是承担任何类型的风险都能获得回报。本章将向你阐述风险与报酬的关系如何从根本上影响财务理论。本章的重点是使用历史信息度量过去的报酬与风险，我们将学习如何通过多样化投资消除某些风险，在既定风险水平下，尽可能地获取最高收益。第 10 章则重点讨论如何估计未来预期的风险和收益。

视　角

商业应用

你公司生产和销售部门的经理提出一些有风险的商业项目。这些新构想比公司当前营业活动具有更高的风险。

尽管你明白公司产品多样化有助于降低公司整体风险，但你担心实施新项目会使得公司股票风险过高。你如何确定这些新项目是提高还是降低公司股票的风险？

个人应用

假设某投资者属于风险规避者，他的投资组合全部是长期国库券。由于股票的高波动性，该投资者不持有股票。

该投资者的经纪人向他建议在投资组合中加入 10%的股票投资，这实际上能降低总风险，增加投资组合的预期回报，但是在该投资者看来，股票比债券的风险更高，在债券投资组合中加入股票如何能降低风险水平？

历史收益率

在对风险与收益的关系进行讨论之前，我们先来了解收益的概念。首先，我们需要采用某些方法计算收益。收益计算出来后，投资者需要评价该投资收益率的好坏。通过历史信息了解历史收益率情况，可以帮助我们更合理地预期未来。我们应该从长期来考虑收益，因为任何一年的收益率都可能不同于过去几十年的平均收益率。

计算收益

你的每项投资分别获得多少收益呢？有两种方式回答这个问题。我们可以计算实际的投资收益值，或计算投资收益率。

收益值

投资实现的**收益值**（dollar return）包括资本利得或损失以及投资期间获取的任何形式的收入。式（9—1）阐述了收益值的计算。

$$\begin{aligned}\text{收益值}&=\text{资本利得或损失}+\text{收入}\\&=(\text{期末价值}-\text{期初价值})+\text{收入}\end{aligned}\qquad(9\text{—}1)$$

举个例子，假设你现在持有200股RadioShack公司的股票。2008年末该公司股票的市场价格为每股11.94美元，2009年期间支付股利每股0.25美元，2009年末，股票价格为每股19.50美元。整个2009年期间，你的资本利得为（19.50－11.94）×200股，即1 512美元，此外，你还收到现金股利200×0.25美元，即50美元，因此，2009年你的总投资收益值为1 562美元。

在RadioShack公司这个例子中，股价上涨了不少，因此你获得的资本利得较大。玩具和游戏生产商美泰公司，2009年初股价为每股16.00美元，2009年末，股价上升至19.98美元，期间支付股利每股0.75美元。如果你持有200股美泰公司股票，你的资本利得仅为796美元。尽管150美元的股利收入能够一定程度上弥补资本利得的不足，但总投资收益值仍仅为946美元。股价可能会出现大幅波动，从而引起收益值为正或为负。

你的股票投资收益值是否取决于你是继续持有还是卖出这两家公司的股票？不。一般来说，公司理财关注的是市场价值。无论你是持有还是卖出股票，RadioShack公司股票的市场价值都为19.50美元。如果你将其卖出，那么你的资本利得可称为已实现资本利得。如果你继续持有，那么你的资本利得则为未实现资本利得。

收益率

通常使用**收益率**（percentage return）度量投资收益更为有效，它便于不同投资之间的比较。将投资收益值除以期初投资价值，可计算得到投资收益率。

$$\text{收益率}=(\text{期末价值}-\text{期初价值}+\text{收入})/\text{期初价值}\times 100\%\qquad(9\text{—}2)$$

因为它经过标准化，几乎任何类型的投资均可以使用收益率度量。对于股票投资、债券投资和房地产投资等投资类型，我们可以使用股票价格、债券价格和房地产价值等的期初数和期末数进行计算，相应的投资收入为股利、债券利息和其他收入。2009年持有RadioShack公司股票的收益率高达65.41%，计算如下：

$$\begin{aligned}\text{RadioShack公司股票收益率}&=\frac{[(19.50\times 200)-(11.94\times 200)+(0.25\times 200)]}{11.94\times 200}\\&=0.654\,1=65.41\%\end{aligned}$$

同一期间投资美泰公司股票的收益率为29.56%。

$$\begin{aligned}\text{美泰公司股票收益率}&=\frac{[(19.98\times 200)-(16.00\times 200)+(0.75\times 200)]}{16.00\times 200}\\&=0.295\,6=29.56\%\end{aligned}$$

尽管比 RadioShack 公司低，29.56%的收益率对美泰公司来说仍是相当不错的。这两家公司都属于标准普尔 500 指数公司，该指数 2009 年的收益率为 23.45%。

例 9.1 计算收益率

你正在评估一只股票的短期业绩。2010 年 8 月 16 日，科技公司 3PAR 因戴尔和惠普对其的收购战争，公司股票价格急剧上升。前一天 3PAR 公司股票的收盘价为每股 9.65 美元，16 日的收盘价上涨至每股 18.00 美元。3PAR 公司 2009 年末的股价为每股 11.85 美元，期间未分配股利。300 股 3PAR 公司股票当日、至当日的年累计收益值和收益率分别是多少？

［解答］

对于当日，没有其他收入，因此，3PAR 公司当日收益值=300×(18.00−9.65)+0=2 505 美元，当日收益率=2 505/(300×9.65)=86.53%。

对于至当日的年累计收益，仍没有股利收入，因此，3PAR 公司至当日的年累计收益值=300×(18.00−11.85) =1 845 美元。

$$3PAR公司至当日的年累计收益率=\frac{[(18.00\times300)-(11.85\times300)+(0)]}{11.85\times300}$$
$$=0.519\,0=51.90\%$$

最终，惠普公司赢得了这场收购战争，以每股 33 美元的价格收购了 3PAR 公司。

美泰公司和 RadioShack 公司 2009 年的收益率是否具有代表性？可使用**平均收益率**（average return）衡量过去一段时间的业绩。**算术平均收益率**（arithmetic average return）可用于估计较长一段时期内的投资业绩。平均收益率的计算公式如下：

$$平均收益率=\frac{各期收益率之和}{期数} \tag{9—3}$$

通过式（9—3）可知，加总各期收益率，再除以期数，即可得到平均收益率。你可以以百分数或小数点的形式表示收益率。表 9—1 列示了美泰公司和 RadioShack 公司 1985—2009 年的年收益率。首先，需要注意的是，这段时期内两家公司的股票收益率均波动剧烈。美泰公司最低股票收益率为 1999 年的−42.2%，最高为 1991 年的 108.8%。RadioShack 公司股票收益率从最低的 2002 年的−37.1%至最高的 1999 年的 140.1%，变动幅度巨大。还需要注意的一点是，收益率随机变化且不可预测。有时候，股票业绩一年接一年糟糕，像美泰公司 2007 年和 2008 年的情况。也有时候，下一年业绩由坏变好，如 RadioShack 公司 2008 年和 2009 年的情况。表 9—1 还给出美泰公司和 RadioShack 公司的平均收益率，分别为 15.6%和 13.0%。总体来说，这些年两只股票的业绩表现不错，给投资者带来了较好的平均收益率。

表 9—1　　美泰公司和 RadioShack 公司的年收益率与平均收益率（%）

年份	美泰公司	RadioShack 公司	年份	美泰公司	RadioShack 公司
1985	20.0	68.0	1987	−16.8	−21.2
1986	−32.9	4.3	1988	38.8	26.0

续前表

年份	美泰公司	RadioShack公司	年份	美泰公司	RadioShack公司
1989	107.5	−3.2	2000	13.9	−12.6
1990	2.9	−23.7	2001	20.0	−29.3
1991	108.8	0.8	2002	11.6	−37.1
1992	16.9	5.3	2003	2.8	65.1
1993	11.0	69.3	2004	3.6	8.0
1994	15.8	2.6	2005	−16.3	−35.3
1995	55.8	−15.7	2006	47.3	−19.0
1996	14.8	7.9	2007	−12.7	2.0
1997	36.6	77.5	2008	−12.0	−27.7
1998	−35.8	7.7	2009	29.6	65.4
1999	−42.2	140.1	平均值	15.6	13.0

注：表中很少有年收益率接近平均收益率。
资料来源：Yahoo! Finance.

本章所言平均收益率通常是指算术平均收益率。这类平均收益率通常适合于统计分析，但并不能准确描述一只股票或投资组合的历史业绩。为了更好地说明这一点，我们假设100美元的股票第一年的收益率为50%，第一年末股票价值为150美元，第二年的收益率为−50%，即第二年末的股票价值为75美元。因此，算术平均收益率＝（50%−50%）/2＝0%。你同意平均收益率为0%吗？你投资股票100美元，最后只剩75美元，收益率为零吗？不，投资发生了亏损。用数字衡量该投资业绩，那应该是一个负的收益率。**几何平均收益率**（geometric mean return）用于业绩分析更准确。式（9—4）为几何平均收益率的一般计算公式：

$$\text{几何平均收益率}=\left[\prod_{t=1}^{N}\left(1+\frac{\text{收益率}_t}{100}\right)\right]^{\frac{1}{N}}-1 \tag{9—4}$$

几何平均收益率等价于复利多期的平均收益率。这个例子中，平均收益率为$[(1+0.50)\times(1-0.50)]^{1/2}-1=-0.134$，即−13.4%。对于两年亏损25美元的投资，较之算术平均收益率为0%，几何平均收益率为−13.4%更合理。

不同类型资产的业绩

一定时期内，股票市场的业绩可能优于债券市场，也可能更差。长期来看，股票、债券和现金有价证券的业绩分别如何？根据历史数据，股票比债券和现金有价证券表现更好。表9—2列示了1950—2009年期间股票、债券及国库券在整个期间以及各个子期间内的平均收益率。以标准普尔500指数代表股票，整个期间内股票的平均收益率为12.5%，是长期国库券年平均收益率的两倍，后者为6.4%。美国短期国库券作为现金有价证券的代表，平均收益率为4.8%。

表9—2还列出1950—2009年各类资产每10年的平均收益率。股票市场最好的10年是20世纪50年代，当时股票平均收益率高达20.9%。90年代股票平均收益率为19%，仅次于50年代。债券市场最好的10年是20世纪80年代，平均收益率达到13.5%，主要源于资本利得，因为当时利率处于下降趋势。自1950年起，除了2000年以来的10年，股票市场的业绩表现均优于债券市场。我们可以发现，

1950—2009年，无论是股票市场还是债券市场，任何一个10年的平均收益率都非负，但是股票的平均收益率不能准确描述年收益率。2000—2009年的年收益率表明，股票收益率变动剧烈，在某一年度可能显著为负。受金融危机影响，股票市场在2008年表现极差。当然，并不是所有的股票都惨跌至此。当整体股票市场下跌35.5%时，美泰公司和RadioShack公司的股票分别仅下跌12.0%和27.7%。危机期间，金融企业的股票首当其冲，下跌幅度最大。

表9—2　　1950—2009年股票、债券及国库券的年收益率与平均收益率（%）

期间	收益率类型	股票（标准普尔500指数）	长期国库券	短期国库券
1950—2009	平均收益率	12.5	6.4	4.8
1950—1959	平均收益率	20.9	0.0	2.0
1960—1969	平均收益率	8.7	1.6	4.0
1970—1979	平均收益率	7.5	5.7	6.3
1980—1989	平均收益率	18.2	13.5	8.9
1990—1999	平均收益率	19.0	9.5	4.9
2000	年收益率	−9.1	20.1	5.9
2001	年收益率	−11.9	4.6	3.5
2002	年收益率	−22.1	17.2	1.6
2003	年收益率	28.7	2.1	1.0
2004	年收益率	10.9	7.7	1.4
2005	年收益率	4.9	6.5	3.1
2006	年收益率	15.8	1.9	4.7
2007	年收益率	3.5	9.8	4.4
2008	年收益率	−35.5	22.7	1.5
2009	年收益率	23.5	−12.2	0.2
2000—2009	平均收益率	0.9	8.0	2.7

注：数十年间，收益率不断变化。

历史风险

购买美国国库券，你的收益值和收益率是确定的。许多投资者偏好于这类安全投资的确定性。然而，购买股票，你不能事先知道你的投资收益将是多少，无论是短期收益还是长期收益，这种不确定性就是股票投资的风险所在，量化这种不确定性有助于比较不同股票和不同类型资产的风险。

衡量波动性

财务理论建议投资者可通过某项投资的历史收益来预期其未来不确定性。如果某项投资的历史收益波动性很大，那么应该预期未来的不确定性很高。表9—2显示，2000—2009年期间，股票市场经历了剧烈的波动，收益率从2003的28.7%下降至 2008 年的 -35.5%。同期，债券的波动性相对较小，收益率最高为 2008 年的 22.7%，最低为 2009 年的 -12.2%。观察历史收益率的变化幅度仅是了解收益波动情况的一种简便方式。实践中，金融行业使用收益率的**标准差**（standard deviation）衡量收益波动性。收益率的方差开方得到标准差，衡量的是证券或投资组合的**总风险**（total risk）。本章后续还会介绍其他衡量风险的方法。

计算标准差的第一步是计算平均收益率。1950—2009 年股票市场的平均收益率为 12.5%。那么，任何一年的收益率相对于平均收益率的离散程度是多大呢？各年收益率减去平均收益率的差额，即为离差，如 1950 年的收益率减去平均收益率可得到收益率离差。离差可能为正也可能为负，如果当年的收益率大于平均收益率，离差为正，反之为负。若对收益率离差简单加总求平均，平均离差为零。正离差抵消了负离差，从而掩盖了波动性。为了消除正负项的干扰以了解真正的波动情况，对离差求平方后再加总，再除以样本数减 1 即可得到收益率方差。对收益率方差开方，即为收益率标准差。

$$\text{收益率标准差} = \text{收益率方差的平方根} = \sqrt{\frac{\sum_{t=1}^{N}(\text{收益率}_t - \text{平均收益率})^2}{n-1}} \tag{9—5}$$

标准差越大，表明收益波动性越大，风险越大。表 9—3 列示了美泰公司近 25 年的收益率标准差。离差这一列为美泰公司的年收益率减去其平均收益率 15.6%。最后一列离差平方为前一列的平方。加总离差平方，再除以样本数减 1，得到收益率方差。百分数的平方不具有实际意义，因此，我们对方差进行开方，使用方差的平方根标准差作为衡量指标。美泰公司这段时期的收益率标准差为 37.3%。同一期间 RadioShack 公司收益率标准差为 43.9%。相比而言，RadioShack 公司的标准差更高，也就是说美泰公司股票的总风险要低。

表 9—3　　美泰公司收益率标准差的计算

期间	收益率（%）	离差（%）	离差平方（%）
1985	20.0	4.4	0.2
1986	−32.9	−48.5	23.5
1987	−16.8	−32.4	10.5
1988	38.8	23.2	5.4
1989	107.5	91.9	84.5
1990	2.9	−12.7	1.6
1991	108.8	93.2	86.9
1992	16.9	1.3	0.0
1993	11.0	−4.6	0.2
1994	15.8	0.2	0.0
1995	55.8	40.2	16.2
1996	14.8	−0.8	0.0
1997	36.6	21.0	4.4
1998	−35.8	−51.4	26.4
1999	−42.2	−57.8	33.4
2000	13.9	−1.7	0.0

续前表

期间	收益率（%）	离差（%）	离差平方（%）
2001	20.0	4.4	0.2
2002	11.6	−4.0	0.2
2003	2.8	−12.8	1.6
2004	3.6	−12.0	1.4
2005	−16.3	−31.9	10.1
2006	47.3	31.7	10.1
2007	−12.7	−28.3	8.0
2008	−12	−27.6	7.6
2009	29.6	14.0	2.0
均值	15.6	离差平方和	334.4
		方差	13.9
		标准差	37.3%

注：投资者采用标准差衡量风险，标准差越大，资产的风险越大。
资料来源：Yahoo! Finance.

尽管收益率标准差作为重要的风险衡量方法经常为分析师和投资者所用，但是手工计算相当费劲，大多数人选择使用电子表或者统计软件计算收益率标准差。

例 9.2 风险与收益

根据表 9—3 中美泰公司 2000—2009 年的收益率，计算美泰公司 2000—2009 年的平均收益率和风险。

［解答］

首先，使用式（9—3）计算美泰公司该时期平均收益率。

(13.9%+20.0%+11.6%+2.8%+3.6%−16.3%+47.3%−12.7%−12.0%+29.6%)/10=87.8%/10=8.78%

美泰公司 2000—2009 年的平均收益率为 8.8%。

其次，使用式（9—5）计算风险。第一步，计算每年的收益率离差，见下表：

年份	离差	年份	离差	年份	离差
2000 年	13.9%−8.8%	2003 年	2.8%−8.8%	2006 年	47.3%−8.8%
2001 年	20.0%−8.8%	2004 年	3.6%−8.8%	2007 年	−12.7%−8.8%
2002 年	11.6%−8.8%	2005 年	−16.3%−8.8%	2008 年	−12.0%−8.8%
				2009 年	29.6%−8.8%

第二步，对收益率离差求平方，见下表：

年份	离差平方	年份	离差平方	年份	离差平方
2000 年	$(13.9\%-8.8\%)^2$	2003 年	$(2.8\%-8.8\%)^2$	2006 年	$(47.3\%-8.8\%)^2$
2001 年	$(20.0\%-8.8\%)^2$	2004 年	$(3.6\%-8.8\%)^2$	2007 年	$(-12.7\%-8.8\%)^2$
2002 年	$(11.6\%-8.8\%)^2$	2005 年	$(-16.3\%-8.8\%)^2$	2008 年	$(-12.0\%-8.8\%)^2$
				2009 年	$(29.6\%-8.8\%)^2$

第三步，加总离差平方，除以 $N-1$，再开方。

$$=\sqrt{\frac{\begin{array}{l}(13.9\%-8.8\%)^2+(20.0\%-8.8\%)^2+(11.6\%-8.8\%)^2+\\(2.8\%-8.8\%)^2+(3.6\%-8.8\%)^2+(-16.3\%-8.8\%)^2+\\(47.3\%-8.8\%)^2+(-12.7\%-8.8\%)^2+(-12.0\%-8.8\%)^2+\\(29.6\%-8.8\%)^2\end{array}}{10-1}}$$

$$=\sqrt{\frac{\begin{array}{l}26.01+125.44+7.84+36.00+27.04+630.01\\+1\,482.25+462.25+432.64+432.64\end{array}}{9}}\times 100\%$$

$$=\sqrt{406.902}\times 100\%=20.17\%$$

通过计算可知，美泰公司 2000—2009 年期间平均收益率为 8.78%，收益率标准差为 20.17%。

不同类型资产的风险

表 9—4 列示了股票、债券及短期国库券在 1950—2009 年间以及每 10 年的收益率标准差。整个期间股票市场收益率标准差为 17.9%。正如我们所预期的，股票市场的波动性大于债券市场和短期国库券市场。长期国库券和短期国库券的收益率标准差分别为 10.7%和 2.8%。股票市场的风险大于债券市场和现金有价证券市场，波动性衡量指标用数据证明了这一点。再看 1950—2009 年期间每 10 年股票市场收益波动或高或低，债券市场在 80 年代和 90 年代的波动幅度最大，主要是因为当时的利率变化。

表 9—4　　1950—2009 年股票、债券及国库券的收益率标准差（%）

期间	股票	长期国库券	短期国库券
1950—2009	17.9	10.7	2.8
1950—1959	19.8	4.9	0.8
1960—1969	14.4	6.2	1.3
1970—1979	19.2	6.8	1.8
1980—1989	12.7	15.1	2.6
1990—1999	14.2	12.8	1.2
2000—2009	20.4	10.3	1.9

注：某些期间风险总体更高，某些期间各类资产的风险处于各自正常水平。

回想第 7 章内容，债券的面值和票面利率是固定的，因此债券价格随利率的变化而波动。债券价格与利率呈负相关关系。利率下降时，债券价格上升；利率上升时，债券价格下降。短期国库券在各个期间的波动性均很小。实际上，人们普遍认为短期国库券是一种无风险资产。

投资的风险越高，收益越高。然而，高风险投资的短期价值波动可能非常剧烈。股票市场的风险很高，尽管平均收益率高达 12.5%，但是收益波动也很大，标准差为 17.9%。许多投资者理性地认识到，高风险也意味着短期投资收益可能很差。2000—2002 年股票市场业绩直线下跌，让投资者切身体验了股票的风险性，甚至一些投资者认为风险过大，难以承受，在2003年反弹之前售出了所有股票。也有投资者在2009年3月股票市场陷入低谷时选择逃离。市场波动性促使投资者进行非理性决策，选择在低价时出售股票。

本章采用标准普尔500指数代表股票市场，表9—4列示的股票市场收益率标准差显著低于美泰公司和RadioShack公司，这两家公司收益率标准差分别为37.3%和43.9%。美泰公司和RadioShack公司均属于标准普尔500指数的成分股，为什么这两家公司收益率标准差超过指数收益率标准差的两倍？这是否说明美泰公司和RadioShack公司属于指数成分股中最具风险的公司？显然不是。整个市场与个股的收益率标准差的差异主要来自分散化投资。持有500家公司股票比仅持有一家公司股票的风险要低很多。这种现象体现在标准差中，就是市场收益率标准差小于个股收益率标准差。接下来，本章将阐述分散化投资的效应。

风险与收益

投资者可以仅购买非常安全的短期国库券，也可以选择承受一定的风险以获取更高的收益。投资者承受更高的风险是为了获取更高的收益，那么具体应该预期多少额外的收益？这就是风险与收益的均衡问题。**变异系数**（coefficient of variation）是常见的反映风险与收益间关系的相对衡量指标。变异系数等于标准差除以平均收益率，表示的是每单位收益率所对应的风险程度。

$$变异系数=风险/收益=收益率标准差/平均收益率 \qquad (9—6)$$

投资者自然希望较低的风险却伴随较高的收益，因此，变异系数越小，说明风险与投资之间的均衡关系越好。美泰公司的平均收益率和标准差分别为15.6%和37.3%，因此美泰公司的变异系数为2.39（=37.3÷15.6）。RadioShack公司的变异系数为3.38（=43.9÷13.0），不如美泰公司。所有资产类型中，1950—2009年期间股票市场收益率比债券高，当然风险也大。哪一种资产的风险与投资之间的关系更好呢？普通股的变异系数为1.43（=17.9÷12.5），长期国库券的变异系数为1.67（=10.7÷6.4）。可见，尽管股票比债券风险更高，但是股票具有更好的风险与收益均衡。

例9.3 风险与收益

根据表9—2、表9—4中平均收益率和风险的数据，了解1950—2009年各个10年期间股票风险与收益的关系。

[解答]

使用平均收益率和收益率标准差计算变异系数，以衡量风险与收益的关系。

$CoV_{1950s}=19.8\%/20.9\%=0.95$　　$CoV_{1960s}=14.4\%/8.7\%=1.66$

$CoV_{1970s}=19.2\%/7.5\%=2.56$　　$CoV_{1980s}=12.7\%/18.2\%=0.70$

$CoV_{1990s}=14.2\%/19.0\%=0.75$　　$CoV_{2000s}=20.4\%/0.9\%=22.67$

通过计算可知，短期间内股票风险与收益的关系也会存在明显差异。

构建投资组合

如前文所述，相对于标准普尔 500 指数，以标准差衡量的美泰公司和 RadioShack 公司的股票风险相当高，这并不是偶然。对股票进行**投资组合**（portfolio）能减少许多股票投资风险来源。**分散化投资**（diversification）能降低风险，以标准普尔 500 指数为例，它有 500 只成分股，相当于很大程度上的分散化投资。

分散化投资

股票的总风险包括两个部分；一类风险是影响特定企业以及同一行业内其他企业的风险，这类风险称为**企业特定风险**（firm-specific risk）；另一类风险是所有企业和个体均要面对的一般风险，这类风险称为**市场风险**（market risk）。三者关系可用如下公式表示：

总风险＝企业特定风险＋市场风险　　(9—7)

收益率标准差衡量的是总风险。单只股票主要受企业特定风险的影响，我们可以通过股票投资组合降低企业特定风险。由于企业特定风险可通过分散化投资减少，这类风险有时也称作**可分散风险**（diversifiable risk）。如果 RadioShack 公司宣告盈利低于预期，它的股价会下跌，但是这个新闻仅是 RadioShack 公司的特定消息，并不会影响到美泰公司的股价。如果政府宣告失业率有所变化，那么两家公司的股价都会产生一定程度的变动。宏观经济事件属于市场风险，如失业金申请人数、利率变化以及国家预算赤字或盈余等，这类事件的发生会影响所有企业。

假定你仅持有 RadioShack 公司的股票，年收益率情况如表 9—5 所示。有人建议你买入美泰公司的股票，形成一个由两只股票组成的投资组合。美泰公司和 RadioShack 公司股票的总风险均很高。RadioShack 公司的平均收益率为 13.0%，风险为 43.9%。对于美泰公司和 RadioShack 公司各占一半的投资组合，它的平均收益率为 14.3%，标准差为 26.9%。一只高风险股票加上另一只高风险股票构建的投资组合却具有明显更低的风险。这是大多数投资组合的特点，通过分散化投资抵消并减少企业特定风险。

表 9—5　**股票投资组合可显著降低风险**（%）

年份	RadioShack 公司年收益率	美泰公司年收益率	二者投资组合年收益率
1985	68.0	20.0	44.0
1986	4.3	−32.9	−14.3
1987	−21.2	−16.8	−19.0
1988	26.0	38.8	32.4
1989	−3.2	107.5	52.2

续前表

年份	RadioShack 公司年收益率	美泰公司年收益率	二者投资组合年收益率
1990	−23.7	2.9	−10.4
1991	0.8	108.8	54.8
1992	5.3	16.9	11.1
1993	69.3	11.0	40.2
1994	2.6	15.8	9.2
1995	−15.7	55.8	20.1
1996	7.9	14.8	11.4
1997	77.5	36.6	57.1
1998	7.7	−35.8	−14.1
1999	140.1	−42.2	49.0
2000	−12.6	13.9	0.7
2001	−29.3	20.0	−4.7
2002	−37.1	11.6	−12.8
2003	65.1	2.8	34.0
2004	8.0	3.6	5.8
2005	−35.3	−16.3	−25.8
2006	−19.0	47.3	14.2
2007	2.0	−12.7	−5.4
2008	−27.7	−12.0	−19.9
2009	65.4	29.6	47.5
均值	13.0	15.6	14.3
标准差	43.9	37.3	26.9

注：投资组合的风险低于单只股票的风险，分散化能降低风险。
资料来源：Yahoo! Finance.

接着，在这个投资组合中加入 IBM 公司股票。图 9—1 显示，该三只股票构成的投资组合总风险为 20.8%。再依次加入纽蒙特矿业公司、迪士尼公司以及通用电气公司的股票，股票投资组合的总风险不断减少。加入的股票越多，投资组合总风险中的企业特定风险部分越小。起初加入股票时，总风险下降幅度明显，随着加入的股票增多，分散投资降低企业特定风险的效应越来越小，因为已经消除了大部分的企业特定风险。不断加入标准普尔 500 指数的成分股，最终形成标准普尔 500 指数，该投资组合的标准差为 17.9%。到这个时候，几乎所有企业特定风险均已被消除，该投资组合仅具有市场风险，也称作**不可分散风险**（nondiversifiable risk）。

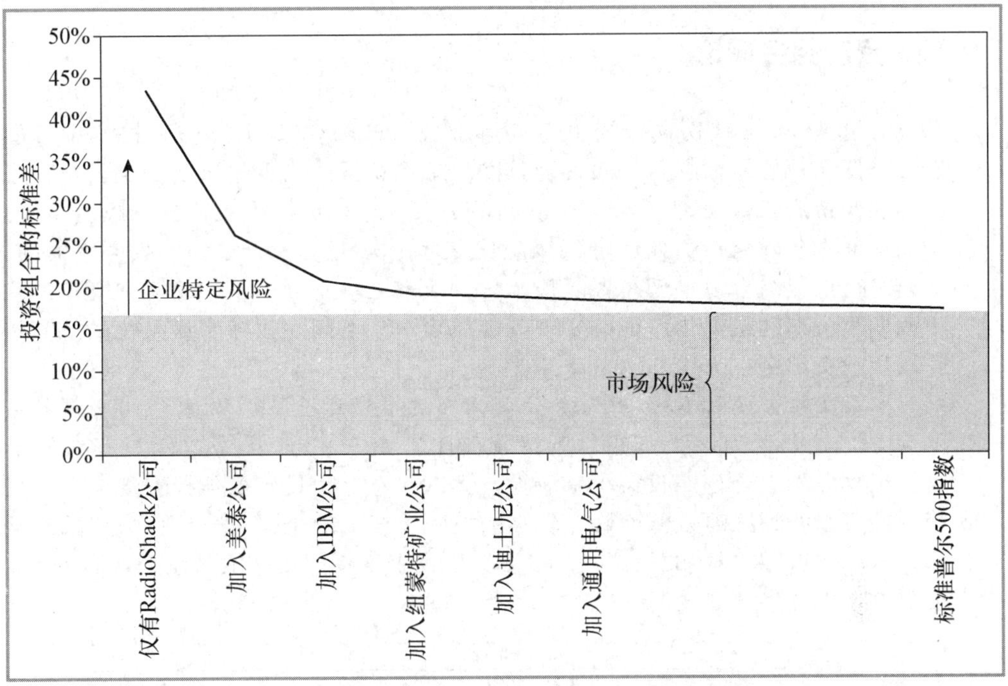

图 9—1　投资组合降低风险

注：起初加入股票时，风险下降幅度明显。

案例　分散化投资现存问题

专家根据股票经纪账户、雇员养老金计划、消费者财务状况的调查等数据研究了投资者行为。研究结果表明，许多投资者行为与分散化投资原理相悖。

- 许多家庭持有的股票种类很少，2001 年之前平均每个家庭持有两只股票，之后上升至三只。当然，有许多家庭通过互助基金或退休金账户等间接持有股票，这类间接投资具有更高的分散度。
- 10%～15%家庭财产介于 10 万～100 万美元之间的家庭不进行股票投资，无论是直接投资还是通过基金间接投资。
- 投资者更偏好投资当地公司的股票。受多种因素影响，同一地理区域的企业通常集中属于某个行业，因此，本地投资偏好会减少分散化投资机会。
- 许多员工都会选择投资本公司的股票，员工持股现象超过 50%，尤其是退休金储蓄账户。持有大量单只股票，会导致较高的投资组合总风险。

金融专家和投资界数十年来提倡分散化投资概念，帮助投资者在适当的风险水平下最大化收益率。然而，许多投资者并不咨询专业人士，未进行分散化投资，因而承受了不必要的可分散风险。

资料来源：John Y. Campbell，"Household Finance，" *Journal of Finance* 61（2006）：1553-1604；Valery Polkovichenko，"Household Portfolio Diversification：A Case for Rank-Dependent Preferences，" *Review of Financial Studies* 18（2005）：1467-1500；and Shlomo Benartzi，Richard Thaler，Stephen Utkus，and Cass Sunstein，"The Law and Economics of Company Stock in 401（k）Plans，" *Journal of Law and Economics* 50（2007）：45-79.

现代资产组合理论

20 世纪 50 年代初期，哈里·马科维茨（Harry Markowitz）提出了分散化投资可降低风险这一概念，他最终因其杰出工作获得了诺贝尔经济学奖。马科维茨提出的**现代资产组合理论**（modern portfolio theory）也称为现代证券投资组合理论，阐述了证券分散化投资如何降低风险。该理论分析了在给定预期收益率的前提下，如何进行投资组合以实现总风险最小化。换言之，它分析了如何实现既定风险水平下预期收益率的最大化。能够实现既定风险水平下预期收益率最大化的投资组合称作**最优投资组合**（optimal portfolio）。

本章美泰公司和 RadioShack 公司构成的投资组合中，两家公司股票各占组合的 50%，这是否为该投资组合的最优分配？图 9—2 给出了这两只股票的不同组合。观察不同组合预期收益率和风险，尝试在左上角找到最佳投资组合，该区域内投资者可以找到风险较低而收益较高的投资组合。两个圆点分别代表仅持有美泰公司或 RadioShack 公司的股票。小菱形分别代表了不同比例的美泰公司和 RadioShack 公司股票的组合。

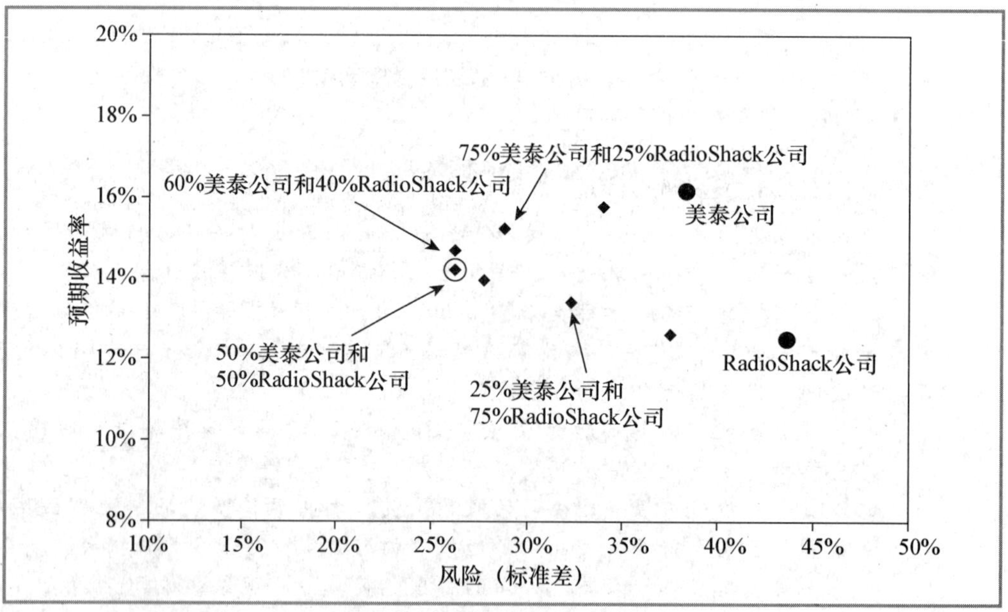

图 9—2 两只股票的投资组合集

注：投资者只会选择图上方的投资组合，因为相较于图下方的投资组合，它们承担同样的风险却带来更高的预期收益。

所有的投资组合都是可能的，但并非都可取。比如，25%美泰公司和 75%RadioShack 公司的投资组合不可取，其他任意一个投资组合都比它具有更低的风险和更高的收益。同样的风险而预期收益率更高，或者同样的预期收益率而风险更低，这样的投资组合更优。较优的投资组合出现在图形的左上方，如 75%美泰公司和 25%RadioShack 公司的投资组合。50/50 投资组合优于 25/75 投资组合，但仍不可取，因为 60/40 投资组合的风险略低而收益略高。每个风险水平下收益最高的投资组合称作**有效投资组合**（efficient portfolio）。如果把这些点连起来，会形成一个类似于子弹尾部的图形。图形上方的投资组合优于下方，为该两只股票的有效投资组合区域。

图 9—3 显示了 RadioShack 公司、美泰公司、IBM 公司以及纽蒙特矿业公司这四只股票的有效投资组合。图中的菱形表示四只股票不同投资比例的有效投资组合，正方形表示等权重投资的投资组合。如图 9—3 所示，有效投资组合优于等权重投资组合。

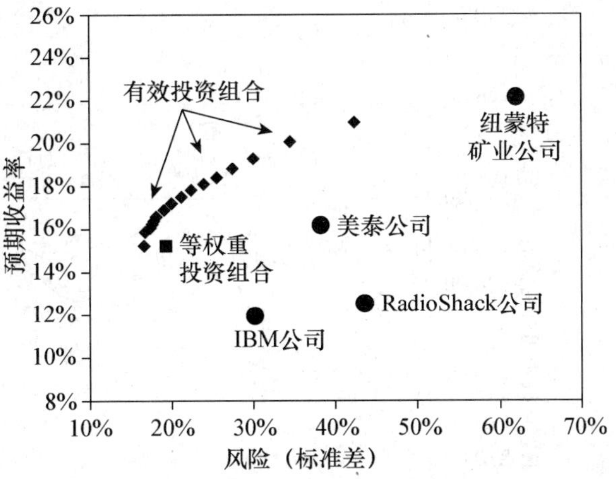

图 9—3　四只股票的投资组合集

注：有效投资组合比四只个股更优。

如果把所有的有效投资组合找出，它们会连接成子弹形状上方的那一条线。如果用图形描述所有可行的投资组合，那么所有的有效投资组合会形成**有效边界**（efficient frontier）。有效边界上的投资组合优于其他任何投资组合。有效边界的形状也反映了风险与收益的关系。投资者要获取更高的收益，就必须承担更高的风险。你的最优投资组合是你愿意承受的风险所对应的有效边界上的投资组合。显然，最佳投资组合取决于投资者的风险偏好。风险规避型投资者会选择有效边界上的低风险投资组合，风险偏好型投资者会选择有效边界上的高风险投资组合。任何一个投资组合均可能是合适的，因为投资者的风险偏好存在差异。

投资者可以通过在其投资组合中加入外国股票和商品进一步分散风险。比如，美国投资者可以购买新兴市场国家的股票和黄金以降低总风险。

分散化投资如何发挥作用

是否任意两只股票组合都能像美泰公司和 RadioShack 公司构成的投资组合那样显著降低总风险？答案是否定的。如果两只股票完全受相同事件的影响，那么它们的收益率也会以同样的方式变化，那么无须持有两只股票，选择其中表现更好的那只即可。只有两只股票经历不同的事件，收益变化不同，分散化投资才能发挥效应。

图 9—4 很好地阐述了这一点。图 a 中，起初你持有股票 A，股票 A 的价格持续波动，具有风险性。为了减少风险，你买入同样多的股票 B。股票 A 和股票 B 的变动一致，当股票 A 的价格上升时，股票 B 的价格也上升，同样，它们的价格下降也一致。这样两只股票构成的投资组合，具有与股票 A 和股票 B 一致的波动情况。这两只股票组合并未降低波动性，未减少总风险。

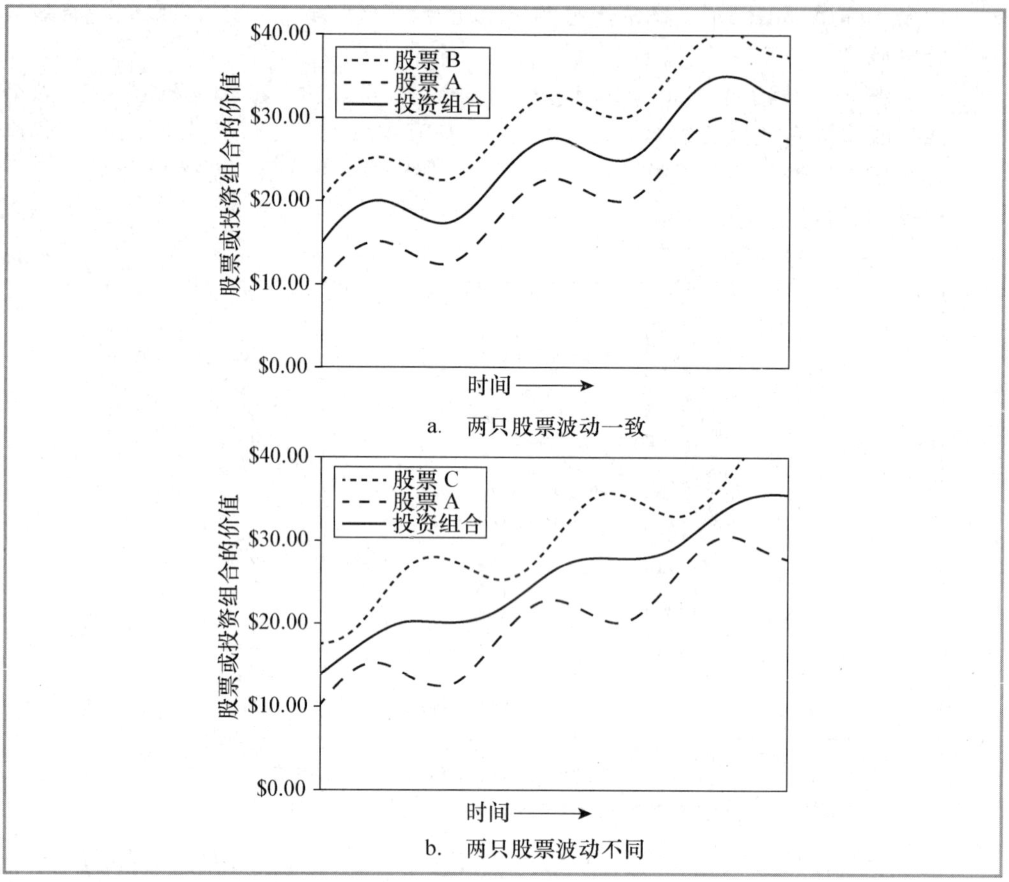

图9—4 投资组合的分散化效应

注：组合变动一致的股票，不能有效减少风险；组合变动不一致的股票，能减少很大风险。

再看图b，股票C与股票A具有同样的波动性，但波动方向不一致。股票A的价格上升时，股票C的价格有时上升有时下降。如图所示，股票A和股票C构成的投资组合比单只股票具有更低的波动性。股票A和股票C的投资组合能降低风险，是因为二者的价格变动经常互相抵消。简而言之，组合类似的股票不能达到分散化效果，风险下降不明显；组合差异明显的股票能实现分散化，从而降低风险。

股票波动的联动性决定了分散化程度，进而决定了投资组合降低风险的效果。我们需要衡量不同股票的联动性，以构建有效的分散化投资组合。衡量联动性的指标为**相关系数**（correlation），用希腊字母ρ表示。相关系数是一个非常有用的统计衡量指标，便于解释。它的值介于－1～1之间。相关系数为1，表示两只证券的收益变化完全一致，上升或下降同步进行；相关系数为－1，表示两只证券的收益变化完全相反，变动方向正好相反；相关系数为0，表示两只证券的收益变化毫不相关。追求分散化的投资者应该寻求那些相关性低或负相关的股票。

股票间最常见的是何种相关关系？表9—6的a部分描述了各公司股票收益相关性。相关性最高的是花旗银行和纽约银行，相关系数为0.649。这不是偶然，因为这两家公司同属一个行业。这两家公司股票构成的投资组合不能降低多少风险。最大的负相关系数为纽蒙特矿业公司和纽约银行之间的－0.306，这两家公司所属行业差异很大，它们相组合能显著降低总风险。美泰公司和RadioShack公司的相关系数为−0.129，这解释了为什么二者的投资组合比个股具有更低的总风险。表9—6 中大部分相关系数都为正。由于大多数股票都呈正相关关系，通常需要组合许多股票才能完全消除投资组合的企业特定风险，如图 9—1 所示。

表 9—6 的 b 部分描述了股票、债券和短期国库券之间的相关性。股票和债券的相关性很低，相关系数仅为 0.007。低相关性表明，股票和债券进行投资组合能很好地降低风险，因此，一个分散化程度高的投资组合通常包含了股票和债券。

表 9—6　　不同股票以及不同资产类型之间的收益相关性

a 部分：1985—2009 年不同公司年收益率的相关性							
	RadioShack 公司	美泰公司	IBM 公司	纽蒙特矿业公司	迪士尼公司	通用电气公司	花旗银行
RadioShack 公司	1						
美泰公司	−0.129	1					
IBM 公司	0.338	−0.125	1				
纽蒙特矿业公司	−0.029	−0.13	−0.199	1			
迪士尼公司	0.325	0.352	0.004	0.228	1		
通用电气公司	0.565	0.238	0.337	0.002	0.542	1	
花旗银行	0.400	0.348	0.042	−0.126	0.321	0.784	1
纽约银行	0.269	0.472	0.071	−0.306	0.438	0.644	0.649

b 部分：1950—2009 年不同类型资产年收益率的相关性			
	股票	长期国库券	短期国库券
股票	1		
长期国库券	0.007	1	
短期国库券	−0.063	0.207	1

投资组合收益率

投资组合收益率的计算很简单。投资组合的收益率等于组合中各个证券的收益率与其比例的乘积之和。比如，2009 年通用电气股票收益率为−1.9%，纽蒙特矿业公司股票收益率为 17.3%。你将 1/4 的资金投资于通用电气，3/4 的资金投资于纽蒙特矿业公司，因此你的投资组合收益率＝来自通用电气公司的收益率＋来自纽蒙特矿业公司的收益率＝(0.25×(−1.9%))＋(0.75×17.3%)＝12.50%。

同样地，计算三只证券构成的投资组合的收益率，我们需要知道三只证券各自的收益率以及在投资组合中所占比例。我们通常把这个比例称作权重，用字母 w 表示。因此，一个由 n 只证券构成的投资组合，其收益率计算公式如下：

$$\begin{aligned} R_p &= \left(\begin{matrix}\text{第一只证券}\\\text{的权重}\end{matrix} \times \begin{matrix}\text{该证券的}\\\text{收益率}\end{matrix}\right) + \left(\begin{matrix}\text{第二只证券}\\\text{的权重}\end{matrix} \times \begin{matrix}\text{该证券的}\\\text{收益率}\end{matrix}\right) + \cdots \\ &= (w_1 \times R_1) + (w_2 \times R_2) + (w_3 \times R_3) + \cdots + (w_n \times R_n) \\ &= \sum_{i=1}^{n} w_i R_i \end{aligned} \tag{9—8}$$

式中，权重之和必须等于 1。投资组合收益率的计算，即为组合中各证券收益率的简单加权求和。权重大小取决于投资者愿意投资于各证券的资金份额。理想状态下，投资者应该基于有效边界确定投资组合的权重。

例9.4 计算投资组合收益率

年初，你持有5 000美元迪士尼股票、10 000美元纽约银行股票以及15 000美元IBM股票。这一年内，迪士尼公司、纽约银行以及IBM公司的股票收益率分别为−4.8%，19.4%和12.8%。你的投资组合收益率为多少？

［解答］

第一步，确定投资组合的权重。5 000美元迪士尼股票、10 000美元纽约银行股票和15 000美元IBM股票构成了30 000美元的投资组合。

迪士尼股票所占比例＝5 000/30 000＝16.67%

纽约银行股票所占比例＝10 000/30 000＝33.33%

IBM股票所占比例＝15 000/30 000＝50.00%

第二步，根据公式计算投资组合的收益率。

$$
\begin{aligned}
R_p &= (0.1667\times -4.8\%)+(0.3333\times 19.4\%)+(0.50\times 12.8\%)\\
&=-0.80\%+6.47\%+6.40\%\\
&=12.07\%
\end{aligned}
$$

案例 国际分散化投资机会

美国股票市场约占全球股票价值的47%，日本和英国的股票市场分别占全球股票市场价值的11%和8%。许多投资机会和分散化投资机会都来自全球范围。然而，大多数投资者几乎不投资国际证券。如果全球化投资有助于分散化，那些不进行国际投资的投资者就是在错失减少投资组合风险的重要机会。

摩根士丹利国际资本有限公司（MSCI Barra）是首屈一指的全球股票市场指数提供商。某些MSCI指数跟踪单个国家。除此之外，MSCI公司按照发达市场、新兴市场、未开拓市场，或按照地理区域，提供跟踪一组公司的综合指数。投资经理使用MSCI世界指数、MSCI欧澳远东指数、MSCI新兴市场指数等作为衡量全球股票市场业绩的首要基准。

下表列示了1988—2009年美国股票市场、长期国库券、MSCI欧澳远东指数、MSCI新兴市场指数的平均收益率和标准差。需要注意的是，MSCI欧澳远东指数和MSCI新兴市场指数的风险比标准普尔500指数高。相比于美国股票市场和债券市场，新兴市场指数的收益率较高而欧澳远东指数的收益率较低。

	标准普尔500指数	长期国库券	欧澳远东指数	新兴市场指数
平均收益率	11.2%	9.2%	6.8%	17.0%
标准差	19.1	10.9	21.2	36.5

下表描述了这些市场之间的相关性。

相关系数	标准普尔500指数	长期国库券	欧澳远东指数
标准普尔500指数	1		
长期国库券	−0.08	1	
欧澳远东指数	0.75	−0.32	1
新兴市场指数	0.51	−0.36	0.75

数据显示，标准普尔 500 指数与 MSCI 欧澳远东指数的相关系数为 0.75，与 MSCI 新兴市场指数的相关系数为 0.51，这表明分散化可能发挥效应。美国长期国库券与 MSCI 欧澳远东指数、MSCI 新兴市场指数组合具有更好的分散化效果，因为它们的相关系数为负。

资料来源：www.mscibarra.com.

简述题

1. 作为收益衡量指标，为什么收益率比收益值更有用？

2. 描述股票、债券和现金有价证券市场的历史收益率、风险以及风险与收益的关系。

3. 本章如何定义风险？如何衡量风险？

4. 总风险包括哪两个部分？哪一部分风险遵循风险与收益原则？为什么？

5. 企业特定风险的来源有哪些？市场风险的来源有哪些？

6. 通用电气公司和可口可乐公司，哪一家公司更可能具有较低的总风险？为什么？

7. 一家公司能否改变它的总风险水平？如何改变？

8. 变异系数衡量的是什么？为什么对投资者而言，它的值越低越好？

9. 你收到一封投资广告邮件，邮件向你推荐一只股票，称过去三个月该股票的收益率是标准普尔 500 指数的两倍，并称投资这只股票非常安全。解释邮件的说法为何与财务理论相悖。

10. 分散化投资对投资组合的风险和收益有何影响？

11. 两种资产的相关系数为－0.8，分析这两种资产组合的分散化效果。如果相关系数为 0.8 呢？

12. 你是一位风险规避型投资者，你的投资组合由债券组成，风险很低。在现有投资组合中加入风险比债券高的股票，如何能降低投资组合的总风险？

13. 你的投资组合仅含有两只股票，你准备增加一些股票。当你加入第三只股票时，投资组合的总风险下降；当你加入第十只股票时，投资组合的总风险仍下降。加入第三只股票还是加入第十只股票时总风险下降程度更大？为什么？

14. 许多员工认为持有本公司股票比持有分散化程度高的投资组合具有更低的风险？解释为什么这种观点是错误的。

15. 一个投资组合优于其他投资组合意味着什么？

16. 阐述有效边界的概念及其重要性。

17. 如果某投资者的预期风险水平随时间而变化，该投资者是否应该改变其投资组合的组成？如何改变？

18. 假设你持有 200 股美泰公司的股票和 100 股 RadioShack 公司的股票。如果换成持有 100 股美泰公司的股票和 200 股 RadioShack 公司的股票，投资组合收益率会有何变化？为什么？

计算题

1. 联邦快递公司前年末股价为每股 103.39 美元，去年支付股利每股 0.35 美元，去年末以每股 106.69 美元的价格收盘。假设你持有 300 股联邦快递公司的股票，你的收益值和收益率分别为多少？

2. 你持有某家公司的债券，债券年初价格为 975 美元，年内支付利息 45 美元，年末价格为 965 美元。你的收益值和收益率分别为多少？

3. Rail Haul 公司的平均收益率为 12%，收益率标准差为 25%。Idol Staff 公司的平均收益率为 15%，标准差为 35%。Poker 公司的平均收益率和标准差分别为 9%和 20%。请对这三家公司按照总风险水平的大小进行排序。

4. Rail Haul 公司的平均收益率为 12%，收益率标准差为 25%。Idol Staff 公司的平均收益率为 15%，标准差为 35%。Poker 公司的平均收益率和标准差分别为 9%和 20%。请对这三家公司按照风险与收益的均衡关系进行排序。

5. 蓝色投资组合的预期收益率为 12%，风险为 18%。黄色投资组合的预期收益率和风险分别为 15%和 17%。紫色投资组合的预期收益率和风险分别为 14%和 21%。对这三个投资组合进行比较，确定较优投资组合及其对应的较差投资组合。

6. 某投资者持有 4 000 美元 Adobe Systems 公司股票、5 000 美元陶氏化学公司股票以及 5 000 美元欧迪办公公司股票。计算投资组合中各只股票的权重。

7. 年初至今，甲骨文公司股票收益率为−1.34%，同一期间，Valero 能源公司和麦当劳公司的股票收益率分别为 7.96%和 0.88%。假设你的投资组合由 30%甲骨文公司股票、25%Valero 能源公司股票以及 45%麦当劳公司股票组成，投资组合收益率为多少？

8. Kohls 公司过去 5 个月的月收益率分别为 3.54%，3.62%，−1.68%，9.25%和−2.56%。计算月平均收益率。

9. 根据上题的数据，计算 Kohls 公司月收益率的标准差。

10. 根据表 9—2 和表 9—4 的数据，评价 1950—2009 年每个 10 年期间债券市场的风险与收益的关系。

11. Thumb Devices 公司、Air Comfort 公司和 Sport Garb 公司的预期股票收益率和风险如下表所示：

	预期收益率	标准差
Thumb Devices 公司	13%	23%
Air Comfort 公司	10%	19%
Sport Garb 公司	10%	17%

Thumb Devices 公司和 Air Comfort 公司的相关系数为−0.12，Thumb Devices 公司和 Sport Garb 公司的相关系数为−0.21，Air Comfort 公司和 Sport Garb 公司的相关系数为 0.77。如果只能从其中选择两只股票组成投资组合，你会选择哪两只？为什么？

12. 你以每股 42.88 美元、51.32 美元、8.51 美元的价格分别买入 300 股拉斯维加斯航空公司股票、350 股百思买公司股票、250 股福特汽车公司股票。计算投资组合中各股票的投资权重。

13. 月初你持有 5 500 美元通用动力公司股票、7 500 美元星巴克公司股票以及 8 000美元耐克公司股票。通用动力公司、星巴克公司和耐克公司本月股票收益率分别为 6.80%，−1.36%，−0.54%。你的投资组合收益率为多少？

14. 你的投资组合由 50%股票、40%长期国库券和 10%短期国库券组成。结合表

9—2 的数据，计算该投资组合 2000 年以及其后各年的收益率，进而计算该投资组合的年平均收益率和标准差，并将其与单个资产的收益率和风险进行比较。

15. 你拥有 15 000 美元的投资资金。你打算以每股 42.88 美元、51.32 美元、8.51 美元的价格分别买入拉斯维加斯航空公司、百思买公司以及福特汽车公司的股票。要想投资组合由 30%拉斯维加斯航空公司股票、40%百思买公司股票以及 30%福特汽车公司股票构成，你需要分别购买多少股这三家公司的股票？

16. 你持有四家公司的股票。根据下表中这些股票年初价格、股利、年末价格等信息，计算该投资组合的收益值和收益率。

公司	股数	年初股价（美元）	每股股利（美元）	年末股价（美元）
美国银行	300	43.50	2.06	43.43
百事可乐	200	59.08	1.16	62.55
捷迪讯光电	500	18.88		16.66
杜克能源	250	27.45	1.26	33.21

17. 下表描述了雅诗兰黛公司和美国劳氏公司的年收益率情况：

	雅诗兰黛公司	劳氏公司
第 1 年	23.40%	−6.0%
第 2 年	−26.0%	16.1%
第 3 年	17.6%	4.2%
第 4 年	49.9%	48.0%
第 5 年	−16.8%	−19.0%

计算每只股票的平均收益率、标准差和变异系数。哪只股票更好？为什么？

18. 下表为澳大利亚普通股股价指数、日经 225 平均指数和英国富时 100 指数三大国际股票指数 2005 年 5 月至 2010 年 10 月的月收益率：

日期	澳大利亚普通股股价指数（%）	日经 225 平均指数（%）	英国富时 100 指数（%）
2010 年 10 月	2.08	−1.78	2.28
2010 年 9 月	4.46	6.18	6.19
2010 年 8 月	−1.52	−7.48	−0.62
2010 年 7 月	4.22	1.65	6.94
2010 年 6 月	−2.89	−3.95	−5.23
2010 年 5 月	−7.87	−11.65	−6.57
2010 年 4 月	−1.21	−0.29	−2.22
2010 年 3 月	5.20	9.52	6.07
2010 年 2 月	1.18	−0.71	3.20
2010 年 1 月	−5.85	−3.30	−4.15
2009 年 12 月	3.55	12.85	4.28
2009 年 11 月	1.48	−6.87	2.90
2009 年 10 月	−1.95	−0.97	−1.74
2009 年 9 月	5.69	−3.42	4.58
2009 年 8 月	5.52	1.31	6.52

续前表

日期	澳大利亚普通股股价指数（%）	日经225平均指数（%）	英国富时100指数（%）
2009年7月	7.64	4.00	8.45
2009年6月	3.53	4.58	−3.82
2009年5月	1.83	7.86	4.10
2009年4月	6.01	8.86	8.09
2009年3月	7.14	7.15	2.51
2009年2月	−5.21	−5.32	−7.70
2009年1月	−4.95	−9.77	−6.42
2008年12月	−0.36	4.08	3.41
2008年11月	−7.78	−0.75	−2.04
2008年10月	−14.00	−23.83	−10.71
2008年9月	−11.20	−13.87	−13.02
2008年8月	3.22	−2.27	4.15
2008年7月	−5.26	−0.78	−3.80
2008年6月	−7.64	−5.98	−7.06
2008年5月	2.07	3.53	−0.56
2008年4月	4.57	10.57	6.76
2008年3月	−4.67	−7.92	−3.10
2008年2月	−0.39	0.08	0.08
2008年1月	−11.28	−11.21	−8.94
2007年12月	−2.62	−2.38	0.38
2007年11月	−2.74	−6.31	−4.30
2007年10月	3.01	−0.29	3.94
2007年9月	5.32	1.31	2.59
2007年8月	0.98	−3.94	−0.89
2007年7月	−1.95	−4.90	−3.75
2007年6月	−0.49	1.47	−0.20
2007年5月	2.98	2.73	2.67
2007年4月	3.00	0.65	2.24
2007年3月	2.79	−1.80	2.21
2007年2月	1.02	1.27	−0.51
2007年1月	2.01	0.91	−0.28
2006年12月	3.35	5.85	2.84
2006年11月	2.03	−0.76	−1.31
2006年10月	4.69	1.69	2.83
2006年9月	0.65	−0.08	0.93
2006年8月	2.48	4.42	−0.37
2006年7月	−1.53	−0.31	1.63
2006年6月	1.24	0.24	1.91
2006年5月	−4.51	−8.51	−4.97
2006年4月	2.35	−0.90	0.98

续前表

日期	澳大利亚普通股股价指数（%）	日经 225 平均指数（%）	英国富时 100 指数（%）
2006 年 3 月	4.28	5.27	2.99
2006 年 2 月	−0.04	−2.67	0.54
2006 年 1 月	3.64	3.34	2.52
2005 年 12 月	2.73	8.33	3.61
2005 年 11 月	3.87	9.30	1.99
2005 年 10 月	−3.92	0.24	−2.93
2005 年 9 月	4.06	9.35	3.41
2005 年 8 月	1.54	4.32	0.28
2005 年 7 月	2.76	2.72	3.31
2005 年 6 月	3.92	2.73	3.01
2005 年 5 月	3.23	2.43	3.38

使用电子表完成下列问题：

a. 计算并比较各个指数的月平均收益率和标准差。

b. 计算澳大利亚普通股股价指数与日经 225 平均指数、澳大利亚普通股股价指数与英国富时 100 指数以及日经 225 平均指数与英国富时 100 指数的相关系数，并进行比较。

c. 按相等的权重构建一个投资组合，计算该投资组合的年收益率、平均收益率以及标准差。

第 10 章

估计风险与收益

- 预期收益率
- 市场风险
- 资本市场有效性
- 给财务管理者的启示

学习目标

1. 计算未来预期收益率及其风险。
2. 理解风险溢价。
3. 理解并运用资本资产定价模型。
4. 计算并运用市场风险的衡量指标 β 系数。
5. 区分市场有效性的不同层次及其含义。
6. 计算并解释投资者必要收益率和风险。
7. 使用固定增长率模型计算必要收益率。

引文

投资者有可能确切知道将要承担多大的风险吗？第 9 章和第 10 章探讨了确定个人投资者和机构投资者预期收益率的方法，通过这些方法可了解某项投资的吸引力。第 9 章通过历史数据阐述了风险与收益之间存在正相关关系。对于一项投资，风险与收益的关系相当重要，每个投资者都希望收益最大而风险最小，但是除非出现预测未来的科学方法，财务经理和投资者只能根据其对未来风险和收益的主观预期进行投资决策。我们需要一个正确的方法，能直接衡量股票或投资组合既定时投资者承担相应风险所获得的收益率。本章将阐述投资者如何获取投资决策所需信息。

投资者有必要了解他们需要承担多大的风险，才能确保预期收益率的实现。管理者也有必要知道投资者要求的收益率，以便进行恰当的经营决策以实现股东预期。第 11 章将会讲解管理者如何进行财务分析以确定股东所要求的收益率。要具体化风险与收益的关系，我们需要一个更好的个人投资者和机构投资者均适用的风险衡量方法。市场不向企业特定风险给予回报，因为投资者可通过分散化消除企业特定风险，通过加入具有抵消效应的股票构建一个仅含有市场风险或不可分散风险的投资组合。因此，我们需要为投资者确定总风险中市场风险部分。确定股票投资市场风险的理论逐步演进为现代资产组合理论。对市场风险的不断探索，最终形成了资本资产定价模型（CAPM），该模型使用 β 系数衡量市场风险。CAPM 模型能具体化风险与收益的关系，是投资决策的强有力工具。

β 系数衡量方法得到公司财务经理和投资专业人士的广泛使用，但是任何一个理论都有一定的局限性，CAPM 模型也不例外。本章将会讨论 CAPM 模型的局限性和问题，并提出另一个衡量必要报酬率的方法。β 系数或其他任意风险收益量化方法是否有用，一定程度上取决于股票价格是否公允反映了公司的真实价值。对投资者和公司管理者而言，股价的有效性和可靠性至关重要。

视　角

商业应用

你目前就职于一家大型企业的财务部门，你所在的团队正在分析公司提议的几个新投资项目。团队需要知道股东要求的收益率，以便进行分析。

你负责估计必要收益率。股东的预期

个人应用

你在某公司开始了你的第一份工作，现在，你需要进行退休金计划决策。你所在公司的退休金计划提供三个投资选择，分别是股票投资组合、债券投资组合以及货币市场账户。你决定每个月分别对股票收益率取决于公司的风险水平。为确定必要收益率，你需要收集哪些信息并如何计算？

投资组合、债券投资组合和货币市场账户投资200美元、100美元、50美元。

你的退休金投资组合的风险水平如何？长期来看，你预期多大的收益率？

预期收益率

上一章从历史的角度讨论了风险与收益。我们定义股票收益为持有股票所实现的实际利润或者是较长时期内的平均收益率。我们采用股票收益率的标准差衡量股票风险，对于标准差的概念及计算，你通过统计课应该已有所了解，因此，我们可以很好地描述股票的历史收益和风险情况。那么，这些关于历史收益和风险的数据能持续至未来吗？企业很可能改变其经营活动，其股票风险水平也会发生变化。如果企业不断承担高风险的新项目或改变业务性质，企业的风险水平将会上升。企业也可以通过选择低风险的新项目来降低企业风险水平，从而降低其股票的风险。**预期收益率**（expected return）是考虑风险之后的未来收益率，投资者和企业可用它估计未来股票业绩。

预期收益率和风险

企业的成功一定程度上取决于其管理能力、战略和其他企业特定层面的活动。整体经济状况也会影响企业的成功。以钢铁生产商纽柯钢铁公司为例，钢铁行业紧跟宏观经济趋势，经济繁荣时，建筑商和生产商大力开展建筑和生产活动，钢铁需求旺盛；经济衰退时，钢铁需求急剧减少。因此，评估纽柯钢铁公司下一年经营成功的可能性时，不仅要考察公司的管理能力，而且要关注整个经济趋势。

遗憾的是，我们不能准确预计下一年的经济状况。预测经济活动与预测天气一样，天气预报只能提供雨天或晴天的**概率**（probability）。经济学家不能确保下一年的经济状况是好或是坏，他们只能预测经济状况良好的可能性为70%，经济衰退的可能性为30%。相应地，分析师预测，在纽柯钢铁公司管理能力一定的情况下，如果经济状况良好，纽柯钢铁公司股票价格会上升20%，如果经济衰退，纽柯股票价格会下降10%。那么，投资纽柯股票的预期收益率为多少？该预期收益率取决于经济状况。

预期收益率是一个非常重要的概念，它等于各种可能的收益率与其发生概率的乘积之和，所有概率相加等于1。假设经济状况只有两种状态：要么良好，要么衰退。这种情况下，纽柯股票的预期收益率$=0.7\times20\%+0.3\times(-10\%)=11\%$。当然，实际情况没有这么简单。经济学家的预测结果几乎不会仅是上述两种经济状态，相反，他们会给出更多、更为详细的预测，通常至少有三种状态，即白热化经济状态、平稳扩张状态以及衰退状态。假设存在S种可能的情况，股票预期收益率的一般计算公式如下：

$$\begin{aligned}\text{预期收益率 } R_E &= \text{每种情况的收益率与其概率的乘积之和}\\ &=(p_1\times R_1)+(p_2\times R_2)+(p_3\times R_3)+\cdots+(p_s\times R_s)\\ &=\sum_{j=1}^{s} p_j R_j \qquad (10—1)\end{aligned}$$

这个预期收益率的计算方法有几个特征。第一，预期收益率表示的是各种可能情况按预测那样发生时的平均收益率。比如，经济状况良好或衰退的**概率分布**（probability distribution）为 70/30，这表明未来 10 年有 7 年经济状况良好，这些年份纽柯股票的收益率为 20%，另外有 3 年经济处于衰退状态，纽柯股票的收益率为－10%。因此，这 10 年间的平均收益率为 11%，也就等于预期收益率。第二，计算出的预期收益率，其本身不会在任意一年发生。纽柯钢铁公司的收益率要么为 20%，要么为－10%，不会出现某年的收益率为预期收益率 11%，因为不存在收益率为 11%的经济状态。当然，这个示例稍显极端，因为仅假设存在两种经济状态，实际上，经济预测通常会描述多个可能经济状态的概率分布。

我们也可以使用预期收益率计算并衡量风险。预期收益率的原理是考虑了潜在收益率的概率，但并不知道未来实际发生的是哪一种可能情况，因此我们面临着不确定性。上一章中，我们使用一段时期的收益率标准差衡量风险，在本章我们采用同样的原理衡量预期收益率的风险。纽柯钢铁公司的预期收益率为 11%，实际与预期收益率的差异会是多少呢？因为存在两种经济状态，所以收益率离差为 9%和－21%。我们计算预期收益率标准差的方法与计算历史收益率标准差一样，首先对离差求平方，并乘以每种离差发生的概率，再进行加总，得到收益率方差。纽柯公司收益率方差＝[0.7×(9%)^2]＋[0.3×(－21%)^2]＝189.0‰。最后，对方差开方，求得具有实际意义的标准差。纽柯公司收益率标准差＝$\sqrt{189.0‰}$＝13.75%。假设存在 S 种可能的情况，股票预期收益率标准差的一般计算公式如下：

$$\begin{aligned}\text{标准差} &= \text{每种情况的收益率离差平方与其概率的乘积和的平方根}\\ &=\sqrt{p_1\times(R_1-R_E)^2+p_2\times(R_2-R_E)^2+\cdots}\\ &=\sqrt{\sum_{j=1}^{s}p_j\times(R_j-R_E)^2} \qquad (10—2)\end{aligned}$$

例 10.1　计算预期收益率及风险

假设存在四种可能的经济状态，它们的概率分布如下表所示，每种经济状态下 Motor Music 公司的收益率各不相同。根据这些信息，Motor Music 公司的预期收益率和风险是多少？

经济状态	概率	收益率
高速增长	0.15	25%
缓慢增长	0.60	15%
经济衰退	0.20	－5%
经济萧条	0.05	－20%

[解答]

首先，根据式（10—1）计算预期收益率。

预期收益率＝0.15×25%＋0.60×15%＋0.20×(－5%)＋0.05×(－20%)
＝10.75%

然后，根据式（10—2）计算预期收益率的标准差。

$$\begin{aligned}\text{标准差}&=\sqrt{\begin{array}{l}0.15\times(25\%-10.75\%)^2+0.60\times(15\%-10.75\%)^2\\+0.20\times(-5\%-10.75\%)^2+0.05\times(-20\%-10.75\%)^2\end{array}}\\&=\sqrt{30.46+10.84+49.61+47.28}\times100\%\\&=11.76\%\end{aligned}$$

通过计算可知，Motor Music 公司的预期收益率和标准差分别为 10.75% 和 11.76%。我们也可以使用表格列示计算过程，如下表所示：

经济状态	概率	收益率	$P\times R$	离差	离差平方	$P\times$离差平方
高速增长	0.15	25%	3.75%	14.25%	203.06	30.46
缓慢增长	0.60	15%	9.00%	4.25%	18.06	10.84
经济衰退	0.20	−5%	−1.00%	−15.75%	248.06	49.61
经济萧条	0.05	−20%	−1.00%	−30.75%	945.56	47.28
合计	1.00		10.75%			138.19
						平方根=11.76%

风险溢价

我们已经知道，预期收益率和风险呈正相关关系。思考这样一个问题，现在有一个无风险投资项目，短期政府债券和短期国库券提供无风险的低收益率，那么为什么明明可以只购买国库券，投资者却要进行具有风险的投资？答案是，某些投资者追求高收益，因此愿意承担一定的风险以提高收益率。承担较低风险的投资者预期较低的收益率，承担较高风险的投资者预期较高的收益率。逻辑上来讲，投资者是对额外承担的风险要求额外的收益。

一项投资的预期收益通常由两部分组成，分别是无风险收益部分和承担风险所带来的收益部分。投资者对承担风险后所要求的收益率称作**必要收益率**（required return）。

必要收益率＝无风险收益率＋风险溢价　　　　（10—3）

通常认为美国短期政府债券和短期国库券的利率是无风险收益率，包含了实际利率和预期通货膨胀溢价。**风险溢价**（risk premium）是对风险的补偿。市场对风险的补偿是多大呢？如前文所述，市场并不对所有风险提供回报。总风险中企业特定风险部分可分散，因此，有效市场不对承担此类“多余”风险的投资者提供额外回报。我们通过一个不包含企业特定风险的多元化投资组合了解历史风险溢价。

表 10—1 为不同时期标准普尔 500 指数收益率减去同期国库券利率后的年平均收益率。某项投资的收益率减去国库券利率后的剩余收益率即为风险溢价，在这个例子中，投资风险溢价即为**市场风险溢价**（market risk premium），是对整个股票市场系统风险的补偿。1950—2009 年平均市场风险溢价为 7.7%，这是长期来看承担股票市场风险的报酬。每个 10 年期间的风险溢价各不相同，最高为 20 世纪 50 年代的 18.8%，最低为 2000—2009 年的−1.8%。2000—2009 年股票市场业绩表

现异常，股票市场收益率竟不敌无风险利率。投资者承担市场风险是为了获得市场溢价，但是承担风险也意味着回报偶尔会很不理想。

表 10—1 **股票年平均风险溢价**

	1950—2009 年	1950—1959 年	1960—1969 年	1970—1979 年	1980—1989 年	1990—1999 年	2000—2009 年
风险溢价	7.7%	18.8%	4.7%	1.2%	9.3%	14.1%	−1.8%

注：每个十年期间的风险溢价各不相同，最近一个十年的风险溢价竟为负！
资料来源：S & P 500 Index and T-bill rate data.

市场风险

要实现所预期的收益率，需要承担多大的风险？上一章已阐述，不同个股和不同投资组合具有不同水平的总风险。有效市场中，对风险的报酬仅适用于总风险中的市场风险部分。投资者如何知道美泰公司 37.3%的收益率标准差中多少是企业特定风险，多少又是市场风险？该问题的答案将决定投资者向美泰公司要求多高的风险溢价。**资产定价**（asset pricing）旨在构建一个公式，以量化必要收益率与风险的均衡关系。

市场投资组合

最著名的资产定价公式是**资本资产定价模型**（capital asset pricing model，CAPM）。许多理论研究者提出了支持资本资产定价模型有效性的理论，对该模型贡献最大的是美国学者威廉·夏普（William Sharpe）和约翰·林特纳（John Lintner）。夏普于 1990 年获得诺贝尔经济学奖，遗憾的是，林特纳早于 1983 年辞世，按照惯例，诺贝尔奖不授予已去世者。现如今，资本资产定价模型得到投资者和公司的广泛使用。在发展资本资产定价模型的过程中，夏普和林特纳力图着重于个人投资者的最优投资策略，以最大化既定市场风险的收益率。

资本资产定价模型是在现代资产组合理论的基础上形成和发展起来的。上一章中讲到，把多种证券组合构成一个投资组合的话，投资组合的表现优于任何单个证券。最佳的组合可能是所有风险性证券构成的在有效边界上的投资组合，如图 10—1 中图 A 部分的曲线。这些投资组合是每个风险水平下预期收益率最高的多种风险性证券的组合。

存在风险溢价也就意味着存在无风险投资，比如短期国库券。图 10—1 中图 B 部分描述了无风险资产应该位于**资本市场线**（capital market line，CML）的何处。无风险资产必须位于 y 轴，因为它不具有任何风险。从无风险资产这一点出发，作一条与有效边界相切的直线，这条直线即为资本市场线。资本市场线是一条直线，表明投资的风险与收益直接相关。有效边界这条曲线的形状决定了它与该条直线只有一个切点，切点处的投资组合称为**市场组合**（market portfolio）。市场组合包含了市场中的所有证券，分散化程度最大。投资者可以通过持有无风险证券和市场组合的不同组合，达到资本市场线上的最优组合。若大部分资金投资于市场组合，则投资组合落于线上市场组合点的左边，更靠近市场组合；若仅投资少量资金于市场组合，则投资组合更靠近无风险证券点；若把所有资金投资于市场组合并筹借资金投资于市场组合，则投资组合会落于市场组合点的右边。筹借资金用于投资，也就是使用**财务杠杆**（financial leverage），会增大投资组合的整体风险。

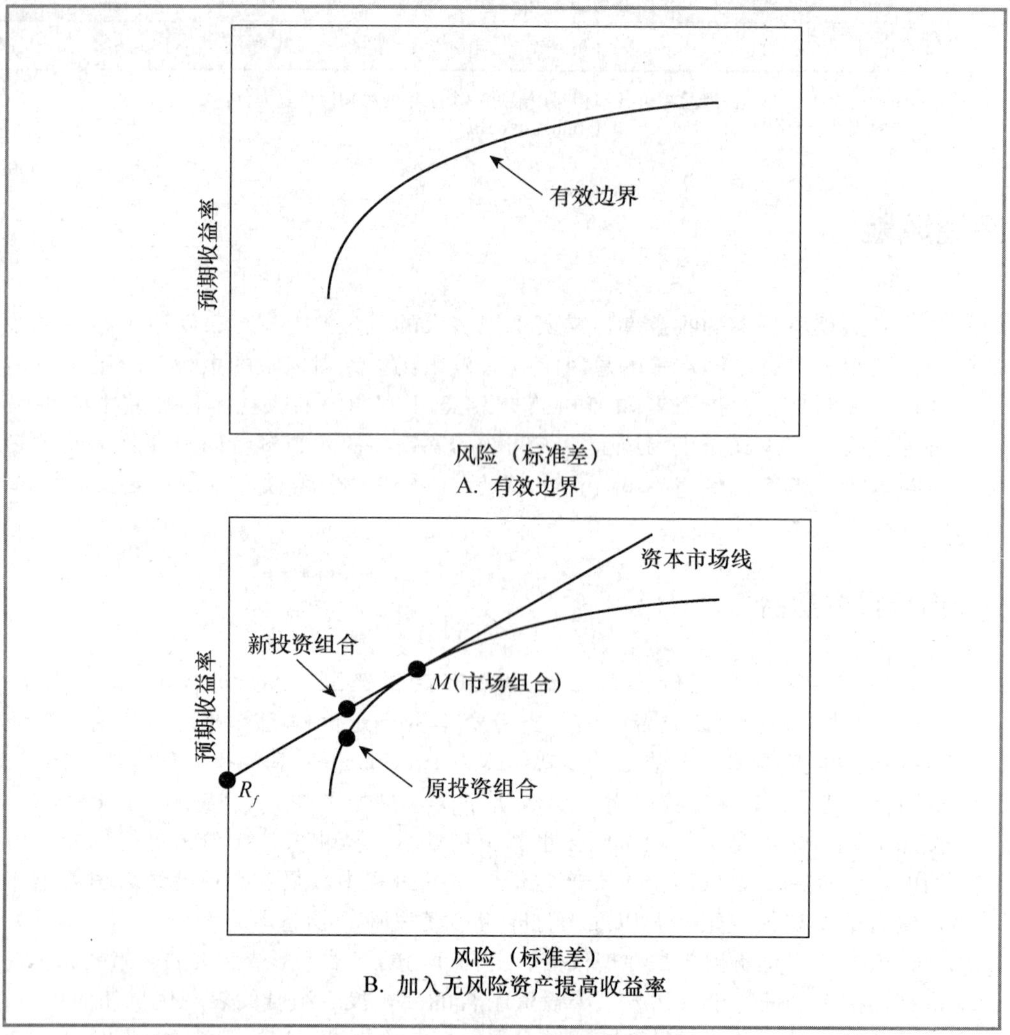

图 10—1　预期收益率最大化

注：根据现代资产组合理论，投资者希望投资组合位于有效边界上，因为它提供了各个风险水平的最高收益率（如图A），加入无风险资产后，投资者能得到位于资本市场线上的投资组合（如图B），这些投资组合的收益率比有效边界上同样风险水平的投资组合的收益率更高。

如果你拥有一个有效边界上的投资组合，你可以选择把资金部分投资于市场组合，部分投资于无风险证券以实现更好的收益。在这里，我们把前一个有效边界上的投资组合称为原投资组合，后一个投资组合称为新投资组合。新投资组合如何优于原投资组合？两个投资组合的风险水平一样，但新投资组合的收益率更高。事实上，经过无风险证券和市场组合的直线上的投资组合优于有效边界上的投资组合，除了市场组合那一点。无风险证券与市场组合构成的投资组合形成了资本市场线。所有投资者应该按照资本市场线上的投资组合进行投资，而不是有效边界。资本市场线上的投资组合在任一特定风险水平下的预期收益率最高，投资者可通过调整市场组合和无风险证券的持有量来控制风险水平。风险规避者可将更多的资金投资于国库券，部分资金投资于市场组合，而愿意承担高风险以追求高收益的投资者可将更多的资金投资于市场组合。

Beta 系数

资本市场线阐述了市场组合的重要性。实际上，市场组合的收益率与无风险证券收益率之差表示的是平均预期市场风险溢价。市场组合不具有企业特定风险，这类风险已被完全分散，因此，市场组合仅具有市场风险。市场组合的风险特征能帮助我们计算任何个股或投资组合的企业特定风险。回到本节开始提出的问题，美泰公司总风险中有多少属于市场风险？收益率标准差衡量的是美泰公司股票的总风险，量化了美泰公司股票价格的升跌情况。投资的市场风险会随市场组合一致变化。如果能从总风险中减去市场风险，剩余部分即为企业特定风险，这部分风险的升降与市场变化不相关。

投资组合理论使用相关系数衡量两只股票的变动相关性。本章不关注如何衡量任意两只股票或两个投资组合的变动相关性，我们想知道一只股票或一个投资组合的变动如何与市场组合的变动相关。**Beta 系数**就是用于衡量股票或投资组合与市场组合之间联动性的指标，常用 β 表示。

如果美泰公司的总风险使用收益率标准差 $\sigma_{美泰}$ 衡量，那么标准差乘以美泰公司与市场组合的相关系数，即可得到总风险中市场风险部分，即 $\sigma_{美泰}\times\beta_{美泰,市场}$。市场组合的 β 系数为 1。β 系数大于 1 的股票，风险比市场组合高；β 系数小于 1 的股票，风险比市场组合低。RadioShack 公司的 β 系数为 1.84，说明该公司的股票对市场风险较为敏感。当市场组合变动时，可以预期 RadioShack 公司股票按同样的方向变动。具体来说，你可以预期 RadioShack 公司的风险溢价比市场风险溢价高出 84%。

表 10—2 为道琼斯工业平均指数 30 家成分股的 β 系数。投资者认为这些公司中大部分具有较高的风险，比如美国银行和美铝公司，它们的 β 系数分别为 2.31 和 2.12。这些股票的市场风险很高，主要是因为它们的产品需求对宏观经济状况非常敏感。受金融危机的影响，美国银行陷入高风险状态。投资者认为其他公司风险较低，比如沃尔玛、埃克森美孚公司、麦当劳，它们的 β 系数分别为 0.35，0.41，0.47。许多 β 系数低的公司主营产品是消费品，无论经济衰退或扩张，人们都会购买生活必需品，对这类产品的需求缺乏价格弹性，对经济状况相对不敏感。还有些公司的市场风险与市场组合接近，比如微软公司和惠普公司，它们的 β 系数分别为 1.01 和 1.02。

表 10—2　　道琼斯工业平均指数成分股的 β 系数

公司名称	β 系数	公司名称	β 系数
3M	0.84	家得宝	0.79
美铝公司	2.12	英特尔	1.15
美国运通	2.08	IBM	0.71
AT&T	0.62	强生	0.60

续前表

公司名称	β系数	公司名称	β系数
美国银行	2.31	JP摩根	1.12
波音	1.32	卡夫食品	0.55
卡特彼勒	1.85	麦当劳	0.47
雪佛龙	0.70	默克	0.64
思科	1.25	微软	1.01
可口可乐	0.58	辉瑞	0.66
迪士尼	1.18	宝洁	0.48
杜邦	1.46	旅行家	0.59
埃克森美孚	0.41	联合技术	1.05
通用电气	1.69	威瑞森通信	0.61
惠普	1.02	沃尔玛	0.35

资料来源：Yahoo! Finance，November 4，2010.

证券市场线

β系数衡量了股票的市场风险。β系数越大，市场风险越高，投资者要求的风险溢价越高。图10—1使用标准差衡量风险，反映了总风险与预期收益率的关系，而β系数衡量的是投资者想要了解的风险部分。图10—2描述了必要收益率与β系数的关系。我们称图10—2中的直线为**证券市场线**（security market line，SML），它反映了其他条件一致时必要收益率与风险的相关关系。证券市场线还显示了市场组合或任一股票的市场溢价。β系数大于1的股票，其风险溢价高于市场风险溢价，如波音公司；β系数小于1的股票，其风险溢价低于市场风险溢价，如强生公司。

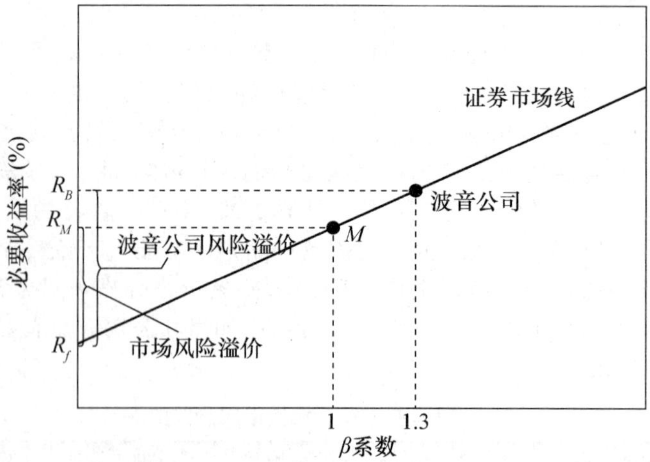

图10—2 证券市场线使用β系数衡量风险

注：波音公司的风险高于整个股票市场，因此，投资者对其要求的收益率更高。

我们可使用证券市场线反映任一股票或投资组合的风险与收益的关系。为了准确量化风险与收益的关系，需要使用公式来表示证券市场线。任何直线均可定义为

$y=b+mx$，其中 b 为截距，m 为斜率。对于证券市场线，y 轴为必要收益率，x 轴为 β 系数，截距为 R_f。直线的斜率等于线上两个点之间的垂直高度差和水平长度差的比值。无风险证券和市场组合的垂直高度差为 R_M-R_f，水平长度差为 $1-0$。将这些数据代入资本资产定价模型，得到如下公式：

$$\text{必要收益率}=\text{无风险收益率}+\beta\times\text{市场风险溢价}$$
$$=R_f+\beta\times(R_M-R_f) \qquad (10—4)$$

根据上述公式，只要确定某只股票的 β 系数，就可确定它的必要收益率。假设市场组合的预期收益率为 12%，国库券的收益率为 5%，波音公司的 β 系数为 1.32，因此，波音公司股票的必要收益率 $=5\%+1.32\times(12\%-5\%)=14.24\%$。基于上述对市场组合和无风险收益率的假设，表 10—3 计算了道琼斯工业平均指数 30 家成分股的必要收益率。风险越高的公司，其 β 系数越大，必要收益率越高。

表 10—3　　道琼斯工业平均指数成分股的必要收益率

公司名称	必要收益率（%）	公司名称	必要收益率（%）
3M	10.88	家得宝	10.53
美铝公司	19.84	英特尔	13.05
美国运通	19.56	IBM	9.97
AT&T	9.34	强生	9.2
美国银行	21.17	JP 摩根	12.84
波音	14.24	卡夫食品	8.85
卡特彼勒	17.95	麦当劳	8.29
雪佛龙	9.9	默克	9.48
思科	13.75	微软	12.07
可口可乐	9.06	辉瑞	9.62
迪士尼	13.26	宝洁	8.36
杜邦	15.22	旅行家	9.13
埃克森美孚	7.87	联合技术	12.35
通用电气	16.83	威瑞森通信	9.27
惠普	12.14	沃尔玛	7.45

例 10.2　资本资产定价模型和股票估值

假设你是某家公司的 CFO。当前无风险收益率为 4.5%，预期今年的市场收益率为 11%。你通过对公司进行分析，预期公司今年能实现 13.5% 的收益率。如果该公司的 β 系数为 1.2，你认为该公司的价值被高估了还是低估了？

[解答]

根据资本资产定价模型，该公司股东要求的收益率 $=4.5\%+1.2\times(11\%-4.5\%)=12.3\%$。

根据你的分析，公司今年将实现的收益率高于必要收益率，公司价值被低估。也就是说，该公司的股价必须上涨，才能使资本资产定价模型估计的收益率等于你分析预测的收益率。

投资组合的β系数

股票**投资组合的β系数**（portfolio's beta）等于组合中各只股票β系数的加权平均。投资组合β系数的计算公式类似于计算投资组合收益率的公式（9—8）。

$$\beta_p=(w_1\times\beta_1)+(w_2\times\beta_2)+(w_3\times\beta_3)+\cdots+(w_n\times\beta_n)$$
$$=\sum_{j=1}^{n}w_j\beta_j \qquad (10—5)$$

使用该公式，我们可以很容易地确定加入某只股票是增加还是减少了投资组合的市场风险。在现有投资组合中加入β系数更大的股票，新投资组合会比原投资组合具有更高的市场风险。尽管我们可通过β系数了解加入某只股票对投资组合的影响，但不同于标准差衡量指标，新加入的股票可能与投资组合中其他股票的相关性低，呈负相关性的股票组合才能降低总风险。

例 10.3 计算投资组合的β系数

你的投资组合由20%的波音公司股票、40%的惠普公司股票以及40%的麦当劳公司股票组成。波音公司、惠普公司和麦当劳公司的β系数分别为1.32，1.02和0.47。该投资组合的市场风险为多少？

［解答］

使用式（10—5）计算投资组合的β系数。

$$该投资组合的\beta系数=(0.2\times1.32)+(0.4\times1.02)+(0.4\times0.47)$$
$$=0.86$$

通过计算可知，该投资组合的市场风险比整体市场低14%。

获取β系数

资本资产定价模型简明阐述了市场风险与必要收益率的关系。尽管该模型提供了许多实际应用，但需要拥有公司的β系数这一数据才能进行应用。那么，如何获取β系数呢？有两种方式：第一，我们可以根据公式使用公司和市场组合的收益率数据自行计算β系数；第二，我们也可以通过财务信息数据提供商获取其已计算出的β系数。

许多金融机构提供公司的β系数。你学校的图书馆或许购买了《价值线投资调查》数据库，它提供每家公司包括β系数在内的全面信息。价值线投资调查公司也提供网上服务，但需要订阅才能获取信息。某些网站免费提供一些公司的β系数，如MSN财经网、雅虎财经网、Zacks网站。2012年8月，这些网站显示了AT&T公司的β系数，分别为MSN财经网0.56、雅虎财经网0.44、Zacks网站0.58，这三个网站提供的β系数有所差异。考虑一下计算β系数的信息收集和计算方法，也就不难理解为何存在差异。

假设你正在自行计算某家公司的β系数。首先，你需要收集这家公司和市场组合的历史收益率，然后以该公司的收益率为因变量，市场组合的收益率为自变量，进行回归。市场组合收益率的回归系数即为β系数。随之而来引发许多思考。第一，如何选取市场组合？通常使用主要的股票指数代表市场组合，如标准普尔500指数。第二，选择何种时间间隔？你可以使用日收益率、周收益率、月收益率甚至年收益率，最常见的是使用月收益率。第三，时间序列需要多长？使用的数据越多，统计估计的结果就越可靠、越有效。然而，公司本身不断变化，其风险水平也会相应变化，时间过长，太早的数据反映的风险可能不再适用，因此，需要权衡使用大量数据的统计优势和数据相关性。一般来说，使用 3～5 年的时间序列数据最为常见。对于上述问题，你可以做出自己的决策，但计算多个公司的 β 系数时，要确保这些估计决策在所有公司中的一致性。

β 系数的局限性

思考上文提及的估计决策。假设你选取道琼斯工业平均指数作为市场组合，使用 5 年的月数据计算某公司的 β 系数，计算结果为 1.3。接着，你又选取标准普尔 500 指数作为市场组合，使用 3 年的周数据计算该公司的 β 系数，计算结果为 0.9。这些估计值存在很大差异，导致使用资本资产定价模型计算的必要收益率也会差异明显。那么，哪一个才是更为准确的估计值呢？遗憾的是，我们不能确定哪一个才是最具代表性或者最真实的。一般来说，选取的市场组合、时间间隔和时期数各不相同，计算结果会略有差异。本章最后通过一个习题（计算题 16）阐述了这个问题。

除了模型估计上的细节问题，公司可能发生业务经营方式、扩张新业务或债务融资比例等方面的变化，这些变化会影响公司的风险水平，进而影响 β 系数。因此，即使某个 β 系数准确衡量了公司过去的风险水平，它是否适用于未来？β 系数的适用性取决于公司的未来方针和计划。

财务管理者和投资者均受到 β 系数上述问题的困扰。β 系数的有效性取决于它的可靠性。然而，关于 β 系数的实证结果并不乐观。我们预期 β 系数更高的公司具有更高的收益率，但实际情况并非如此，β 系数未能准确反映公司的未来收益情况。鉴于量化风险与收益之间关系的重要性，金融研究者提出了其他资产定价模型。后续模型加入了市场风险以外的更多风险因素。公司规模和账面市值比有助于预测收益率，因此新模型通常在使用 β 系数衡量市场风险的基础上还考虑了这些特征的影响。

案例　　股票是好还是差

基本财务理论教会我们如何看待风险与预期收益的关系。简而言之，风险与预期收益呈正相关关系。高风险投资需要提供较高的预期收益率，否则不会有人进行这样的投资。需求的缺乏会导致该投资的价格下降，直至它向新购买者提供与风险匹配的高收益率。较高的收益率是承担额外风险的报酬，同样地，低风险投资提供较低的预期收益率。

金融领域主要采用两种衡量方法量化风险，分别是收益率的波动性和 β 系数。收益率的波动性反映了收益率偏离平均收益率的幅度，通常使用方差或标准差衡量。β 系数反映了一项投资具有多大的市场风险。这些衡量方法非常有用，能帮助我们评估一项投资或投资组合的风险以及估计承担风险所要求的风险溢价。

然而，人们对风险的看法并不完全与财务理论框架相符。首先，对于某项投资，比起收益率与预期的偏离情况，投资者更关心收益率是否会低于预期。换言之，在投资者看来，收益率高于预期不算风险，只有收益率低于预期或者发生投资损失才被视为风险。其次，现实中人们投资时不考虑高风险高收益的原则，相反，他们只考虑一项投资是好还是差。三个经济学家做了这样一项实验，实验邀请拥有高资产净值人士做出他们对《财富》500强企业中的200多家公司的预期收益率预测和风险评估。汇总所有答案后，对风险与收益的分析结果呈现为另一种关系，如下图所示。是否注意到有所异常？该图表明，人们预期风险低的企业能实现更高的收益。人们好像认为预期收益率与风险呈负相关关系，这完全有悖于财务理论。人们没有按照高风险高收益、低风险低收益的原理评估企业，而是从股票好或差的角度思考。所谓好股票具有哪些特征呢？对人们而言，好股票的特征就是收益高且风险低。对于收益高且风险低的股票，投资者视其为好股票；对于收益率低而风险高的股票，投资者视为差股票。心理学家认为投资者的这种感知或期望是主观情感的结果。

遗憾的是，按照主观感知来考虑风险与收益，导致投资者误解了预期收益率与风险的本质关系，进而导致投资决策不当。

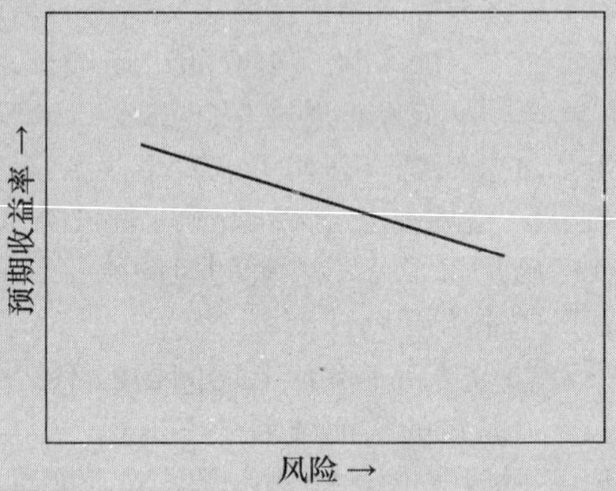

投资者对《财富》500强企业的业绩与风险的感知

资料来源：Meir Statman，Kenneth Fisher，and Deniz Anginer，"Affect in a Behavioral Asset-Pricing Model，" Copyright 2008，CFA Institute，Reproduced and republished from *Financial Analysts Journal*，April-March 2008，Figure 3，with permission from the CFA Institute. All rights reserved.

资本市场有效性

风险与收益的关系建立在一个基本假设之上，即股票价格普遍是"正确"的，公允反映了其价值，股票价值没有被高估或低估。假设存在这样一个市场：低风险的股票价值被低估，也就是说该股票的β系数较低，但实际预期收益率较高。随着股票价格逐步回升至正确的价值，被低估的股票会带来相对更高的收益率。这与资本资产定价模型所阐述的风险与收益的关系相悖。通过投资被低估的股票，投资者承受低风险而获得高收益。然而，如果投资者购买了被高估的股票，实际获得的收益率不足以补偿投资者所承受的风险。投资者会选择将资金用于最佳投资，卖出被高估的股票而买入被低估的股票。如此一来，被高估的股票价格下跌，而被低估的股票价格上涨，直至两类股票的收益率与其风险相匹配。可见，风险与收益的关系依赖于价格普遍正确这一前提。

有效市场（efficient market）的形成需要具备哪些条件？一般来说，有效市场或者说完全竞争市场具有如下特征：

- 大量的买者和卖者；
- 没有过高的进入障碍；
- 所有市场参与者能免费且容易地获取所有信息；
- 低交易成本。

美国股票市场是否满足所有条件？美国股票市场中，每天有数百万的投资者进行证券买卖活动；贴现经纪人和网上交易商的存在使得交易成本相当低，也不存在市场进入障碍；信息的来源越来越多，且容易获取；佣金成本和买卖价差也稳步下降。大型公司股票的每日交易量数以百万计，美国股票交易所看来符合有效市场的条件。然而，美国股票市场的某些分市场交易量很小，如交易**低价股票**（penny stocks）的市场。小型企业的股票价格可能不公允，这类企业被操纵的可能性大。在 20 世纪 70 年代和 80 年代，低价股王迈耶·布林德（Meyer Blinder）和他的公司 Blinder-Robinson 因为操纵低价股票的价格而臭名昭著，掏空了小股票市场上许多个人投资者的口袋。那个年代，主要通过电子邮件和网站发布假消息操纵低价股票的价格。

有效市场假说

市场有效性的概念为我们提供了一个很好的便于理解股价如何变化的框架。**有效市场假说**（efficient market hypothesis，EMH）认为，有效市场中股票价格完全反映了所有可以获得的信息。在任意时点，任一股票或债券的价格都反映了市场参与者对公司未来前景的集体智慧。有新信息时，证券价格会发生变化。我们不能预测关于公司的新信息是好消息还是坏消息，因此我们也不能预测股价是上涨还是下跌，这使得短期股价变动难以预测，但长期来看，随着市场参与者收集并吸收所有可获得的信息，股价会调整至相应适当水平。

有效市场假说引发了一个思考，当前股票价格包含了哪些信息？这些信息可分成三种类型，相应地，市场有效性具有三种基本水平：

1. 弱式有效市场。在弱式（weak-form）有效的情况下，当前市场价格反映了所有当前和过去的证券交易信息，包括当前和过去的股票价格以及交易量等。

2. 半强式有效市场。半强式（semistrong-form）有效市场中，当前市场价格反映了所有关于公司运营前景的**公开信息**（public information），如财务报表、新闻以及分析师意见等。

3. 强式有效市场。强式（strong-form）有效市场中，当前市场价格反映了所有信息。除公开信息以外，价格还反映了尚未公开、仅有部分人如管理者、会计师、审计师等知晓的**内幕信息**（privately held information）。

有效市场的三种形式取决于股价包含的信息程度。还有第四种可能，即市场无效，股价不能反映任何已知消息。

弱式有效市场包含的信息量最少，股票价格仅反映过去的交易信息，如价格和交易量等。如果弱式有效市场假说成立，该层次的有效性具有重要影响：投资行业的某些机构利用价格和交易量的图表做出及时的投资决策，技术分析会出现大批追随者，形成其自身关于股价变化规律和趋势的术语。如果市场至少弱式有效，则价格已经反映了当前和过去的信息，但并不会产生有用的对未来价格变动的预测，预测只是浪费时间而已。事实上，从价格图表服务获利最多的人是服务提供者，而不是购买和使用这些服务的投资者。

半强式有效市场假说认为股票价格反映了所有公开信息。过去的股票价格和交易量都属于公众可获得的信息，因此，该层次的有效性包含了弱式有效性。如果对市场而言公开信息是有效的，这对于投资决策具有重要的意义。许多投资者根据已获得的财务数据和其他公开信息进行证券分析，以评估公司股票是否被低估或高估。在半强式有效市场中，股票价格已经反映了这些信息，股票价格是"正确"的。仅使用公开信息不能确定股票是否被错误估值，因为股票价格已经完全反映了这些信息。

如果价格反映了所有公开信息，那么当交易商获得新信息或内幕信息时，价格才会作出反应。假设某公司宣布季度盈利比预期更好，交易商和投资者已经把原盈利预期反映至股票价格，那么他们获得并吸收这个新信息之后，股票价格会迅速上升至新的准确的价格，如图 10—3 中黑色实线所示。盈余公告之前，股票价格为 35 美元，公告之后立刻上涨至 40 美元。如果你打算在闻讯之后购买该股票，那么交易价格已是 40 美元，不会从该季度盈余利好消息中获得任何好处。如果市场没达到半强式有效，那么股票价格仍可能反应迅速，但不准确。图 10—3 中下方虚线显示了非半强式有效市场的价格反应，公告之后，价格继续向上移动。价格渐进移动至"正确"的价格，表明市场最初对盈余消息的反应不足。这种情况下，在盈余公告之后购买股票仍能获取收益。图 10—3 中上方虚线显示了市场对公司盈余高于预期的消息作出过度反应。公司对盈余、股票分割或股利分配等信息的公告会影响股票价格，如果市场对公告要么反应不足，要么反应过度，则认为该市场没有半强式有效。

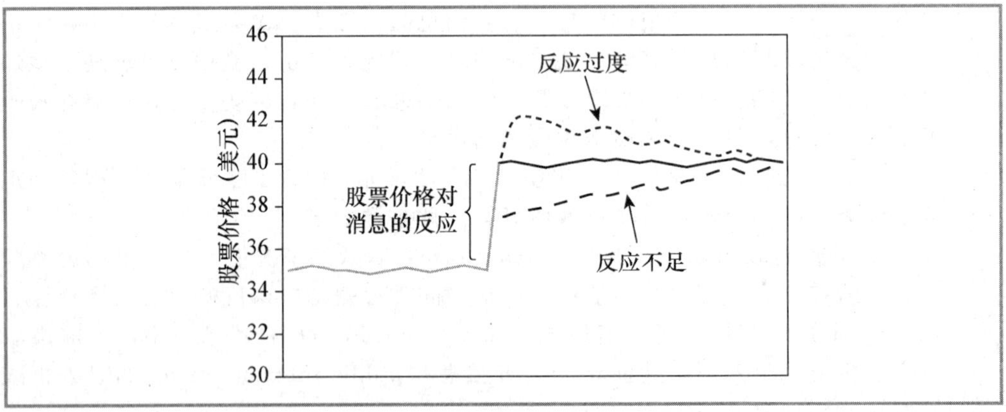

图 10—3　利好消息的股价反应

注：股票价格对消息迅速作出反应，但作出的反应正确吗？

强式有效市场中，市场已对所有信息做出完全反应。强式有效市场不仅包含了弱式有效市场和半强式有效市场的信息，还包含了内幕信息，公司内部人员如 CEO 和 CFO 知道一些尚未向公众发布的信息，他们可能利用这些内幕信息进行股票交易，他们进行的交易会导致股票价格变动，这又反映出这些私有信息。如此一来，股票价格会反映包括内幕信息在内的所有信息。需要注意的是，公司的管理者、会计师和审计师提前已获悉公司实现未预期的高季度盈利，如果股票价格已经反映了这一内幕消息，那么盈余公告时不会出现如图 10—3 所示的价格反应。

那么，股票市场是否有效？如果有效，属于何种层次？这是一个激烈争论了数十年的话题，争论仍在继续。当前市场不太可能是强式有效市场。进行内幕交易会被处罚，说明内幕信息必定有价值。许多证据表明，市场可能是弱式有效或半强式有效。当然，我们也有证据表明，市场不属于这三种有效水平中的任何一个，后续将继续探讨这一点。

行为金融

有关市场有效性的争论在实际中表现为，许多专业投资者不断寻找错误定价的股票。如果发现被低估的股票，他们会购买它，从而抬高其价格直至正确定价。同样地，投资者会卖出被高估的股票，从而使得其价格下降直至正确估值。众多投资者在寻找市场的“错误”，因而市场不可能留存股票被错误定价的任何机会。

对市场有效性的争论是具有说服力的。市场是由许多人相互交易形成的。当有人进行交易决策时受到情感或心理偏差的影响，所做的决策可能会缺乏理性。当许多人陷入这种影响，交易者受情感影响而远离理性，他们的交易决策可能导致股价偏离正确的价格。例如，许多人认为，20 世纪 90 年代后期投资者对科技股的热衷极不理智，他们狂热的购买激情促使股票价格上涨至人为的虚高水平。2000 年，激情退去，科技股的股价开始暴跌。当股票价格虚高到不能再高，继而崩溃，市场经历了所谓的**股市泡沫**（stock market bubble）。

过去的几十年来，金融研究者致力于**行为金融**（behavioral finance）研究，发现人们常常按照一种极有可能“非理性”的方式行事。有些时候，投资者似乎过于乐观，就好像他们戴着玫瑰色的眼镜，而有些时候投资者又过于悲观。常见的投资决策不一定是最优的，这不符合经济学家对理性经济人的预期。那么或许，如果买卖双方并不总是做出理性的决策，资本市场就不会成为完全竞争市场或有效市场。

某只股票的价格要受到许多有偏见的投资者的影响，它才可能被视为错误定价。然而，某家公司的重要决策通常仅由 CEO 或者一支管理团队作出，这样一来，他们的偏见会对涉及数亿甚至数十亿美元的决策产生直接影响。换言之，行为金融对经济决策的影响中，企业行为的作用可能比市场行为更显著。以心理学概念过度自信为例，**过度自信**（overconfidence）作为最普遍的偏见之一，描述了人们高估自身知识的准确性和低估决策风险的倾向。这些问题会对重要投资决策如收购其他公司以及融资决策如发行新股票或债券等产生不利影响。

案例　泡沫问题

许多专业人士批判有效市场假说，因为整个市场有时过高、有时过低。市场水平虚高的典型例子是市场泡沫事件。市场泡沫期间，市场因猖獗的投机而迅速膨胀，随后崩溃，在泡沫高峰买入的投资者几乎全额损失。

美国较早的股市泡沫之一是 1929 年的泡沫和大崩盘。如下图所示，道琼斯工业平均指数（DJIA）在 1927 年约为 160 点，至 1929 年 10 月，道琼斯工业平均指数已经上涨至近 400 点，然后开始崩盘，至 1932 年中期，道琼斯工业平均指数已经下跌至 40 点。持续下跌恰逢经济衰退。左图还显示了黄金价格泡沫。黄金价格在 1979 年 1 月是每盎司 230 美元。20 世纪 70 年代末和 80 年代初整体经济的通货膨胀率达到两位数，许多投资者认为黄金是非常安全且保值的投资。仅仅一年后，黄金价格暴涨至每盎司 870 美元。然后，不到两年半的时间里它又跌破 300 美元。黄金是另一个泡沫吗？2008 年底，黄金价格为每盎司 750 美元，到 2011 年猛涨至 1 900 美元，于 2012 年徘徊在 1 600 美元。

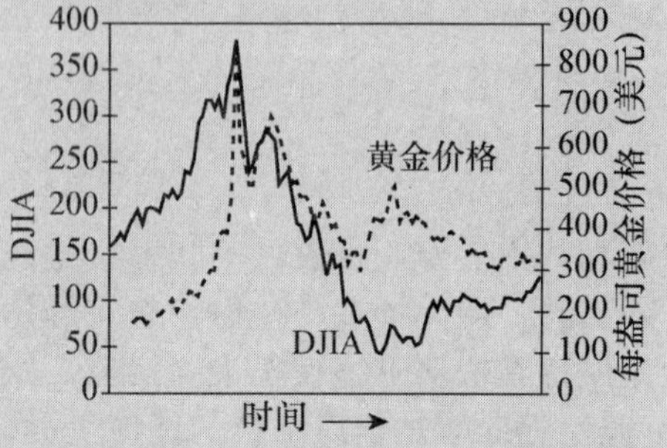

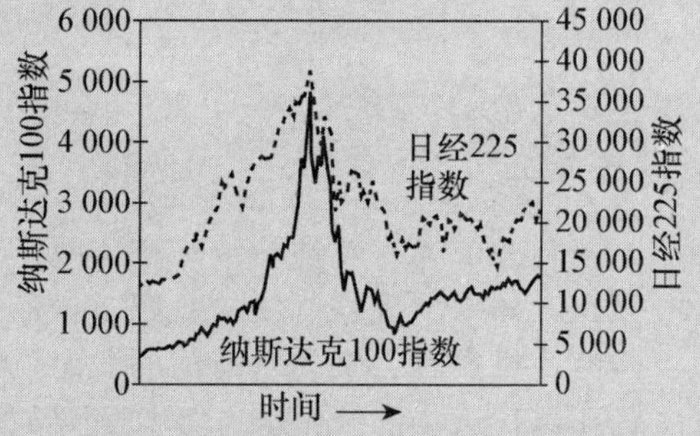

你是否了解 20 世纪 90 年代期间壮观的科技泡沫事件？纳斯达克 100 指数从 1985 年的 250 点飙升至 2000 年 3 月 24 日的 4 816.35 点。接着，在两年半的时间里下跌至低于 1 000 点。纳斯达克 100 指数的上涨和下跌似乎比 20 世纪 80 年代日本股市泡沫更显著。日经 225 指数在 1985 年 1 月 2 日为 11 543 点，然后一直飙升，于 1989 年 12 月 29 日收盘时高达 38 916 点。泡沫破灭后，日本股市暴跌。日经指数尚未完全恢复，现在为 16 500 点左右。

有效市场假说的批判者认为，整个股市或其主要部分在泡沫事件前后得不到正确估值。在泡沫膨胀期间，当然会出现高估现象。

给财务管理者的启示

财务管理者必须理解风险与收益之间的重要关系，主要原因有如下几个方面。首先，虽然本书是通过资本市场阐述了风险与收益之间的关系，但它同样适用于许多经营决策。企业的产品组合、营销活动以及研究和开发活动等均存在风险和潜在收益。结合风险与收益的概念和框架来理解并分析这些决策，有助于管理者做出更好的决策。此外，投资者必须了解在公司运营各个时期股东要求的收益率。毕竟，公司必须从各种风险活动中获取足够的收入，以维持经营、支付债务以及回报股东等，因此，管理者在分析新商业机会时，必须考虑股东要求的回报。

企业和资本市场可直接互动。例如，对市场效率有很好的了解，可以帮助管理者理解本公司股票价格会对不同类型的决策（如股利变化）和新闻公告（如未预期的高或低盈利能力等）作出何种反应。实际上，许多管理者持有本公司的股票，其薪酬方案依赖于股票价格，如**限制性股票**（restricted stock）和**股票期权**（executive stock options）。公司也会定期发行股票以筹集更多的资本，而股票销售依赖于市场有效性假设。公司不希望在股票价格过低时发行股票，而是希望在股票被高估的任何时点出售更多的股票。此外，有时候公司也会回购股票。同样地，公司希望在股票被低估时而非被高估时进行股票回购。当然，如果证券市场有效，估值并不是一个问题。

使用固定增长率模型计算必要收益率

数十年来，财务管理者均使用资本资产定价模型计算股东要求的收益率。考虑到β系数的局限，许多人认为资本资产定价模型并不是一个很有用的计算合理收益率的模型。有些人转而使用另一个模型计算必要收益率，即第8章所讲的固定增长率模型，模型可表述为如下公式：

$$\begin{aligned} i &= \text{股利收益率} + \text{固定增长率} \\ &= D_1/P_0 + g \end{aligned} \tag{10—6}$$

当然，这个模型假设股票定价是有效的。该模型的优点在于它采用当前公司数据（股利D_1和价格P_0）和一个简单的远期估计（增长率g）来评估投资者目前对股票的预期收益率i。例如，表10—2列示沃尔玛公司的β系数为0.35，使用该β系数，表10—3计算出该风险水平下股东对持有沃尔玛股票要求的收益率仅为7.45%。你可能很难相信，沃尔玛的股东对这家世界上最具盈利能力的公司仅要求这么低的一个回报率。这或许是资本资产定价模型不适用的情况之一。使用固定增长率模型会如何呢？预期沃尔玛今年会支付股利1.35美元，股票当前价格为每股55美元。金融分析师认为，沃尔玛在未来5年里每年将以10%的增长率增长。根据固定增长率模型，沃尔玛股东预期的收益率=1.35/55+0.10=12.45%。那么，资本资产定价模型计算出的7.45%和固定增长率模型计算出的12.45%，哪一个收益率更合理呢？沃尔玛投资者预期的收益率很可能更接近于12%。

财务管理者需要估计股东的必要收益率，以便作出关于公司未来发展的合理决策。优秀的财务管理者会尽可能多地采用各种模型计算股东必要收益率，以确定最现实的预期值。

例10.4　计算必要收益率

根据表10—3的数据，3M公司、家得宝公司和英特尔公司的必要收益率分别为10.9%，10.5%和13.1%。考虑到这三家公司是道琼斯工业平均指数的成分股而且是行业的领导者，这样的预期未免过低。结合以下数据，使用固定增长率模型计算必要收益率。

	预期股利（美元）	当前价格（美元）	分析师估计的增长率
3M公司	2.16	85.30	12.0%
家得宝公司	0.98	31.50	13.3%
英特尔公司	0.70	21.20	12.3%

[解答]

根据式（10—6）分别计算每一家公司的必要收益率：

3M公司的必要收益率=(2.16÷85.30)+12.0%=14.5%

家得宝公司的必要收益率=(0.98÷31.50)+13.3%=16.4%

英特尔公司的必要收益率=(0.70÷21.20)+12.3%=15.6%

通过计算可知，固定增长率模型估计的收益率比资本资产定价模型估计的收益率高出2～5个百分点。当资本资产定价模型估计的收益率似乎过高或过低时，可使用固定增长率模型进行检验。

简述题

1. 假设某资产在任何一种经济状态下的收益率均相同，那么该资产的标准差即风险是多少呢？并加以解释。

2. 为什么说预期收益率是“前瞻性”的？实务者使用预期收益率存在哪些挑战？

3. 2000年，标准普尔500指数的收益率为－9.1%，而短期国库券的收益率是5.9%，这是否意味着市场风险溢价为负？解释原因。

4. 市场风险溢价的大小如何影响人们购买股票的欲望？

5. 描述将无风险证券加入到现代投资组合理论，如何使投资者能取得比有效边界更好的投资组合。

6. 作图示意β系数为1.3的股票位于证券市场线的何处，并指出如果该股票被低估，它将落在哪个位置。

7. 假设你的投资组合有三只股票，你打算加入第四只，你想知道第四只股票是增加还是降低投资组合的风险。比较并对比将标准差和β系数作为风险衡量指标如何进行评估。

8. 描述无风险证券与市场组合的不同组合如何实现所需的市场风险水平，并分别举例风险规避者的投资组合和非风险规避者的投资组合。

9. 美国思科系统公司的β系数为1.25，这是否意味着你应该预期思科公司提供的收益率比标准普尔500指数的收益率高25个百分点？解释为什么。

10. 根据表10—2可发现，道琼斯工业平均指数中的一些科技公司如英特尔公司具有较高的市场风险，而另一些公司如美国电话电报公司和威瑞森通信公司等具有较低的市场风险。如何解释这种情况？

11. 从三种不同来源获取通用电气公司的β系数，并比较这三个值，为什么它们可能存在差异？

12. 如果自行计算β系数，关于市场组合的选取、收益率的期间和收益率的期数，你会做出何种选择？证明你的选择。

13. 如果你能系统地找到被高估的股票和被低估的股票，解释风险与收益的正相关关系如何失效。

14. 指出下列事件分别对应哪个层次的市场有效性：

a. 盈余公告后股票价格立即上涨，并保持在新的水平。

b. 公司首席执行官购买50 000股本公司股票，股票价格没有发生变化。

c. 股票分割计划公布后，股票价格立即上涨，但第二天股价又下跌，跌幅为前一日涨幅的1/2。

d. 某投资者通过分析公司季度和年度的资产负债表和利润表来寻找被低估的股票。该投资者实现的收益率与标准普尔500指数一致。

15. 为什么大多数通过互联网和电子邮件进行的投资骗局涉及的是低价股票，而不是标准普尔500指数成分股？

16. 描述一个股市泡沫。泡沫能否只发生在单只股票上？

17. 如果股票价格不是强式有效，那么公司宣布股票回购时，股票价格会作出何种反应？并加以解释。

18. 比较并对比使用资本资产定价模型和固定增长率模型计算必要收益率时这两个模型所依据的假设。

19. 资本资产定价模型和固定增长率模型计算出的必要收益率存在很大差异时，应该如何处理这种情况？

计算题

1. 假设存在三种经济状态，它们的概率和预期收益率分别如下表所示。根据这些数据，计算预期收益率。

经济状态	概率	收益率
高速增长	0.2	40%
缓慢增长	0.4	10%
经济衰退	0.4	−25%

2. 如果无风险收益率为 6%，风险溢价为 5%，预期收益率为多少？

3. 标准普尔 500 指数在 1986—1995 年期间的年平均收益率为 15.8%，同一时期短期国库券的年平均收益率为 5.6%。这 10 年期间市场风险溢价为多少？

4. 某公司的 β 系数为 0.24，市场的预期收益率为 11%，无风险收益率为 4%。计算该公司的必要收益率。

5. Netflix 公司的 β 系数为 3.61，预期市场收益率为 13%，无风险收益率为 6%。Netflix 公司的风险溢价为多少？

6. 你原有个 β 系数为 0.94 的投资组合。如果你把 95%的资金投于原投资组合，5%的资金投资于 β 系数为 0.78 的股票，新投资组合的 β 系数为多少？

7. 纳斯达克股市泡沫在 2000 年达到顶峰，指数最高达 4 816 点。两年半后纳斯达克指数下跌至 1 000 点。下跌比例为多少？

8. Paccar 公司的当前股价为每股 73.10 美元，预期下一年很可能支付每股 2.69 美元的股利。分析师预测 Paccar 公司的增长率为 11.2%。Paccar 公司的必要收益率为多少？

9. 经济状态的概率分布与第 1 题相同，如下表所示，计算预期收益率的标准差。

经济状态	概率	收益率
高速增长	0.2	40%
缓慢增长	0.4	10%
经济衰退	0.4	−25%

10. 某公司管理者认为本公司下一年会实现 14%的收益率。该公司的 β 系数为 1.5，市场的预期收益率为 12%，无风险收益率为 4%。计算给定风险水平下该公司的预期收益率。如果管理者预测属实，该公司是被低估还是高估？

11. 你持有 10 000 股奥林匹克钢铁公司股票、7 000 股租赁公司股票以及 8 000 股林肯教育公司股票，该三家公司的 β 系数依次为 2.7，1.5，0.5。你的投资组合 β 系数为多少？

12. 根据下表中四种经济状态的概率、预期收益率等数据，计算预期收益率及其标准差。

经济状态	概率	收益率
高速增长	0.30	60%
缓慢增长	0.50	13%
经济衰退	0.15	−15%
经济萧条	0.05	−45%

13. 你持有丹尼公司股票 10 000 股，持有奎斯特通讯公司股票 15 000 股，持有美国西南航空公司股票 5 000 股。丹尼公司、奎斯特通讯公司和美国西南航空公司的 β 系数分别为 2.9，1.5 和 0.7。假设市场的预期收益率为 11.5%，无风险收益率为 4.5%。市场风险溢价为多少？该三只股票的风险溢价分别为多少？投资组合的风险溢价为多少？

14. 你的投资情况如下表所示，投资组合的 β 系数为多少？假设你预期市场收益率为 12%，无风险收益率为 3.5%，投资组合的必要收益率为多少？

	股价（美元）	股数	β 系数
亚马逊公司	40.80	100	3.8
家庭美元百货公司	30.10	150	1.2
麦克森公司	57.40	75	0.4
先灵葆雅公司	23.80	200	0.5

15. 根据表格中的数据，分别使用资本资产定价模型和固定增长率模型计算每家公司的必要收益率，比较并讨论计算结果。假设市场组合的预期收益率为 12%，无风险收益率为 3.5%。

	当前股价（美元）	下一期股利（美元）	增长率	β 系数
美国合众银行	36.55	1.60	10.0%	1.8
普莱克斯公司	64.75	1.12	11.0%	2.4
伊士曼柯达公司	24.95	1.00	4.5%	0.5

16. 如文中所述，某公司的 β 系数估计值会随各种因素的不同而不同，如估计期间、市场组合代表、收益期间等。你将通过对微软公司的收益率数据进行计算，进一步阐述该情况。

a. 分别使用标准普尔 500 指数、道琼斯工业平均指数以及纳斯达克指数作为市场组合的代表，利用 45 个月的收益率数据，计算微软公司的 β 系数，并比较计算出的三个 β 系数值。

b. 选取标准普尔 500 指数作为市场组合，使用最近 30 个月的收益率数据，计算微软公司的 β 系数，并将其与 a 中使用标准普尔 500 指数和 45 个月数据计算的 β 系数进行比较。

日期	微软公司（%）	标准普尔 500 指数（%）	道琼斯工业平均指数（%）	纳斯达克指数（%）
2010 年 10 月	0.52	3.38	2.59	2.90
2010 年 9 月	8.90	3.69	3.06	5.86
2010 年 8 月	4.35	8.76	7.72	12.04

续前表

日期	微软公司(%)	标准普尔 500 指数(%)	道琼斯工业平均指数(%)	纳斯达克指数(%)
2010 年 7 月	−8.57	−4.74	−4.31	−6.24
2010 年 6 月	12.15	6.88	7.08	6.90
2010 年 5 月	−10.80	−5.39	−3.58	−6.55
2010 年 4 月	−15.15	−8.20	−7.92	−8.29
2010 年 3 月	4.28	1.48	1.40	2.64
2010 年 2 月	2.15	5.88	5.15	7.14
2010 年 1 月	2.23	2.85	2.56	4.23
2009 年 12 月	−7.56	−3.70	−3.46	−5.37
2009 年 11 月	3.62	1.78	0.80	5.81
2009 年 10 月	6.54	5.74	6.51	4.86
2009 年 9 月	7.81	−1.98	0.00	−3.64
2009 年 8 月	4.34	3.57	2.27	5.64
2009 年 7 月	5.40	3.36	3.54	1.54
2009 年 6 月	−1.03	7.41	8.58	7.82
2009 年 5 月	13.79	0.02	−0.63	3.42
2009 年 4 月	3.77	5.31	4.07	3.32
2009 年 3 月	10.28	9.39	7.35	12.35
2009 年 2 月	13.73	8.54	7.73	10.94
2009 年 1 月	−4.92	−10.99	−11.72	−6.68
2008 年 12 月	−12.02	−8.57	−8.84	−6.38
2008 年 11 月	−3.85	0.78	−0.60	2.70
2008 年 10 月	−8.85	−7.48	−5.32	−10.77
2008 年 9 月	−16.33	−16.94	−14.06	−17.73
2008 年 8 月	−2.18	−9.08	−6.00	−11.64
2008 年 7 月	6.53	1.22	1.45	1.80
2008 年 6 月	−6.52	−0.99	0.25	1.42
2008 年 5 月	−2.85	−8.60	−10.19	−9.10
2008 年 4 月	−0.33	1.07	−1.42	4.55
2008 年 3 月	0.48	4.75	4.54	5.87
2008 年 2 月	4.34	−0.60	−0.03	0.34
2008 年 1 月	−16.25	−3.48	−3.04	−4.95
2007 年 12 月	−8.41	6.12	−4.63	−9.89
2007 年 11 月	5.95	−0.86	−0.80	−0.33
2007 年 10 月	−8.42	−4.40	−4.01	−6.93
2007 年 9 月	24.92	1.48	0.25	5.83
2007 年 8 月	2.55	3.58	4.03	4.05
2007 年 7 月	−0.55	1.29	1.10	1.97
2007 年 6 月	−1.63	−3.20	−1.47	−2.19
2007 年 5 月	−3.96	−1.78	−1.61	−0.05
2007 年 4 月	2.82	3.25	4.32	3.15
2007 年 3 月	7.44	4.33	5.74	4.27
2007 年 2 月	−1.06	1.00	0.70	0.23

c. 使用下表的季度收益率数据计算微软公司的 β 系数，并将其与 a，b 中的 β 系数估计值进行比较。

日期	微软公司（%）	标准普尔 500 指数（%）
2010 年第三季度	3.90	7.41
2010 年第二季度	−15.11	−7.17
2010 年第一季度	8.89	10.51
2009 年第四季度	2.06	3.64
2009 年第三季度	18.56	4.93
2009 年第二季度	16.85	13.14
2009 年第一季度	19.25	5.68
2008 年第四季度	−22.89	−14.75
2008 年第三季度	−12.82	−23.56
2008 年第二季度	−9.49	−8.53
2008 年第一季度	−12.20	0.51
2007 年第四季度	−11.13	−11.03
2007 年第三季度	27.40	6.47
2007 年第二季度	−2.85	−1.83
2007 年第一季度	−2.64	3.07

第 11 章

资本成本

- 加权平均资本成本公式
- 企业 WACC 与项目 WACC
- 分部 WACC
- 发行成本

学习目标

1. 理解资本成本与投资者必要收益率之间的联系。
2. 使用加权平均资本成本计算公式计算项目的资本成本。
3. 阐述企业如何估计普通股成本、优先股成本以及债务成本。
4. 计算估计加权平均资本成本所需的权重。
5. 确定计算项目加权平均资本成本时所需的各个要素。
6. 评价企业加权平均资本成本和分部加权平均资本成本的利弊。
7. 区别分部加权平均资本成本的主观方法和客观方法。
8. 阐述如何调整加权平均资本成本以反映证券发行成本。

引文

前两章中，我们讨论了投资者在既定风险水平下的必要收益率。本章主要从企业的视角来思考这个问题：为筹集用于支持企业运营和扩张的债务及权益资本，企业需要支付多少成本？为了获取业务运营、项目以及业务扩张所需的资金，企业可能将筹集债务及权益资本结合起来。第14章将探讨管理者在确定最佳资本结构组合时需要考虑的因素。在这里，我们假设管理层已经做出最佳组合决策，我们的任务则是执行该资本结构决策。

正如前面的章节所述，投资者面临着各种各样的风险，债务、优先股以及普通股权益等方面的风险不尽相同，因此，他们对每种债务或权益资本要求的收益率也有所差异。当企业结合使用多种融资来源时，我们必须计算投资者的平均必要收益率。由于企业使用的债务资本和权益资本通常不相等，我们需要计算加权平均值，权重则根据所使用的债务资本和权益资本的比例确定。

使用**个别成本**（component cost）计算企业加权平均资本成本时，需要注意的一点是向普通股股东和优先股股东支付的股利不可在计税前扣除。向债权人支付的利息可在计税前扣除，因此，企业有效税后债务成本等于债务利率乘以一减去合理的企业所得税率。

例如，某家企业筹集了100万美元的债务资本，票面利率为10%，税率为35%。可知，企业支付的票面利息为10万美元，但是这10万美元的票面利息并非就是企业的债务融资成本，10万美元的利息可以税前扣除，能帮助企业减少3.5万美元的税款。因此，支付10万美元的利息能节省3.5万美元的税款，债务的有效税后成本为6.5万美元，有效税后利率为6.5%。

视　角

商业应用

某MP3设备公司即将推出一个新项目，旨在发明并营销一种由MP3播放器和投影仪相结合的新产品。该MP3设备公司目前的资本结构由负债、普通股和优先股组成，不过公司考虑以推出新项目为契机，改变现有资本结构。

公司计划，新项目所需的资金将由

个人应用

麦肯奇目前已获取学士学位，正在考虑回研究生院攻读硕士学位。为获得学士学位，她目前已贷有17 125美元的助学贷款，利率为8%。如果要顺利读取硕士学位，预计她还需要以相同的利率再贷款29 000美元。

美国国税局允许负有学生贷款的纳税

40%的债务、10%的优先股和 50%的普通股混合筹集。该公司目前拥有 1 000 万股流通在外的普通股，股价为每股 18.75 美元，预计从现在起一年内支付年股利 1.35 美元/股，之后股利按 6%的固定增长率保持增长。该公司的债务资本为 20 年期的长期债券，票面利率为 10%，面值为 15 000 万美元，市场价值为 16 500 万美元。该公司的资本结构中还包括 100 000 股按面值发行的、股息率为 10%的优先股。

如果该公司的边际利率为 34%，评估新项目时公司应该使用的加权平均资本成本为多少？

人可将这类贷款的利息在税前扣除，但最高可扣除额为每年 2 500 美元。假设麦肯奇毕业时的边际个人所得税税率为 25%，那么在取得硕士学位顺利毕业后，她支付助学贷款的平均税后利率为多少？

加权平均资本成本公式

每单位所筹集资本的平均成本称作**加权平均资本成本**（weighted-average cost of capital，WACC）。我们通常使用式（11—1）计算加权平均资本成本。

$$\begin{aligned}\text{WACC} &= \text{普通股资本比例} \times \text{普通股成本} + \text{优先股资本比例} \times \text{优先股成本} + \text{债务资本比例} \times \text{税后债务成本} \\ &= \frac{E}{(E+P+D)} \times i_E + \frac{P}{(E+P+D)} \times i_P + \frac{D}{(E+P+D)} \times i_D \times (1-T_C)\end{aligned} \tag{11—1}$$

式中，E 为项目或企业所筹集的普通股权益资本的市场价值；P 为优先股权益资本的市场价值；D 为债务资本的市场价值；$E/(E+P+D)$ 为普通股融资比例；$P/(E+P+D)$ 为优先股融资比例；$D/(E+P+D)$ 为债务融资比例；i_E 为普通股成本；i_P 为优先股成本；i_D 为税前债务成本；T_C 为合适的企业所得税率。

需要注意的是，计算权重时，我们使用的是市场价值而非账面价值，因为市场价值反映了投资者愿意为各种证券支付的价格。

计算普通股成本

我们可以使用资本资产定价模型计算普通股成本 i_E。

$$i_E = R_f + \beta(R_M - R_f) \tag{11—2}$$

或者，我们可以假设所讨论的普通股正如第 8 章讨论的那样，是一只增长率固定的股票。基于这个假设，我们还可以使用固定增长率模型计算普通股成本 i_E。

$$i_E = D_1/P_0 + g \tag{11—3}$$

哪种计算方法更好？理论上来说，两种方法所产生的计算结果应该一致，但一些实际原因可能会影响你的抉择，这取决于具体情况。

1. 某些情况下，缺乏足够的历史数据计算β系数，比如新上市的股票，或者某些情况下，某只股票系统风险的历史水平不能很好地反映未来风险水平，而β系数是基于系统风险的历史数据计算得到，并且反映的是未来风险水平。因此，对于这些情况，资本资产定价模型不是首选。

2. 在固定股利增长率能预测的情况下，采用固定增长率模型是合适的，但是对于没有固定股利增长率的股票，尽管你可以调整模型，但这样做可能导致巨大的错误。因此，对于股利增长不规律的股票，固定股利增长率模型不是最佳选择。

总而言之，大多数情况下采用资本资产定价模型计算普通股成本更为准确，然而，如果遇到固定增长率模型适用的情况，当然也可以使用它。最好有充分的数据能使用两个模型，那么我们可以同时使用两个模型进行计算，并对计算结果取平均数作为普通股成本的估计值。

例 11.1　普通股成本

ADK 公司的普通股价格为每股 32.75 美元，预期下一年的股利为每股 1.54 美元。如果 ADK 公司预期未来的股利将每年按 6%的增长率永续增长，当前无风险收益率为 3%，市场预期收益率为 9%，该股票的β系数为 1.3，公司的普通股成本为多少？

［解答］

使用资本资产定价模型计算的普通股成本为：

$$i_E=R_f+\beta(R_M-R_f)$$
$$=0.03+1.3\times(0.09-0.03)=10.80\%$$

使用固定增长率模型计算的普通股成本为：

$$i_E=D_1/P_0+g$$
$$=1.54/32.75+0.06=10.70\%$$

因此，ADK 公司普通股成本的最佳估计值为（10.80%＋10.70%）/2＝10.75%。

计算优先股成本

如第 8 章所述，优先股是固定增长率模型的特殊情况，该情况下增长率g为零。因此，我们可以使用简化的固定增长率模型计算优先股成本。

$$i_P=D_1/P_0 \qquad (11—4)$$

例 11.2　优先股成本

假设 ADK 公司发行在外的优先股有 100 万股，股息率为 7%，交易价格为每股 72 美元。ADK 公司的优先股成本为多少？

［解答］

ADK 公司的优先股成本为：

$$i_P=D_1/P_0$$
$$=7/72=9.72\%$$

计算债务成本

由于债务融资具有税盾效应，计算债务成本实际可分为两个部分：首先，我们必须估计税前债务成本 i_D，然后将其调整为税后成本。

为了估计税前债务成本 i_D，我们必须计算企业当前债务的到期收益率。

$$PV=PMT\times[1-1/(1+i_D)^N]/i_D+FV/(1+i_D)^N \qquad (11—5)$$

根据上述公式，计算出使得债券面值和票面利息的现值等于债券当前价格的利率。然后，将计算结果乘以（$1-T_C$），即可得到调整后的税后债务成本。

例 11.3　债务成本

ADK 公司拥有 30 000 张发行在外的债券，票面利率为 8%，到期期限为 20 年。债券当前价格为面值的 97.5%，公司平均税率为 35.92%。ADK 公司的税前债务成本和税后债务成本分别为多少？

［解答］

使用式（11—5）计算税前债务成本：

$$975=80\times[1-1/(1+i_D)^{20}]/i_D+1\,000/(1+i_D)^{20}$$

计算得到税前债务成本 $i_D=8.26\%$。

将税前债务成本乘以一减税率，得到税后债务成本 $=8.26\%\times(1-35.92\%)=5.29\%$。

确定税率

债务的利息可税前扣除，但利息抵税所带来的益处随公司的边际税率变化而变化。加权平均资本成本公式中合适的税率应该是利息扣除部分的应纳税所得额所适用的边际税率的加权平均数。

例如，一家公司的息税前利润为 400 000 美元，可税前扣除的利息为 100 000 美元，表 11—1 为企业所得税率表，合适的税率应该等于税率表中第四行（39%）和第五行边际税率（34%）的加权平均数，权重取决于利息对应纳税所得额在纳税等级上的影响程度。

$$35\,000/100\,000\times0.39+65\,000/100\,000\times0.34=35.75\%$$

表 11—1　企业所得税率

应纳税所得额（美元）	税率
0～50 000	15%
50 001～75 000	25%
75 001～100 000	34%
100 001～335 000	39%
335 001～10 000 000	34%
10 000 001～15 000 000	35%

续前表

应纳税所得额（美元）	税率
15 000 001～18 333 333	38%
18 333 334＋	35%

例 11.4 所得税率

假设 ADK 公司预期在可预见的未来每年的息税前利润约为 2 000 万美元。ADK 公司的债务资本仍为上个例子中 30 000 张票面利率为 8%，到期期限为 20 年的债券。计算 ADK 公司加权平均资本成本时合适的税率为多少？

［解答］

每年的债券利息＝30 000×1 000×0.08＝2 400 000(美元)

税前利润＝20 000 000－2 400 000＝17 600 000(美元)

由于支付债券利息，应纳税所得额从 20 000 000 美元减少至 17 600 000 美元。减少的 2 400 000 美元中有 1 666 667 美元落入最高纳税等级，剩下的 733 333美元落入 38%这一纳税等级。因此，利息扣除部分应纳税所得额所适用的加权平均税率为：

$$T_C = (1\,666\,667/2\,400\,000\times35\%)+(733\,333/2\,400\,000\times38\%) = 35.92\%$$

计算权重

从数学的角度来看，加权平均资本成本公式中权重的计算非常简单，就是计算所筹资本中普通股、优先股和债务资本各自所占比例。听起来很容易，对吗？棘手的部分在于确定“所筹资本”指的是什么。如果我们计算公司的加权平均资本成本，那么所筹资本包含了整个公司的所有资本，E，P 和 D 分别为公司普通股、优先股和负债的市场价值。然而，如果我们计算项目的加权平均资本成本，那么所筹资本仅包含该项目的资金，E，P 和 D 分别等于用于该项目的相应资本额。

如果仔细思考，你会意识到，这意味着项目可以具有不同的加权平均资本成本。这是完全正确的，因为企业就像一个由多个项目组成的多元化投资组合，不同项目具有不同的风险和收益。如何使用普通股、优先股和债务融资方式筹集项目所需资金这一决策，也是影响项目风险的因素之一。

例 11.5 资本结构权重与加权平均资本成本

接着前面的例题，假设 ADK 公司已发行 300 万股普通股、100 万股优先股以及 30 000 张债券。ADK 公司的加权平均资本成本为多少？

［解答］

根据前面例题给出的证券价格，ADK 公司的普通股、优先股和债券的市场价值计算如下：

普通股市场价值＝3×32.75＝98.25(百万美元)

优先股市场价值＝1×72＝72(百万美元)

债券市场价值＝0.03×975＝29.25(百万美元)

三种资本来源的总市场价值为19 950万美元。因此，可计算出每种资本的权重：

普通股权益的权重＝$E/(E+P+D)$＝98.25/199.5＝49.25%

优先股权益的权重＝$P/(E+P+D)$＝72/199.5＝36.09%

债务资本的权重＝$D/(E+P+D)$＝29.25/199.5＝14.66%

根据加权平均资本成本公式，结合前面例题的计算结果，可计算出ADK公司的加权平均资本成本：

$$\begin{aligned}WACC&=\frac{E}{(E+P+D)}\times i_E+\frac{P}{(E+P+D)}\times i_P+\frac{D}{(E+P+D)}\times i_D\times(1-T_C)\\&=(0.4925\times0.1075)+(0.3609\times0.0972)\\&\quad+[0.1466\times0.0826\times(1-0.3592)]\\&=9.58\%\end{aligned}$$

企业WACC与项目WACC

到目前为止，我们将加权平均资本成本定义为企业不同融资来源的加权平均成本。如果我们把企业视作由不同项目和产品构成的投资组合，那么加权平均资本成本可定义为组合中不同项目的加权平均成本，这样一来，它表示的是企业正在承担的“典型”项目的资本成本。企业的成长离不开新项目的推出，因此，现在的问题是：管理者是否可以使用上述方法计算出的企业加权平均资本成本评估公司新提议的项目？

答案是，看情况而定。如果新项目与现有项目非常相似，那么管理者可以使用企业的加权平均资本成本作为新项目的资本成本，但是如果企业正在考虑开展一个与现有任何项目均显著不同的项目，那么我们不能指望企业整体的加权平均资本成本能够恰当衡量新项目的资本成本。如果新项目比企业现有项目风险更高，那么它应该被要求更高的资本成本；如果风险更低，那么新项目的资本成本也更低。

假设现有一家美国公司，且称之为GassUp公司，它目前拥有连锁加油站。公司管理层正在考虑一个新项目，新开一系列的精制咖啡店。鉴于高档咖啡在美国的需求以及过去来看动荡的石油市场，很难确切地说，咖啡店是否比加油站的风险更高或更低，很可能这两种业务面临着不同的风险。例如，如果咖啡店位于最繁忙、最稳定的加油站，即那些高速公路上的加油站，那么公司只需要重新装修现有建筑，而不需要新修。在现有建筑物内开设咖啡店很可能比兴建新加油站或新咖啡店具有更低的风险。

那么，这是否意味着GassUp公司应该使用项目特定数据为每一个新项目计算各自的加权平均资本成本？不一定。有些项目的加权平均资本成本计算数据是项目特定数据，而有些项目的计算数据与计算企业加权平均资本成本的企业层面数据一致。

从企业获取项目成本数据

人们很容易相信，计算一个项目特定加权平均资本成本所需的全部数据应该基于该特定项目的具体属性，但如果使用的都是项目特定数据，我们忽略了哪些关于债券和优先股的根本问题？债券和优先股享有面向整个企业的请求权，而不是企业内的特定项目组。此外，债务的偿付请求权优先于普通股。因此，如果新项目显著增加了企业整体风险，增加的那部分风险将不均衡地由普通股股东承担，而债权人和优先股股东受到该风险的影响最小，无论企业承担何种新项目，它们的投资收益固定，即使它们拥有的债券或优先股是为新项目融资而发行的。

例如，假设 GassUp 公司决定建立设施完全独立的咖啡店，这一新扩张业务的部分融资来源是债务。如果新项目远不如公司原本期望的那么成功，那么这对于 GassUp 公司的普通股股东来说是件很不幸的事情，而公司的债权人和优先股股东很可能仍可从 GassUp 公司加油站业务的收入中取得利息和股息。

债权人明白，他们的还款额很可能来自持续经营业务，当公司向其寻求资金时他们会考虑当前的现金流量情况。例如，一家小公司为业务扩张融资而向银行申请贷款，银行通常会花更多的时间分析当前的现金流量情况以确定收回贷款的可能性，而非分析新扩张业务能带来的现金流量。

请注意，只有当新项目相对持续运营而言只是非常小的项目时，这种情况才会发生。如果新项目的现金流量相对于持续经营活动很大，债权人必会更仔细地检查新项目偿还债务的可能性。然而，新项目的不确定性更大，它们含有的风险比当前已有业务更大。新项目相对持续经营业务的比例变化会把增加的风险部分转移给债权人，因而他们会要求更高的收益率以补偿风险。

由于大多数企业是逐步增长的，除非另有说明，我们一般假设所讨论的新项目均相对于持续经营业务较小。因此，我们可以假设，对于债务资本和优先股资本，使用公司现有的加权平均资本成本是合适的。

从其他途径获取项目成本数据

既然我们已经决定不针对项目风险调整企业层面的债务成本和优先股成本，那么我们如何反映新项目为企业整体带来的风险呢？正如前面所述的关于风险与收益之间关系的那几个问题一样，答案在于普通股权益。

当企业开展一个与现有业务明显不同的新项目时，企业的风险会发生变化。一般来说，债权人和优先股股东不会注意到该风险变化，企业将开展新项目所产生的风险转移给普通股股东，由其承担大部分风险。

为了应对企业风险状况的变化，普通股股东会随新风险水平的调整而调整相应必要收益率。在资本结构没发生任何变化的情况下，企业风险水平的变化是由于新项目和现有产品线组合所引起的**经营风险**（business risk）变化。企业的 β 系数反映了各产品线的风险差异。实际中，新项目的融资比例通常不同于企业现有经营业务的融资比例，资本结构的变化会导致**财务风险**（financial risk）变化。

显然，没有哪个新提议的项目会有历史收益率数据。然而，缺乏这些数据，分析师或投资者均不能计算出项目特定的 β 系数。那么，我们可以使用哪些数据？如果能够找到从事相似新业务的其他公司，我们可以使用它们的 β 系数作为新项目风险的估计值。理想上来说，其他公司最好只从事这一类业务。像这种只有一种经营业务的企业，通常称作**单一业务公司**或**专营公司**（pure plays）。如果业务相同或非常相似，我们则可以使用单一业务公司的 β 系数评估新项目。

n 个这类**代理 β 系数**（proxy beta）的平均数，可准确估计新项目的 β 系数。只有参考公司的资本结构与新项目的资本结构一致，我们才可以直接求取平均数。如果不一致，我们需要在求平均数之前根据其资本结构对参考公司的 β 系数进行调整，在求得平均 β 系数之后使用项目的资本结构再次进行调整。

$$i_E = R_f + \beta_{Avg}[E(R_M) - R_f]$$

$$\beta_{Avg} = \sum_{j=1}^{n} \beta_j / n \tag{11—6}$$

从统计上严格来说，这个平均数是一个估计值。回想统计课的知识，要想估计值具有足够的统计说服力，我们需要谨慎处理，尽可能获取更大的样本。理想上来说，我们至少需要 3～4 家样本公司，以确保样本规模能提供有意义的参考数据。然而现实中，如果业务非常类似于新提议的项目，那么两家公司也能构成一个合适的样本。特别地，我们更倾向于使用行业领先者的 β 系数，而不参考那些并不打算效仿的企业。

如果找不到任何单一业务公司，该怎么办？这种情况下，我们可以参考那些虽非单一经营与新拟项目相同的业务，但相当大比例的收入来自该业务的企业。我们或许能够从其 β 系数中剔除其他业务的影响，从而得到一个足够好的新项目 β 系数估计值。

确保所使用的权重是基于项目的资本来源，而不一定是企业的资本结构。如果相比于企业现有项目，新项目计划使用更多或更少的债务资本，那么不同类型资本的风险与收益会发生变化，在计算加权平均资本成本时要考虑到这一点。

最后，计算项目加权平均资本成本时我们还需要考虑合适的税率。边际企业所得税率应该是项目现金流量对应的平均边际税率。例如，某公司现有业务的息税前利润为 400 000 美元，正在考虑一个新项目，如果开展该新项目，会增加 200 000 美元的息税前利润。由于增加 200 000 美元后公司的边际税率仍处于税率表中的第五行，因此，计算该项目加权平均资本成本时合适的税率即为 34%。

概括地说，式（11—7）列示了计算项目特定加权平均资本成本所需的个别成本及其权重，相应脚注标明了资本来源的各个部分。

$$WACC_{项目} = \frac{E_{项目}}{(E_{项目} + P_{项目} + D_{项目})} \times i_{E,项目} + \frac{P_{项目}}{(E_{项目} + P_{项目} + D_{项目})} \times i_{P,企业} + \frac{D_{项目}}{(E_{项目} + P_{项目} + D_{项目})} \times i_{D,企业} \times (1 - T_{C,项目}) \tag{11—7}$$

例 11.6　计算项目加权平均资本成本

Evita 公司是一家造船厂，正在考虑新开连锁三明治商店。Evita 公司目前的资本结构由 200 万股价格为每股 83 美元的普通股和 5 000 万股售价为面值的 103% 的债券组成。Evita 公司股票 β 系数为 0.72，预期市场风险溢价为 7%，当前无风险收益率为 4.5%。债券的票面利率为 9%，20 年后到期。公司现有业务每年能实现10 000万美元的息税前利润。预期新开设的三明治业务每年能增加息税前利润1 200万美元。Evita公司管理层已对三明治商店进行了行业调查分析，发现这类公司的平均β系数为1.23。如果新项目的资金来源有50%为债务资本，50%为普通股权益资本，那么新项目的加权平均资本成本为多少？

［解答］

首先请注意，Evita公司到目前为止未发行任何优先股，也不打算使用优先股为新项目融资，因此问题会简单一些。还需要注意的是，尽管我们拥有足够的信息可计算企业当前资本结构中各个资本的权重以及普通股资本的个别成本，但我们并不需要这些数据，因为这个新项目的资本权重不同于整个公司。我们已经知道新项目的资本结构权重，债务和普通股各占50%，因此，我们只需要计算合适的个别成本。

对于普通股，合适的个别成本主要取决于三明治商店的平均风险。

$$\begin{aligned} i_E &= R_f + \beta_{\text{项目}}(R_M - R_f) \\ &= 4.5\% + 1.23 \times 7\% \\ &= 13.11\% \end{aligned}$$

为该项目发行的新债券的到期收益率与现有债券的到期收益率一致。

$$1\,030 = 90 \times [1 - 1/(1+i_D)^{20}]/i_D + 1\,000/(1+i_D)^{20}$$

求得　$i_D = 8.68\%$

最后，确定税率。公司当前的息税前利润已经使得企业所得税率位于最高一栏，因此新项目增加的息税前利润仍以35%的边际税率进行纳税。因此，新项目的加权平均资本成本为：

$$\begin{aligned} WACC_{\text{项目}} &= \frac{E_{\text{项目}}}{(E_{\text{项目}} + P_{\text{项目}} + D_{\text{项目}})} \times i_{E,\text{项目}} + \frac{D_{\text{项目}}}{(E_{\text{项目}} + P_{\text{项目}} + D_{\text{项目}})} \times i_{D,\text{企业}} \\ &\quad \times (1 - T_{C,\text{项目}}) \\ &= 0.5 \times 13.11\% + 0.5 \times 8.68\% \times (1 - 0.35) \\ &= 9.38\% \end{aligned}$$

分部WACC

企业会为每一个考虑中的新项目计算相应风险的加权平均资本成本吗？尽管这样再合适不过，但实际上并不总是可行的。大型公司中，管理层每年需要评估数十个甚至数百个新提议的项目。就时间和精力来看，分别为每个项目估计项目特定加权平均资本成本，其成本令人望而却步。大型企业往往采取折中的方法，使用较少的时间和资源就能计算出适用许多项目的加权平均资本成本。这种方法的核心是计算**分部加权平均资本成本**（divisional WACC）。

分部 WACC 的利弊

正如生活和理财中的大多数抉择，分部加权平均资本成本有其利亦有其弊。我们先思考使用企业加权平均资本成本评估风险迥异的新项目存在哪些不足。为了简化问题，我们假设某公司仅使用普通股融资，因此，它的加权平均资本成本即为普通股成本 i_E。

图 11—1 类似于第 10 章中的证券市场线，项目的必要收益率随风险水平沿着图中的斜线变动。我们通过比较项目的预期收益率和相应风险水平下的必要收益率来评估不同风险水平的项目。再看图 11—2，使用合理风险的加权平均资本成本对四个项目进行评估。可以发现，项目 A 和项目 B 被接受，因为它们的预期收益率高于相应风险水平下的必要收益率；项目 C 和项目 D 被拒绝，因为它们的预期收益率低于市场对相应项目风险水平所要求的收益率。

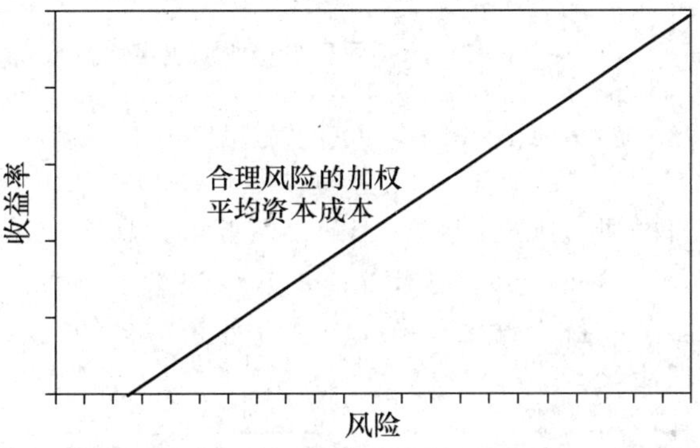

图 11—1　合理风险的加权平均资本成本

注：对于全普通股资本的企业，每个项目的加权平均资本成本理论上就等于普通股成本，它会随项目风险的增加而增加。

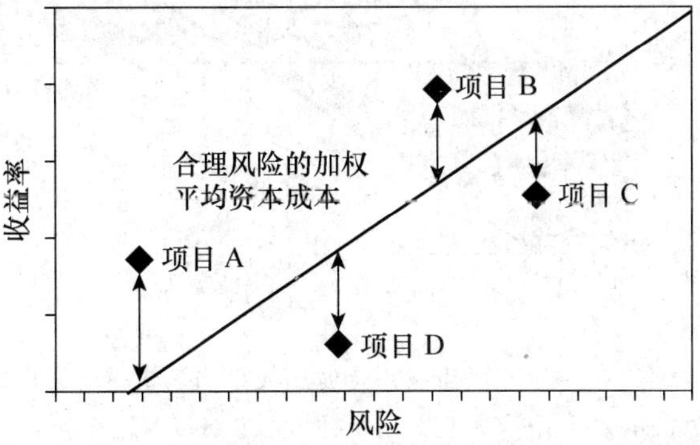

图 11—2　示例项目与合理风险的加权平均资本成本

注：项目 A 和项目 B 的预期收益率高于各自合理风险的加权平均资本成本，而项目 C 和项目 D 的预期收益率低于各自合理风险的加权平均资本成本。

然而，使用企业加权平均资本成本进行评估会产生不同的决策。如图 11—3 所示，企业加权资本成本为一条平坦的直线。使用单一的企业加权平均资本成本评估新项目，那些风险高于企业平均 β 系数的新项目会获得不公平的优势。使用企业加权平均资本成本也不利于那些风险低于企业平均 β 系数的新项目。如图 11—3 所示，对于同样的示例项目，若使用企业加权平均资本成本评估，我们可以发现，项目 A 被拒绝而项目 C 被接受。

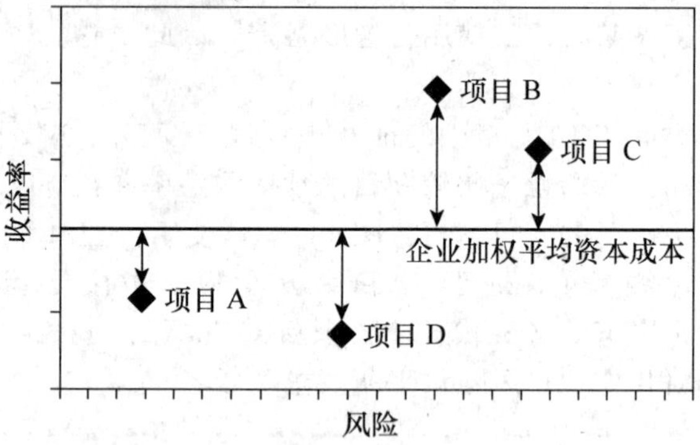

图 11—3　示例项目与企业加权平均资本成本

注：如果我们错误地将具有不同风险的项目与单一的企业加权平均资本成本进行比较，我们的结论则为：项目 A 和项目 D 的预期收益率低于企业加权平均资本成本，而项目 B 和项目 C 的预期收益率高于企业加权平均资本成本。

如果新项目的风险不同于企业当前经营业务，那么使用企业加权平均资本成本进行项目评估并不恰当，会导致相当多的错误决策。事实上，使用企业加权平均资本成本评估风险与收益坐标位于图 11—4 中阴影部分的任何项目，均会导致误受或误拒这两类错误决策。

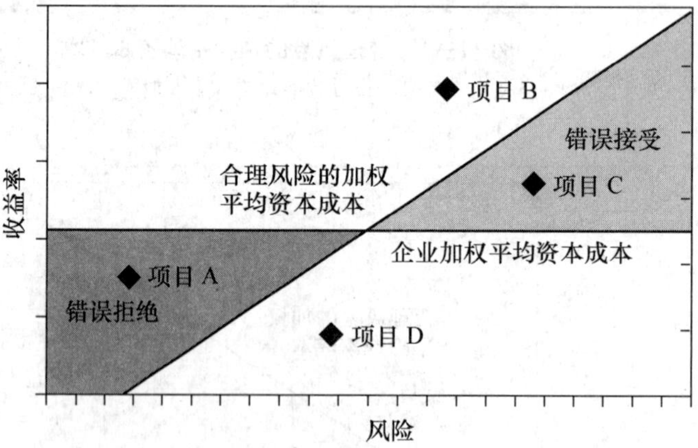

图 11—4　不适当应用企业加权平均资本成本导致错误决策

注：1. 左下角的阴影区域中，项目 A 被错误拒绝。该区域内的项目，其风险低于企业平均风险，其预期收益率高于合理风险的加权平均资本成本但低于企业加权平均资本成本。

2. 右上角的阴影区域中，项目 C 被错误接受。该区域内的项目，其风险高于企业平均风险，其预期收益率低于合理风险的加权平均资本成本但高于企业加权平均资本成本。

分部加权平均资本成本是很好的解决方法。这种方法将企业现有项目分为数个分部，不同分部代表了不同的项目平均风险水平，分别为各个分部计算分部加权平均资本成本，如图 11—5 所示，这样可以大大减少使用企业加权平均资本成本评估所有项目所造成的决策偏见问题。

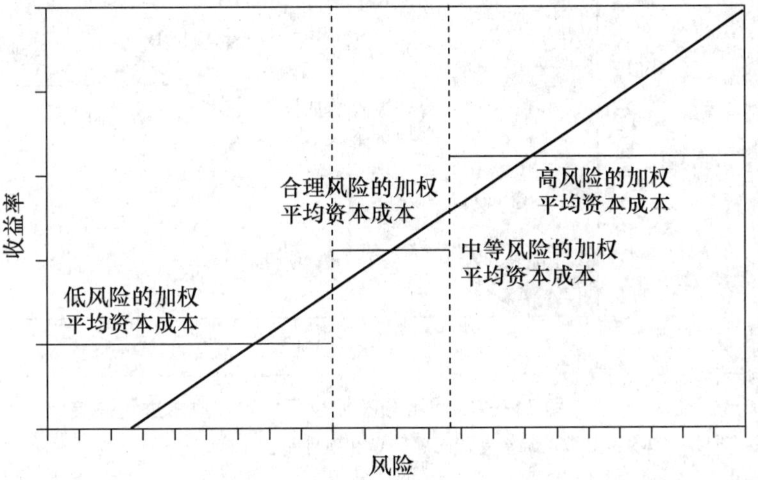

图 11—5　分部加权平均资本成本

注：不同于基于企业所有项目平均风险而计算的企业单一加权平均资本成本，分部加权平均资本成本是对项目进行风险分类，并对每个风险分部分别计算相应风险的分部加权平均资本成本。

使用分部加权平均资本成本不会完全消除误拒和误受这类问题，但它能显著降低问题出现的频率。图 11—4 中两个大阴影区域为使用企业加权平均资本成本会产生错误决策的区域，而使用分部加权平均资本成本会产生错误决策的区域缩小至图 11—6 中的六个小阴影区域，更大的接受与拒绝区域意味着更少的错误。

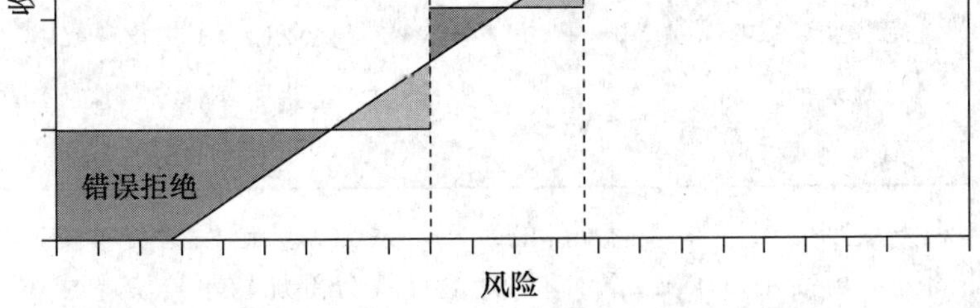

图 11—6　分部加权平均资本成本的错误决策

注：使用分部加权平均资本成本，可使误拒和误受的现象明显减少。

同样以前文四个示例项目为例，使用分部加权平均资本成本对它们进行评估，如图 11—7 所示，我们正确接受了项目 A 和项目 B，正确拒绝了项目 C 和项目 D。

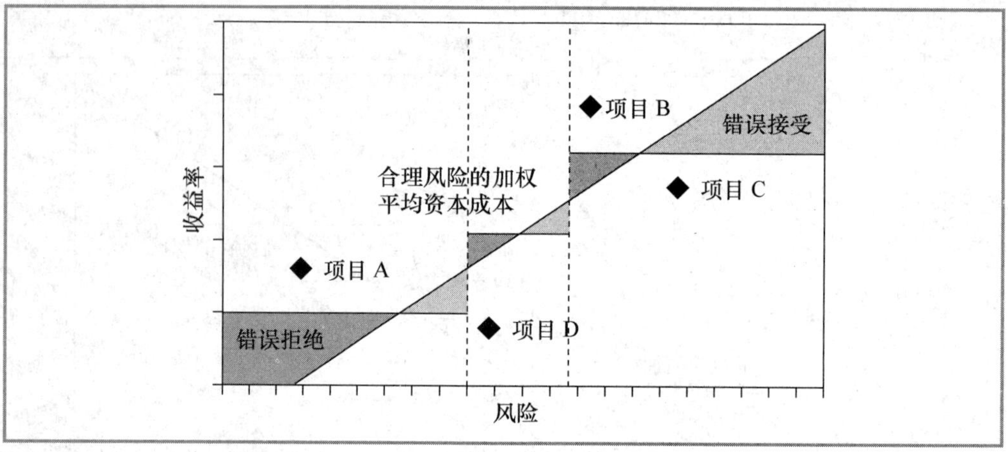

图 11—7 使用分部加权平均资本成本进行决策

注：项目A和项目B被正确接受，而项目C和项目D被正确拒绝。

主观方法与客观方法

我们可以通过简单考虑项目相较于企业现有业务的风险而主观形成分部加权平均资本成本。如果项目风险比企业平均风险水平更高，则根据我们对项目风险的主观意见调增企业加权平均资本成本；如果项目风险更低，则调减。这种方法的最大缺点在于，调整在相当程度上是凭空进行的，并且只对在考虑中的项目进行调整。例如，表11—2给出了主观分部加权平均资本成本的示例。将风险分为风险水平极低、风险水平低、与企业一致的风险水平、风险水平高、风险水平极高这五类，然后根据项目风险将项目归类至这五个区域并按相应区域的统一标准进行加权平均资本成本调整，这种做法也具有一定的武断性。

表 11—2 主观分部加权平均资本成本

风险水平	调整幅度
风险水平极低	企业加权平均资本成本－5%
风险水平低	企业加权平均资本成本－2%
与企业一致的风险水平	企业加权平均资本成本
风险水平高	企业加权平均资本成本＋3%
风险水平极高	企业加权平均资本成本＋7%

客观方法则要求计算每个分部的平均β系数，然后根据资本资产定价模型估计每个分部的i_E，再使用每个分部的i_E估计值计算分部加权平均资本成本。尽管客观方法更准确，产生的错误决策更少，但主观方法使用得更为频繁，主要是因为它更简便。

例 11.7 分部加权平均资本成本

某公司是一家全权益公司，公司的加权平均资本成本为10%。公司按照业务分成三个分部，分别是纺织品分部、配饰分部以及杂项分部。纺织品分部的平均β系数为0.7，配饰分部的平均β系数为1.3，杂项分部的平均β系数为1.1。

该公司正在考虑下表列示的六个项目。当前的方法是使用公司加权平均资本成本评估所有项目，但是管理层建议采纳主观的分部加权平均资本成本进行评估。公司管理层提出的分部资本成本方案为：对于杂项项目，使用公司加权平均资本成本；对于纺织品项目，对公司加权平均资本成本调减1个百分点；对于配饰项目，对公司加权平均资本成本调增3个百分点。当前市场预期收益率为12%，无风险收益率为5.75%。

项目	所属分部	预期收益率	β系数
A	配饰分部	17.00%	1.3
B	配饰分部	15.00%	1.2
C	杂项分部	13.00%	1.3
D	杂项分部	11.00%	0.7
E	纺织品分部	9.00%	0.8
F	纺织品分部	7.00%	0.5

对于这一组项目，相比公司加权平均资本成本，使用主观分部加权平均资本成本评估能改善哪些决策？如果采用分部加权平均资本成本的客观计算方法，每个分部基于各自平均β系数的加权平均资本成本分别是多少？这个方法能进一步改善决策吗？

[解答]

1. 使用公司加权平均资本成本评估时，每个项目的必要收益率均为10%。

2. 配饰分部、杂项分部及纺织品分部按主观调整后的分部加权平均资本成本依次为13%，10%，9%。

3. 按照客观方法，使用分部的平均β系数分别计算各个分部的加权平均资本成本。

$$i_E = R_f + \beta(R_M - R_f)$$
$$i_{E,\text{配饰}} = 5.75\% + 1.3 \times (12\% - 5.75\%) = 13.88\%$$
$$i_{E,\text{杂项}} = 5.75\% + 1.1 \times (12\% - 5.75\%) = 12.63\%$$
$$i_{E,\text{纺织品}} = 5.75\% + 0.7 \times (12\% - 5.75\%) = 10.13\%$$

4. 使用各个项目的β系数分别计算项目特定加权平均资本成本。

$$i_{E,A} = 5.75\% + 1.3 \times (12\% - 5.75\%) = 13.88\%$$
$$i_{E,B} = 5.75\% + 1.2 \times (12\% - 5.75\%) = 13.25\%$$
$$i_{E,C} = 5.75\% + 1.3 \times (12\% - 5.75\%) = 13.88\%$$
$$i_{E,D} = 5.75\% + 0.7 \times (12\% - 5.75\%) = 10.13\%$$
$$i_{E,E} = 5.75\% + 0.8 \times (12\% - 5.75\%) = 10.75\%$$
$$i_{E,F} = 5.75\% + 0.5 \times (12\% - 5.75\%) = 8.88\%$$

下表详细列示了上述数据，使用不同的加权平均资本成本与项目的预期收益率进行比较，会得到不一样的评估结果。

项目	所属分部	预期收益率	β系数	公司WACC		主观方法WACC		客观方法WACC		项目特定WACC	
A	配饰分部	17.00%	1.3	10.00%	接受	13.00%	接受	13.88%	接受	13.88%	接受
B	配饰分部	15.00%	1.2	10.00%	接受	13.00%	接受	13.88%	接受	13.25%	接受
C	杂项分部	13.00%	1.3	10.00%	接受	10.00%	接受	12.63%	接受	13.88%	拒绝
D	杂项分部	11.00%	0.7	10.00%	接受	10.00%	接受	12.63%	拒绝	10.13%	接受
E	纺织品分部	9.00%	0.8	10.00%	拒绝	9.00%	接受	10.13%	拒绝	10.75%	拒绝
F	纺织品分部	7.00%	0.5	10.00%	拒绝	9.00%	拒绝	10.13%	拒绝	8.88%	拒绝

使用项目特定加权平均资本成本作出的决策是正确的，也就是说，如果企业有时间和资源计算项目特定WACC，依据其所作的决策最为可靠。

本题中，若以公司加权平均资本成本作为所有项目的评估基准，项目E和项目F会被拒绝，因为它们的预期收益率低于公司加权平均资本成本10%，将其与项目特定评估结果比较，拒绝这两个项目是恰当的。尽管就项目E和项目F而言，两种评估标准的结果一致，但我们更偏向于考虑实际风险后的评估标准，也就是说，该两个项目被拒绝是因为它们各自的预期收益率分别低于基于其风险水平的必要收益率，而不是因为其预期收益率低于基于企业风险水平的必要收益率。使用公司加权平均资本成本作为项目评估标准，就要求项目具有与企业整体相同的风险，否则会产生错误决策，如本题中，项目C被错误接受。

本题中，使用主观调整后的分部加权平均资本成本比采用公司加权平均资本成本的效果更差，不仅错误接受了项目C，还错误接受了项目E。

本题中，使用按客观方法计算的分部加权平均资本成本作为项目的必要收益率进行评估，结果是项目E和项目F被正确拒绝，项目D被错误拒绝，项目C被错误接受。

总而言之，无论是主观方法还是客观方法计算的分部加权平均资本成本，其评估结果都不如项目特定加权平均资本成本的评估结果精确，因为它们可能导致错误拒绝或错误接受某些项目。当然，如果项目不大而项目特定成本的计算过于繁琐，从成本效益原则来看，决策错误也无可厚非。

发行成本

我们知道，企业可以使用多种资金来源。到目前为止，我们的计算都是使用留存收益为项目提供资金。倘若企业通过外部融资如发行股票和债务等为项目筹集资金呢？那么企业需要向发行证券的承销商支付佣金。这样的话，我们在计算项目加权平均资本成本时需要考虑**发行成本**（flotation costs）。

对于佣金成本，有两种基本处理方法：一种方法是调增项目加权平均资本成本，以加权平均资本成本的变化反映发行成本的影响；另一种方法是不管加权平均资本成本，调增项目的初始投资额，以反映项目的"真实"成本。这两种方法各有利弊。第一种方法往往低估新普通股股权的个别成本，而第二种方法违背了资本预算的**分离原则**（separation principle），按照分离原则，现金流量的计算应该保持融资独立。下一章会详细讲解分离原则和第二种方法。

调整加权平均资本成本

调整发行成本的第一种方法是通过减去发行成本 F 调整新发行证券的发行价格，以反映证券净价，进而使用净价计算该资本的个别成本。对于普通股股权资本，这种方法最常用于固定增长率模型。

$$i_E = D_1/(P_0 - F) + g \tag{11—8}$$

如果我们想将此方法应用于资本资产定价模型计算的普通股成本，向上调整同样的幅度即可。

调整优先股和债务个别成本的方法相似，分别采用如下公式调整发行成本：

$$i_P = D_1/(P_0 - F) \tag{11—9}$$

$$PV - F = PMT \times [1 - 1/(1 + i_D)^N]/i_D + FV/(1 + i_D)^N \tag{11—10}$$

例 11.8　调整发行成本后的普通股成本

假设与例 11.1 一样，ADK 公司的普通股股价为每股 32.75 美元，公司预期下一年的股利为每股 1.54 美元，并预期未来的股利将每年按 6％的增长率永续增长。此外，ADK 公司还需要支付 20％的发行成本。计算 ADK 公司调整发行成本后的普通股成本。

［解答］

32.75 美元的 20％为 6.55 美元，也就是说每股发行成本为 6.55 美元。ADK 公司调整发行成本后的普通股成本计算如下：

$$\begin{aligned} i_E &= D_1/(P_0 - F) + g \\ &= 1.54/(32.75 - 6.55) + 0.06 \\ &= 11.88\% \end{aligned}$$

例 11.1 中使用固定增长率模型计算的未考虑发行成本的普通股成本为 10.70％，考虑发行成本的普通股成本比它高 1.18％。如果我们想调整资本资产定价模型的估计值，则在原来未考虑发行成本的资本资产定价模型估计值的基础上加上同样的差异值，即可得到调整发行成本后的估计值。

$$i_E = 10.80\% + 1.18\% = 11.98\%$$

简述题

1. 如果一家公司发行两种不同的普通股，计算资本成本时如何处理这种情况？
2. 为什么计算加权平均资本成本时，不需要像处理债务成本那样将优先股成本乘以一减税率？

3. 用 i_E，i_P，i_D 表示加权平均资本成本，加权平均资本成本理论上的最小值是多少？

4. 何种情况下你会使用资本资产定价模型计算普通股成本？何种情况下使用固定增长率模型？

5. 某只股票没有固定的预期股利增长率，也没有使用资本资产定价模型计算股权成本所必需的信息，你能计算它的普通股成本吗？解释原因。

6. 为什么计算加权平均资本成本时使用的是基于市场价值的权重而非基于账面价值的权重？

7. 假设你的公司正打算扩张一项新业务，管理层预期未来三年新业务占公司业务的比重超过 80%。如果扩张业务将部分采用债务融资，使用企业现有债务成本是否合适？你是否应该基于新业务计算一个新的债务成本？

8. 解释为什么新项目被划分至不恰当的分部时，运用分部加权平均资本成本方法可能会产生问题。

9. 什么情况下相较于使用企业加权平均资本成本评估所有项目，主观方法形成的分部加权平均资本成本更好？

10. 假设某个新项目部分资本来源为留存收益。请问留存收益的发行成本为多少？

计算题

1. Diddy 公司股票的 β 系数为 1.2，当前无风险收益率为 5%，市场预期收益率为 13.5%。Diddy 公司的权益成本为多少？

2. Oberon 公司发行了面值为 2 000 万美元的 10 年期债券，债券价格为面值的 97%，票面年利率为 8.25%。Oberon 公司的税前债务成本为多少？

3. 假设 LilyMac 公司预期在可预见的未来每年的息税前利润约为 200 000 美元。该公司流通在外的 1 000 张债券还有 10 年到期，票面年利率为 9%。计算 LilyMac 公司加权平均资本成本时，债务资本的合适税率为多少？

4. ILK 公司优先股的价格为其面值的 97%，票面年股息率为 8%。ILK 公司的优先股成本为多少？

5. FarCry 公司是一家通信设备生产商，其发行在外的普通股有 200 万股，优先股有 100 万股以及债券 10 000 张。假设普通股的价格为每股 27 美元，优先股的价格为每股 14.50 美元，债券价格为面值的 98%。计算 FarCry 公司加权平均资本成本时普通股权重为多少？

6. FarCry 公司是一家通信设备生产商，已发行 200 万股普通股，100 万股优先股以及 10 000 张债券。普通股的价格为每股 27 美元，优先股的价格为每股 14.50 美元，债券价格为面值的 98%。计算 FarCry 公司加权平均资本成本时债务权重为多少？

7. OMG 公司流通在外的普通股、优先股和债券分别为 400 万股、300 万股、5 000 张。假设普通股价格为每股 17 美元，优先股价格为每股 16 美元，债券价格为面值的 108%。计算 OMG 公司加权平均资本成本时优先股权重为多少？

8. 假设 TapDance 公司的资本结构由 65%的普通股和 35%的债务构成，其税前债务成本为 8%，普通股成本为 13%。如果合适的税率为 34%，TapDance 公司的加权平均资本成本为多少?

9. 假设 B2B 公司的资本结构为 37%的普通股、17%的优先股和 46%的债务。普通股、优先股和债务的税前个别成本分别为 14.5%，11%，9.5%。如果公司的平均税率为 30%，B2B 公司的加权平均资本成本为多少?

10. TAFKAP 公司已发行普通股 300 万股，价格为每股 17 美元。已发行债券 2 000万美元，价格为面值的 106%，票面年利率为 7.5%，到期期限为 15 年。如果 TAFKAP 公司的加权平均税率为 34%，普通股成本为 14.5%，TAFKAP 公司的加权平均资本成本为多少?

11. BetterPie 公司已发行普通股 300 万股，价格为每股 47 美元；已发行优先股 200 万股，价格为每股 24.50 美元；已发行债券 10 000 张，价格为面值的 99%。计算 BetterPie 公司加权平均资本成本时各个资本权重分别为多少?

12. 假设 BM 公司普通股的当前价格为每股 19.5 美元，公司预期下一年的股利为每股 0.57 美元，并预期之后每年的股利按照 4%的增长率逐年永续增长。如果 BM 公司新发行股票的发行成本为 13%，调整发行成本后的普通股成本为多少?

13. 一家全权益资本公司正在考虑下表列示的几个项目。短期国库券利率为 4%，市场风险溢价为 7%。公司当前加权平均资本成本为 12%，如果公司使用该资本成本评估所有项目，哪些项目会被错误拒绝?

项目	预期收益率	β系数
A	8.0%	0.2
B	19.0%	1.4
C	13.0%	0.8
D	17.0%	1.3

14. 假设你的公司准备使用分部加权平均资本成本进行项目评估。公司目前拥有四个分部，分部 A、分部 B、分部 C 和分部 D 的平均 β 系数依次为 0.6，1.0，1.3 和 1.6。假设所有现有项目和未来项目均以 1/2 债务和 1/2 普通股进行融资。公司平均 β 系数为 1.0，当前无风险收益率为 7%，据此计算的当前普通股成本为 13%，公司债券的税后到期收益率为 8%。各个分部的加权平均资本成本分别为多少?

第 12 章

资本预算项目现金流量估计

- 示例项目描述
- 现金流量估计的指导原则
- 项目现金流量总额
- 加速折旧法与半年期惯例
- 特殊项目处理
- 年限不同资产比较：等值年成本法
- 调整发行成本
- 附录12A

学习目标

1. 解释为什么我们使用预测报表分析项目现金流量。
2. 明确哪些现金流量是项目的增量现金流量，哪些是非相关现金流量。
3. 使用自由现金流量方法计算项目的预期现金流量。
4. 阐述加速折旧法如何影响项目的现金流量。
5. 计算更换设备的自由现金流量。
6. 计算与成本削减相关项目的现金流量。
7. 使用 EAC 方法对年限不同的项目进行比较。
8. 调整项目初始投资额以反映证券发行成本。

引文

为评估资本预算项目，我们必须估计每个项目需要多少现金流出又会带来多少现金流入，以及这些现金流出和流入的发生时点。估计这些现金流量并不难，但很复杂，因为需要处理许多细节问题。因此，当你浏览本章例题和习题时，你会发现这些类型的问题所涉及的信息比本书其他章节都要多，下面列述了部分此类信息：

- 特定新产品或服务的成本和收入；
- 新产品或服务对企业现有产品的成本和收入的可能影响；
- 使用企业其他业务已在用的现有资产和员工会产生的影响；
- 如何处理开发新产品中的一些成本费用，如研究与开发费用。

本章的关键之一是确保有一个处理细节问题的系统方法。在接下来的内容中，我们将构建一个流程，如果我们完全按照流程方法处理问题，它能指导我们对上文所述的那类信息进行思考。

我们要采用的流程方法，更正式的称法为**预测分析**（pro forma analysis）。特别地，我们通常采用一种预测分析，这种方法下，我们仅使用资产负债表和利润表的必要部分来估计一个项目的预期未来现金流量，而对于未受项目影响的报表部分，不予以考虑。这种方法使得我们重点关注与项目相关的问题——如果我们开展新项目，这个项目会对企业现金流量总额产生哪些影响？

视　角

商业应用

假设麦当劳公司正打算推出一个新项目 MTD 套餐。公司对未来 5 年 MTD 套餐的销售量、单位售价和单位成本进行了预测，预测数据见下表。引进 MTD 项目，需要投入固定资产 700 万美元，按照加速折旧法计提折旧，折旧年限为 5 年。麦当劳公司预期该资产在项目结束时的市场价值为 200 万美元。此外，公司预期每年年初需要投入的净营运资本约为当年销售收入的 13%，每年的固定成本为 200 万美

个人应用

艾哈迈德考虑再回学校利用业余时间攻读 MBA。他预期取得 MBA 学位需要花费四年的时间，这个项目需要每年年初支付书费和学费共 15 000 美元。他还计划在项目开始之际购买一台 2 500 美元的新笔记本电脑，这台电脑是无论如何都会购买的，因为他想要一个便携式游戏系统。此外，他刚支付了 250 美元，报名参加 GMAT 考试。艾哈迈德预期毕业之后，MBA 学位能让他每年多挣 10 000 美元，

元。麦当劳公司类似项目的资本成本为11%，边际税率为35%。该项目的预期现金流量是多少呢？

MTD套餐项目

年份	销售量	单价（美元）	单位变动成本（美元）
1	400 000	7.00	3.35
2	1 000 000	7.21	3.52
3	1 000 000	7.43	3.70
4	1 000 000	7.65	3.89
5	500 000	7.88	4.08

他计划拿到学位之后再工作20年。艾哈迈德在决策时需要考虑哪些现金流量？决策期内每年的净现金流量是多少？

示例项目描述

假设我们是一家游戏开发商FSS公司的雇员。FSS公司正考虑在田纳西州加特林堡租赁一个新厂房，用于生产其最新一款角色扮演游戏FinProf，游戏中玩家与入侵当地一所大学财务部门的外星人战斗。

FSS公司对这款游戏的定价为39.99美元，预计未来3年的销售量如表12—1所示。考虑到电脑游戏玩家快速变化的爱好，FSS公司不指望3年后还能卖出这款产品。

表12—1 FinProf项目的预期销售量

年份	销售量
1	15 000
2	27 000
3	5 000

游戏的单位变动成本很低，为4.25美元，FSS公司预期每年的固定成本为150 000美元，包括租赁费用。初始投资需要购买软件生产设备，设备价格为75 000美元，另需2 000美元的运输和安装费用。对于首次尝试分析该项目，我们假设设备按5 000美元的残值和直线折旧法计提折旧。预期设备在项目终结时的市场价值为2 000美元。

FinProf游戏是FSS公司在其旧产品MktProf游戏的基础上升级后的版本。FSS公司打算继续销售MktProf游戏，但预期FinProf游戏会影响MktProf游戏的销量，在项目期间每年减少2 000单位。MktProf游戏的单价为19.99美元，单位变动成本为3.50美元。MktProf游戏销售量的减少不会影响其净营运资本或固定资产。

FinProf游戏的开发成本总计150 000美元，公司估计每年年初需要投入的净营运资本约为当年销售收入的10%。FSS公司位于税率表中的34%那一栏，对于该风险水平的项目通常使用15%的折现率。那么，FSS公司是否应该将FinProf游戏投入生产？

现金流量估计的指导原则

当我们计算某个项目的预期现金流量时，我们必须确保考虑了所有的**增量现金流量**（incremental cash flows），也就是说，要考虑投入某个新项目后预期整个企业因此会发生的现金流量总额变动。某些增量现金流量是相当明显的。例如，假设某企业必须为新项目购买一台新设备，如果不开展该项目则不需要购买。显然，与购买这台设备相关的现金流是为该项目发生的，因此，在计算项目相关现金流量时应该考虑这一现金流。并不是所有的增量现金流量都这么清晰明了，某些增量现金流量不易察觉，我们必须非常仔细。

机会成本

当企业必须选择如何配置资源时，就会存在**机会成本**（opportunity cost）。如果企业把资源分配给项目 A，意味着企业放弃了其他利用资源的方式和途径。放弃其他选择，就意味着失去其他机会，我们在计算项目 A 相关现金流量时必须考虑这些机会成本。

例如，假设 FSS 公司已拥有一台上文所述的软件生产设备。如果公司另一个项目正在使用这台设备，那么显然把这台设备投入 FinProf 项目，就要求另一个项目找到其他软件生产设备。因此，分析 FinProf 项目时，必须考虑设备占用相关的现金流量。

即使这台设备目前不为其他项目所用，FinProf 项目使用它仍有可能存在机会成本。如果 FSS 公司能够在公开市场上以 75 000 美元的价格将其售出，那么将设备分配给 FinProf 项目就意味着公司要放弃 75 000 美元的收入。实际上，公司是外购设备还是内部调配并不重要，无论哪种方式，都需要向该项目投入 75 000 美元的资本，该项目就应该承担这些支出或费用。

不仅仅是设备，资产配置的机会成本这一基本概念可以延伸至更广泛的范围，即任何新项目使用其他项目在用的任何资产包括员工工资及福利，都需要计算代价。即使在新项目工作开展之前企业已经雇用这些员工，仍需要考虑机会成本，因为这些员工从事新项目的同时就不能为其他项目效力；如果企业没有新项目，它可以选择解雇员工从而节省工资和福利费用。

沉没成本

如果企业已经支付某项费用或负有未来支付的义务，无论其是否承担某个特定项目，该项费用属于**沉没成本**（sunk cost）。企业在估计项目现金流量时无须考虑沉没成本。例如，FSS 公司为开发 FinProf 游戏所支付的 150 000 美元属于沉没成本。该开发成本包括游戏程序员的薪金、市场调研费用等。除非另有说明，对于这种情况我们一般假设支出已经发生，FSS 公司不能收回开发资金，即使它决定不继续生产 FinProf 游戏。因此，这些支出已为沉没成本，FSS 公司在决定是否对 Fin-

Prof 游戏进行规模生产时，不应该考虑这些成本。

替代效应与互补效应

如果新产品或服务会减少或者增加已有产品或服务的收入、成本或其他必要资产，那么这些变动属于项目的增量现金流量，在计算项目现金流量时应予以考虑，比如 FinProf 游戏对现有 MktProf 游戏的影响。表 12—2 为新产品的预期销售总额和总变动成本。

表 12—2 **FinProf 游戏的销售总额和总变动成本**

年份	销售收入（美元）	变动成本（美元）
1	15 000×39.99=599 850	15 000×4.25=63 750
2	27 000×39.99=1 079 730	27 000×4.25=114 750
3	5 000×39.99=199 950	5 000×4.25=21 250

然而，FSS 公司预测 FinProf 项目的开展会导致 MktProf 游戏每年的销售收入下降 2 000×19.99=39 980 美元，相应地，销售量的减少也会伴随着年变动成本下降 2 000×3.50=7 000 美元。因此，该项目的净增销售收入和变动成本如表 12—3 所示。

表 12—3 **FinProf 游戏净增加的销售收入和变动成本**

年份	销售收入（美元）	变动成本（美元）
1	599 850−39 980=559 870	63 750−7 000=56 750
2	1 079 730−39 980=1 039 750	114 750−7 000=107 750
3	199 950−39 980=159 970	21 250−7 000=14 250

可以发现，由于 FinProf 游戏是 MktProf 游戏的**替代品**（substitute），现有产品的销售收入和变动成本均下降。相反，如果新产品是现有产品的**互补品**（complement），现有产品的销售收入和变动成本则均会上升。

股利与利息

关于项目增量现金流量的最后一个重点是，我们不考虑任何的**融资成本**（financial cost），包括为项目支付的股利和利息。融资成本已经反映在折现现金流的加权平均资本成本中。如果现金流量估计中再考虑这些成本，就相当于对其重复计数。

项目现金流量总额

第 2 章中我们讨论了自由现金流量（free cash flow，FCF）的概念，其定义可由下面的公式表示：

$$
\begin{aligned}
\text{自由现金流量} &= \text{经营现金流量} - \text{经营性资产投资额} \\
&= [\text{息税前利润} \times (1 - \text{税率}) + \text{折旧}] \\
&\quad - [\Delta\,\text{固定资产总值} + \Delta\,\text{净营运资本}] \qquad (12\text{—}1)
\end{aligned}
$$

本章中，我们将使用这个变量作为项目可用现金流量总额的衡量指标。然而，本章讨论的自由现金流量与第 2 章有两个重要区别。第一，在这里我们讨论的是潜在项目，而不是企业过去实际发生的活动，因此，我们计算的自由现金流量是预测数，尽管预测是有根据的，但终归是预测。由于计算的是预测数，我们用于资本预算决策的数据或多或少会存在估计误差，这一点下一章会详细讨论。第二，在这里我们单独计算潜在项目的自由现金流量，而不像第 2 章那样计算整个企业的。在某些方面，计算单个项目的自由现金流量相对简便，因为我们不需要估计企业的整套财务报表，只需关注为追踪新项目相关资产、费用等所必需的局部预测财务报表。然而，不同情况下所需的局部财务报表各有不同，最大的困难在于确定报表的哪部分是必需的而哪部分不是。

计算折旧

项目期间的设备预期折旧既会影响经营现金流量，又会影响项目终期的固定资产变动额。因此，对于项目预期自由现金流量的计算，我们从折旧开始分析。

对于 FSS 公司提议的 FinProf 项目，公司按照 5 000 美元的净残余价值使用直线折旧法对软件生产设备计提折旧。为了计算年折旧额，FSS 公司首先需要确定这台设备的**折旧基数**（depreciable basis）。根据美国国税局 946 号文，固定资产的折旧基数包括：

- 采购成本；
- 相关税费；
- 运输费用；
- 安装及测试费用。

因此，这台软件生产设备的折旧基数等于 75 000 美元的买价加上 2 000 美元的运输及安装费用，折旧基数总计 77 000 美元。

直线折旧法下，每年的折旧额等于折旧基数减去预计净残值再除以资产的预计使用年限，计算公式如下：

$$
\text{年折旧额} = (\text{折旧基数} - \text{预计净残值}) / \text{预计使用年限} \qquad (12\text{—}2)
$$

本章后续会讨论为何这种折旧方法的假设过于简单，以及为何其他更复杂的折旧方法对企业更为有利。不过直线折旧法足以满足我们计算项目现金流量的初始需求。

计算经营现金流量

第 2 章中我们定义经营现金流量等于息税前利润乘以一减税率再加上折旧，在这里我们仍使用该方法计算经营现金流量。请记住一点，计算经营现金流量的数据是我们自行根据项目的信息预测得到的，而不是直接从已有利润表中获取。这样的话，编制预测利润表非常有助于计算，因为它剔除了许多不相关的报表项目比如利息费用。预测利润表剔除利息费用正是因为估计项目现金流量时不考虑融资成本，当然，这样的利润表与财务会计中的利润表有所不同。

FFS 公司为 FinProf 项目预测并编制了如下利润表，见表 12—4。使用这种方式而不是代数公式计算经营现金流量的最大优点在于：借助这种形式，我们可以展开一些计算细节，如反映 FinProf 游戏作为部分替代品对 MktProf 游戏所产生的影响。

表 12—4 **经营现金流量计算** 单位：美元

	第 1 年		第 2 年		第 3 年	
FinProf 销售收入	599 850		1 079 730		199 950	
减：减少的 MktProf 销售收入	39 980		39 980		39 980	
净增销售收入		559 870		1 039 750		159 970
FinProf 变动成本	63 750		114 750		21 250	
减：减少的 MktProf 变动成本	7 000		7 000		7 000	
减：净增变动成本		56 750		107 750		14 250
减：固定成本		150 000		150 000		150 000
减：折旧额		24 000		24 000		24 000
息税前利润		329 120		758 000		−28 280
减：所得税费		111 901		257 720		−9 615
净利润		217 219		500 280		−18 665
加：折旧额		24 000		24 000		24 000
经营现金流量		241 219		524 280		5 335

需要注意的是，计算经营现金流量时第三年的息税前利润为负，我们假设负的息税前利润所对应的所得税费用也为负数，即负的息税前利润可以抵免税收。为什么我们要作出这个假设？

处理负的项目息税前利润的规则是：计算企业单个项目的现金流量时，我们假设该项目在特定时期的任何亏损都能够由企业其他项目实现的税前利润所弥补。具体来说，FSS 公司预期该项目在第三年税前亏损 28 280 美元，公司作为一个纳税主体，可以使用这笔亏损抵减其他税前利润的应纳税所得额，只要公司其他税前利润足够弥补亏损，这笔亏损从公司层面来说就可以发挥税盾效应。这样的话，第三年该项目的增量税后净利润＝－28 280－（－9 615）＝－18 665 美元，仍为负，但由于税盾效应，它比息税前利润负得少。

如果预期项目在某年的息税前利润为负，且该项目为企业当时唯一从事的项目或者该项目非常之大，企业其他业务实现的税前利润无力弥补其负的息税前利润，那么该如何处理？长话短说，企业在那年不能得到或者不能全部得到税收抵免。在这里不作详细讨论。

计算固定资产总值变动额

固定资产总值变动通常发生在项目的开始和结束之时，FSS 公司的这个项目也不例外。

计算项目开始时的固定资产总值变动额相当简单，它就等于资产的折旧基数。因此，对于 FSS 公司的这个项目，在时点 0 处固定资产总值增加 77 000 美元。

项目结束时，固定资产总值变动额的确定较为复杂，因为企业无论何时出售资产均需要考虑资产售价的税收影响。根据美国国税局的规定，高出折旧后账面价值的资产售价部分被视为应纳税利得，低于账面价值的资产售价部分被视为应纳税损失。无论哪种情况，我们均可使用下述公式计算资产出售的税后现金流量，其中 T_C 为上一章讨论的合适的企业所得税率。

$$税后现金流量=账面价值+(市场价值-账面价值)\times(1-T_C) \qquad (12—3)$$

FSS 公司该项目的生产设备将会计提折旧至 5 000 美元，预期终期时售价为 2 000美元，因此出售该设备所产生的税后现金流量为：

$$\begin{aligned}税后现金流量&=5\,000+(2\,000-5\,000)\times(1-0.34)\\&=3\,020(美元)\end{aligned}$$

这个公式同样适用于资产出售利得的情况。

例 12.1　资产出售利得的税后现金流量

假设某公司的边际所得税率为 25%，以 4 000 美元的价格出售了一项折旧后账面价值为 2 000 美元的资产。这项资产出售的税后现金流量为多少？

[解答]

$$\begin{aligned}税后现金流量&=2\,000+(4\,000-2\,000)\times(1-0.25)\\&=3\,500(美元)\end{aligned}$$

计算净营运资本变动额

就项目所需的净营运资本水平，我们作出了几个不同假设。最简单直接的假设是，我们在项目开始时投入净营运资本，在项目结束时收回。如果预期项目的销售收入稳定不变或者净营运资本变动对项目的影响不大，则一般认为该假设有效。

然而，FSS 公司该项目具有更典型的产品生命周期，它的销售量近似一条钟形曲线。当销售收入按照这个趋势变化时，FSS 公司需要认真思考具体应该何时增加净营运资本以支持高销售量，又该何时减少净营运资本以应对下降的销售量。

乍一看 FSS 公司的净营运资本为下一年销售收入的函数这条信息，可能认为这一假设略微费解，但是稍微思考一下我们是如何衡量资产负债表数据如净营运资本以及利润表项目如销售收入的，就不难发现这个假设很有道理。由于利润表以及前文讨论的预测利润表反映的是某一期间内的业绩表现，年底报表所呈现的销售收入实际上是年初到年末的累计数，而资产负债表反映的是某一特定时点上净营运资本账户的金额，因此，第一年经营现金流量计算中的销售收入必须在其发生之初即时点 0 处就得到营运资本的支持，也就是说，时点 0 处的净营运资本变动额能够反映后续一个期间内的经营活动情况。这同样适用于一般情况，第 N 期经营现金流量计算中的销售收入实现，需要在第 N 期期初即第 $N-1$ 期期末就投入相应的净营运资本，因此，第 $N-1$ 期的净营运资本与第 N 期的销售收入存在相关关系。

此外，请注意一点，影响现金流量的仅仅是净营运资本水平的变动额，而不是其本身。为了明白这一点，我们需要结合一些直觉进行理解。

首先，我们必须承认的是，我们并不真的关心净营运资本的变动情况，之所以衡量它，原因不在于其本身，实际上我们衡量的是为实现这些变化所需的资本投资额。这也就是为什么自由现金流量计算公式中净营运资本变动额前的符号为负：净营运资本增加需要支出资金，反之亦然。

其次，请认真思考，当我们说使用净营运资本支持销售收入实现时，我们具体衡量的是什么。净营运资本等于流动资产减去流动负债，我们很容易将其视为由现金、应收账款以及存货扣除流动负债后组成。这些类型的资产是否会被耗尽？当然会。当现金用于交易，当有人付清应收账款，当我们销售存货中的完工产品，相应账户金额便会减少。应收账款和存货等账户金额减少的同时，我们也取得了货币资金，而所取得的资金，部分可用于重新储备库存或其他方面。我们可以这么认为，当有人购买我们存货中的产品时，我们假设销售收入的一部分用于补充刚售出的存货；当有人支付应收账款时，我们假设这会使得我们的经营状况好转因而向他人提供借款。

最基本的一点是，资金一旦投于净营运资本，很大程度上可以实现自动补给，除非我们人为地将其撤出。因此，当我们了解整个项目期间内的净营运资本水平时，我们需要进行投资的是净营运资本水平的变化部分，而不是其水平本身。我们可以认为，一旦将 100 万美元的现金投资于存货，一定程度上这笔资金就留在这了，即使当我们售出部分存货后取得现金，仍需要使用部分资金进行补给以维持库存。如果我们保持跟踪投资于存货或其他净营运资本账户的资金，我们会发现，只有当需要增加净营运资本或决定撤出部分资金时，投资才会发生变化。

我们可以根据 FSS 公司项目的已有信息，计算项目期间内实现销售收入所需的净营运资本，继而根据净营运资本水平计算净营运资本变动额，见表 12—5。FinProf 项目每个期间的净营运资本等于下一期间销售收入的 10%。

表 12—5　　净营运资本变动额　　单位：美元

	第 0 年	第 1 年	第 2 年	第 3 年
净营运资本	59 985	107 973	19 995	0
净营运资本变动额	59 985－0 ＝59 985	107 973－59 985 ＝47 988	19 995－107 973 ＝－87 978	0－19 995 ＝－19 995

这种方法下，净营运资本的计算具有如下几个特点：

● 项目开始时的净营运资本变动额总是等于该时期的净营运资本水平，因为项目启动之前净营运资本为零，项目开始时净营运资本从零水平增至非零水平。

● 这种方法下，净营运资本以下一期销售收入百分比的形式发生变化，这样使得 FSS 公司能够在预期销售收入增长时增加净营运资本，如第 0 年和第 1 年，预期销售收入下降时减少净营运资本，如第 2 年和第 3 年。项目后两年净营运资本水平的下降正是因为 FSS 公司预期销售收入会下降而调整净营运资本水平。

● 这种方法的一大特色是，它假设项目结束时收回净营运资本投资，净营运资本水平下降至零。项目结束后的销售收入肯定为零，零的 10%仍为零。这跟实际情况是相符的，实际中，项目结束时，企业会出清存货、收回应收账款等。

汇总计算

根据前面计算的经营现金流量、固定资产总值变动额以及净营运资本变动额，我们可以得到 FSS 公司新项目的预期现金流量总额，见表 12—6。

表 12—6　　**现金流量总额**　　单位：美元

	第 0 年	第 1 年	第 2 年	第 3 年
经营现金流量	0	241 219	524 280	5 335
固定资产总值变动额	77 000	0		−3 020
净营运资本变动额	59 985	47 988	−87 978	−19 995
减：资本投资额	136 985	47 988	−87 978	−23 015
自由现金流量	−136 985	193 231	612 258	28 350

加速折旧法与半年期惯例

前文讨论的自由现金流量计算是个完整的过程，但对于折旧计算我们采用的是相当简单的假设。现实中，美国国税局要求企业计提折旧时必须采用半年期惯例（half-year convention）。国税局要求，在某个期间投入使用的所有资产均假设为在期中投入使用。特定情况下，同样也存在半月惯例或半季度惯例。根据这个规定，使用期限为 3 年的资产，会横跨四个日历年度，比如 FSS 公司新项目的设备。表 12—7 摘录了半年期惯例下国税局采用直线折旧法的折旧表。

表 12—7　　**半年期惯例下的直线折旧法折旧表摘录**（%）

	正常成本回收期				
年份	2.5	3	3.5	4	5
1	20.00	16.67	14.29	12.50	10.00
2	40.00	33.33	28.57	25.00	20.00
3	40.00	33.33	28.57	25.00	20.00
4	0.00	16.67	28.57	25.00	20.00
5	0.00	0.00	0.00	12.50	20.00
6	0.00	0.00	0.00	0.00	10.00

百分数表示的是资产在可使用年限内的各个日历年度里按计税基数的多大比例计提折旧。例如，一项资产的计税基数为 100 000 美元，使用年限为 3 年，它在第一个日历年度的折旧为 100 000×0.166 7＝16 670 美元，同样可计算得到第 2 年和第 3 年的折旧为 33 330 美元，第 4 年的折旧为 16 670 美元。

国税局规定了不同类型资产的使用年限，因此很容易确定该使用哪一栏计提折旧。本书中，我们假设已经知道该使用折旧表的哪一栏。

国税局对半年期惯例的解释并不是简单地对第一个日历年度只按半年计提并把另一个半年移至资产使用寿命的最后。例如，折旧表中 3.5 年那栏是说，使用年限为 3.5 年的资产，在第 1 年按其计税基数的 14.29%计提折旧，后续三年每年按 28.57%计提折旧。相比于使用公式计算折旧率，直接采用国税局折旧表更为准确、方便。本章附录列示了半年期惯例下的整个直线折旧表。

加速折旧法

尽管国税局允许企业采用半年期惯例下的直线折旧法对资产计提折旧，但大多数企业可能采用加速折旧法更有利。加速折旧法下，企业可以在资产使用寿命早期更多地费用化资产成本。双倍余额递减法（double-declining-balance）是加速折旧法的一种，这种方法以直线法折旧率的两倍作为固定折旧率。对于双倍余额递减法，国税局仍实行半年期惯例。修正的加速成本回收制（MACRS）对使用年限为3～10年的资产采用双倍余额递减法，对使用年限为15～20年的资产采用1.5倍余额递减法。直线折旧对纳税人更有利时，该两种方法下的折旧计提方式会由加速折旧转为直线折旧。对于房地产，修正的加速成本回收制采用直线折旧法和半月惯例。国税局同样也提供了加速折旧法的折旧表，可以直接选取合适的折旧率，见本章附录。表12—8为从加速折旧法折旧表中摘录的部分双倍余额递减法折旧表。加速折旧法具有明显优势，对企业而言它通常是更佳选择。

表12—8　　半年期惯例下的双倍余额递减法折旧表摘录（%）

	正常成本回收期			
年份	3	5	7	10
1	33.33	20.00	14.29	10.00
2	44.45	32.00	24.49	18.00
3	14.81	19.20	17.49	14.40
4	7.41	11.52	12.49	11.52
5	0.00	11.52	8.93	9.22
6	0.00	5.76	8.92	7.37
7	0.00	0.00	8.93	6.55
8	0.00	0.00	4.46	6.55
9	0.00	0.00	0.00	6.56
10	0.00	0.00	0.00	6.55
11	0.00	0.00	0.00	3.28
12	0.00	0.00	0.00	0.00
13	0.00	0.00	0.00	0.00
14	0.00	0.00	0.00	0.00
15	0.00	0.00	0.00	0.00
16	0.00	0.00	0.00	0.00
17	0.00	0.00	0.00	0.00
18	0.00	0.00	0.00	0.00
19	0.00	0.00	0.00	0.00
20	0.00	0.00	0.00	0.00
21	0.00	0.00	0.00	0.00

第 179 条扣除条款

我们可以通过在购买当年立即费用化资产进一步加速资产费用化。根据美国税法**第 179 条扣除条款**（Section 179 deduction），国税局允许大多数企业在投入使用可折旧资产的当年将该资产的成本作为费用扣除，扣除额至多为 500 000 美元。第 179 条扣除条款显然是为了帮助小型企业而设定的，因此它对可扣除资产限定了年费用扣除额。如果你投入使用的符合第 179 条款的资产成本在单一纳税年度超过当前法定基础 2 000 000 美元（2010 年），则不能得到全额扣除。最大限额同样限至相应业务所实现的年应纳税所得额。

例如，某家制造商在 2010 年重新装备其工厂，成本为 2 100 000 美元，比法定基础高出 100 000 美元，因此它必须调减其适格扣除限额至 400 000 美元，即当前费用扣除限额 500 000 美元减去超出当前法定基础的 100 000 美元。为了能够按照 400 000 美元的限额进行扣除，该公司 2010 年必须至少实现 400 000 美元的应纳税所得额。如果一家公司某年投入使用的符合第 179 条款的资产超过 2 500 000 美元，则它不能进行扣除，无论其当年应纳税所得额为多少。不符合第 179 条款的资产可采用加速折旧法计提折旧。

第 179 条扣除条款的适格资产包括：

- 机器和设备；
- 器具和装置；
- 大多数的仓储设备；
- 专用的农业或园艺建筑物；
- 现用计算机软件；
- 某些合格的不动产（费用扣除限额为 250 000 美元）。

不适格资产包括：

- 建筑物及其结构部件（除非明确认定合格）；
- 收益性资产（投资或租赁财产）；
- 房地产或信托资产；
- 通过赠与或继承取得的资产；
- 用于消极活动的资产；
- 从关联方购买的资产；
- 在美国境外使用的资产。

跟许多其他国税局扣除条款一样，应用该条款需要符合一定的条件。因此，如果打算使用这种方法，要确保符合所有条件。

加速折旧法的影响

回到 FSS 公司的 FinProf 项目，我们一开始对折旧的计算仅仅采用简化的直线折旧法，在 3 年的项目期间内每年的折旧费用均为 24 000 美元。假设软件生产设备按照国税局的规定属于使用年限为 3 年的资产，半年期惯例下使用直线折旧法和双倍余额递减法计算的折旧如表 12—9 所示。

表 12—9　　FinProf 项目的年折旧额及终期账面价值　　单位：美元

	第1年	第2年	第3年	终期账面价值
直线折旧法	77 000×16.67% =12 835.90	77 000×33.33% =25 664.10	77 000×33.33% =25 664.10	12 835.90
双倍余额递减法	77 000×33.33% =25 664.10	77 000×44.45% =34 226.50	77 000×14.81% =11 403.70	5 705.70

如果 FSS 公司能够利用第 179 条扣除条款，这很可能是扣除新设备成本的最佳方式，它在第一年就能全部扣除 77 000 美元。如果 FSS 公司不符合第 179 条款的规定，采用双倍余额递减法能加快资产成本回收，更早地享受税收减免。

特殊项目处理

只要我们一贯使用增量自由现金流量计算项目现金流量总额，我们只需在评估 FSS 公司新项目的方法上稍作调整就能处理许多类型的项目，包括那些习惯上视为需要额外处理的特殊项目。

例 12.2　设备更新问题

假设某甜甜圈商店正在考虑更换一台烤箱。原烤箱于 5 年前以 100 000 美元的价格购买，每年计提折旧 9 000 美元。商店预期旧烤箱现在的市场价格为 65 000美元，而到 5 年后旧烤箱使用年限终结时其市场价格为 10 000 美元。商店打算购买一台价格为 150 000 美元的新烤箱替换旧烤箱，因为新烤箱相较旧烤箱每年能节省 50 000 美元的成本。新烤箱在双倍余额递减法下属于 3 年期那一栏，预计可使用年限为 5 年，5 年之后报废，残值为零。如果该商店的边际税率为 35%，更新设备这一项目的现金流量总额是多少？

[解答]

旧烤箱原账面价值为 100 000 美元，每年计提折旧 9 000 美元，已计提 5 年，那么现在旧烤箱的剩余账面价值为 55 000 美元，而当前市场价格为 65 000 美元。因此，出售旧烤箱的税后现金流量为：

$$
\begin{aligned}
\text{税后现金流量} &= \text{账面价值} + (\text{市场价值} - \text{账面价值}) \times (1 - T_C) \\
&= 55\,000 + (65\,000 - 55\,000) \times (1 - 0.35) \\
&= 61\,500(\text{美元})
\end{aligned}
$$

现在出售旧烤箱，意味着商店放弃了未来 5 年里每年 9 000 美元的折旧额以及 5 年之后以 10 000 美元出售它的机会。我们在计算增量自由现金流量时必须反映这个机会成本，这样才能估算出项目的真实成本。此外，用新烤箱替换旧烤箱不影响未来 5 年的销售收入和净营运资本需求。根据这些信息，我们可编制如下报表：

单位：美元

	第 0 年	第 1 年	第 2 年	第 3 年	第 4 年	第 5 年
净增销售收入		0	0	0	0	0
减：净增变动成本		−50 000	−50 000	−50 000	−50 000	−50 000
新烤箱折旧额		49 995	66 675	22 215	11 115	0
放弃的旧烤箱折旧额		−9 000	−9 000	−9 000	−9 000	−9 000
减：净增折旧额		40 995	57 675	13 215	2 115	−9 000
息税前利润		9 005	−7 675	36 785	47 885	59 000
减：所得税费		3 152	−2 686	12 875	16 760	20 650
净收益		5 853	−4 989	23 910	31 125	38 350
加：折旧额		40 995	57 675	13 215	2 115	−9 000
经营现金流量		46 848	52 686	37 125	33 240	29 350
新烤箱固定资产变动额	150 000					0
旧烤箱固定资产变动额	−61 500					10 000
固定资产变动额	88 500					10 000
净营运资本变动额	0					0
减：经营资产投资额	88 500	0	0	0	0	10 000
自由现金流量	−88 500	46 848	52 686	37 125	33 240	19 350

一般情况下，固定资产变动额为正数，说明购置了固定资产，但在这种情况下，第 5 年的固定资产变动额为正数，并不是因为固定资产投资，而是反映了商店放弃在这个时点出售旧烤箱的机会成本。

例 12.3　成本削减问题

你的公司打算投资一个新计算机系统，初始投资成本为 1 000 000 美元，每年能节省 300 000 美元的存货及应收账款管理成本。该系统预计使用年限为 5 年，采用 3 年期双倍余额递减法计提折旧。公司预期该系统 5 年后的残值为 50 000美元。假设购买系统并不影响净营运资本，边际税率为 34%，必要收益率为 8%，那么这个成本削减项目的现金流量总额是多少？

[解答]

由于新计算机系统采用双倍余额递减法计提折旧时属于 3 年期那一栏，而预计使用年限为 5 年，因此系统在项目期间内全部折旧完毕，结束时出售该系统的税后现金流量为：

$$
\begin{aligned}
\text{税后现金流量} &= \text{账面价值} + (\text{市场价值} - \text{账面价值}) \times (1 - T_C) \\
&= 0 + (50\,000 - 0) \times (1 - 0.34) \\
&= 33\,000(\text{美元})
\end{aligned}
$$

编制如下报表，可计算出该成本削减项目的自由现金流量。

单位：美元

	第 0 年	第 1 年	第 2 年	第 3 年	第 4 年	第 5 年
净增销售收入		0	0	0	0	0
减：净增变动成本		−300 000	−300 000	−300 000	−300 000	−300 000
减：净增折旧额		333 300	444 500	148 100	74 100	0
息税前利润		−33 300	−144 500	151 900	225 900	300 000
减：所得税费		−11 322	−49 130	51 646	76 806	102 000
净收益		−21 978	−95 370	100 254	149 094	198 000
加：折旧额		333 300	444 500	148 100	74 100	0
经营现金流量		311 322	349 130	248 354	223 194	198 000
固定资产变动额	1 000 000					−33 000
净营运资本变动额	0					0
减：经营资产投资额	1 000 000	0	0	0	0	−33 000
自由现金流量	−1 000 000	311 322	349 130	248 354	223 194	231 000

年限不同资产比较：等值年成本法

还有一类需要特殊处理的问题是为既定项目从两种用途一致的不同资产中作出选择。这类问题通常不要求计算增量自由现金流量，而需要计算两项资产的增量现金流量并加以整理以便进行资产之间的比较。

例如，一家公司已经决定开展某个项目，但需要在两项不同资产之间进行选择。通常来说，需要比较的两项资产具有以下特点：

- 资产带来的销售收入相同。
- 资产的成本和经营性支出可能不同。
- 资产的使用年限不同。
- 所选资产报废时，被相同新机器替换。

这种情况下，公司不能直接迭代比较两台机器，因为它们持续的时间不一样。关键在于我们要明白一点，既然所选类型的机器报废时公司能够用完全相同的新机器替换报废机器，那么问题就转换为比较两组永续而规律变化的现金流活动。为了处理这种情况，公司需要平滑每组现金流的变动情况，把每组现金流变成永续年金，然后基于所计算出的两台机器的现金流量现值，选择产生最高现值的那台机器。

由于这个问题只涉及项目现金流量的一部分，即购买固定资产，因此，现值很可能为负值。如果公司观察的是所选用资产能带来的所有利益，包括预期销售收入等，那么整个项目全部现金流量的现值必须为正，项目才具有吸引力。下一章我们将深入讨论采用净现值进行资本预算决策。

等值年成本法（equivalent annual cost，EAC）的基本思想为，采用资金时间价值方法把资产项目的迭代现金流量转变成永续年金。这样做的话，我们可以从永续年金的角度观察资产项目不断重复的现金流量。采用等值年成本法进行资产选择的步骤如下：

- 分别计算出两项资产的现金流量现值总和，即净现值。
- 将每一项资产的现值总和视作相同年限的年金现金流量的现值，分别计算出这两项资产的等值年金。
- 选择等值年金最高的那项资产。

例 12.4　等值年成本法

假设你公司刚中标一个新项目，为当地公路部门绘制公路标志。根据以往的经验，你非常确定公司这一业务在可预见未来能持续，现在所要作出的决策是确定使用机器 A 还是机器 B 进行路标绘制。机器 A 的初始成本为 20 000 美元，使用年限为 5 年，每年需要 2 500 美元的税后净支出。机器 B 的初始成本为 12 000 美元，使用年限为 3 年，每年需要 3 500 美元的税后净支出。假设两种情况下，机器在使用寿命结束时零残值报废，公司的资本成本为 12%。你会选择哪台机器？

［解答］

两台机器的迭代现金流量分别由下列现金流量组成，见下表：

单位：美元

	第 0 年	第 1 年	第 2 年	第 3 年	第 4 年	第 5 年
机器 A 现金流量	−20 000	−2 500	−2 500	−2 500	−2 500	−2 500
机器 B 现金流量	−12 000	−3 500	−3 500	−3 500		

机器 A 的现金流量现值总和为：

$$\sum_{t=0}^{5}\frac{CF_t}{(1+i)^t}=\frac{CF_0}{(1+i)^0}+\frac{CF_1}{(1+i)^1}+\frac{CF_2}{(1+i)^2}+\frac{CF_3}{(1+i)^3}+\frac{CF_4}{(1+i)^4}+\frac{CF_5}{(1+i)^5}$$

$$=\frac{-20\,000}{1.12^0}-\frac{2\,500}{1.12^1}-\frac{2\,500}{1.12^2}-\frac{2\,500}{1.12^3}-\frac{2\,500}{1.12^4}-\frac{2\,500}{1.12^5}$$

$$=-29\,012(\text{美元})$$

把这个数值视为 5 年期年金的现值，i 为 12%，可求得年金支付额为 −8 048 美元，即为机器 A 的等值年成本。

机器 B 的现金流量现值总和为：

$$\sum_{t=0}^{3}\frac{CF_t}{(1+i)^t}=\frac{CF_0}{(1+i)^0}+\frac{CF_1}{(1+i)^1}+\frac{CF_2}{(1+i)^2}+\frac{CF_3}{(1+i)^3}$$

$$=\frac{-12\,000}{1.12^0}-\frac{3\,500}{1.12^1}-\frac{3\,500}{1.12^2}-\frac{3\,500}{1.12^3}$$

$$=-20\,406(\text{美元})$$

把这个数值视为 3 年期年金的现值，i 为 12%，可求得年金支付额为 −8 496 美元，即为机器 B 的等值年成本。

可见，机器 A 的等值年成本 −8 048 美元高于机器 B 的 −8 496 美元，因此，公司应该选择机器 A。

这样做好像与前文不需比较资产现金流量的说法不相符，实际上，在这里我们所做的比较比一般的两项资产之间的现金流量比较更广泛，我们将对此进行解释。在这里我们以例题中的机器B为例，选择它只是因为它的使用年限较短。表12—10列示了无限重复购买机器B的现金流量情况。

表12—10　　重复购买机器B的现金流量　　单位：美元

	第0年	第1年	第2年	第3年	第4年	第5年	第6年
机器B	−12 000	−3 500	−3 500	−3 500			
				−12 000	−3 500	−3 500	−3 500
							−12 000
合计	−12 000	−3 500	−3 500	−15 500	−3 500	−3 500	−15 500

由表12—10可知，首次购买机器B之后的现金流量呈规律变化，两年为−3 500美元，再一年为−15 500美元，如此重复。对于按这种规律变化的现金流量，我们没有可直接使用的公式，因此，需要把这些现金流量转变成永续年金才能进行估值。

我们计算第一台机器B的净现值时，基本上是把这台机器的现金流量“压缩”为一个单一总和，并将其视作某笔年金的现值，从而求得相等价值的年支付额，等同于第一台机器B的使用年限内公司每年均会发生同样金额的支出。进一步地，后续购买机器B与购买第一台机器B完全一致，因此我们可对每台机器B的现金流量进行同样的处理。以这种方式把每一台机器B的现金流量转变为相同年限的年金，最终，所有机器B的现金流量形成了相等价值的永续年金，如表12—11所示。

表12—11　　重复购买机器B的等值现金流量　　单位：美元

	第0年	第1年	第2年	第3年	第4年	第5年	第6年
机器B	0	−8 496	−8 496	−8 496			
				0	−8 496	−8 496	−8 496
							0
合计	0	−8 496	−8 496	−8 496	−8 496	−8 496	−8 496

按照这个方法，我们同样可把重复购买机器A的现金流量转变成永续年金，然后计算两笔永续年金的现值并进行比较，这是我们所关注的。

$$PV_{\text{无限重复购买机器}A\text{的永续年金}}:PV_{\text{无限重复购买机器}B\text{的永续年金}}=(-8\ 048/0.12):(-8\ 496/0.12)$$

我们是否有必要这么做？两笔永续年金的折现率相同，支付期间相同，其现值存在差异的唯一因素在于年支付额。两笔永续年金现值之间的关系与两台机器等值年成本之间的关系完全一致，因此我们没有必要再计算永续年金及其现值。

调整发行成本

上一章中，我们讨论了如何调增加权平均资本成本，直接将发行成本反映在为项目筹集资金而发行的证券发行价格中。另外一种考虑发行成本的方式是调整项目的初始现金流量，初始现金流量不仅反映了必需的资产投资，还反映了为项目筹集资金而发生的发行成本。

这种方法下，我们按照如下步骤进行调整：

1. 使用公司目标资本权重计算加权平均发行成本 f_A。

$$f_A = E/(E+P+D)\times f_E + P/(E+P+D)\times f_P + D/(E+P+D)\times f_D \quad (12\text{—}4)$$

2. 计算调整发行成本后的初始投资额 CF_0。

$$\text{调整后的 } CF_0 = CF_0/(1-f_A) \quad (12\text{—}5)$$

例 12.5　因发行成本调整初始投资额

你的公司正在考虑一个初始投资额为 1 000 000 美元的项目。这个项目在未来 5 年每年会产生税后现金流量 375 000 美元。公司的加权平均资本成本为 15%，目标资产负债率为 0.375。普通股的发行成本为 5%，债券的发行成本为 3%，公司未发行也不打算发行优先股。如果公司决定通过初始投资额反映发行成本，该项目调整发行成本后的现金流量为多少？

[解答]

公司的资产负债率为 0.375，因此权益资产比为 1−0.375，即 0.625。根据目标资本权重计算加权平均发行成本：

$$\begin{aligned} f_A &= E/(E+P+D)\times f_E + P/(E+P+D)\times f_P + D/(E+P+D)\times f_D \\ &= (0.625\times 0.05) + (0.375\times 0.03) \\ &= 4.25\% \end{aligned}$$

据此计算该项目调整后的初始投资额：

$$\begin{aligned} \text{调整后的 } CF_0 &= CF_0/(1-f_A) \\ &= -1\,000\,000/(1-4.25\%) \\ &= -1\,044\,386(\text{美元}) \end{aligned}$$

因此，该项目调整发行成本后的现金流量如下表所示：

单位：美元

	第 0 年	第 1 年	第 2 年	第 3 年	第 4 年	第 5 年
现金流量	−1 044 386	375 000	375 000	375 000	375 000	375 000

简述题

1. 本章中计算经营现金流量的预测利润表与会计上的利润表有何区别？
2. 假设你聘请某位大学财务教授为你评估一个项目。无论项目是否继续开展，你都会向其支付本次评估费用，那么评估项目时增量现金流量是否包括评估费用？
3. 为什么公司净营运资本减少会产生现金流入？
4. 其他条件一致时，你更愿意选择直线折旧法还是双倍余额递减法？
5. 其他条件一致时，你更愿意选择双倍余额递减法还是利用第 179 条扣除条款？
6. 设备更新问题是否会涉及净营运资本变化？
7. 设备更新问题中，新增折旧额是否总低于新设备折旧额？
8. 对于成本削减问题，什么情况下会出现负的息税前利润？

9. 每次计算项目的等值年成本时需要使用哪些资金时间价值公式?

10. 证券发行成本的增加会引起项目初始现金流量增大还是减小?

计算题

1. 某公司以 109 000 美元的价格出售了一项账面价值为 129 000 美元的固定资产。如果该公司的边际税率为 39%，出售该项固定资产的税后现金流量是多少?

2. 某公司正在考虑一个新项目，项目在启动时需要采购 1 000 000 美元的新设备，该设备的折旧年限为 10 年，预计净残值为 150 000 美元，采用直线折旧法计提折旧。假设该公司的资本成本为 13%，所得税率为 34%，计算设备折旧抵税的现值。

3. 你正在为自己挑选一辆价格实惠的新汽车，现面临两个选择。购买 Scion xA 汽车，需要支付 14 000 美元，该车的预期寿命为 3 年，在使用年限内每年会发生经营现金流出 1 200 美元。你还可以选择丰田的 Prius 汽车，该车的售价为 20 000 美元，预期使用年限为 4 年，每年的经营现金净流量为－650 美元。这两款车在使用寿命结束时的价值为零，并假设无论购买哪款车，你均会在该款车使用寿命结束时购买同一款新车。若你的资本成本为 12%，你会选择哪一款车?

4. 你正在评估两种不同的烤箱。Pillsbury 707 烤箱的价格为 57 000 美元，预期使用寿命为 5 年，每年的税后经营现金净流量为－10 000 美元。Keebler 烤箱的成本为 90 000美元，预期使用寿命为 7 年，每年的税后经营现金净流量为－8 000 美元。若折现率为 12%，这两台烤箱的等值年成本分别为多少?

5. 你在考虑更新生产设备，打算从以下两台中选择一台。设备 A 的使用寿命为 2 年，初始成本为 80 美元，另外每年还需要维修费用 125 美元。设备 B 的初始成本为 150 美元，使用寿命为 3 年，每年另需维修费用 100 美元。无论选择哪一台，你均会在设备使用寿命结束时更换为同等设备。那么，哪台设备是公司的优选? 假设折现率为 12%，税率为零。

6. KADS 公司准备开发一款新的电脑游戏，目前已花费调查费用 400 000 美元。为生产这款游戏，公司计划购买一台价格为 200 000 美元的设备。设备的运输和安装成本为 50 000 美元，应该资本化并进行摊销。预计设备的使用年限为 3 年，再售价格为 75 000 美元，适用于 7 年期加速折旧法。新游戏生产后，预期每年会产生 600 000 美元的收入及 250 000 美元的成本。该公司的税率为 35%，资本的机会成本为 15%，项目期初需投入 100 000 美元的营运资本。请根据上述信息分析该项目的现金流情况。

7. 某公司现需一台自动化车床，初始成本为 50 000 美元，预期使用年限为 3 年，每年需要维修支出 12 000 美元。使用寿命结束时，该车床会被替换。该车床适用于 3 年期加速折旧法。假设税率为 35%，折现率为 12%，计算 3 年后该项目的折旧税盾额。

8. 若上题中的车床在第 3 年末能以 5 000 美元的价格售出，它的税后残值是多少?

9. 公司某部门申请采购一辆新的专用卡车，总裁要求你对此进行评估。该卡车的价格为 60 000 美元，适用于 3 年期加速折旧法，预计 3 年后能按 20 000 美元的价格售出。此外，使用该卡车还需投入营运资本 2 000 美元。该卡车对收入并不产生影响，但预期每年能为公司节省 20 000 美元的税前成本，主要是人力成本。公司的边际税率为 40%。根据以上信息，分析该项目的现金流情况。

10. 你正在为某公司评估 Tiffany 产品项目。你预测 Tiffany 产品的销售价格为每单位 400 美元，第 1 年、第 2 年和第 3 年的销售量分别为 1 000，1 500，1 325 单位。该项目期限为 3 年。变动成本为每单位 225 美元，固定成本为每年 100 000 美元。项目需要初始投资 165 000 美元的资产，这些资产在项目期间按直线折旧法折旧至零，3 年后的实际市场价值预期为 35 000 美元。每年年初需投入的净营运资本大约为当年销售收入的 20%。税率为 34%，项目的必要回报率为 10%，计算第 1 年年末的净营运资本变动额。

11. 根据上题的信息，计算项目第 2 年的营运现金流量。

12. 你正在为某公司评估终极娱乐网球球拍项目，预测该产品的单价为 400 美元，第 1 年的销售量为 1 000 个，第 2 年和第 3 年的销售量分别为 1 250 个、1 325 个。该项目期限为 3 年。变动成本为每单位 225 美元，固定成本为每年 100 000 美元。项目需要初始投资 165 000 美元的资产，这些资产在项目期间按直线折旧法折旧至零，3 年后的实际市场价值预期为 35 000 美元。每年年初需投入的净营运资本大约为当年销售收入的 20%。该公司的税率为 34%，项目的必要回报率为 10%。该项目的现金流是多少？

13. 某饼干公司在考虑购买一台新的饼干烤箱。旧烤箱的初始成本为 30 000 美元，已使用 5 年，当前市场价值为 13 333.33 美元。旧烤箱按预计残值为零进行直线折旧，折旧年限为 10 年，因此，年折旧额为 3 000 美元，当前账面价值为 15 000 美元。旧烤箱还能使用 6 年，到时已全额计提折旧，市场价值为零。管理层正在考虑购买一台新烤箱，其成本为 25 000 美元，预计残值为零。新烤箱按 5 年期加速折旧法计提折旧，预期在整个折旧年限内每年能节省税前现金支出 4 000 美元。假设税率为 40%，资本成本为 10%。该项目的现金流是多少？

附录 12A

表 12A—1　　加速折旧法折旧表（%）

							房地产		
	正常成本回收期						住宅	非住宅	
年份	3	5	7	10	15	20	27.5	31.5	39
1	33.33	20.00	14.29	10.00	5.00	3.750	3.485	3.042	2.461
2	44.45	32.00	24.49	18.00	9.50	7.219	3.636	3.175	2.564
3	14.81	19.20	17.49	14.40	8.55	6.677	3.636	3.175	2.564
4	7.41	11.52	12.49	11.52	7.70	6.177	3.636	3.175	2.564
5	0.00	11.52	8.93	9.22	6.93	5.713	3.636	3.175	2.564
6	0.00	5.76	8.92	7.37	6.23	5.285	3.636	3.175	2.564
7	0.00	0.00	8.93	6.55	5.90	4.888	3.636	3.175	2.564
8	0.00	0.00	4.46	6.55	5.90	4.522	3.636	3.175	2.564
9	0.00	0.00	0.00	6.56	5.91	4.462	3.636	3.174	2.564
10	0.00	0.00	0.00	6.55	5.90	4.461	3.637	3.175	2.564
11	0.00	0.00	0.00	3.28	5.91	4.462	3.636	3.174	2.564

续前表

							房地产		
	正常成本回收期						住宅	非住宅	
年份	3	5	7	10	15	20	27.5	31.5	39
12	0.00	0.00	0.00	0.00	5.90	4.461	3.637	3.175	2.564
13	0.00	0.00	0.00	0.00	5.91	4.462	3.636	3.174	2.564
14	0.00	0.00	0.00	0.00	5.90	4.461	3.637	3.175	2.564
15	0.00	0.00	0.00	0.00	5.91	4.462	3.636	3.174	2.564
16	0.00	0.00	0.00	0.00	2.95	4.461	3.637	3.175	2.564
17	0.00	0.00	0.00	0.00	0.00	4.462	3.636	3.174	2.564
18	0.00	0.00	0.00	0.00	0.00	4.461	3.637	3.175	2.564
19	0.00	0.00	0.00	0.00	0.00	4.462	3.636	3.174	2.564
20	0.00	0.00	0.00	0.00	0.00	4.461	3.637	3.175	2.564
21	0.00	0.00	0.00	0.00	0.00	2.231	3.636	3.174	2.564
22	0.00	0.00	0.00	0.00	0.00	0.000	3.637	3.175	2.564
23	0.00	0.00	0.00	0.00	0.00	0.000	3.636	3.174	2.564
24	0.00	0.00	0.00	0.00	0.00	0.000	3.637	3.175	2.564
25	0.00	0.00	0.00	0.00	0.00	0.000	3.636	3.174	2.564
26	0.00	0.00	0.00	0.00	0.00	0.000	3.637	3.175	2.564
27	0.00	0.00	0.00	0.00	0.00	0.000	3.636	3.174	2.564
28	0.00	0.00	0.00	0.00	0.00	0.000	1.970	3.175	2.564
29	0.00	0.00	0.00	0.00	0.00	0.000	0.000	3.174	2.564
30	0.00	0.00	0.00	0.00	0.00	0.000	0.000	3.175	2.564
31	0.00	0.00	0.00	0.00	0.00	0.000	0.000	3.174	2.564
32	0.00	0.00	0.00	0.00	0.00	0.000	0.000	1.720	2.564
33	0.00	0.00	0.00	0.00	0.00	0.000	0.000	0.000	2.564
34	0.00	0.00	0.00	0.00	0.00	0.000	0.000	0.000	2.564
35	0.00	0.00	0.00	0.00	0.00	0.000	0.000	0.000	2.564
36	0.00	0.00	0.00	0.00	0.00	0.000	0.000	0.000	2.564
37	0.00	0.00	0.00	0.00	0.00	0.000	0.000	0.000	2.564
38	0.00	0.00	0.00	0.00	0.00	0.000	0.000	0.000	2.564
39	0.00	0.00	0.00	0.00	0.00	0.000	0.000	0.000	2.564
40	0.00	0.00	0.00	0.00	0.00	0.000	0.000	0.000	0.107
41	0.00	0.00	0.00	0.00	0.00	0.000	0.000	0.000	0.000

表 12A—2　　直线折旧法折旧表（%）

	正常成本回收期											
年份	2.5	3	3.5	4	5	6	6.5	7	7.5	8	8.5	9
1	20.00	16.67	14.29	12.50	10.00	8.33	7.69	7.14	6.67	6.25	5.88	5.56
2	40.00	33.33	28.57	25.00	20.00	16.67	15.39	14.29	13.33	12.50	11.77	11.11
3	40.00	33.33	28.57	25.00	20.00	16.67	15.38	14.29	13.33	12.50	11.76	11.11
4	0.00	16.67	28.57	25.00	20.00	16.67	15.39	14.28	13.33	12.50	11.77	11.11
5	0.00	0.00	0.00	12.50	20.00	16.66	15.38	14.29	13.34	12.50	11.76	11.11
6	0.00	0.00	0.00	0.00	10.00	16.67	15.39	14.28	13.33	12.50	11.77	11.11
7	0.00	0.00	0.00	0.00	0.00	8.33	15.38	14.29	13.34	12.50	11.76	11.11
8	0.00	0.00	0.00	0.00	0.00	0.00	0.00	7.14	13.33	12.50	11.77	11.11
9	0.00	0.00	0.00	0.00	0.00	0.00	0.00	0.00	0.00	6.25	11.76	11.11
10	0.00	0.00	0.00	0.00	0.00	0.00	0.00	0.00	0.00	0.00	0.00	5.56
11	0.00	0.00	0.00	0.00	0.00	0.00	0.00	0.00	0.00	0.00	0.00	0.00
12	0.00	0.00	0.00	0.00	0.00	0.00	0.00	0.00	0.00	0.00	0.00	0.00
13	0.00	0.00	0.00	0.00	0.00	0.00	0.00	0.00	0.00	0.00	0.00	0.00
14	0.00	0.00	0.00	0.00	0.00	0.00	0.00	0.00	0.00	0.00	0.00	0.00
15	0.00	0.00	0.00	0.00	0.00	0.00	0.00	0.00	0.00	0.00	0.00	0.00
16	0.00	0.00	0.00	0.00	0.00	0.00	0.00	0.00	0.00	0.00	0.00	0.00
17	0.00	0.00	0.00	0.00	0.00	0.00	0.00	0.00	0.00	0.00	0.00	0.00
18	0.00	0.00	0.00	0.00	0.00	0.00	0.00	0.00	0.00	0.00	0.00	0.00
19	0.00	0.00	0.00	0.00	0.00	0.00	0.00	0.00	0.00	0.00	0.00	0.00
20	0.00	0.00	0.00	0.00	0.00	0.00	0.00	0.00	0.00	0.00	0.00	0.00
21	0.00	0.00	0.00	0.00	0.00	0.00	0.00	0.00	0.00	0.00	0.00	0.00
22	0.00	0.00	0.00	0.00	0.00	0.00	0.00	0.00	0.00	0.00	0.00	0.00
23	0.00	0.00	0.00	0.00	0.00	0.00	0.00	0.00	0.00	0.00	0.00	0.00
24	0.00	0.00	0.00	0.00	0.00	0.00	0.00	0.00	0.00	0.00	0.00	0.00
25	0.00	0.00	0.00	0.00	0.00	0.00	0.00	0.00	0.00	0.00	0.00	0.00
26	0.00	0.00	0.00	0.00	0.00	0.00	0.00	0.00	0.00	0.00	0.00	0.00
27	0.00	0.00	0.00	0.00	0.00	0.00	0.00	0.00	0.00	0.00	0.00	0.00
28	0.00	0.00	0.00	0.00	0.00	0.00	0.00	0.00	0.00	0.00	0.00	0.00
29	0.00	0.00	0.00	0.00	0.00	0.00	0.00	0.00	0.00	0.00	0.00	0.00
30	0.00	0.00	0.00	0.00	0.00	0.00	0.00	0.00	0.00	0.00	0.00	0.00

续前表

正常成本回收期												
年份	2.5	3	3.5	4	5	6	6.5	7	7.5	8	8.5	9
31	0.00	0.00	0.00	0.00	0.00	0.00	0.00	0.00	0.00	0.00	0.00	0.00
32	0.00	0.00	0.00	0.00	0.00	0.00	0.00	0.00	0.00	0.00	0.00	0.00
33	0.00	0.00	0.00	0.00	0.00	0.00	0.00	0.00	0.00	0.00	0.00	0.00
34	0.00	0.00	0.00	0.00	0.00	0.00	0.00	0.00	0.00	0.00	0.00	0.00
35	0.00	0.00	0.00	0.00	0.00	0.00	0.00	0.00	0.00	0.00	0.00	0.00
36	0.00	0.00	0.00	0.00	0.00	0.00	0.00	0.00	0.00	0.00	0.00	0.00
37	0.00	0.00	0.00	0.00	0.00	0.00	0.00	0.00	0.00	0.00	0.00	0.00
38	0.00	0.00	0.00	0.00	0.00	0.00	0.00	0.00	0.00	0.00	0.00	0.00
39	0.00	0.00	0.00	0.00	0.00	0.00	0.00	0.00	0.00	0.00	0.00	0.00
40	0.00	0.00	0.00	0.00	0.00	0.00	0.00	0.00	0.00	0.00	0.00	0.00
41	0.00	0.00	0.00	0.00	0.00	0.00	0.00	0.00	0.00	0.00	0.00	0.00
42	0.00	0.00	0.00	0.00	0.00	0.00	0.00	0.00	0.00	0.00	0.00	0.00
43	0.00	0.00	0.00	0.00	0.00	0.00	0.00	0.00	0.00	0.00	0.00	0.00
44	0.00	0.00	0.00	0.00	0.00	0.00	0.00	0.00	0.00	0.00	0.00	0.00
45	0.00	0.00	0.00	0.00	0.00	0.00	0.00	0.00	0.00	0.00	0.00	0.00
46	0.00	0.00	0.00	0.00	0.00	0.00	0.00	0.00	0.00	0.00	0.00	0.00
47	0.00	0.00	0.00	0.00	0.00	0.00	0.00	0.00	0.00	0.00	0.00	0.00
48	0.00	0.00	0.00	0.00	0.00	0.00	0.00	0.00	0.00	0.00	0.00	0.00
49	0.00	0.00	0.00	0.00	0.00	0.00	0.00	0.00	0.00	0.00	0.00	0.00
50	0.00	0.00	0.00	0.00	0.00	0.00	0.00	0.00	0.00	0.00	0.00	0.00
51	0.00	0.00	0.00	0.00	0.00	0.00	0.00	0.00	0.00	0.00	0.00	0.00
52	0.00	0.00	0.00	0.00	0.00	0.00	0.00	0.00	0.00	0.00	0.00	0.00

正常成本回收期													
年份	9.5	10	10.5	11	11.5	12	12.5	13	13.5	14	15	16	16.5
1	5.26	5.00	4.76	4.55	4.35	4.17	4.00	3.85	3.70	3.57	3.33	3.13	3.03
2	10.53	10.00	9.52	9.09	8.70	8.33	8.00	7.69	7.41	7.14	6.67	6.25	6.06
3	10.53	10.00	9.52	9.09	8.70	8.33	8.00	7.69	7.41	7.14	6.67	6.25	6.06
4	10.53	10.00	9.53	9.09	8.69	8.33	8.00	7.69	7.41	7.14	6.67	6.25	6.06
5	10.52	10.00	9.52	9.09	8.70	8.33	8.00	7.69	7.41	7.14	6.67	6.25	6.06
6	10.53	10.00	9.53	9.09	8.69	8.33	8.00	7.69	7.41	7.14	6.67	6.25	6.06

续前表

正常成本回收期													
年份	9.5	10	10.5	11	11.5	12	12.5	13	13.5	14	15	16	16.5
7	10.52	10.00	9.52	9.09	8.70	8.34	8.00	7.69	7.41	7.14	6.67	6.25	6.06
8	10.53	10.00	9.53	9.09	8.69	8.33	8.00	7.69	7.41	7.15	6.66	6.25	6.06
9	10.52	10.00	9.52	9.09	8.70	8.34	8.00	7.69	7.41	7.14	6.67	6.25	6.06
10	10.53	10.00	9.53	9.09	8.69	8.33	8.00	7.70	7.40	7.15	6.66	6.25	6.06
11	0.00	5.00	9.52	9.09	8.70	8.34	8.00	7.69	7.41	7.14	6.67	6.25	6.06
12	0.00	0.00	0.00	4.55	8.69	8.33	8.00	7.70	7.40	7.15	6.66	6.25	6.06
13	0.00	0.00	0.00	0.00	0.00	4.17	8.00	7.69	7.41	7.14	6.67	6.25	6.06
14	0.00	0.00	0.00	0.00	0.00	0.00	0.00	3.85	7.40	7.15	6.66	6.25	6.06
15	0.00	0.00	0.00	0.00	0.00	0.00	0.00	0.00	0.00	3.57	6.67	6.25	6.06
16	0.00	0.00	0.00	0.00	0.00	0.00	0.00	0.00	0.00	0.00	3.33	6.25	6.06
17	0.00	0.00	0.00	0.00	0.00	0.00	0.00	0.00	0.00	0.00	0.00	3.12	6.07
18	0.00	0.00	0.00	0.00	0.00	0.00	0.00	0.00	0.00	0.00	0.00	0.00	0.00
19	0.00	0.00	0.00	0.00	0.00	0.00	0.00	0.00	0.00	0.00	0.00	0.00	0.00
20	0.00	0.00	0.00	0.00	0.00	0.00	0.00	0.00	0.00	0.00	0.00	0.00	0.00
21	0.00	0.00	0.00	0.00	0.00	0.00	0.00	0.00	0.00	0.00	0.00	0.00	0.00
22	0.00	0.00	0.00	0.00	0.00	0.00	0.00	0.00	0.00	0.00	0.00	0.00	0.00
23	0.00	0.00	0.00	0.00	0.00	0.00	0.00	0.00	0.00	0.00	0.00	0.00	0.00
24	0.00	0.00	0.00	0.00	0.00	0.00	0.00	0.00	0.00	0.00	0.00	0.00	0.00
25	0.00	0.00	0.00	0.00	0.00	0.00	0.00	0.00	0.00	0.00	0.00	0.00	0.00
26	0.00	0.00	0.00	0.00	0.00	0.00	0.00	0.00	0.00	0.00	0.00	0.00	0.00
27	0.00	0.00	0.00	0.00	0.00	0.00	0.00	0.00	0.00	0.00	0.00	0.00	0.00
28	0.00	0.00	0.00	0.00	0.00	0.00	0.00	0.00	0.00	0.00	0.00	0.00	0.00
29	0.00	0.00	0.00	0.00	0.00	0.00	0.00	0.00	0.00	0.00	0.00	0.00	0.00
30	0.00	0.00	0.00	0.00	0.00	0.00	0.00	0.00	0.00	0.00	0.00	0.00	0.00
31	0.00	0.00	0.00	0.00	0.00	0.00	0.00	0.00	0.00	0.00	0.00	0.00	0.00
32	0.00	0.00	0.00	0.00	0.00	0.00	0.00	0.00	0.00	0.00	0.00	0.00	0.00
33	0.00	0.00	0.00	0.00	0.00	0.00	0.00	0.00	0.00	0.00	0.00	0.00	0.00
34	0.00	0.00	0.00	0.00	0.00	0.00	0.00	0.00	0.00	0.00	0.00	0.00	0.00
35	0.00	0.00	0.00	0.00	0.00	0.00	0.00	0.00	0.00	0.00	0.00	0.00	0.00
36	0.00	0.00	0.00	0.00	0.00	0.00	0.00	0.00	0.00	0.00	0.00	0.00	0.00
37	0.00	0.00	0.00	0.00	0.00	0.00	0.00	0.00	0.00	0.00	0.00	0.00	0.00

续前表

正常成本回收期													
年份	9.5	10	10.5	11	11.5	12	12.5	13	13.5	14	15	16	16.5
38	0.00	0.00	0.00	0.00	0.00	0.00	0.00	0.00	0.00	0.00	0.00	0.00	0.00
39	0.00	0.00	0.00	0.00	0.00	0.00	0.00	0.00	0.00	0.00	0.00	0.00	0.00
40	0.00	0.00	0.00	0.00	0.00	0.00	0.00	0.00	0.00	0.00	0.00	0.00	0.00
41	0.00	0.00	0.00	0.00	0.00	0.00	0.00	0.00	0.00	0.00	0.00	0.00	0.00
42	0.00	0.00	0.00	0.00	0.00	0.00	0.00	0.00	0.00	0.00	0.00	0.00	0.00
43	0.00	0.00	0.00	0.00	0.00	0.00	0.00	0.00	0.00	0.00	0.00	0.00	0.00
44	0.00	0.00	0.00	0.00	0.00	0.00	0.00	0.00	0.00	0.00	0.00	0.00	0.00
45	0.00	0.00	0.00	0.00	0.00	0.00	0.00	0.00	0.00	0.00	0.00	0.00	0.00
46	0.00	0.00	0.00	0.00	0.00	0.00	0.00	0.00	0.00	0.00	0.00	0.00	0.00
47	0.00	0.00	0.00	0.00	0.00	0.00	0.00	0.00	0.00	0.00	0.00	0.00	0.00
48	0.00	0.00	0.00	0.00	0.00	0.00	0.00	0.00	0.00	0.00	0.00	0.00	0.00
49	0.00	0.00	0.00	0.00	0.00	0.00	0.00	0.00	0.00	0.00	0.00	0.00	0.00
50	0.00	0.00	0.00	0.00	0.00	0.00	0.00	0.00	0.00	0.00	0.00	0.00	0.00
51	0.00	0.00	0.00	0.00	0.00	0.00	0.00	0.00	0.00	0.00	0.00	0.00	0.00
52	0.00	0.00	0.00	0.00	0.00	0.00	0.00	0.00	0.00	0.00	0.00	0.00	0.00

正常成本回收期														
年份	17	18	19	20	22	24	25	26.5	28	30	35	40	45	50
1	2.94	2.78	2.63	2.50	2.273	2.083	2.00	1.887	1.786	1.667	1.429	1.25	1.111	1.00
2	5.88	5.56	5.26	5.00	4.545	4.167	4.00	3.774	3.571	3.333	2.857	2.5	2.222	2.00
3	5.88	5.56	5.26	5.00	4.545	4.167	4.00	3.774	3.571	3.333	2.857	2.5	2.222	2.00
4	5.88	5.55	5.26	5.00	4.545	4.167	4.00	3.774	3.571	3.333	2.857	2.50	2.222	2.00
5	5.88	5.56	5.26	5.00	4.546	4.167	4.00	3.774	3.571	3.333	2.857	2.50	2.222	2.00
6	5.88	5.55	5.26	5.00	4.545	4.167	4.00	3.774	3.571	3.333	2.857	2.50	2.222	2.00
7	5.88	5.56	5.26	5.00	4.546	4.167	4.00	3.773	3.572	3.333	2.857	2.50	2.222	2.00
8	5.88	5.55	5.26	5.00	4.545	4.167	4.00	3.774	3.571	3.333	2.857	2.50	2.222	2.00
9	5.88	5.56	5.27	5.00	4.546	4.167	4.00	3.773	3.572	3.333	2.857	2.50	2.222	2.00
10	5.88	5.55	5.26	5.00	4.545	4.167	4.00	3.774	3.571	3.333	2.857	2.50	2.222	2.00
11	5.89	5.56	5.27	5.00	4.546	4.166	4.00	3.773	3.572	3.333	2.857	2.50	2.222	2.00
12	5.88	5.55	5.26	5.00	4.545	4.167	4.00	3.774	3.571	3.333	2.857	2.50	2.222	2.00
13	5.89	5.56	5.27	5.00	4.546	4.166	4.00	3.773	3.572	3.334	2.857	2.50	2.222	2.00
14	5.88	5.55	5.26	5.00	4.545	4.167	4.00	3.773	3.571	3.333	2.857	2.50	2.222	2.00

续前表

正常成本回收期														
年份	17	18	19	20	22	24	25	26.5	28	30	35	40	45	50
15	5.89	5.56	5.27	5.00	4.546	4.166	4.00	3.774	3.572	3.334	2.857	2.50	2.222	2.00
16	5.88	5.55	5.26	5.00	4.545	4.167	4.00	3.773	3.571	3.333	2.857	2.50	2.222	2.00
17	5.89	5.56	5.27	5.00	4.546	4.166	4.00	3.774	3.572	3.334	2.857	2.50	2.222	2.00
18	2.94	5.55	5.26	5.00	4.545	4.167	4.00	3.773	3.571	3.333	2.857	2.50	2.222	2.00
19	0.00	2.78	5.27	5.00	4.546	4.166	4.00	3.774	3.572	3.334	2.857	2.50	2.222	2.00
20	0.00	0.00	2.63	5.00	4.545	4.167	4.00	3.773	3.571	3.333	2.857	2.50	2.222	2.00
21	0.00	0.00	0.00	2.50	4.546	4.166	4.00	3.774	3.572	3.334	2.857	2.50	2.222	2.00
22	0.00	0.00	0.00	0.00	4.545	4.167	4.00	3.773	3.571	3.333	2.857	2.50	2.222	2.00
23	0.00	0.00	0.00	0.00	2.273	4.166	4.00	3.774	3.572	3.334	2.857	2.50	2.222	2.00
24	0.00	0.00	0.00	0.00	0.000	4.167	4.00	3.773	3.571	3.333	2.857	2.50	2.222	2.00
25	0.00	0.00	0.00	0.00	0.000	2.083	4.00	3.774	3.572	3.334	2.857	2.50	2.222	2.00
26	0.00	0.00	0.00	0.00	0.000	0.000	2.00	3.773	3.571	3.333	2.857	2.50	2.222	2.00
27	0.00	0.00	0.00	0.00	0.000	0.000	0.00	3.774	3.572	3.334	2.857	2.50	2.223	2.00
28	0.00	0.00	0.00	0.00	0.000	0.000	0.00	0.000	3.571	3.333	2.858	2.50	2.222	2.00
29	0.00	0.00	0.00	0.00	0.000	0.000	0.00	0.000	1.786	3.334	2.857	2.50	2.223	2.00
30	0.00	0.00	0.00	0.00	0.000	0.000	0.00	0.000	0.000	3.333	2.858	2.50	2.222	2.00
31	0.00	0.00	0.00	0.00	0.000	0.000	0.00	0.000	0.000	1.667	2.857	2.50	2.223	2.00
32	0.00	0.00	0.00	0.00	0.000	0.000	0.00	0.000	0.000	0.000	2.858	2.50	2.222	2.00
33	0.00	0.00	0.00	0.00	0.000	0.000	0.00	0.000	0.000	0.000	2.857	2.50	2.223	2.00
34	0.00	0.00	0.00	0.00	0.000	0.000	0.00	0.000	0.000	0.000	2.858	2.50	2.222	2.00
35	0.00	0.00	0.00	0.00	0.000	0.000	0.00	0.000	0.000	0.000	2.857	2.50	2.223	2.00
36	0.00	0.00	0.00	0.00	0.000	0.000	0.00	0.000	0.000	0.000	1.429	2.50	2.222	2.00
37	0.00	0.00	0.00	0.00	0.000	0.000	0.00	0.000	0.000	0.000	0.00	2.50	2.223	2.00
38	0.00	0.00	0.00	0.00	0.000	0.000	0.00	0.000	0.000	0.000	0.000	2.50	2.222	2.00
39	0.00	0.00	0.00	0.00	0.000	0.000	0.00	0.000	0.000	0.000	0.000	2.50	2.223	2.00
40	0.00	0.00	0.00	0.00	0.000	0.000	0.00	0.000	0.000	0.000	0.000	2.50	2.222	2.00
41	0.00	0.00	0.00	0.00	0.000	0.000	0.00	0.000	0.000	0.000	0.000	1.25	2.223	2.00
42	0.00	0.00	0.00	0.00	0.000	0.000	0.00	0.000	0.000	0.000	0.000	0.00	2.222	2.00
43	0.00	0.00	0.00	0.00	0.000	0.000	0.00	0.000	0.000	0.000	0.000	0.00	2.223	2.00
44	0.00	0.00	0.00	0.00	0.000	0.000	0.00	0.000	0.000	0.000	0.000	0.00	2.222	2.00
45	0.00	0.00	0.00	0.00	0.000	0.000	0.00	0.000	0.000	0.000	0.000	0.00	2.223	2.00

续前表

正常成本回收期														
年份	17	18	19	20	22	24	25	26.5	28	30	35	40	45	50
46	0.00	0.00	0.00	0.00	0.000	0.000	0.00	0.000	0.000	0.000	0.000	0.00	1.111	2.00
47	0.00	0.00	0.00	0.00	0.000	0.000	0.00	0.000	0.000	0.000	0.000	0.00	0.000	2.00
48	0.00	0.00	0.00	0.00	0.000	0.000	0.00	0.000	0.000	0.000	0.000	0.00	0.000	2.00
49	0.00	0.00	0.00	0.00	0.000	0.000	0.00	0.000	0.000	0.000	0.000	0.00	0.000	2.00
50	0.00	0.00	0.00	0.00	0.000	0.000	0.00	0.000	0.000	0.000	0.000	0.00	0.000	2.00
51	0.00	0.00	0.00	0.00	0.000	0.000	0.00	0.000	0.000	0.000	0.000	0.00	0.000	1.00
52	0.00	0.00	0.00	0.00	0.000	0.000	0.00	0.000	0.000	0.000	0.000	0.00	0.000	0.00

第 13 章

资本预算决策方法

- 资本预算方法概述
- 计量单位的选择
- 资本预算决策过程
- 回收期与折现回收期
- 净现值
- 内含收益率与修正的内含收益率
- 获利指数

学习目标

1. 分析资本预算决策方法的原理。
2. 计算并运用回收期（PB）和折现回收期（DPB）评估资本投资机会。
3. 计算并运用净现值（NPV）评估资本投资机会。
4. 计算并运用内含收益率（IRR）和修正的内含收益率（MIRR）评估资本投资机会。
5. 运用净现值曲线阐述净现值法和内含收益率法之间的决策冲突。
6. 计算并运用获利指数（PI）。

引文

一旦计算出某个项目的资本成本并预测了项目现金流量，是否投资该项目基本上可转化为另一个问题：根据预测的现值，该项目是否值得投资？要回答这个问题，我们需要再次运用资金时间价值公式，第 7、8 章讨论了如何运用它对股票、债券及其他有价证券进行估值。需要注意的一点是，尽管运用资金时间价值公式的原理相同，但投资决策的评价标准存在差异。对于股票、债券及其他金融工具，其定价公式是一个等式，但对于资本预算项目，大多数决策规则是“>”或“<”的形式。存在差异的原因在于有价证券是金融资产，其交易发生在竞争性金融市场，而资本预算项目通常涉及的是实物资产，其交易市场的竞争性不高。实物资产的流动性远不及金融资产，公司以资本设备的形式购买实物资产，购买这些资本设备后会在较长时间内使用其为客户创造价值，因此，这些资本预算项目通常具有一定的垄断力以及相应的垄断利润。事实上，资本预算决策规则的不等号，正是因为我们寻求的不是那些收益刚好的项目，而是寻求那些会带来超额收益的项目，也就是说，资本预算公式寻求的项目所提供的收益高于考虑风险后应提供的收益，这部分差异有时也称为经济利润。

视 角

商业应用

ADK 公司是在线社交网络行业的一家创业公司，目前遭遇互联网带宽供应商的产能限制。ADK 公司管理层打算斥资 500 万美元自建一个专用的 Web 服务器。作为回报，公司认为投资该项目后所增加的带宽会为公司带来更多的服务需求，预期该项目第 1 年能增加现金流量 120 万美元，第 2 年增加 160 万美元，第 3 年增加 230 万美元，第 4 年增加 280 万美元，即未来 4 年共增加现金流量 790 万美元。4 年后公司会将该服务器完全报废。假设 ADK 公司估计此类项目的目标收益率为 14%，公司是否应该开展该项目？

个人应用

泰勒正在考虑修缮她的房屋。这项工作需要耗时 6 个月，承建商要求一开始支付 5 000 美元，3 个月后支付 5 000 美元，竣工时再支付 10 000 美元。泰勒计划大概 3 年后出售该房屋，当前预期房屋的市场价格为 124 000 美元，预计这次的修缮能使价格上涨 30 000 美元。如果这次的修缮费用她只能通过银行贷款支付，贷款年利率为 9%，按月复利，那么她是否应该进行房屋修缮？

资本预算方法概述

现在我们要运用前面两章所学的资本成本和资本预算项目现金流量，来选择最值得投资的项目，也就是确定哪个项目所提供的收益最高。无人能预测未来，因此这些资本预算决策方法也伴有不确定性。常用的资本预算决策方法包括：

- 净现值法（NPV）。
- 内含收益率法（IRR）。
- 回收期法（PB）。
- 折现回收期法（DPB）。
- 修正的内含收益率法（MIRR）。
- 获利指数法（PI）。

本章将一一介绍这些方法，你会发现，净现值法是大多数项目评估的最佳之选，当然，某些情况下使用其他决策方法也是有道理的，要么能代替净现值法，要么与它一致。例如，某家公司或某个人面临偿还初始资本的时间限制，可能更担心项目的投资回收期，而面临资本约束的企业可能更愿意使用利率基础的决策方法如获利指数，以最优化项目选择。如何选择资本预算方法，可分解为以下五个子选择：

1. 所选择的计量单位。
2. 与之比较的基准。
3. 计算中是否涉及资金时间价值。
4. 现金流量是否正常。
5. 是否存在其他项目需要权衡。

表 13—1 汇总了这些资本预算方法在决策过程中所涉及的上述资本预算因素。

表 13—1　　资本预算方法属性

方法	计量单位	决策基准	运用资金时间价值	能有效处理非正常现金流量	便于在不同项目之间作选择
回收期	时间	因项目而异	否	否	否
折现回收期	时间	因项目而异	是	否	否
净现值	货币	0 美元	是	是	是
内含收益率	收益率	资本成本	是	否	否
修正的内含收益率	收益率	资本成本	是	是	否
获利指数	收益率	0%	是	是	否

计量单位的选择

财务决策时，管理者通常会使用到的三大计量单位分别为货币、时间和收益率。在这三种数据类型中，基于收益率的统计数据在运用时有可能最为棘手。计算这类数据，通常是为了以百分比率的形式反映项目期限内现金流入量与现金流出量之间的关系，但是使用百分比率作为统计数据，往往会丢失一些关键信息。

特别是，虽然基于收益率的决策指标能告诉我们每单位投资额的收益率，却不能反映实现收益率所需的总投资额。为了说明这一缺陷，假设你正面临在两个甚至多个互斥项目之间作抉择，那么你是更愿意选择投资额为 100 美元而收益率为 10%的项目，还是选择投资额为 1 000 美元而收益率为 9%的项目？

尽管只关注每单位投资的收益额而忽略总投资额这种做法存在问题，基于收益率的决策指标仍非常受欢迎。通过计算预期投资能实现的收益率，管理者可将其与潜在贷款者和资本市场所要求的利率进行比较，这样便于决策。

资本预算决策过程

对于所有的决策方法，我们均需要明确如何计算一个决策指标，确定合适的基准以便与已计算的指标值进行比较，并定义二者的关系以准确判断并确定项目的可接受程度。

当我们考虑一个项目时，或者对一组独立项目分别进行考察时，这些资本预算方法的决策过程包括两个步骤：

1. 计算决策指标值。
2. 将其与基准进行比较，决定是否接受项目。

然而，当我们处理互斥项目时，我们需要在上一决策过程中增加一个步骤：

1. 分别计算每个项目的决策指标值。
2. 比较互斥项目的指标值，选择最优的项目。
3. 将最优项目的指标值与基准进行比较，决定是否接受该项目。

后续我们会发现，进行互斥项目决策时，如果我们在第一步中选择了那些忽略或过度概括关键信息的决策指标，在第二个步骤中就会出现问题。

回收期与折现回收期

无论是回收期方法还是折现回收期方法，都带有一定的感性诉求。假设我们需要筹钱资助一个新项目，这两种方法略有差异地回答了这个问题：我们需要多久能收回投资？

银行和其他贷款人通常会对潜在借款人的财务状况进行评估，以确定贷款偿还的可能性，同样，这两种方法的原理也是如此。乍一看这似乎是个很简单的问题，但实际上需要相当复杂的洞察力才能清晰了解项目的潜力。例如，一个为期 7 年的项目可在前两年偿还初始投资，另一个项目同样可在前两年偿还初始投资，但该项目仅能持续 3 年，假设预期两个项目在收回投资后每年可实现的现金流量相同，那么显然前一个项目是更好的选择。

回收期指标

投资**回收期**（payback，PB）方法很受欢迎的原因在于它计算简便，我们所需做的就是逐项累计现金流量，直至刚好达到初始投资量。可用如下公式表示这一原理，用于确定回收期：

$$\sum_{n=0}^{PB} CF_n = 0 \tag{13—1}$$

需要注意的是，该计算的原理是基于以下两个强势假设：

1. 回收期概念是建立在项目现金流量正常且所有的现金流出均发生在项目期初这一假设之上，因此，我们可认为回收期指标是初始投资的恢复期。这意味着对于非正常现金流量项目，回收期是毫无意义的。如果某项目在启动后仍需注入资金，如本章表 13—7 所示，在时点 1 和时点 2 均发生现金流出，那么对于这种情况，我们不能计算回收期指标。

2. 某一期间的投资回收通常不会以连续的形式发生，我们需要对期间内现金流入的方式和时点等方面作出假设。处理这一情况的常用方法是，假设每个期间的现金流量是均匀地发生，这样我们估计回收期指标可确切至具体的日期。

回收期基准

回收期法的一个缺点是它的基准必须外生设定。换句话说，回收期基准并不总是同一个值，也不是由必要收益率或其他任何输入变量所确定的。理想情况下，项目回收期的上限应该根据某些外部约束而设定，比如出资人要求收回资金的时间、债券的保护性条款所约定的时间等。现实生活中，管理者往往武断地设定回收期的最大允许值，即武断设定外源性约束。

假设我们已知某个项目回收期的最大允许值是 3 年。根据回收期法的决策规则，当计算出的回收期小于 3 年的基准值，我们接受该项目。回收期方法的决策规则为：

如果预期回收期≤回收期上限，接受项目

如果预期回收期＞回收期上限，拒绝项目　　(13—2)

例 13.1　计算回收期

表 13—2 列示了某个项目的现金流量情况。假设回收期的最大允许值为 3 年，是否应该接受该项目？

表 13—2　　**正常现金流量项目的回收期计算**　　单位：美元

年份	0	1	2	3	4	5
现金流量	−10 000	2 500	3 500	5 000	4 000	2 000
累计现金流量	−10 000	−7 500	−4 000	1 000		

［解答］

为计算项目的回收期，我们首先累计项目的现金流量，直至累计现金流量从负转为正。通过第一步，我们知道回收期肯定是在时点 2 与时点 3 之间的某处。我们注意到，最后一个负向累计现金流量代表的是，为实现投资回收下一年还需要的现金流量，而下一年的现金流量表示的是这一年内能够实现的全部现金流量。因此，根据线性插值法，确切的回收期值等于最后一个负向累计现金流量所在的年数加上下一年内收回剩余初始投资额（即最后一个负累计现金流量的绝对值）所需的时间。对于这个项目：

回收期＝2＋4 000/5 000＝2.8(年)

因为计算出的回收期为2.8年，小于回收期上限3年，根据回收期法的决策规则，我们应该接受该项目。

折现回收期指标

回收期方法还有一个缺点是，它没有考虑资金的时间价值。为弥补这种不足，我们通常计算**折现回收期**（discounted payback，DPB），公式如下：

$$\sum_{n=0}^{DPB} \frac{CF_n}{(1+i)^n} = 0 \qquad (13—3)$$

我们可以发现，折现回收期法所做的是逐项累计现金流量的现值，直至累计现值等于零。这种做法与回收期法的原理一致，计算折现回收期的步骤也与计算回收期相同。二者的区别在于：回收期法累计的是现金流量，而折现回收期法累计的是现金流量的现值。

例 13.2　计算折现回收期

仍使用例13.1中的项目。为计算该项目的折现回收期，我们首先需要分别计算每笔现金流量的现值。假设折现率为12%，我们将计算出这些现值，如表13—3所示。

表 13—3　现金流量的现值计算　单位：美元

年份	0	1	2	3	4	5
现金流量	－10 000	2 500	3 500	5 000	4 000	2 000
现金流量的现值	－10 000	2 232.14	2 790.18	3 558.90	2 542.07	1 134.85

表13—4中，我们逐笔累计这些现金流量的现值，直至累计现值从负转为正。

表 13—4　正常现金流量项目的折现回收期计算　单位：美元

年份	0	1	2	3	4	5
现金流量	－10 000	2 500	3 500	5 000	4 000	2 000
现金流量的现值	－10 000	2 232. 1	2 790.18	3 558.90	2 542.07	1 134.85
累计现值	－10 000	－7 767.86	－4 977.68	－1 418.78	1 123.29	

[解答]

与回收期法一样，累计现值一旦从负转为正，我们停止计算累计值，再根据线性插值法计算折现回收期。对于这个项目：

折现回收期＝3＋1 418.78/2 542.07＝3.56(年)

折现回收期基准

有人可能会认为，我们应该简单地使用回收期的最大允许值作为折现回收期基准。如果按照这种做法处理，那么显然我们拒绝了这个项目，因为计算出的折现回收期为 3.56 年，而这种做法下的折现回收期基准为 3 年。如果要使用回收期基准作为折现回收期基准，务必谨慎。前文已经说明，回收期法只有在现金流是正常的情况下才适用，因此假设我们在这里讨论的仍是正常现金流量。请思考，由回收期法转为折现回收期法时，哪些现金流量会受到影响？当然是那些未来发生的现金流量。只有未来现金流量折现后呈现为更低的值，对于时点 0 处的现金流量，其现值总是等于名义值。在未来现金流量均为正而初始现金流量为负的情况下，采用折现回收期法计算累计现值时，只有正现金流量会受影响。

换言之，对于同一个项目，我们计算的折现回收期总是大于回收期，因为折现回收期考虑了达到基准这段期间内必须支付的利息。对于同样一组现金流量，折现回收期法下的初始现金流出量相同，但未来现金流入量的现值均低于其名义值，这样，实现投资收回当然需要更长的时间，因此，使用回收期基准作为折现回收期基准往往不恰当。

那么，折现回收期法下我们采用什么样的基准呢？跟回收期法一样，管理者根据外部约束条件设定折现回收期的最大允许值，当然，通常也是武断地作出决定。折现回收期法的决策规则为：

如果预期折现回收期≤折现回收期上限，接受项目
如果预期折现回收期>折现回收期上限，拒绝项目　　(13—4)

假设管理者设定的折现回收期最大可允许值为 3.5 年，而我们预期折现回收期为 3.56 年，大于折现回收期上限，因此我们应该拒绝这个项目。

回收期与折现回收期的优缺点

回收期有个明显缺点，它没有考虑货币的时间价值，而折现回收期弥补了这点不足，在计算过程中使用了现值公式，但是折现回收期不能完全替代回收期，它只是对回收期的一个补充，为资本预算决策分析提供了额外的信息。

例如，某家公司借款筹得初始投资资金，按约定逐期偿还借款。对于这样一个贷款问题，我们可根据这一系列规律发生的现金流量计算出它的回收期。显然，它的回收期等于偿清贷款本金所需的时间，而它的折现回收期等于偿清贷款本息所需的时间。

回收期和折现回收期都有一个严重的缺陷，那就是两种方法均完全忽略了项目达到各自回收期基准后的所有现金流量。管理者采用回收期法对互斥项目进行选择时，对这一重要信息的忽略可能会导致错误决策，尤其是对于回收期非常接近而实现投资收回后的现金流量迥异的互斥项目。

例 13.3　计算互斥项目的回收期

对于表 13—2 描述的项目，我们在例 13.1 中计算出它的回收期为 2.8 年。现在出现另一个项目（见表 13—5），需要我们从中作出选择。

表 13—5　另一个正常现金流量项目的回收期计算　单位：美元

年份	0	1	2	3	4	5
现金流量	−10 000	2 500	3 500	4 000	104 000	102 000
累计现金流量	−10 000	−7 500	−4 000	0	0	0

[解答]

对于表 13—5 描述的项目，它的回收期为 3 年，略高于第一个项目。回收期的最大允许值为 3 年的话，第二个项目刚好在基准内实现投资收回。显然，第二个项目优于第一个项目，因为在收回投资后的项目期间内，它有更多的正现金流量。如果管理者忽略回收期法的这个缺陷，只关注两个项目的回收期指标值，那么很可能会错误地选择第一个项目，因为它具有更短的回收期。

采用净现值法则不会出现这个问题，因为净现值考虑了项目的所有现金流量，不会像回收期法和折现回收期法那样未考虑“剩余”现金流量。

净现值

净现值法（net present value，NPV）是资本预算决策方法的核心方法，它衡量的正是我们所关心的价值，即我们预期从接受项目中所获取的财富增加值。净现值法通过比较项目现金流入和现金流出的现值，衡量预期财富增加值。因为净现值计算过程中以现金流出的形式考虑了项目所有必需的资本支出以及其他启动成本，正的净现值就意味着项目是可取的，也就是说，开展这个项目能实现比它所有必要成本更多的价值。

净现值指标

实际上，我们已经知道如何计算净现值指标，它的计算方法与债券和股票的估值公式非常相似。净现值就等于所有现金流量的现值之和，公式如下：

$$NPV=\frac{CF_0}{(1+i)^0}+\frac{CF_1}{(1+i)^1}+\cdots+\frac{CF_N}{(1+i)^N}=\sum_{n=0}^{N}\frac{CF_n}{(1+i)^n} \tag{13—5}$$

净现值基准

净现值法考虑了所有的现金流量，包括现金流入和现金流出。这意味着净现值已包含项目的任何必要投资，因此项目的净现值大于零，表明投资价值大于所投资本。因此，净现值法的决策规则为：

如果净现值≥0，接受项目

如果净现值<0，拒绝项目 (13—6)

例 13.4 计算正常现金流量项目的净现值

某公司正在评估一个现金流量正常的项目，如表 13—6 所示。假设相应风险水平下合理的折现率为 12%，计算该项目的净现值，并确定公司是否应该接受该项目。

表 13—6 正常现金流量项目 单位：美元

年份	0	1	2	3	4	5
现金流量	−10 000	2 500	3 500	5 000	4 000	2 000

[解答]

运用净现值公式，我们可计算出该项目的净现值为：

$$净现值=-\frac{10\,000}{(1.12)^0}+\frac{2\,500}{(1.12)^1}+\frac{3\,500}{(1.12)^2}+\frac{5\,000}{(1.12)^3}+\frac{4\,000}{(1.12)^4}+\frac{2\,000}{(1.12)^5}$$
$$=2\,258.15>0$$

根据净现值法的决策规则，公司应该接受该项目。

初次计算净现值时，我们可能容易忘记它的含义。一个相对较小的净现值如本例中的 2 258.15 美元，可能会引发这样的思考，净现值为 2 258.15 美元的项目是否值得投资？也就是说，面对较小的净现值，有些人会思考，项目能否弥补其 10 000 美元必要资本的机会成本？答案是肯定的。这 2 258.15 美元已是投资价值超出投资机会成本的数额，项目当然值得投资。

例 13.5 计算非正常现金流量项目的净现值

净现值法还适用于非正常现金流量项目，如表 13—7 所示的项目。假设折现率为 12%，计算该项目的净现值，并确定是否应该接受该项目。

表 13—7 非正常现金流量项目 单位：美元

年份	0	1	2	3	4	5
现金流量	5 000	−10 000	−3 000	5 000	4 000	2 000

[解答]

运用净现值公式，我们可计算出该项目的净现值为：

$$净现值=\frac{5\,000}{(1.12)^0}-\frac{10\,000}{(1.12)^1}-\frac{3\,000}{(1.12)^2}+\frac{5\,000}{(1.12)^3}+\frac{4\,000}{(1.12)^4}+\frac{2\,000}{(1.12)^5}$$
$$=915.67>0$$

根据净现值法的决策规则，应该接受该项目。

净现值的优缺点

净现值法的优点之一是，净现值指标与基于收益率的决策指标不同，它不是一个比率。净现值法适用于独立项目，同样也适用于互斥项目之间的决策。对于互斥项目，净现值最高的项目能为公司创造的财富应该比其他项目更多，因此管理者应选择净现值最高的项目。

然而，净现值法可帮助管理者在项目之间作选择的这种能力，恰恰隐含了它最大的缺点，即计量单位。净现值指标是货币型数值，它准确反映了两个项目的预期现金流量差异所导致的净影响，包括现金流量大小和发生时点上的任何差异。基于两个项目净现值比较的决策，已充分考虑二者之间的那些差异。然而，对于不知情的决策者，货币型数值容易造成误解。由于缺乏对净现值决策规则的了解，某些管理者往往会将净现值与项目投资成本进行比较，他们没有认识到成本已经包含在净现值中。

内含收益率与修正的内含收益率

到目前为止，**内含收益率**（internal rate of return，IRR）是最受欢迎的基于收益率的资本预算方法。主要原因在于：对于独立于其他项目的正常现金流量项目，运用内含收益率法做出的决策与净现值法完全一样，这是因为净现值与内含收益率密切相关。净现值为所有现金流量在某一特定利率下的现值之和，该利率通常为公司的资本成本，而内含收益率则为刚好使净现值等于零的利率。

净现值的求解原理为：$NPV = \sum_{n=0}^{N} \frac{CF_n}{(1+i)^n}$

内含收益率的求解原理为：$0 = \sum_{n=0}^{N} \frac{CF_n}{(1+IRR)^n}$　　(13—7)

只要项目的现金流量正常，当且仅当后一公式计算的内含收益率 IRR 大于资本成本 i 时，前一公式计算的净现值 NPV 大于零。

然而，面对现金流量非正常的项目以及互斥项目决策，运用内含收益率法则会出现问题。对于非正常现金流量项目，我们可以调整纠正，后面将具体介绍；对于多个项目之间的选择，所有基于收益率的决策指标都存在前文所述的问题，容易导致错误决策。

内含收益率指标

令净现值等于零，我们即可运用净现值公式计算出内含收益率。

$$0 = \sum_{n=0}^{N} \frac{CF_n}{(1+IRR)^n} \tag{13—8}$$

由于公式的复杂性，我们往往不能直接计算使净现值为零的利率。通常情况下，我们要么采用试错法以确定合理的利率，要么只能依赖于计算器或电脑程序。

例 13.6　计算正常现金流量项目的内含收益率

仍使用表 13—6 描述的正常现金流量项目，计算它的内含收益率。

［解答］

根据内含收益率的计算公式：

$$0=-\frac{10\,000}{(1+IRR)^0}+\frac{2\,500}{(1+IRR)^1}+\frac{3\,500}{(1+IRR)^2}+\frac{5\,000}{(1+IRR)^3}+\frac{4\,000}{(1+IRR)^4}+\frac{2\,000}{(1+IRR)^5}$$

计算可得，该项目的内含收益率为 0.206 2，即 20.62%。

内含收益率基准

一旦计算出内含收益率，我们需要将该决策指标与项目的资本成本进行比较。内含收益率法的决策规则为：

如果内含收益率≥资本成本，接受项目

如果内含收益率＜资本成本，拒绝项目　　(13—9)

这个时候，你可能会感到有点困惑，所指利率究竟是哪个利率。内含收益率指标就是预期收益率，它反映了项目的风险。我们将预期收益率与资本成本进行比较以决定是否接受项目，资本成本也就是我们常说的必要收益率。在本章之前，我们经常混用这些利率，之所以能这么做，是因为我们当时讨论的股票、债券以及其他金融资产的交易市场是流动性相对较高的竞争性金融市场。在流动市场中，你预期实现的收益率通常非常接近于你承担某一证券风险所要求的收益率。在这样一种环境下，我们可以认为，投资只能实现相应风险水平下的合理收益，不能获得任何超额收益或经济利润。

然而，本章讨论的不再是金融资产，而是实物资产，如土地、工厂、生产线等。这种类型的资产通常不会在完全竞争市场进行交易，相反，它们的交易市场相当缺乏流动性，在技术、法律或市场营销等方面拥有优势的个人或企业能获得一定程度的市场势力或垄断势力。

本章引文中，在介绍金融资产定价公式与资本预算项目决策公式的差异时，我们就提到了这一点。股票或债券的估值公式中使用的是“＝”，是因为它们的交易市场几近完全竞争，所要求的收益与所实现的收益相等，二者至少非常接近，但本章评估的是资本预算项目，公司寻求的是预期收益高于必要收益、能提供经济利润的项目，这也就是为什么所有资本预算决策规则使用的符号是“＞”和“＜”。

因此，处理实物资产项目时，通常存在两个不同的收益率，其中，内含收益率（*IRR*）是投资该项目所预期实现的“预期”收益率，资本成本 i 是投资者所要求的“必要”收益率。只有项目预期能实现的收益率大于投资者根据项目预期收益及风险所要求的收益率，我们才会选择接受该项目。

内含收益率的缺点

如前文所述，只要满足以下两个条件，内含收益率法会做出与净现值法相同的决策：

1. 项目的现金流量正常。

2. 所评估的项目独立于其他项目，也就是说，我们不是在进行互斥项目决策。

如果条件未能同时满足，则会出现问题。为了更好地说明这一点，我们采用**净现值曲线**（NPV profile）进行阐述。净现值曲线是项目现金流量在不同资本成本下的净现值所形成的曲线，反映了净现值与折现率之间的关系。以表 13—6 描述的正常现金流量项目为例，它的净现值曲线如图 13—1 所示。

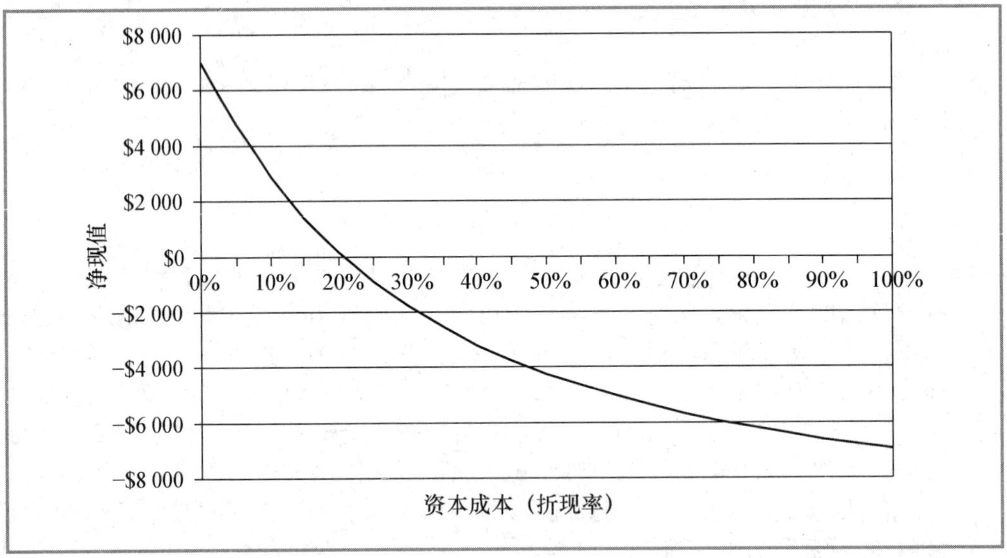

图 13—1　正常现金流量项目的净现值曲线

可以发现，这个正常现金流量项目的净现值曲线向下倾斜。我们在分析回收期与折现回收期之间的关系时已了解到，对于正常现金流量项目，折现率的变化只会影响正现金流量的现值，而不会影响负现金流量，因此，对于所有正常现金流量项目，其净现值曲线均为向下倾斜。

图 13—1 中，净现值曲线与 x 轴相交，交点处的净现值等于零，也就是说，交点处的折现率就是内含收益率。对于任何一个正常现金流量项目，向下倾斜的净现值曲线与 x 轴的交点只有一个。

非正常现金流量项目的内含收益率与净现值曲线

我们思考一下，如果项目现金流量不正常呢？那么，净现值曲线不一定始终向下倾斜，它与 x 轴的交点可能不止一个。这种情况下，使净现值为零的有效内含收益率不止一个。以表 13—7 描述的项目为例，它的净现值曲线如图 13—2 所示。

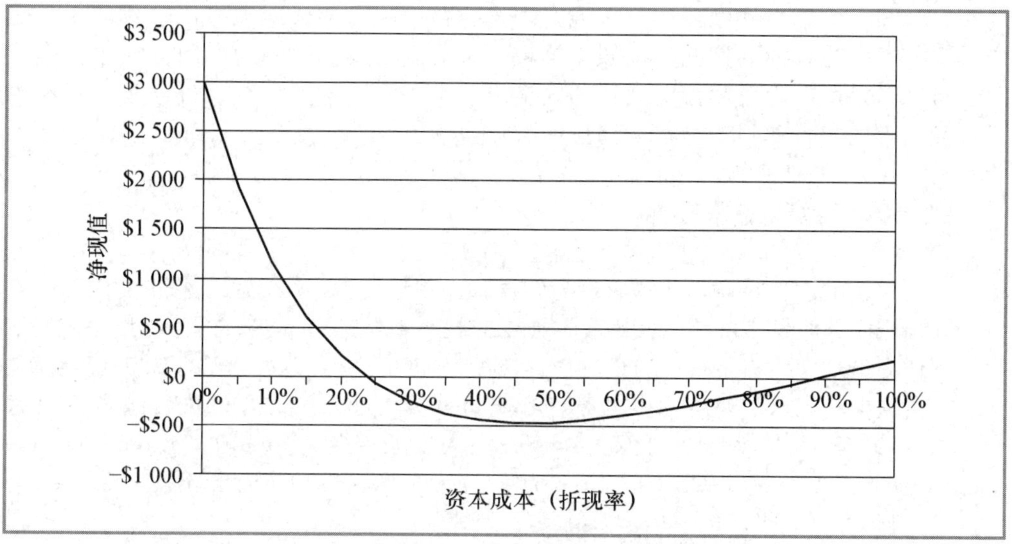

图 13—2　非正常现金流量项目的净现值曲线

这个例子中，该项目有两个有效内含收益率，分别为 23.62%和 88.62%。我们应该使用哪个作为决策指标呢？这取决于公司实际的资本成本。如果公司的资本成本为 12%，使用其中任何一个收益率都会产生正确的决策，因为该项目在资本成本为 12%时的净现值大于零。如果公司的资本成本较高，比如 30%，会如何呢？选择 88.62%作为决策指标，会接受该项目；相反，选择 23.62%作为决策指标，会拒绝该项目。然而，实际上我们应该拒绝这个项目，因为公司的资本成本为 30%时，它的净现值为负。

当有不止一个有效内含收益率时，运用内含收益率法需要进一步的分析。这种情况下，也许最好的方法是，选择其他适用于非正常现金流量项目的决策指标。

如果公司的高级管理层坚持使用内含收益率处理非正常现金流量项目，那么我们需要采用试错法，找出所有可能的内含收益率，它能帮助我们了解究竟有多少个可能的结果。根据笛卡尔正负号规则，当计算出的正向内含收益率个数等于现金流量的变号次数时，可以停止试错。对于这个项目，非正常现金流量共发生两次变号，一次由正到负，一次由负到正，因此，这两个内含收益率构成了所有可能结果的集。

幸运的是，修正的内含收益率法可以帮助我们解决内含收益率法处理非正常现金流量项目时存在的问题，不仅如此，还能解决内含收益率法的另一个问题，即不现实的再投资收益率假设。

区别净现值与内含收益率的再投资收益率假设

使用内含收益率法处理非正常现金流量项目和互斥项目，会出现相应问题。除此之外，内含收益率法与净现值法还存在一个重大差异，即关于现金流入量再使用的假设。内含收益率法假设任何现金流入量均能再投资于盈利能力与第一个项目相同的其他项目，而净现值法假设现金流入量的再投资收益率等于资本成本 i。

哪个假设更为合理？显然是净现值法更现实可行，最简单有效的方法就是把它们偿还给资本投资者，这样相当于实现了同资本成本一样的再投资收益率，而且所有公司都可以这样做。相对来说，内含收益率法的假设似乎有点牵强，尤其是对于多个项目间选择的情况，按照决策程序和规则，我们选择的是内含收益率最高的项目，但是最高内含收益率项目的现金流入量再投资于另一个项目，能再实现原来的最高内含收益率吗？是不是期待的有点多了？

修正的内含收益率指标

修正的内含收益率法的原理与内含收益率法相似，区别在于修正的内含收益率法在计算内含收益率之前，使用资本成本对现金流量进行调整。首先，我们使用资本成本作为折现率，将所有负现金流量移至项目期初即时点0处，将所有正现金流量移至项目期末；其次，采用同样的原理和步骤计算使净现值为零的内含收益率。这种方法下的内含收益率，我们称之为**修正的内含收益率**（modified internal rate of return，MIRR）。修正的内含收益率法的决策基准和规则与内含收益率法一致。

例13.7 计算修正的内含收益率

再次回到表13—7描述的非正常现金流量项目。假设公司的资本成本为12%，我们可将现金流量进行转换，如表13—8所示。

表13—8 非正常现金流量项目的调整后现金流量情况 单位：美元

年份	0	1	2	3	4	5
现金流量	5 000.00	−10 000.00	−3 000.00	5 000.00	4 000.00	2 000.00
现值（负现金流量）		−8 928.57	−2 391.58			
现值之和	−11 320.15					
终值（正现金流量）	8 811.71			6 272.00	4 480.00	2 000.00
终值之和						21 563.71
调整后现金流量	−11 320.15					21 563.71

[解答]

根据调整后的现金流量，计算如下：

$$0=-11\,320.15/(1+MIRR)^0+21\,563.71/(1+MIRR)^5$$

计算得到，修正的内含收益率为0.137 6，即13.76%。

由于该项目修正的内含收益率指标大于资本成本12%，根据决策规则，我们应该接受该项目。

需要注意的是，一个项目无论有多少个可能的内含收益率，但其修正的内含收益率是唯一的，因为把一组现金流量转换为一正一负的两项现金流量，符号只发生一次变化。

互斥项目的内含收益率、修正的内含收益率以及净现值曲线

即使修正的内含收益率法能处理非正常现金流量项目，但对于互斥项目抉择，

内含收益率法和修正的内含收益率法会出现相同的问题。

如果两个或多个项目不能同时并存，管理者要么选择其一，要么都不选择，但不能同时都选择，这样的项目称之为**互斥项目**（mutually exclusive projects）。如果互斥项目的现金流量存在大小或时点差异，比如项目初始投资规模不相等，使用基于收益率的决策指标会出现问题。随着时间的推移，相比于初始投资较小的项目，较大项目的收益率可能较低，但较大项目仍可能是更好的选择。然而，使用基于收益率的决策指标评估互斥项目，作出的决策不一定正确。

项目之间为什么会形成互斥关系呢？一般来说，互斥项目要么需要使用同一种资产，要么面对的是同一个市场，但是公司的资源仅够开展一个项目，或者市场只接受一种产品。互斥项目的典型例子是，一位地主拥有河两岸的两块土地，由于人们需要过河，她在考虑是修建一座桥还是经营渡轮。

首先，假设每块土地均可提供空间修筑桥梁地基或渡轮桩墩，但不足以同时提供。这种情况下，土地作为两个项目均需要的资产不能共享，这是桥梁项目与渡轮项目成为互斥项目的第一个因素。其次，即使土地能够提供足够的空间修筑桥梁地基与渡口码头，但没有人会在有桥通行的情况下选择乘坐渡轮吧。潜在目标市场的不可共享性是两个项目互斥的第二个因素。

我们以表 13—9 描述的两个互斥项目为例，阐述使用基于收益率的决策指标进行互斥项目抉择时会出现的问题。

表 13—9　　**互斥项目的现金流量情况**　　单位：美元

年份	0	1	2	3	4	5
项目 A	−800	600	500	40	0	200
项目 B	−400	250	200	250	50	100

表 13—10 计算了两个项目在多个可能折现率下的净现值，相应的净现值曲线如图 13—3 所示。

表 13—10　　**净现值**

折现率（i）	项目 A 的净现值（美元）	项目 B 的净现值（美元）
0%	540.00	450.00
2%	487.66	409.68
4%	439.15	372.48
6%	394.07	338.08
8%	352.09	306.22
10%	312.91	276.63
12%	276.27	249.12
14%	241.92	223.48
16%	209.67	199.54
18%	179.33	177.16
20%	150.75	156.20

续前表

折现率（i）	项目A的净现值（美元）	项目B的净现值（美元）
22%	123.76	136.54
24%	98.25	118.07
26%	74.10	100.69
28%	51.21	84.32
30%	29.47	68.88
32%	8.80	54.30
34%	−10.86	40.51
36%	−29.61	27.45
38%	−47.49	15.07
40%	−64.56	3.33

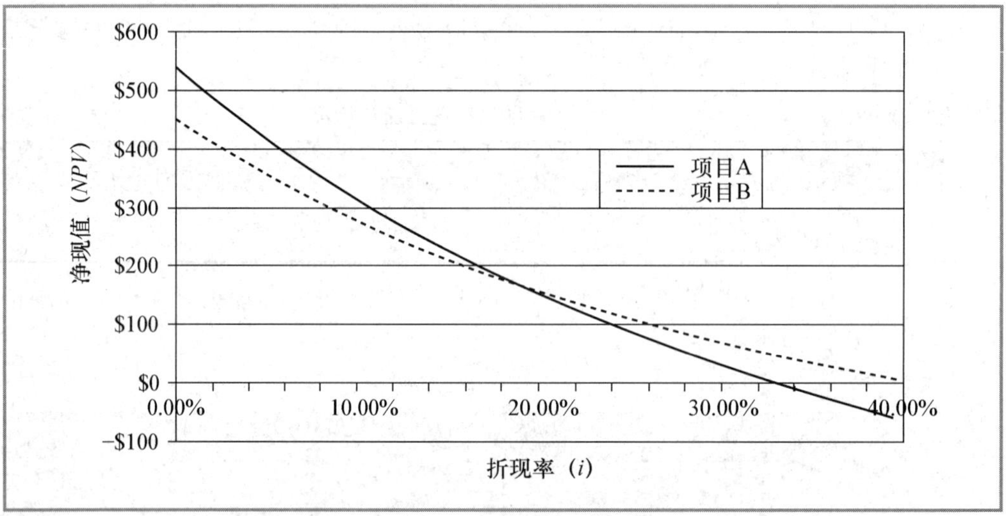

图 13—3 互斥项目的净现值曲线

我们可以计算出，项目A的内含收益率为32.88%，项目B的内含收益率为40.59%，从图13—3中可大概看出来，两条净现值曲线在第一象限相交，交点即为内含收益率法决策规则出现问题的界点。

回想前文讨论的互斥项目决策过程，我们选取两个较为现实的资本成本，分别使用净现值法和内含收益率法按照这三个步骤进行决策。

我们先假设项目的资本成本为30%。若采用净现值法，项目A的净现值为29.47美元，项目B的净现值为68.88美元，如表13—11所示。显然，项目B优于项目A，在决策过程第二个步骤中我们会选择项目B。第三步中，由于项目B的净现值大于零，根据净现值决策规则，我们应该接受项目B。若采用内含收益率法，我们可计算出项目A的内含收益率为32.88%，项目B的内含收益率为40.59%，第二步中我们会选择内含收益率更高的项目B。同样，由于项目B的内含收益率大于资本成本30%，根据内含收益率决策规则，我们应该接受项目B。

表 13—11　　资本成本为 30%时的决策过程

净现值法	
1. 分别计算每个项目的决策指标值。	NPV_A=29.47 美元
	NPV_B=68.88 美元
2. 比较互斥项目的指标值，选择最优的项目。	$NPV_B > NPV_A$
3. 将最优项目的指标值与基准进行比较，决定是否接受该项目。	$NPV_B > 0$
内含收益率法	
1. 分别计算每个项目的决策指标值。	IRR_A=32.88%
	IRR_B=40.59%
2. 比较互斥项目的指标值，选择最优的项目。	$IRR_B > IRR_A$
3. 将最优项目的指标值与基准进行比较，决定是否接受该项目。	$IRR_B > 30\%$

再假设项目的资本成本为 10%。这种情况下，若采用净现值法，项目 A 的净现值为 312.91 美元，项目 B 的净现值为 276.63 美元，如表 13—10 所示，项目 A 优于项目 B，且根据净现值规则，我们应该接受项目 A。然而，若采用内含收益率法，项目 A 的内含收益率仍为 32.88%，项目 B 的内含收益率仍为 40.59%，项目 B 仍优于项目 A，且根据内含收益率决策规则，我们应该接受项目 B。表 13—12 列示了整个决策过程。

表 13—12　　资本成本为 10%时的决策过程

净现值法	
1. 分别计算每个项目的决策指标值。	NPV_A=312.91 美元
	NPV_B=276.63 美元
2. 比较互斥项目的指标值，选择最优的项目。	$NPV_A > NPV_B$
3. 将最优项目的指标值与基准进行比较，决定是否接受该项目。	$NPV_A > 0$
内含收益率法	
1. 分别计算每个项目的决策指标值。	IRR_A=32.88%
	IRR_B=40.59%
2. 比较互斥项目的指标值，选择最优的项目。	$IRR_B > IRR_A$
3. 将最优项目的指标值与基准进行比较，决定是否接受该项目。	$IRR_B > 10\%$

为什么无论资本成本是 30%还是 10%，内含收益率法都选择项目 B 呢？这是因为内含收益率的计算原理与决策规则决定了决策结果。净现值指标的计算包含了资本成本，不同资本成本下的净现值也会不同，因此，对于互斥项目的抉择，净现值法的决策结果与资本成本相关，所作决策是**考虑利率的**（interest-rate-cognizant）。然而，内含收益率的计算不涉及资本成本，无论资本成本多大，内含收益率都不受影响，因此，决策过程第二步中，比较的仍是原来的指标值，决策结果不变。

由此可知，资本成本为净现值曲线交点右边的任何折现率时，净现值法与内含收益率法会做出相同的决策；资本成本为交点左边的任何折现率时，净现值法会做出正确的决策，而内含收益率法会做出错误的决策。既然交点如此重要，如何计算两条净现值曲线交点处的折现率呢？从数学上来看，我们可对两条净现值曲线进行变换，使其中一条曲线尽可能接近 x 轴，如此一来，交叉折现率的计算则转化为计算另一条曲线的内含收益率。

听起来有点复杂，其实不然。我们需要做的是，将两个项目的现金流量逐期相减，得到一组新的现金流量，并计算出这组差额现金流量的内含收益率，即为交叉折现率。表 13—13 列示了差额现金流量，称之为项目 A-B。项目 A-B 的现金流量的现值就等于项目 A 现金流量的现值减去项目 B 现金流量的现值，如表 13—14 所示，相应的净现值曲线如图 13—4 所示。变换后的项目 A′为项目 A-B，变换后的项目 B′为 x 轴。

表 13—13 **互斥项目的差额现金流量** 单位：美元

年份	0	1	2	3	4	5
项目 A	−800	600	500	40	0	200
项目 B	−400	250	200	250	50	100
项目 A-B	−400	350	300	−210	−50	100

表 13—14 **项目 A-B 的净现值**

折现率（i）	项目 A-B 的净现值（美元）
0%	90.00
2%	77.98
4%	66.67
6%	55.99
8%	45.88
10%	36.28
12%	27.15
14%	18.45
16%	10.13
18%	2.17
20%	−5.45
22%	−12.77
24%	−19.81
26%	−26.59
28%	−33.12
30%	−39.41
32%	−45.49
34%	−51.37
36%	−57.06
38%	−62.56
40%	−67.89

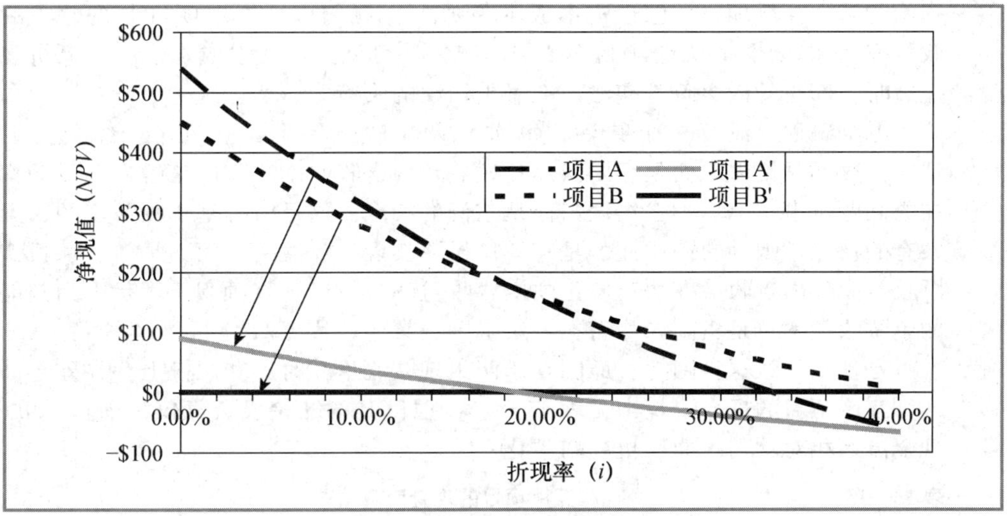

图 13—4　净现值曲线的变换

项目 A-B 的内含收益率即为项目 A 和项目 B 的交叉折现率。

$$0=-\frac{400}{(1+IRR)^0}+\frac{350}{(1+IRR)^1}+\frac{300}{(1+IRR)^2}-\frac{210}{(1+IRR)^3}-\frac{50}{(1+IRR)^4}+\frac{100}{(1+IRR)^5}$$

通过计算，项目 A-B 的内含收益率为 0.185 6，即 18.56%。

因此，当资本成本大于 18.56%时，内含收益率法会选择正确的项目；当资本成本小于 18.56%时，会导致错误决策。

你可能会注意到，差额现金流量是一组非正常现金流量。前文讨论了内含收益率法处理非正常现金流量项目的问题，那么这里使用内含收益率法计算交叉折现率是否存在同样的问题？这是个特殊情况，因为原来两个项目的现金流量均正常，它们的净现值在一定范围内是折现率的单调函数，第一象限中曲线一直向下倾斜，因此，它们的交点只有一个，也就是说，这组差额现金流量的内含收益率只有一个解。

还需要注意的一点是，只有当净现值曲线相交于第一象限时，我们需要谨慎注意内含收益率法是否出问题。如果交叉折现率大于内含收益率，则不必担心内含收益率法会作出错误决策。对于正常现金流量项目，资本成本大于内含收益率会导致负的净现值，决策过程中的第三步会选择拒绝项目。实际上，在资本成本大于内含收益率的情况下，若采用内含收益率法进行互斥项目选择，在第二步中会错误地选择内含收益率高的项目，但无论选择哪一个，第三步均会正确地拒绝，因为它们都不是好项目。

修正的内含收益率的优缺点

修正的内含收益率指标明确地修正了内含收益率关于再投资收益率的错误假设，也隐含地解决了内含收益率处理非正常现金流量项目时存在的问题，但它未能解决内含收益率在一定折现率范围内会选择错误的项目这一问题。再回到表 13—9

列示的两个互斥项目，假设资本成本为12%，我们可计算出项目B的修正的内含收益率为23.39%，大于项目A的18.85%，可见，当资本成本位于交叉折现率的左边时，修正的内含收益率法也会做出错误的决策。

电脑编程界流行一个笑话，每次重大软件产品需要修改时，都会引用这句话——这不是错误，而是它的特点！诚然，内含收益率法和修正的内含收益率法存在的问题，事实上算不上错误，而是它们的特点。这是所有基于收益率的决策指标共有的特点，因为它们关注的是每单位投资实现的收益率，而不是整个项目实现的总收益率。内含收益率法和修正的内含收益率法总是选择项目B，是因为其能实现的单位收益率总是更高，尽管在一定范围内其净现值更低。

是什么导致这种困惑？原因在于两组现金流量在时点和规模上存在差异。观察两个互斥项目的现金流量，见表13—15，项目B的初始投资额仅为项目A的1/2，现金流入相对均匀，曲线更趋扁平化。

表13—15　　互斥项目的现金流量情况　　单位：美元

年份	0	1	2	3	4	5
项目A	−800	600	500	40	0	200
项目B	−400	250	200	250	50	100

获利指数

另一个广受欢迎的基于收益率的决策指标是**获利指数**（profitability index，PI）。获利指数是建立在净现值基础上的一个指标，因此，它的决策结果更接近于净现值法，而不是内含收益率法或回收期法。获利指数很容易理解，它是项目净现值除以初始投资额后的标准化值，它衡量的是每单位投资的效益，衡量项目是否物超所值。公司投资多个新项目时若受到资源约束，获利指数法能派上用场。

获利指数指标

获利指数的计算简单直接，等于净现值除以原始投资额，公式如下：

$$PI = NPV/CF_0 \qquad (13—10)$$

例13.8　计算项目的获利指数

仍以表13—6描述的项目为例，计算该项目的获利指数。

［解答］

获利指数＝2 258.15/10 000＝22.58%

获利指数基准

获利指数指标与净现值指标之间密切联系，因此获利指数的决策基准与净现值法相同也并不奇怪。

如果获利指数≥0，接受项目

如果获利指数<0，拒绝项目　　　　(13—11)

可能有人会认为应该像内含收益率那样，将获利指数与资本成本进行比较。这种想法是不应该的，我们始终需要记住的是，净现值已经考虑必要的投资成本和收益，因此对于任何大于零的获利指数，它反映的是项目物超所值的那部分收益，即预期经济利润的现值。例题中，项目的获利指数为 22.58%，这意味着，粗略地说，该项目在偿付 10 000 美元初始投资及必要收益后，还能实现 22.58%的收益率。当然，这个收益率的原理与内含收益率不同。

简述题

1. 下面这组现金流量是否正常？请加以解释。

时点	0	1	2	3	4	5
现金流量	−100 美元	−50 美元	−80 美元	0	100 美元	100 美元

2. 如果一组现金流量的初始现金流量为正且较大，后续现金流量为一系列较小的现金流出，对于这样的非正常现金流量，推导出类似于式（13—9）的内含收益率法决策规则。

时点	0	1	2	3	4	5
现金流量	+	−	−	−	−	−

3. 若公司开发生产两种新产品，是否有可能两种产品的目标市场相同但不互斥？

4. 假设某公司采用一种新的现值法进行资本预算决策，这种方法的指标值等于除初始现金流量以外的其他全部现金流量的现值之和，那么这种方法的决策基准是什么？

5. 什么情况下，回收期与折现回收期相等？

6. 是否有可能一个项目的修正的内含收益率超过它的内含收益率？

7. 如果两个正常现金流量项目互斥，且它们的净现值曲线重合，折现率在什么范围内，内含收益率法会作出正确的决策？

8. 假设某公司希望通过下一轮的资本预算项目决策实现公司价值翻一番。为了实现这个目标，公司应该如何设定获利指数基准？

9. 假设公司面临不同的借贷利率，该范围将会如何影响修正的内含收益率的计算？

计算题

1. 项目 M 的现金流量正常，假设合理的资本成本为 8%，计算项目 M 的净现值，并判断公司是否应该接受该项目。

项目M						
时点	0	1	2	3	4	5
现金流量	−1 000美元	350美元	480美元	520美元	600美元	100美元

2. 项目Y的现金流量正常，假设合理的资本成本为12%，计算项目Y的净现值，并指出公司应该接受还是拒绝该项目。

项目Y					
时点	0	1	2	3	4
现金流量	−8 000美元	3 350美元	4 180美元	1 520美元	300美元

3. 项目U是一个非正常现金流量项目。假设合理的资本成本为10%，计算项目U的净现值，并判断公司应该接受还是拒绝该项目。

项目U						
时点	0	1	2	3	4	5
现金流量	−1 000美元	350美元	1 480美元	520美元	300美元	−100美元

4. 项目K的现金流量非正常发生。假设合理的资本成本为6%，计算项目K的净现值，并确定公司应该接受还是拒绝该项目。

项目K						
时点	0	1	2	3	4	5
现金流量	−10 000美元	5 000美元	6 000美元	6 000美元	5 000美元	−10 000美元

5. 计算项目B的投资回收期，并指出公司是否应该接受该项目。假设合理的资本成本为12%，回收期的最大允许值为3年。

项目B						
时点	0	1	2	3	4	5
现金流量	−11 000美元	3 350美元	4 180美元	1 520美元	0	1 000美元

6. 计算项目A的投资回收期，并指出公司应该接受还是拒绝该项目。假设合理的资本成本为8%，回收期上限为4年。

项目A						
时点	0	1	2	3	4	5
现金流量	−1 000美元	350美元	480美元	520美元	300美元	100美元

7. 计算项目C的折现回收期，并指出公司是否应该接受该项目。假设合理的资本成本为8%，折现回收期的最大允许值为3年。

项目C						
时点	0	1	2	3	4	5
现金流量	−1 000美元	480美元	480美元	520美元	300美元	100美元

8. 计算项目D的折现回收期，并判断公司应该接受还是拒绝该项目。假设合理的

资本成本为 12%，折现回收期的最大允许值为 4 年。

项目 D						
时点	0	1	2	3	4	5
现金流量	−11 000 美元	3 350 美元	4 180 美元	1 520 美元	0	1 000 美元

9. 计算项目 E 的内含收益率，并指出公司是否应该接受该项目。假设合理的资本成本为 8%。

项目 E						
时点	0	1	2	3	4	5
现金流量	−1 000 美元	350 美元	480 美元	520 美元	300 美元	100 美元

10. 计算项目 F 的内含收益率，并判断公司应该接受还是拒绝该项目。假设合理的资本成本为 12%。

项目 F					
时点	0	1	2	3	4
现金流量	−11 000 美元	3 350 美元	4 180 美元	1 520 美元	2 000 美元

11. 计算项目 I 的修正的内含收益率，并判断公司应该接受还是拒绝该项目。假设合理的资本成本为 12%。

项目 I					
时点	0	1	2	3	4
现金流量	−11 000 美元	5 330 美元	4 180 美元	1 520 美元	2 000 美元

12. 计算项目 J 的修正的内含收益率，并指出公司是否应该接受该项目。假设合理的资本成本为 10%。

项目 J						
时点	0	1	2	3	4	5
现金流量	−1 000 美元	350 美元	1 480 美元	−520 美元	300 美元	−100 美元

13. 计算项目 Z 的获利指数，并指出公司应该接受还是拒绝该项目。假设合理的资本成本为 8%。

项目 Z						
时点	0	1	2	3	4	5
现金流量	−1 000 美元	350 美元	480 美元	650 美元	300 美元	100 美元

14. 计算项目 Q 的获利指数，并判断公司是否应该接受该项目。假设合理的资本成本为 12%。

项目 Q					
时点	0	1	2	3	4
现金流量	−11 000 美元	3 350 美元	4 180 美元	1 520 美元	2 000 美元

15. 下列这组现金流量，存在多少个可能的内含收益率？

时点	0	1	2	3	4
现金流量	−11 000 美元	3 350 美元	4 180 美元	1 520 美元	2 000 美元

16. 下列这组现金流量，存在多少个可能的内含收益率？

时点	0	1	2	3	4
现金流量	−211 000 美元	39 350 美元	440 180 美元	217 520 美元	−2 000 美元

17. 公司正在考虑投资某个项目，项目的现金流量见下表。相应风险水平下，项目的必要收益率为8%，项目回收期及折现回收期的最大允许值分别为3.5年、4.5年。根据这些信息，回答如下六个问题。若某种决策方法不适用，请指出并加以解释。

时点	0	1	2	3	4	5	6
现金流量	−5 000 美元	1 200 美元	2 400 美元	1 600 美元	1 600 美元	1 400 美元	1 200 美元

（1）使用回收期法进行评估并决策，是否应该接受该项目？

（2）使用折现回收期法进行评估并决策，是否应该接受该项目？

（3）使用内含收益率法进行评估并决策，是否应该接受该项目？

（4）使用修正的内含收益率法进行评估并决策，是否应该接受该项目？

（5）使用净现值法进行评估并决策，是否应该接受该项目？

（6）使用获利指数法进行评估并决策，是否应该接受该项目？

18. 公司正在考虑投资某个项目，项目的现金流量见下表。相应风险水平下，项目的必要收益率为11%，项目回收期及折现回收期的最大允许值分别为3年、3.5年。根据这些信息，回答如下六个问题。若某种决策方法不适用，请指出并加以解释。

时点	0	1	2	3	4	5
现金流量	−235 000 美元	65 800 美元	84 000 美元	141 000 美元	122 000 美元	81 200 美元

（1）使用回收期法进行评估并决策，是否应该接受该项目？

（2）使用折现回收期法进行评估并决策，是否应该接受该项目？

（3）使用内含收益率法进行评估并决策，是否应该接受该项目？

（4）使用修正的内含收益率法进行评估并决策，是否应该接受该项目？

（5）使用净现值法进行评估并决策，是否应该接受该项目？

（6）使用获利指数法进行评估并决策，是否应该接受该项目？

19. 项目A与项目B是两个互斥项目，它们的现金流量情况见下表。根据这些信息，回答下述问题。

时点	项目A现金流量	项目B现金流量
0	−725 美元	−850 美元
1	100 美元	200 美元
2	250 美元	200 美元
3	250 美元	200 美元
4	200 美元	200 美元

续前表

时点	项目 A 现金流量	项目 B 现金流量
5	100 美元	200 美元
6	100 美元	200 美元
7	100 美元	200 美元

（1）在同一张图中画出这两个项目的净现值曲线，并确保突出所有的关键点。

（2）折现率处于什么范围内，你可以使用内含收益率法进行决策？处于什么范围内，你不会选择使用内含收益率法？

20. 请作出下面这组现金流量的净现值曲线，并确定其非负内含收益率的个数。

时点	0	1	2	3	4	5	6	7
现金流量	−200 美元	400 美元	150 美元	−100 美元	−100 美元	−300 美元	200 美元	−300 美元

21. 请作出下面这组现金流量的净现值曲线，并确定其非负内含收益率的个数。

时点	0	1	2	3	4	5	6	7
现金流量	−150 美元	275 美元	150 美元	−100 美元	300 美元	−300 美元	200 美元	−300 美元

第 14 章

营运资本管理政策

- 回顾资产负债表
- 追踪现金及净营运资本
- 短期融资政策的若干问题
- 短期融资来源
- 现金管理
- 现金浮游管理
- 闲置现金理财
- 信用管理
- 附录14A　现金预算

学习目标

1. 设定营运资本管理政策的总体目标。
2. 讨论净营运资本在企业运营中的作用。
3. 分析企业的营业周期和现金循环周期，以确定需要企业负担的流动资产。
4. 作图示意持有成本与缺货成本达到均衡时的最佳流动资产投资。
5. 比较流动资产融资的灵活型政策和限制型政策。
6. 区别流动资产投资的不同短期融资来源。
7. 调整企业的现金持有需求。
8. 运用鲍莫尔模型和米勒—奥尔模型制定现金政策。
9. 阐述现金浮游期，并分析如何控制企业的收款浮游期及付款浮游期。
10. 确定企业对闲置现金的处置方法。
11. 阐述企业信用条件、收款政策以及企业投资于应收账款的资金之间的联系。
12. 编制现金预算并加以解释。

引文

本章中，我们将探讨营运资本管理。总体来说，营运资本管理重点关注的是净营运资本的均衡点，企业需要权衡投资流动资产所发生的持有成本与缺乏足够现金、存货等流动资产时所发生的**短缺成本**（shortage cost）。

我们将会发现，营运资本投资的理想解决方案是，让他人为企业提供所需营运资金。然而，我们需要清楚的一点是，企业为部分流动资产筹资时，这个方案或许很有效，但要让他人负担企业高效运行所需的全部营运资本，这很难实现。本章将从以下三个方面讨论如何尽可能多地进行成本转换：

- 如何确定流动资产最佳投资额；
- 如何衡量企业应该负担的那部分流动资产；
- 如何选择企业负担的那部分流动资产的资金来源。

视　角

商业应用

Chewbacca制造公司预期下一年的销售收入将达到3 200万美元。该公司的产品销售成本通常为销售收入的55%，存货需求通常为年销售额的10%，平均应收账款余额为年销售额的1/6，平均应付账款余额为年销售额的5%。如果所有产品均以赊销的方式售出，该公司净营运资本水平以及现金循环周期分别为多少？

个人应用

万达已经存够了钱，准备继续攻读研究生学位。她计划将她的储蓄投资于货币市场，可实现3.5%的收益率。如果她打算在攻读研究生期间分期取出投资资金，每年的变现额固定，为25 000美元，每次出售股份时的佣金为9.95美元，那么她每次应该从互助基金支取多少钱最为可取？

回顾资产负债表

第 2 章中，我们讨论了资产负债表。资产负债表一目了然地全面呈现了企业的资产、融资来源（包括负债）以及投资等，如表 14—1 所示。净营运资本反映了企业维持运营且最大化收益所需的资金。

表 14—1　　基本资产负债表

总资产		负债与所有者权益
流动资产	净营运资本	流动负债
现金及有价证券		应付工资及税费
应收账款		应付账款
存货		应付票据
非流动资产		非流动负债
厂房设备总值		所有者权益
减：折旧		优先股
厂房设备净值		普通股及资本公积
其他长期资产		留存收益

在本书前面的部分，我们讨论了流动资产的特点，相比固定资产，它具有更高的流动性，但盈利性也较差，这就解释了为什么有些管理者喜欢把净营运资本视为流动资产中超出其他方所资助的而需由企业自身负担的那一部分流动资产。

直白地说，净营运资本是企业必要的负担。大多数企业不可能在没有任何存货、不提供客户任何商业信用或者缺乏其他类似条件的情况下可以实现产品销售。企业必须保证库存，提供客户商业信用，并承担与之相关的成本。

当然，企业需要承担营运资本，但这不意味着它应该负担全部或者一大部分，相反，企业应该在力所能及的范围内，确保净营运资本投资额的边际效益等于未能将资金投资于净现值为正的固定资产投资项目所产生的边际**机会成本**（opportunity cost）。

追踪现金及净营运资本

为了追踪企业运营过程中的现金流活动，我们必须对**营业周期**（operating cycle）和**现金循环周期**（cash cycle）加以衡量。营业周期是指企业从采购原材料并将其加工至产成品，到销售产品并收回货款所需的时间。我们可以认为净营运资本是企业自身必须负担的那部分流动资产，即由流动负债填补后的剩余部分。那么相应地，我们同样可将现金循环周期视作营业周期中必须由企业自身负担的那一部分。

营业周期

为衡量营业周期，我们需要使用第 3 章所讨论的部分财务比率。

营业周期＝存货周转天数＋应收账款周转天数

＝存货×365/已销产品成本＋应收账款×365/赊销额 (14—1)

例 14.1 计算营业周期

MMK 公司的年销售收入为 100 万美元，已销产品成本为 650 000 美元，存货平均余额为 116 000 美元，平均应收账款为 150 000 美元。假设 MMK 公司的产品均以赊销形式出售，该公司的营业周期为多少？

［解答］

营业周期＝存货×365/已销产品成本＋应收账款×365/赊销额

＝116 000×365/650 000＋150 000×365/1 000 000

＝65.14＋54.75

＝119.89(天)

因此，MMK 公司从取得原材料到生产、到销售产成品、再到收回现金，需要花费近 120 天的时间。

现金循环周期

现金循环周期等于营业周期减去应付账款周转天数，如图 14—1 所示。

现金循环周期＝营业周期－应付账款周转天数

＝营业周期－应付账款×365/已销产品成本 (14—2)

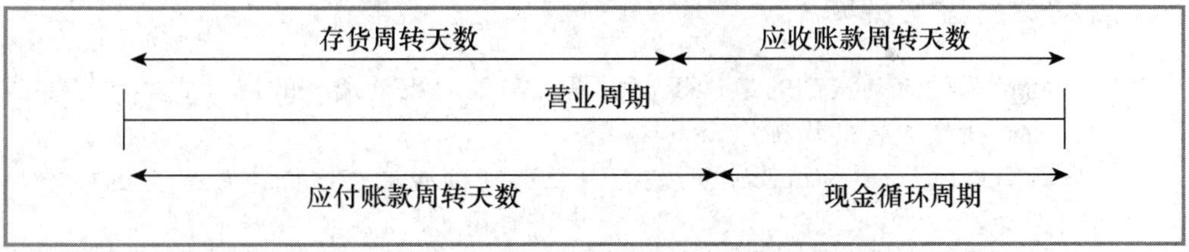

图 14—1 营业周期与现金循环周期的关系

例 14.2 计算现金循环周期

接上一个例题，假设 MMK 公司的应付账款平均余额为 120 000 美元，它的现金循环周期为多少？

［解答］

现金循环周期＝营业周期－应付账款×365/已销产品成本

＝119.89－120 000×365/650 000

＝119.89－67.38

＝52.51(天)

我们可以发现，尽管 MMK 公司从原材料转变为现金需要近 120 天的时间，但现金循环周期表明，在这段时期内公司需要自身为其生产周期买单的时间仅为 52.51 天。这就是营业周期及现金循环周期管理的关键所在：最小化企业自身负担其生产周期的时间。

短期融资政策的若干问题

上一节中，我们通过剔除应付账款循环周期从营业周期中分离出现金循环周期。从这种分离方法中我们可推导出企业降低净营运资本需求的两种方式：

1. 企业可管理其流动资产需求。
2. 企业可尽可能多地获取经济上可行的流动负债，为必需的流动资产提供资金。

案例　Kaizen——持续改善理念

Kaizen是日本企业提出的一种提高生产力的方法，这种方法旨在通过及时制交货、标准化工作及设备等方式改进生产运营，消除资源浪费。Kaizen方法包含五个基本元素：

1. 团队合作
2. 个人纪律
3. 提升士气
4. 质量小组
5. 改进建议

研究表明，Kaizen方法能有效降低净营运资本需求，某些情况下，效果非常显著。根据采用Kaizen方法的企业数据，该方法使得生产各环节的在产品存货以及产成品存货下降了10%～30%。

流动资产投资规模

确定每种流动资产的最佳投资水平，需要对流动资产的持有成本和短缺成本进行权衡，找到二者的均衡点。

持有成本（carrying cost）是指因投资某种流动资产而需要承担的成本，可分为两大类：

1. 资金因用于流动资产而不能投资于更具生产力的固定资产所产生的机会成本。
2. 维持流动资产价值所需的显性成本。

例如，汽车经销商在购买并储存二手车时会发生持有成本。首先，经销商把钱用于购买二手车，就意味着它不能将其投资于另一个有利可图的机会，如新型混合动力车，这样就存在机会成本。其次，经销商还需要支付汽车展示所需的场地租金，以及其他任何使汽车处于良好待售状态所必需的维护成本。

短缺成本是指流动资产投资不足时会发生的成本，它同样也包括机会成本和显性成本，比如存货短缺导致销售损失的机会成本、补充特定类型流动资产所发生的交易费用等。举个例子，有家照相机店实行一个再订货政策，只要有顾客提出需求，照相机店就会向供应商重新发出特定镜头的订单，即使一次的订单量只有一个。在当今的商业环境中，大多数顾客寻求某种产品时都希望能当即购买，如果这家店该产品脱销，他们会选择在另一家商店或从网上购买，因此这家商店会发生销售损失。另外，我们假设商店需要为每一笔订单支付运输费，而大宗订单可获得数量折扣，那么这种订货政策会产生更高的运输费用。相较于批量订货，这种订货方式下商店会面临更高的已销产品成本。

企业对某种资产的投资增多，其持有成本会增加，短缺成本会降低。因此，理想状态下，企业应该选择总成本最低点，该点上的边际持有成本等于边际短缺成本。我们把总成本最低点的资产投资水平设为 CA^*，见图 14—2。

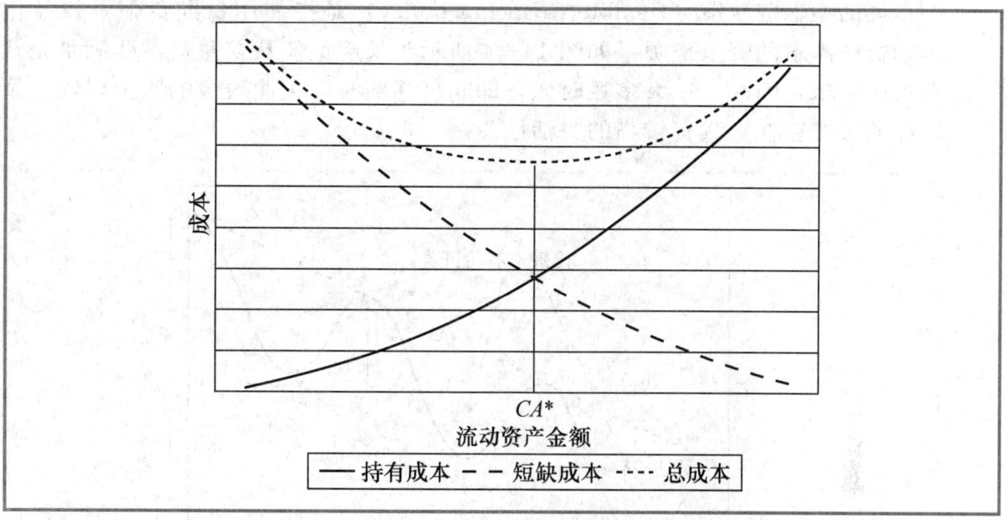

图 14—2 持有成本与短缺成本

注：对于任何一种流动资产，交点 CA^* 处的资产水平是最佳投资水平，该点上的边际持有成本与边际短缺成本相等。

流动资产融资政策

理想状态下，企业的非流动资产采用长期负债和股权进行融资，流动资产采用流动负债进行融资。这种方法下，企业的资产与负债可实现完美匹配，净营运资本很低，甚至几乎为零。如前文所述，现实世界中，大多数企业的净营运资本通常为正。换言之，至少有一部分流动资产投资所需资金是由长期负债、股权或二者共同支持的。

假设大多数企业可以预期整个年度内流动资产需求总体上较为稳定，季节周期内可能略有波动，会出现对流动资产的额外需求。成长型企业的资产总需求类似于图 14—3。

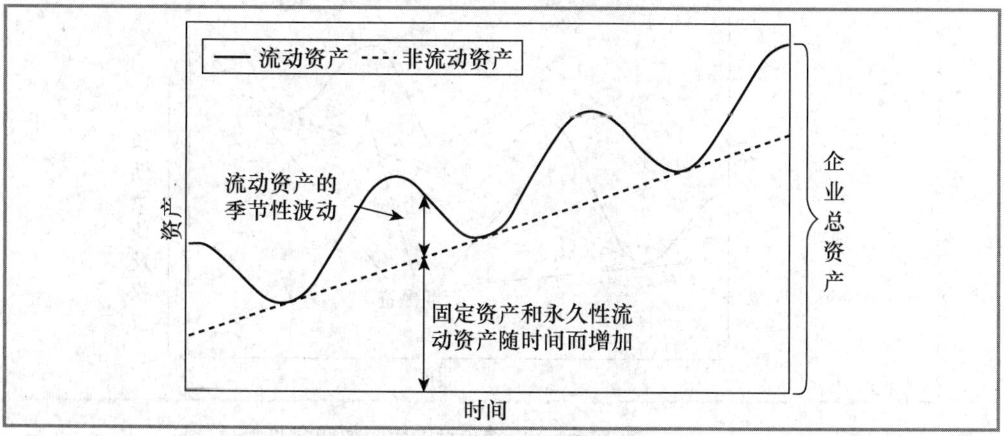

图 14—3 流动资产需求

注：企业通过分析峰谷期的总资产需求，做出长期及短期资产融资决策。

处于这类情况下的企业都会面临一个基本问题，即是否应该使用长期资金来源为高峰期或低谷期抑或介于两者之间某处的总资产需求提供资金支持。图14—4、图14—5和图14—6分别阐述了不同决策情况。

灵活型融资政策（flexible financing policy）是指使用长期负债及权益作为高峰期资产需求的资金来源，如图14—4所示。长期负债及权益资本能满足企业的最高资产需求，因此，在大多数时候，即非高峰期时，企业盈余的资金以现金及有价证券的形式存在，具有较高的灵活性。

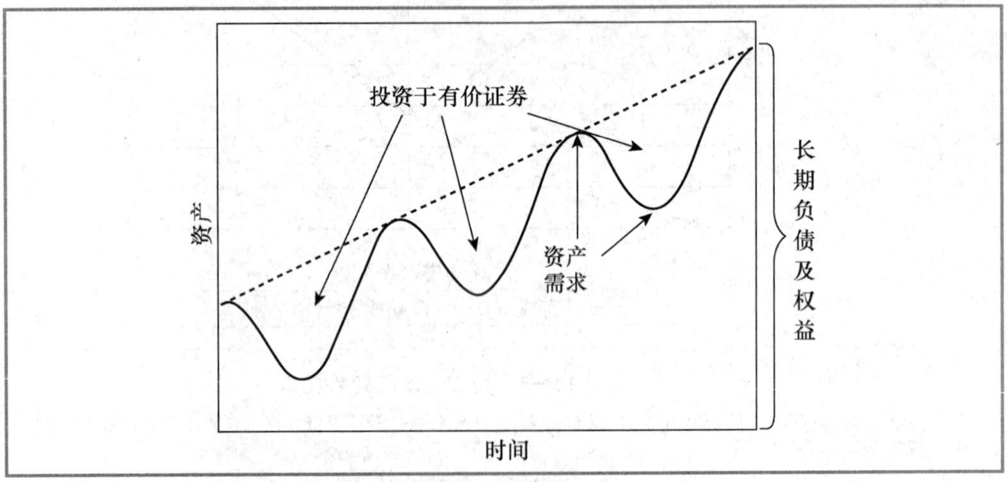

图14—4 流动资产的灵活型融资政策

注：灵活型融资政策下，企业高峰期资产需求是使用长期负债及权益作为资金来源，也就是说长期负债及权益资本满足所有资产需求。

与灵活型融资政策相反，限制型融资政策（restrictive financing policy）是指企业的长期负债及权益仅满足低谷期资产需求，如图14—5所示。这种政策下，在所有的非低谷期，包括高峰期以及二者之间的时期内，企业必须寻求短期资金来源，

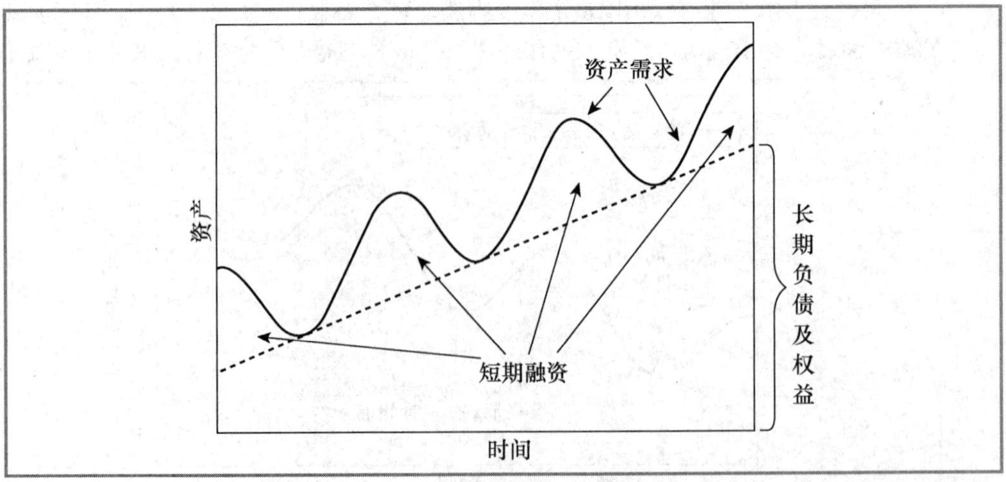

图14—5 流动资产的限制型融资政策

注：限制型融资政策下，企业仅低谷期资产需求是使用长期负债及权益作为资金来源，剩余部分全部使用短期资金来源。

为超出低谷期流动资产的那部分流动资产提供资金支持。某种程度上说，这种政策是最为“稳健”的，但它也给企业带来极大不便，企业几乎所有时间都要分析确定短期融资水平。

企业的第三种选择是采用折中型融资政策（compromise financing policy）。这种政策下，企业的长期负债及权益资本能满足经季节性调整后的平均总资产需求。企业根据需要进行短期融资或短期投资。图 14—6 阐述了这一政策。

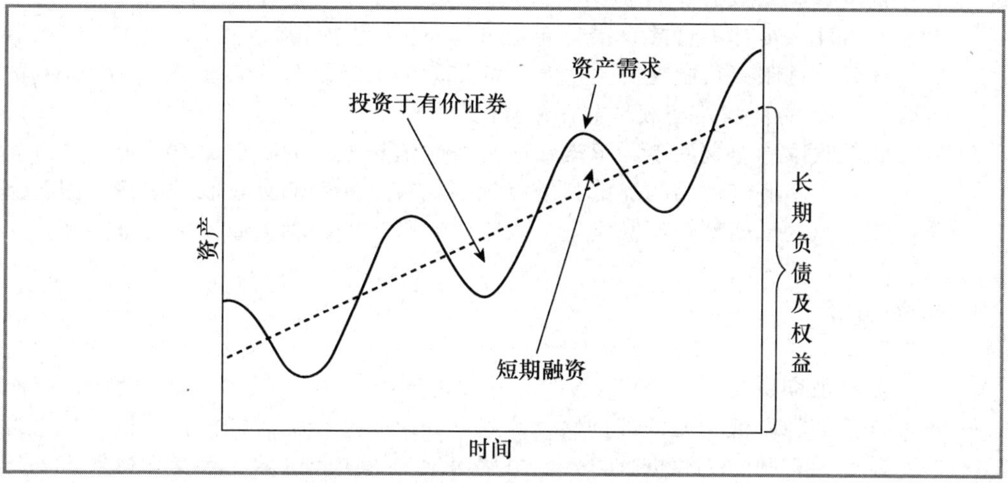

图 14—6　流动资产的折中型融资政策

注：折中型融资政策下，长期负债及权益资本不仅为低谷期资产需求提供资金支持，还能满足季节性流动资产的平均需求。

哪种政策最为有效呢？与几乎所有营运资本决策一样，它取决于以下几个因素：

● 当前及未来预期利率水平。如果我们预期未来利率会上升，企业可能会选择灵活型融资政策，在较长一段时期内固定利率；如果利率下降，则反之。

● 短期利率与长期利率之间的利率差。长期融资成本通常高于短期融资成本，二者之间的利率差可能大也可能小，这相应会促使企业转换为限制型或灵活型的融资政策。

● 其他资金来源的可用性及成本。这一点后续会讨论。如果企业能够容易且持续地获取其他资金来源，则更倾向于限制型融资政策。

短期融资来源

采用灵活型融资政策以外的任何融资政策的企业，都必须不时地寻求短期融资来源。这些企业会根据行业及其他特征，选择无担保贷款、担保贷款或其他短期资金来源。

无担保贷款

对于大多数企业，特别是规模较小的企业来说，填补短期融资需求最常用的方法是向银行申请商业贷款。企业可能在未来反复需要短期贷款，比如，某企业若采用限制型融资政策，则面临资产需求的季节性波动。如果银行认定该企业信誉良好，银行通常会授予该企业一定的信贷额度，企业可反复贷款，当然，有借有还才能维持信用，企业通常需要在每次季节性波动后还清贷款。

信贷额度的收费可以是显性的，如其利率等于银行基本贷款利率再加上少许溢价，也可以是隐性的，如补偿性余额或银行预付承诺费。**补偿性余额**（compensating balance）是银行要求借款企业在其银行账户中保持按贷款额的一定百分比计算的存款余额，一般为5%～10%。作为回报，银行同意贷款给该企业。你可能感到疑惑，为什么银行不直接只借给企业95%或90%的贷款，而是要全部借出后再收回一部分？这跟银行制度有关，90%的贷款但无补偿性余额要求，与100%的贷款且要求10%的补偿性余额是存在差异的。

如果收取承诺费的话，承诺费通常按照信贷额度的固定比例计算。此外，银行还可以基于企业已使用的那部分信贷额度或者未使用部分收取承诺费。银行基于信贷额度收取的承诺费金额及类型，取决于银行是否鼓励企业使用信贷额度。

担保贷款

资产抵押贷款（asset-based loans）是指以企业资产作为抵押物的一种贷款。抵押贷款的利率低于无抵押贷款，因此，如果企业能提供抵押物，抵押贷款通常是对企业更为有利的一种贷款方式。虽然房地产、应收账款、存货和机器设备等都可用作抵押贷款的抵押资产，但大多数企业为流动资产季节性波动筹资时，通常会倾向于使用存货或应收账款作为抵押物，企业不希望为此牵制长期资产，如房地产或机器设备。

使用应收账款转让进行短期融资通常有两种方式：一是应收账款让售，把应收账款出售给客账经纪商；二是应收账款抵借。**客账经纪商**（factor）是在应收账款到期前以一定的折扣购买应收账款的信贷机构，折扣价与应收账款面值之间的差价就是对客账经纪商承担应收账款违约风险以及资金时间价值的补偿。**应收账款抵借**（assignment）是指企业以应收账款作为担保品向其他单位借款，并附有**追索权**（recourse），如果应收账款付款人不能按时还款，借款企业有义务偿还贷款，贷款单位可向其追索。

企业也可以使用存货作为抵押物取得存货抵押贷款，这类抵押贷款通常是用于存货投资。存货抵押贷款主要包括存货全部留置、信托收据融资和公开仓储融资三种形式。这三种形式的主要区别在于存货的所有者和管理者不同。

- 存货全部留置融资方式下，贷款方享有全部存货的担保物权，但借款企业仍保留存货的所有权。
- 借款企业以信托方式持有存货，一旦售出，任何相关存货销售收入均是贷款方的财产，应转入贷款方的账户，这种贷款方式称作信托收据。
- 公开仓储融资方式下，借款企业需要将存货储存于公共仓库，贷款人雇用仓储公司取得并监管存货。

其他短期融资来源

短期融资的其他两个主要来源是商业票据和银行承兑汇票。**商业票据**（commercial paper）是货币市场上的一种票据，是由大型银行和大中型企业开出的无担保短期票据，票据期限通常为 9 个月或者更短。由于票据期限短且所取得资金仅用于当前交易，商业票据豁免于 SEC 的登记制度，相应文书工作和管理制度的空缺，再加上出票单位通常是信用评级很高的企业这一事实，使得商业票据的融资成本低于银行信贷额度融资方式。

银行承兑汇票（banker's acceptance）是由企业出票并由银行无条件承兑的一种期票。银行的担保使得银行承兑汇票的安全性很高，其利率通常与商业票据大致相当。

现金管理

现金流和现金账户的区别可能让人感到困惑。现金流是个有趣的东西，在本书中的很多章节都有涉及，比如第 12 章讨论了预测新项目的现金流量。现金账户是一个流动资产账户，就跟前文讨论的所有其他流动资产一样，如存货和应收账款，它同样具有高流动性和低盈利性。相比而言，现金的流动性比存货和应收账款更强，当然，盈利性也更低。

现金持有动机

企业持有现金，主要是为了满足以下三个方面的需要：

1. 交易性需求。企业需要现金用于支付职工薪酬、税费、供应商货款、债务利息、股利等。尽管企业的日常经营活动和融资活动都会产生现金流入，但现金流入和现金流出通常不完全同步，因此，企业需要保持足够的现金以满足合理的交易需求。

2. 补偿性余额。正如我们前面所讨论的，企业必须在贷款机构的活期存款账户中按贷款额的一定百分比保持存款余额。贷款机构不需对这部分存款支付利息，因此，补偿性余额成为贷款机构的一种低成本资金来源，而借款企业需要承担相应的机会成本。

3. 投资机会。某些行业里，投资机会来去非常快，有时企业甚至都来不及筹集贷款或其他资金来源，因此，手头上持有多余现金能让企业抓住投资机会，否则只好失之交臂。

为确定现金持有量，企业必须衡量现金持有过多时的机会成本与现金持有不足时的短缺成本。鲍莫尔模型和米勒-奥尔模型可帮助我们计算成本均衡点，从而确定最佳现金持有量。

确定目标现金持有量：鲍莫尔模型

经济学家威廉·鲍莫尔（William Baumol）首创了最佳现金持有量的模型，该模型从理论上确定目标现金持有量，最小化持有现金的机会成本与其他资产变现的交易成本之和。鲍莫尔模型直观上具有吸引力，现在分析师仍使用它分析现金流出具有很强可预测性的行业，但对于其他行业，使用该模型存在很多问题，原因在于该模型的某些假设不切实际：

- 该模型假定企业有一个恒定的、完全可预测的现金支付率，但现实中，支付率是变化的且难以预测。
- 该模型假定分析期间内没有现金流入。大多数企业都期望赚取的资金比支付的多，通常情况下企业始终有现金流入发生，显然，这种假设与现实不符。
- 该模型没有考虑**安全库存**（safety stock），而实际上企业通常会持有多余现金，以备不时之需。

鲍莫尔模型中，现金的初始余额为**补给水平**（replenishment level），用字母 C 表示，随后现金平滑减少至零。当现金余额减少至零时，企业通过出售有价证券立即补充现金量 C，在此过程中企业必须支付交易费用 F，即每次买卖有价证券的交易成本为 F。

该模型意味着现金水平按循环模式变化。例如，某企业每次出售 20 000 美元的有价证券以补充现金，现金的支付率为每周 5 000 美元，因此，现金余额每四周循环一次，如图 14—7 所示。

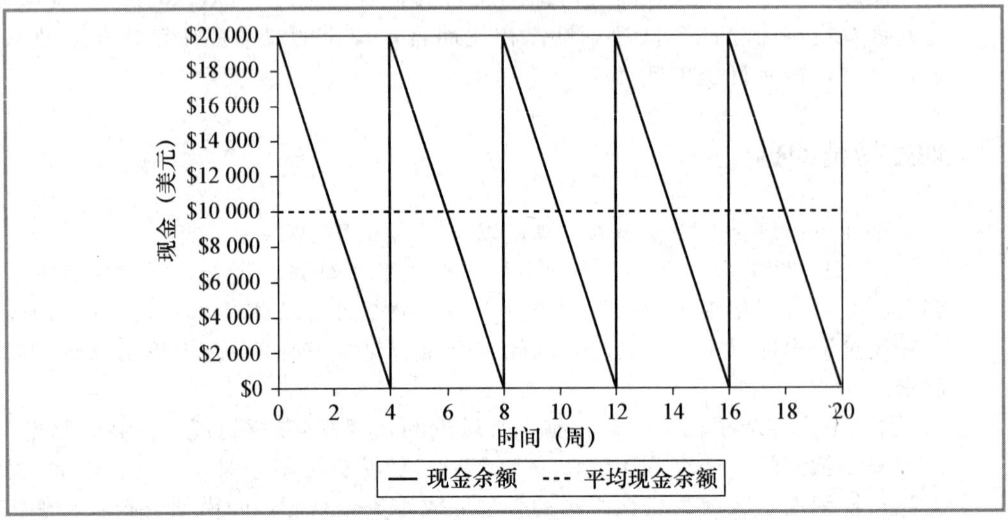

图 14—7 鲍莫尔模型的现金流量模式

注：鲍莫尔模型中，一旦现金减少至零，企业立即通过出售有价证券补给现金至期初额。

由于现金支付率恒定，各循环期内的现金平均持有量为补给水平的一半，即 $C/2$。假设企业投资有价证券的收益率为 i，那么企业保持 $C/2$ 的平均现金余额会产生相应的机会成本。

$$\text{机会成本}=C/2\times i \quad (14—3)$$

再假设企业的年现金需求为 T，那么企业每年需要出售有价证券的次数为 T/C，年度内相关的交易成本为：

$$\text{交易成本}=T/C\times F \quad (14—4)$$

因此，企业在此现金管理政策下的年度总成本为：

$$\text{总成本}=C/2\times i+T/C\times F \quad (14—5)$$

最佳现金持有量 C^* 是总成本最小时的现金持有量，也是机会成本等于交易成本时的现金持有量。

$$C^* = \sqrt{2TF/i} \tag{14—6}$$

例 14.3　运用鲍莫尔模型确定最佳现金持有量

假设 AFS 公司的年现金需求量为 200 万美元，每次出售有价证券的交易成本为 150 美元，有价证券的收益率为 6%。该公司的最佳现金补给水平应该是多少？

[解答]

最佳现金补给水平为：

$$\begin{aligned} C^* &= \sqrt{2TF/i} \\ &= \sqrt{2\times 2\,000\,000\times 150/0.06} \\ &= 100\,000(\text{美元}) \end{aligned}$$

确定目标现金持有量：米勒-奥尔模型

米勒-奥尔模型确定最佳现金管理策略的思路与鲍莫尔模型不同。米勒-奥尔模型假设每日的现金流量正常发生，包括现金流入和现金流出。该模型的计算是基于以下方面的信息：

- 企业每日的现金需求下限（L）。
- 每次交易有价证券的交易成本（F）。
- 每日净现金流量的标准差（σ）。
- 有价证券的日利率（$i_{\text{日}}$）。

根据这些数据，运用米勒-奥尔模型可计算出最优现金返回点 Z^* 与每日的现金控制上限 H^*。

$$Z^* = \sqrt[3]{3F\sigma^2/4\,i_{\text{日}}} + L \tag{14—7}$$

$$H^* = 3Z^* - 2L \tag{14—8}$$

需要注意的是，L 是企业根据每日的最低现金需求以及风险承受能力等因素确定的，企业可通过将 L 设定为非零金额，以确定安全库存的使用。

例 14.4　运用米勒－奥尔模型计算最优现金回归点与现金上限

假设 DC 公司希望将其现金余额维持在最低需求水平 100 000 美元，但预期每日净现金流量的标准差为 5 000 美元。有价证券的有效年利率为 8%，每次买卖有价证券的交易成本均为 200 美元，那么 DC 公司的最优现金返回点与现金上限分别是多少？

[解答]

有价证券的日利率为：

$$i_{\text{日}} = \sqrt[365]{1.08} - 1 = 0.000\,211$$

最优现金返回点为：

$$Z^* = \sqrt[3]{3F\sigma^2/4\,i_{\text{日}}} + L$$

$$=\sqrt[3]{3\times200\times5\ 000^2/(4\times0.000\ 211)}+100\ 000$$
$$=126\ 101.72\text{（美元）}$$

现金控制上限为：

$$H^*=3Z^*-2L$$
$$=178\ 305.16\text{（美元）}$$

米勒-奥尔模型中的最优现金返回点 Z^* 类似于鲍莫尔模型中的最优补给水平 C^*，但二者之间存在一个重大区别。鲍莫尔模型仅考虑了现金流出，因此，企业现金持有量总是从零补充至最优补给水平 C^*。米勒-奥尔模型中，当现金持有量低于下限 L 时，需要补给现金至最优现金返回点 Z^*，此外，当现金水平达到上限 H^* 时，需要使用现金购买有价证券，使现金水平回落至 Z^*。

如图 14—8 所示，当现金余额达到 178 305.16 美元时，企业会通过购买有价证券使现金持有量回落至 126 101.72 美元；当现金余额降至 100 000 美元时，企业会通过出售有价证券使现金持有量回升至 126 101.72 美元。

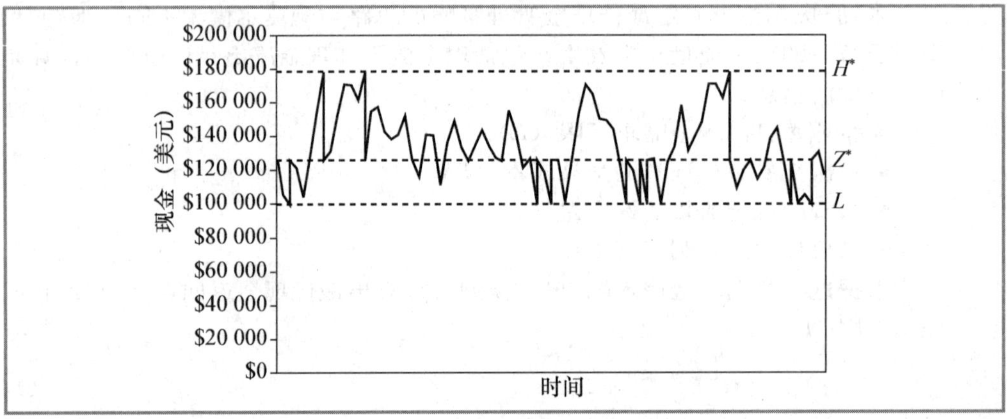

图 14—8　米勒-奥尔模型的现金流量模式

注：米勒-奥尔模型假设每日净现金流量的支付正常发生，它考虑了现金流入和现金流出。

影响目标现金持有量的其他因素

两个模型中，米勒-奥尔模型更现实，因为它考虑了现金流入和现金流出，但即使是米勒-奥尔模型，仍忽略了影响企业现金管理实践的基本因素。首先，企业可以选择短期借款以满足未预期现金需求。虽然短期借款的利率很可能比出售有价证券的机会成本高，但这不是比较的重点。如果企业需要短期借款以满足未预期现金需求的可能性很低，或者如果投资长期证券的收益率比投资有价证券高很多，那么企业应该偶尔敢于尝试把投资于有价证券的资金，用于其他回报明显更为丰厚的投资机会。

其次，两个模型中对买卖有价证券的假设是一种成本相对较高且费时的变现模式。由于互联网的出现，买卖证券的成本和延期已经显著下降。成本的大幅下降，使得许多大型企业通常会把所有或大部分可用现金用于购买隔夜证券。如果交易成本足够低，这种做法是可取的，尽管企业每天需要支付两次交易成本，一次是早上出售有价证券以维持当天的经营，另一次是营业日结束前购买有价证券。此外，满足当日未预期现金需求的成本也相当低，企业可在任何需要之时出售有价证券。换言之，如果买卖有价证券的交易成本大幅下降，远低于持有现金而未能投资有价证券的机会成本，那么任何的现金闲置都不应该发生。

最后，两个模型都忽略了一个事实，许多企业必须根据银行贷款协议，在其存款账户里保持相应的补偿性余额。如果补偿性余额要求为恒定的数值或比例，我们可以调整米勒-奥尔模型，在现金持有下限 L 中包含补偿性余额。许多企业必须平均保持最小补偿性余额，这意味着若未预期现金需求导致企业的存款账户暂时性跌破最小补偿性余额，可在之后保持相应数量的多余现金，即使更现代的米勒-奥尔模型也没有考虑到这一点。

现金浮游管理

经济学定义中，现金包括未兑现支票。显然，未兑现支票的流动性不如同等金额的现金，因此，现金管理的另一个方面就是确保支票结算的及时性。

加速收款

从付款人签发支票，到银行办理支票清算从而收款人可支配资金的这段时间，称作**现金浮游期**（float）。如图 14—9 所示，从支票递交开始的收款浮游期由三个部分组成：

1. 寄交浮游期，是指付款方签发支票并寄交至企业的时间，寄交的方式可以通过邮政系统或电子转移。

2. 处理浮游期，是指企业收到支票后，进行内部处理并送存银行的时间。

3. 清算浮游期，是指银行收到企业兑现支票的要求后，通过银行系统办理清算的时间。

这三种类型的浮游时间构成了整个现金浮游期，从客户开始付款至企业的账户收到现金。

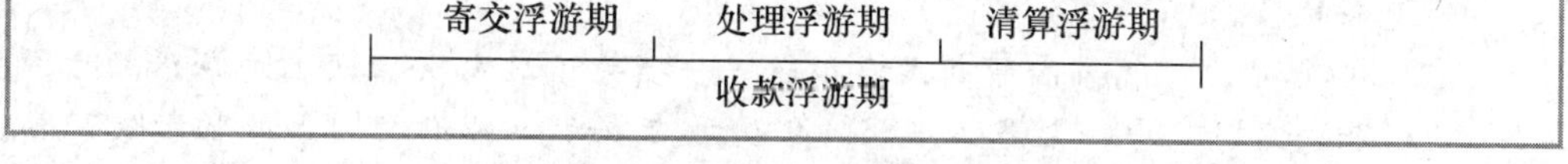

图 14—9　收款浮游期的组成

注：由于收款浮游期的存在，现金并不总具有强流动性。

企业可通过一些方法缩短收款浮游期：

1. 锁箱系统（lockbox system）是按地理区域分散的邮政信箱的集合，每个邮箱分别由当地银行为企业管理。对于众多客户分布在大区域范围内的企业，理想的情况是提供足够的信箱，确保客户离企业最近的信箱不超过 100 英里。企业通过锁箱系统的方式，让客户将其支票送至最近的信箱，然后由当地银行每日数次对信箱里的支票进行集中处理，这样一来，企业可缩短寄交浮游期和处理浮游期。

2. 集中银行法可加速现金回收。采用该方法，资金会按照地理位置交存至多个地区性银行，再转移至另一家银行的集中账户。资金转移可通过转存支票或电子转账等方式。

3. 电汇是资金从当地银行转移至集中银行最快的汇款方式。美国的银行可通过环球银行金融电信协会（SWIFT）系统向国外的银行付款。美国银行之间的转账则通过联邦资金转账系统进行，该系统归美联储所有，汇款需要联邦储备局对银行设置的路由号码。

延迟付款

付款浮游期是指企业签发支票至资金被取出企业账户的延期时间。企业可通过两种合法方法延长付款浮游期，尽可能维持企业可使用资金的状态，直至最后一刻。

1. **零余额账户**（zero-balance account）是企业开设的一种支票账户，需要时，银行可自动从计息账户转账至零余额账户，用于兑现支票。由于零余额账户始终不存有任何多余现金，它帮助企业合法规避了企业不得开设计息支票账户的法规。

2. **汇票**（draft）类似于支票，区别在于汇票的应付方为签发汇票的企业，而不是银行。当企业的开户行收到汇票要求付款时，银行必须在支付之前让企业确认汇票。

道德及法律问题

在实际收到之前使用已收现金，或在签发支票之后继续使用已付现金，可帮助企业实现更多的盈利，但这种做法是违法的。非法利用付款浮游期的最极端形式是空头支票（check kiting），签发空头支票属于欺诈行为，企业的银行账户里并没有足够的资金可用于兑现支票。

美国《21世纪支票清算法案》允许采取传送支票电子图像的方式，不要求必须是实物支票，这样大幅度缩短了银行办理支票清算的时间，有效抑制了空头支票的发生。

案例　支付偏好的文化差异

日本邮政储蓄银行长期被视为个人和企业高效进行电子交易的典范。电子交易是采取安全认证的实时交易，而不是采取传统的支票清算程序进行买卖方之间的资金转移。

2006年，一篇日经贸易文章报道了一项关于日本女性网上购物付款方式的调查结果。意料之中，大多数（56%）受访者表示，她们在网上购物时使用信用卡支付。然而，其余部分受访者的分布显示出了美国和日本的消费者在使用其他支付方式时存在的巨大差异。比如，17.6%的日本受访者在网上订购后，在当地便利店使用现金支付，13.1%的受访者选择在邮差送交货物时货到付款，还有4.3%的受访者则采取从邮政储蓄账户进行电子转账的方式进行支付。

对于在日本经营的企业，调查结果对其现金管理政策的制定有何启示？首先，在美国，选择使用信用卡进行网上购物的人数比例更高；其次，上述其他支付方式的清算时间与信用卡支付存在差异。这些是试图在日本做生意的企业应该考虑到的问题。

闲置现金理财

鲍莫尔模型和米勒-奥尔模型均隐含着企业通常在现金和有价证券之间进行转换，以部分抵消流动资产投资的机会成本。大多数大型企业会自行管理有价证券投资，而小型企业通常会通过独立管理的货币市场基金或者由开户行在每个营业日结束时将多余资金转移至流动账户（sweep account），以获取投资收益。

企业为何存在多余现金

企业通常持有多余现金，或是因为现金流的季节性波动，或是为计划支出做准备。现金持有量的季节性波动通常是周期性销售或周期性原材料采购的结果。比如，生产游泳池配件的企业，在春天至秋末这段时期内明显会实现更高的销售收入，而在现货市场购买新鲜蔬菜的批发商，丰收季节会有更高的现金流出。企业的现金余额也可能因为计划支出而暂时性增加，企业或是为计划支出存钱，或是在支出发生之前发行股票或债券，并把资金存放于账户直至需要之时。

企业如何处置多余现金

如前文所述，企业通常把多余现金投资于货币市场证券，包括国库券、联邦基金及回购协议、商业票据、可转让定期存单、银行承兑汇票等。

信用管理

企业通常会提供商业信用以扩大销售，赊销会产生应收账款，若不提供商业信用或信用过于紧缩，则会影响销售收入。与现金管理政策一样，企业的最佳信用政策需均衡销售损失的机会成本与应收账款的持有成本及预期违约成本。

信用政策：销售条件

作为最低要求，销售的**信用条件**（credit terms）通常至少包括信用期限、现金折扣以及对信用工具类型的说明。信用期限是企业为客户规定的最长付款时间，根据所售产品及客户的不同特点而不同。比如，无论谁购买，易腐货物的信用期限通常较短。相比于新客户，信誉良好的老客户很可能获得更好的信用条件。

为鼓励客户提前支付货款，企业通常会提供现金折扣优惠政策，若客户在一定时间内完成付款，则可享受现金折扣。比如，若某企业向客户报出“2/10，n/30”形式的信用条件，则表示客户若在 10 天内付款，则可按发票价格的 2%享受现金折扣，若在 30 天内付款，需要全额支付货款。

对于大多数的商业信用，发票是唯一的信用工具。客户签收货物后，往往是以默许的方式承诺将会根据发票所述条款进行支付，并无书面文件。如果企业希望客户能就其支付能力及义务作出更明确的承诺，企业可要求客户在收到货物时签发期票，或在货物发出之前开出商业汇票或银行承兑汇票。

信用分析

在授予客户信用之前，企业需要对客户进行**信用分析**（credit analysis）。这种分析要求系统地确定潜在借款人支付所赊销货物的能力和意愿。全面的信用分析不仅需要了解潜在借款人过去的记录，还要分析其现在及预期未来的财务状况，“五C”系统包括了评价客户信用的五个方面。

1. 能力（capacity）：借款人是否具备偿还债务的法律义务及经济能力？

2. 品质（character）：借款人的信誉是否表明其具有履行债务偿还义务的意愿？

3. 资本（capital）：借款人持有风险资产，会降低如约按期偿还债务的可能性。

4. 抵押（collateral）：若借款人破产，其用作抵押的资产可被扣押或出售，所得收入用于向企业偿还债务，这样可提高借款人如约按期偿还债务的可能性。

5. 条件（conditions）：任何可能影响借款人偿债能力的经济环境都需要考虑。

收款政策

企业收款政策的目标为收回超过信用期限仍未清偿的逾期账款。收款的常用程序遵循以下路径：

1. 发送一封或多封催款信件，通知客户账款逾期情况，要求客户联系企业以商讨其他还款方式，并说明企业所享有的追索权。

2. 以电话沟通的方式再次告知上述信息。

3. 雇用收款代理机构。

4. 如果上述行为均未奏效，对客户采取法律行动。

企业通常会采用账龄分析法（aging schedule），根据账龄对应收账款进行分类，以便监管并控制收款流程。比如，某企业向客户提供了“2/10，n/60”的信用条件，该企业根据账龄对应收账款的分类情况如表14—2所示。

表14—2　账龄分析表

账龄	比例
0～10天	10%
11～30天	35%
31～60天	45%
61～90天	7%
超过90天	3%
	100%

账龄分析表能让企业一目了然地了解到，有多大比例的客户具有享受折扣的资格，即“0～10天”这一类；有多大比例的客户属于逾期但低于30天，即“61～90天”这一类；又有多大比例的客户属于逾期且超过30天，即“超过90天”这

一类。

企业的收款政策通常与账龄分析表相对应。比如，表 14—2 中归类于“61～90 天”的客户，会受到催款信件，而“超过 90 天”这一类的客户，会接到催款电话。

简述题

1. 企业的净营运资本是否可能为负？为何会出现这种情况？
2. 拒绝向客户提供商业信用，是否有可能利于价值最大化？为什么？
3. 下列哪些事项会引起净营运资本增加？
   a. 现金增加。
   b. 应付账款减少。
   c. 应付票据增加。
   d. 应收账款减少。
   e. 存货增加。
4. 企业的现金循环周期是否可能为负？为什么？
5. 如果企业的存货周转率提高，其营业周期会有何变化？
6. 如果企业的存货周转率提高，其现金循环周期会有何变化？
7. 其他保持不变时，存货持有量的增加会提高还是降低企业的盈利能力？
8. 企业是否会使用短期负债为永久性流动资产提供资金？为什么？
9. 假设短期融资比长期融资的成本更高，这将如何影响企业在灵活型融资政策和限制型融资政策之间的选择？
10. 如果资产抵押贷款的成本比无抵押贷款低，企业采用资产抵押贷款有何缺点？
11. 现金账户余额的增加，意味着资金的来源还是资金的使用？
12. 补偿性余额需求的持有成本是什么？
13. 补偿性余额需求的短缺成本是什么？
14. 餐厅缺少足够的现金用于找零，会发生什么短缺成本？
15. 如果企业既有现金流入又有现金流出，且需要保持最小现金余额，那么本章所讨论的现金管理模型中，哪一个更适用于该企业？
16. 鲍莫尔模型中，出售有价证券的交易成本增加，会对最优现金补给水平产生什么影响？为什么？
17. 米勒-奥尔模型中，每日现金流量的标准差增大，会对现金返回点产生什么影响？为什么？
18. 企业的收款浮游期是否可能为负？为什么？
19. 企业的付款浮游期是否可能为负？为什么？
20. 汇票是否存在变现浮游期？为什么？
21. 根据本书其他章节对资本市场的讨论，解释为什么为项目筹集资金与项目资金支出之间存在时间滞延。
22. 信用政策中，提供现金折扣的目的是什么？对企业而言，现金折扣的成本是什么？

计算题

1. JohnBoy公司的现金余额为45 000美元，应付账款为125 000美元，存货为175 000美元，应收账款为210 000美元，应付票据为120 000美元，应付工资及税费为37 000美元。该公司的净营运资本为多少？

2. Dabble公司的销售收入为980 000美元，已销产品成本为640 000美元。该公司期初时有存货36 000美元，存货期末余额为46 000美元。存货周转天数为多少？

3. 某企业的现金循环周期为67天，营业周期为104天。该企业的应付账款周转天数为多少？

4. 某企业的现金循环周期为73天，营业周期为127天。该企业的应付账款周转率为多少？

5. 企业可按优惠1个百分点的利率取得225 000美元的1年期纯贴现贷款，但要求存有10 000美元的补偿性余额。这样做是否值得？

6. CM公司预测，平均来说客户签发并寄达支票需要3天，财务部门处理并交存支票需要1天，银行办理支票清算需要2天。CM公司的收款浮游期是多长？

7. Dunn公司的年销售收入为230万美元，已销产品成本为165万美元，存货平均余额为111.6万美元，应收账款平均余额为75万美元。假设Dunn公司的产品均以赊销的形式售出，该公司的营业周期为多少？

8. LilyMac公司的年销售收入为230 000美元，已销产品成本为165 000美元，存货平均余额为4 500美元，应收账款平均余额为25 000美元，应付账款平均余额为7 000美元。假设LilyMac公司的产品均以赊销的形式售出，该公司的现金循环周期为多少？

9. 某公司计划向银行申请800 000美元的8年期贷款，按年分期还款。银行提供两个选择：一笔贷款为850 000美元但要求50 000美元补偿性余额；另一笔贷款为800 000美元且不要求补偿性余额。假设800 000美元的那笔贷款的利率为8.5%，那么要求补偿性余额的那笔贷款的利率应低至多少，公司才会选择它？

10. Rose公司每年的现金需求均匀稳定，年现金需求量为500万美元，每次出售有价证券会发生275美元的交易成本，有价证券的年利率为4.3%。该公司的最佳现金补给水平为多少？

11. HotFoot公司现金账户的最低需求水平为25 000美元，预期每日净现金流量的标准差为4 000美元。有价证券的有效年利率为6.5%，每次买卖有价证券的交易成本均为200美元。该公司的最优现金返回点是多少？

12. Veggie公司现金账户的最低需求水平为245 000美元，预期每日净现金流量的标准差为12 000美元。有价证券的有效年利率为3.7%，每次买卖有价证券的交易成本均为27.50美元。该公司的最佳现金上限是多少？

附录14A 现金预算

许多企业在1年内的不同时期的生产和销售情况会不同，比如，玩具零售商11月和 12 月的销售量会比 3 月和 4 月多。不仅是玩具零售商，玩具生产商在不同月份的生产和销售情况也会不同，生产商会在 11 月之前生产出即将向零售商销售的大部分玩具。在大多数情况下，所有企业的生产或销售周期具有一定的季节性。生产或销售的季节性波动导致企业在某些期间产生大量的现金盈余，某些期间出现严重的现金赤字。财务经理必须未雨绸缪，事先为这些时期做好准备，确保企业始终有足够的现金支付债务。**现金预算**（cash budget）就是他们需要借助的工具。

以 Yellow Jacket 公司为例，Yellow Jacket 公司是一家生产外套和夹克的制造企业，全年的生产活动稳步开展，每月的生产情况基本保持一致，这样，企业库存积聚到初秋，然后向零售商销售大部分产品。秋季是大衣销售的旺季，因此库存也会大量消耗。这种生产策略下，公司只需雇用少量的全职员工，而不是在生产旺季临时雇用大量员工而等到淡季又将其辞退。虽然全年的生产平稳均匀但销售有淡旺季之分，这种情况导致严重的现金流问题，公司的财务经理必须解决这一问题。

现金预算可以按日、月、季度等时间周期进行编制。考虑到销售活动的季节性波动剧烈，Yellow Jacket 公司按月编制现金预算。现金预算的编制以当年的销售预测为起点。在这个例子中，Yellow Jacket 公司预测当年每月的销售收入比上一年同期增长 10%。如表 14A—1 所示，Yellow Jacket 公司的预计月销售量具有明显的季节性。许多企业都会提供类似于“2/10，n/45”的销售信用条件，表明客户必须在销售后的 45 天内完成付款，如果他们在 10 天内支付货款，则会享受 2%的现金折扣。即便 Yellow Jacket 公司提供了类似的商业信用，在销售当月支付货款可享受 2%的折扣，但仍只有 30%的货款在销售当月完成支付，另 50%的货款会在销售后的下个月完成支付，剩余 20%的货款在第三个月完成支付。注意表 14A—1 中现金收入一栏，该公司 7 月份的现金收入仅为 100 万美元，而 11 月份的现金收入为 2 640 万美元。

表 14A—1　　现金收入　　单位：百万美元

	A	B	C	D	E	F	G	H	I	J	K	L	M
1		1月	2月	3月	4月	5月	6月	7月	8月	9月	10月	11月	12月
2													
3	销售收入	10	10	5	2	1	1	1	5	20	30	25	15
4													
5	现金收入	14.3	10.7	8.5	5.1	2.3	1.2	1.0	2.2	8.6	19.8	26.4	22.9
6													
7													
8	假设												
9	现金收入：												
10	销售当月收回30%，可享受2%的折扣												
11	销售次月收回50%												
12	第三个月收回20%												
13													
14	销售收入每月比上年同期增长10%												
15													

注：10月的现金收入由三部分组成：

10月份的销售收入×30%×(1－2%)=30×30%×0.98

9月份的销售收入×50%=20×0.5

8月份的销售收入×20%=5×0.2

总计=19.8

当年的总销售收入为 12 500 万美元。为实现预测的总销量，在现有的生产策略下，Yellow Jacket 公司需要按月平均销售额 1 042 万美元的标准进行生产。表 14A—2 列示了该公司每个月的现金支出情况。假设生产成本中原材料为销售收入的 50%，工资及其他成本为销售收入的 15%，这样每个月的原材料支出为 521 万美元，工资及其他生产支出为 156 万美元。此外，其他活动也会发生现金支出，包括资本投资、支付利息及股利等。Yellow Jacket 公司计划对厂房进行改扩建，6 月份需要支付 1 500 万美元。债券利息每半年支付一次，在 3 月和 9 月各支付一次。股利按季度支付，依次为 2 月、5 月、8 月和 11 月。我们可以发现，现金总支出呈现剧烈的波动，且支出与收入的波动并不同步，比如，公司 6 月份的预计现金收入为 120 万美元而预计现金支出为2 450万美元，11 月份的预计现金收入为 2 640 万美元而预计现金支出为 780 万美元。

表 14A—2 **现金支出** 单位：百万美元

	A	B	C	D	E	F	G	H	I	J	K	L	M
1		1月	2月	3月	4月	5月	6月	7月	8月	9月	10月	11月	12月
2													
3	销售收入	10	10	5	2	1	1	1	5	20	30	25	15
4													
5	现金收入	14.3	10.7	8.5	5.1	2.3	1.2	1.0	2.2	8.6	19.8	26.4	22.9
6													
7	现金支出：												
8	原材料	5.2	5.2	5.2	5.2	5.2	5.2	5.2	5.2	5.2	5.2	5.2	5.2
9	工资及其他	1.6	1.6	1.6	1.6	1.6	1.6	1.6	1.6	1.6	1.6	1.6	1.6
10	税费	0	0	2.7	0	0	2.7	0	0	2.7	0	0	2.7
11	资本项目	0	0	0	0	0	15.0	0	0	0	0	0	0
12	长期融资成本	0	1.0	5.0	0	1.0	0	0	1.0	5.0	0	1.0	0
13	（利息及股利）												
14	现金支出合计	6.8	7.8	14.5	6.8	7.8	24.5	6.8	7.8	14.5	6.8	7.8	9.5
15													
16													
17													
18	假设												
19	现金支出：												
20	原材料成本为销售收入的50%												
21	工资及其他支出为销售收入的15%												
22	6月份厂房改扩建支出1 500万美元												
23	每半年支付利息500万美元												
24	每季度支付股利100万美元												
25	每季度支付税费270万美元												

注：9月的现金支出

原材料5.2
+工资及其他1.6
+税费2.7
+利息5.0
14.5

对现金收入和现金支出进行预测后，我们可完成现金预算的编制。如表 14A—3 所示，下一个步骤是计算每个月的净现金流量，等于每个月的现金收入减去现金支出。我们可发现，Yellow Jacket 公司的净现金流量从 3 月到 9 月连续 7 个月为负。累计净现金流量表明，1 月和 2 月的现金盈余能够弥补 3 月和 4 月的现金赤字，然而，从 5 月开始，Yellow Jacket 公司的现金赤字持续到年末。由于公司始终保持最低现金水平 200 万美元，这进一步加剧了现金赤字。最后一行列示了公司一年内现金账户盈余或赤字的总体情况。显然，Yellow Jacket 公司需获取银行长期贷款或循环信用额度，且资金筹集应满足最高现金赤字 4 540 万美元的资金需求。

Yellow Jacket 公司可实现盈利，然而外套和夹克的销售季节性波动导致严重的现金赤字问题。如果财务经理未事先为此做好计划，公司很可能陷入严重的财务困境，公司声誉以及与供应商和客户的关系均会受到损害。使用电子表编制现金预算的优点在于便于进行敏感性分析和情景分析。

附录习题

1. 某企业 1，2，3 月份的净现金流量分别为－250 万美元、－300 万美元、240 万美元。3 月份的累计净现金流量为多少？

2. Hug-a-Bear 公司通常在当月生产下一个月销售的泰迪熊，原材料采购款在采购

表 14A—3 现金预算表 单位：百万美元

	A	B	C	D	E	F	G	H	I	J	K	L	M
1		1月	2月	3月	4月	5月	6月	7月	8月	9月	10月	11月	12月
2													
3	销售收入	10	10	5	2	1	1	1	5	20	30	25	15
4													
5	现金收入	14.3	10.7	8.5	5.1	2.3	1.2	1.0	2.2	8.6	19.8	26.4	22.9
6													
7	现金支出：												
8	原材料	5.2	5.2	5.2	5.2	5.2	5.2	5.2	5.2	5.2	5.2	5.2	5.2
9	工资及其他	1.6	1.6	1.6	1.6	1.6	1.6	1.6	1.6	1.6	1.6	1.6	1.6
10	税费	0	0	2.7	0	0	2.7	0	0	2.7	0	0	2.7
11	资本项目	0	0	0	0	0	15.0	0	0	0	0	0	0
12	长期融资成本	0	1.0	5.0	0	1.0	0	0	1.0	5.0	0	1.0	0
13	（利息及股利）												
14	现金支出合计	6.8	7.8	14.5	6.8	7.8	24.5	6.8	7.8	14.5	6.8	7.8	9.5
15													
16	净现金流量	7.5	2.9	−6.0	−1.7	−5.5	−23.3	−5.8	−5.6	−5.9	13.0	18.6	13.4
17													
18	累计净现金流量	7.5	10.4	4.4	2.7	−2.8	−26.1	−31.9	−37.5	−43.4	−30.4	−11.8	1.6
19													
20	最低现金余额	2.0	2.0	2.0	2.0	2.0	2.0	2.0	2.0	2.0	2.0	2.0	2.0
21													
22	现金盈余或赤字	5.5	8.4	2.4	0.7	−4.8	−28.1	−33.9	−39.5	−45.4	−32.4	−13.8	−0.4
23													
24	假设												
25	假设最低现金余额为200万美元												
26													
27													
28													
29													
30													

累计净现金流量=上个月的累计净现金流量+当月的净现金流量

净现金流量=现金收入－现金支出

现金盈余或赤字=累计净现金流量－最低现金余额

当月全额支付。假设该公司预期 11 月份的销售收入为 250 万美元，原材料成本为销售收入的 50%，那么该公司 10 月份的原材料现金支出为多少？

3. 某企业 5，6，7 月份的销售收入分别为 1 000 万美元、1 200 万美元、900 万美元。企业通常在销售当月能收回 35%的货款，销售次月收回 40%的货款，第三个月收回 22%的货款，剩余 3%坏账。该企业 7 月份的现金收入为多少？

4. 某公司编制了两个月的现金预算，如下表所示。这两个月的现金盈余或赤字分别为多少？

单位：百万美元

	3 月	4 月
销售收入	120.0	130.0
现金收入	84.0	90.0
总现金支出	90.0	85.0
净现金流量	26.0	5.0
累计净现金流量	215.0	?
最低现金余额	10.0	10.0
现金盈余或赤字	?	?

5. Yellow Jacket 公司决定改变其生产策略，公司将按照下个月的预计销售量进行生产，而不是全年各月均匀生产。新的生产策略会影响现金预算中的原材料支出和工资及其他支出。假设 1 月份的销售量比上一年 12 月份增长 10%。编制现金预算，并解释生产策略的变化如何影响了公司的现金盈余或赤字。

附录

公司理财应用

第1章

商业应用解答

凯莱布是一家小企业的独资经营者，因此进行业务扩张时，贷款筹集扩张所需的大笔资金存在一定的困难。凯莱布可以考虑以下几种选择：

首先，凯莱布可以选择放缓扩张的速度。他可以通过一笔小额贷款或自有资金，在另一家商场再开一个果汁吧，等新开的果汁吧实现盈利，再继续扩张。缓慢扩张的优点在于凯莱布可保持完全的所有权以及对业务的控制权，但也存在重大风险，其他人可效仿他的做法，开设类似的果汁吧，在其他商场占据最佳位置。

其次，为了获得资本以实现迅速扩张，凯莱布可能要引进合作伙伴，与天使投资人或风险投资者形成合伙关系，他们不仅可提供大量资本，还可提供业务上的专业指导，这样有助于更快速的扩张计划。这种做法的缺点是，凯莱布必须放弃部分所有权。

个人应用解答

达格玛应该知道，市场不能保证投资于公司股票的资金能免受损失。这些公司失败的原因不尽相同。雷曼兄弟公司失败是因为其业务过于冒险；克莱斯勒的破产归咎于一小批投资者的投机行为；Six Flags 的破产则是由其不能兑现股利支付承诺所导致的。

达格玛也应该知道，包括这些公司在内的企业倒闭，会促使公司治理制度的加强，以更好地监控管理行为。我们都希望新的治理体系能减少因管理者渎职而倒闭的企业数量。不过，她可以选择不把“所有的鸡蛋放在同一个篮子里”，最小化企业破产给她造成的损失。分散化投资是公司理财原理之一，本书后续会详细讨论。

第2章

商业应用解答

如果 DPH 林场公司的管理者 2013 年对厂房设备进行扩张，则固定资产会增加 2 700 万美元，净营运资本增加 800 万美元。下表为 2013 年的资产负债表。如表所示，固定资产总值增至 39 500 万美元，增加了 2 700 万美元；现金、应收账款和存货分别增加 100 万美元、500 万美元、600 万美元。因此，截至 2013 年末，DPH 林场公司的总资产增长至 60 900 万美元，增长了 3 900 万美元。资产的增长，由应付账款负担 400 万美元，剩余的 3 500 万美元资金，40%的融资来源为长期负债，即 0.4×3 500 万＝1 400 万美元，60%为股权融资，即 0.6×3 500 万＝2 100 万美元。

DPH 林场公司

2013 年的资产负债表（2013 年 12 月 31 日） 单位：百万美元

总资产		负债与所有者权益	
流动资产		流动负债	
现金及有价证券	25（24＋1）	应付工资及税费	20
应收账款	75（70＋5）	应付账款	59（55＋4）
存货	117（111＋6）	应付票据	45
合计	217	合计	124
非流动资产		非流动负债	209［195＋0.4×(39－4)］
厂房设备总值	395（368＋27）	所有者权益	
减：折旧	53	优先股	5
厂房设备净值	342	普通股及资本公积	61［40＋0.6×(39－4)］
其他长期资产	50	留存收益	210
合计	392	合计	276
资产总计	609（570＋39）	负债与所有者权益总计	609（570＋39）

个人应用解答

克里斯·瑞安分析 DPH 林场公司 2012 年度的财务报表时，需要谨记资产负债表反映的是企业在某个时点上的资产、负债及权益，利润表反映的是企业在某段期间内实现的总收入及相应成本费用，现金流量表反映的是企业在某段时期内的现金流量情况，而留存收益表可反映一定期间内实现的净利润以及使用留存收益支付的现金股利。

美国公认会计准则（GAAP）规定了如何编制各种财务报表。公认会计准则要求公司在实现销售时确认收入，而不一定是企业收到现金时。同样，根据美国公认会计准则，与销售匹配的费用应反映在利润表中，也就是说，利润表需要确认与销售实现相关的生产成本及其他费用。相应地，与生产相关的实际现金流出可能发生在报告期以外的会计期间。

此外，利润表包括了一些非付现项目，其中最大的一项是折旧。由于非付现项目的存在，利润表列报的数字可能不代表企业某一特定期间实际发生的现金流入和流出。

对于克里斯·瑞安这样的投资者，实际现金流量通常比利润表反映的会计利润更重要。企业偿还到期债务、维持业务运营以及向企业所有者支付回报，使用的是现金，而不是会计利润。因此，克里斯更可能从现金流量表中了解到他想知道的信息。现金流量表反映了企业某一特定时期内的现金流量情况，列报了该时期内各项活动的现金产生量以及支出量。

最后，克里斯必须记住的是，企业需要根据美国公认会计准则编制财务报表。公认会计准则允许管理者在报告盈余时拥有很大的自由裁量权，也就是说，管理者可以在遵循准则的前提下进行盈余管理。事实上，管理者可通过盈余管理，使得向投资者呈现的企业资产增长情况比实际更为平稳。比如，两家企业的固定资产完全相同，但选择不一样的折旧方法可能会导致完全不一样的结果。因此，克里斯在作出任何最终投资决定之前，可能需要更深入地研究这家企业或其他企业的财务状况。

第3章

商业应用解答

DPH林场公司的管理者公开声明，其公司业绩优于同行业其他公司的业绩，尤其是公司的流动性和资产管理状况。根据DPH林场公司管理者的陈述，这些领域的突出业绩为DPH林场公司的股东带来更高的总收益。

采用比率分析法对财务报表进行分析之后，我们可以得出结论，这些陈述部分正确。所有三个短期偿债能力比率表明，DPH林场公司资产负债表反映的流动性水平比行业平均水平高。相比于林场行业平均水平，DPH林场公司有更多的现金和其他流动资产可用于偿付到期流动负债。所有资产管理比率表明，DPH林场公司在资产管理方面的表现优于行业平均水平。该公司的存货周转率比行业平均水平高，表明每单位存货产生的销售收入更高。它的应收账款周转率比行业平均水平高，应付账款周转率比行业平均水平低，表明该公司销售货款的收回更快，采购货款的支付更慢。此外，DPH林场公司的固定资产周转率、营运资本周转率和总资产周转率均比行业平均水平高，表明该公司每单位固定资产、每单位营运资本以及每单位总资产实现的销售收入更高。盈利能力比率表明，DPH林场公司的盈利能力比行业平均水平高。该公司的销售净利率、基本盈利能力比率以及总资产收益率均高于行业平均水平。然而，DPH林场公司的净资产收益率比行业平均水平低。

DPH林场公司管理者未指出的是，负债管理比率表明，该公司的资产负债率比行业平均水平低。这是个好迹象，低财务杠杆降低了公司陷入财务困境甚至破产的可能性。即便公司当年的经营业绩较差，但向债权人承诺的偿付义务也相对较小，因此，破产的风险很低。再者，由利息保障倍数和现金流量保障倍数可知，就每一单位的债务利息，公司拥有更多的营业利润和现金可用于偿付债务。

尽管DPH林场公司经营业绩突出，但是低财务杠杆稀释了公司股东的投资回报。利润稀释很可能困扰公司的普通股股东。事实上，DPH林场公司的市值账面比和市盈率均低于行业平均水平，市场价值比率表明，投资者愿意为DPH林场公司每单位账面价值和每单位利润支付的股票价格低于行业平均水平，主要原因可能是DPH林场公司的低债务水平和高权益水平。

个人应用解答

为评估DPH林场公司的财务报表，克里斯·瑞安打算使用财务报表计算最常用的财务比率，进行比率分析。这些比率包括短期偿债能力比率、资产管理比率、负债管理比率、盈利能力比率以及市场价值比率。表3—1列示了DPH林场公司及其所在行业的这些比率。为了便于比较，克里斯还打算标准化财务报表，产生调整规模后的共同比财务报表，可用于分析公司业绩的变化以及与同行业其他公司进行对比。计算这些比率之后，克里斯可通过杜邦分析法进一步分析总资产收益率和净资产收益率，了解比率之间的关系。业绩分析的关键部分在于按照一定基准解释并评价这些数字。为更好地了解这些财务比率数值的内在意义，克里斯还需要进行时间序列分析和横截面对比分析，评估公司业绩随时间的变化情况，并将其与同行业其他一家或多家公司进行比较。最后，克里斯在分析财务报表数据时需要注意一些事项。例如，财务报表呈现的是历史数据，可能不代表其未来业绩。进行比率分析时，克里斯在得出任何结论或进行比较之前，需要了解 DPH 林场公司采用的会计政策等，DPH 林场公司管理者可能会对其财务报表进行粉饰。

第 4 章

商业应用解答

你需要比较现在折扣购买电线与一年之后购买的现金流量。现在购买的话，电线成本等于向供应商支付的买价加上储存成本，总计 452 000 美元。一年之后购买，需要支付 500 000 美元，那么这项决策的内含收益率为多少？

$$FV_N = PV \times (1+i)^N$$

$$500\,000 = 452\,000 \times (1+i)^1$$

$$i = 10.62\%$$

因此，公司是否现在购买电线，取决于公司的资本成本。如果公司筹集资金的成本低于 10.62%，则应该现在购买电线，否则，应一年之后再购买。

个人应用解答

安东尼的 300 美元贷款要求立即偿还 50 美元，因此，实际的现金流入量为 250 美元。两周后他需要再偿付 300 美元。这段借款期内，实际承担的利率为：

$$FV_N = PV \times (1+i)^N$$

$$300 = 250 \times (1+i)^1$$

$$i = 20\%$$

安东尼两周的贷款利率高达 20%，如果他继续按这个利率贷款，他永远都不能积累财富。事实上，许多人都陷入了循环贷款，一个接一个地获取发薪日贷款。对借款人而言，发薪日贷款几乎总是糟糕的交易。

第 5 章

商业应用解答

Walkabout 音乐公司每 6 个月需要为现有债券支付 700 000 美元的利息。新债券每 6 个月的利息为 600 000 美元。这表明，发行新债券偿还旧债券，每半年可节省利息费用 100 000 美元。

日后 20 年每半年可节省 100 000 美元利息，半年的利率为 3%，共 40 期，因此，所节省的全部利息的现值为：

$$PVA_N=100\ 000\times[1-1/(1+0.03)^{40}]/0.03=2\ 311\ 477.20(美元)$$

显然，所节省的成本低于发行成本 260 万美元，Walkabout 公司现在为旧债券再融资不可取，应等到条件更有利时再发行新债券。

个人应用解答

是否应该因新按揭贷款利率更低而重新贷款呢？要回答这个问题，首先应确认新贷款每个月能节省的支出。

当前按揭贷款的月还款额为：

$$PMT_N=150\ 000\times0.006\ 67/[1-1/(1+0.006\ 67)^{360}]=1\ 100.65(美元)$$

新按揭贷款的月还款额为：

$$PMT_N=145\ 920.10\times0.005\ 83/[1-1/(1+0.005\ 83)^{324}]=1\ 003.66(美元)$$

因此，新按揭贷款在接下来的 27 年内每个月能节省 96.99 美元。

按照当前 7%的年利率，这些节省额的现值为：

$$PVA_N=96.99\times[1-1/(1+0.005\ 83)^{324}]/0.005\ 83=14\ 101.18(美元)$$

新按揭贷款节省的成本高于经纪费用 1 000 美元，因此，你应该为当前按揭贷款再融资。

第 6 章

商业应用解答

为确定何时发行新债券，DPH 公司需要考虑两个主要因素。首先，可能存在哪些具体因素会影响公司新发行债券的利率？这些特定因素包括公司违约风险、流动性风险、关于债券所筹资金使用的特定条款以及债券的到期期限等。在未来两年内这些因素的风险增加，会提高 DPH 公司新发行债券的利率，会使得这两年内债券发行的吸引力降低，反之则相反。其次，未来两年美国经济的整体利率水平会发生什么变化？这需要分析通货膨胀的变化或者真实的利率情况。DPH 公司可通过分析利率的期限结构和当前的收益曲线，预测利率会如何变化。除了企业自身对这些因素的内部分析，DPH 公司还可以就债券发行时间征询相关专家意见。DPH 公司可通过投资银行发行新债券筹集资本，这些金融机构承销证券并从事相关活动，比如创建可实现证券交易的市场。

个人应用解答

决定购买哪家企业的债券时，约翰·亚当斯需要考虑影响债券利率的特定因素，这些因素包括美国经济的整体通胀水平和实际利率，还有违约风险、流动性风险、关于债券所筹资金使用的特定条款以及债券的到期期限等。若一家企业的债券利率高于另一家，这可能是因为高收益债券具有更高的违约风险、流动性风险或其他风险。高收益意味着高风险，约翰必须考虑他是否愿意承担较高风险以获取较高回报。除了自己对这些因素的分析外，约翰可咨询专家的购买意见。约翰可通过证券公司购买债券，这些金融机构从事的活动包括证券经纪业务、证券交易、创建可实现证券交易的市场等。

第7章

商业应用解答

为筹集 15 000 万美元的资金，Beach Sand 公司需要发行 150 000 张面值 1 000 美元的债券。债券的票面利率为 7%，这意味着每张债券 6 个月的利息为 35 美元。因此，对于所有 150 000 张债券，Beach Sand 公司每半年需要支付 525 万美元的利息。

个人应用解答

以 96.21 美元的价格购买 10 张 Trust Media 公司债券，需要支付 9 621 美元，每 6 个月收取 285 美元的利息。2012 年购买的话，债券的到期收益率为 6.47%。购买 10 张 Abalon 公司债券，需要支付 10 194 美元，每 6 个月的利息为 268.75 美元，到期收益率为 5%。相比之下，Trust Media 公司债券的购买成本更低，利息更多，到期收益率更高。这是因为 Trust Media 公司债券的信用风险更高。你必须确定 Trust Media 公司债券提供的报酬率是否值得你去承担更高的风险。

第8章

商业应用解答

首先，你需要计算股东的预期收益率。

$$i=2\times(1+0.08)/65+0.08=0.0332+0.08=0.1132$$

通过公式估算可知，投资者的预期收益率为 11.32%。

市盈率为 16.25，股票价格为每股 65 美元，这意味着公司的每股盈余为 4 美元。如果市盈率保持不变，3 年后的股票价格为 $16.25\times4\times1.08^3=81.88$ 美元。然而，对于增长率为 8%的公司，16.25 的市盈率似乎有点过高，因此，市盈率可能会稍微下降。假设市盈率下降为 15，3 年后的股价则为 75.58 美元。股票市场的市盈率也可能会整体上升，这样的话，该公司的市盈率也会随之上升。假设市盈率上升至 17，3 年后的股价则为 85.66 美元。

因此，你需要报告预期股票价格范围为 75.58～85.66 美元，目标价格为 81.88 美元。

个人应用解答

根据所了解的信息，可利用两个增长率进行股票估值。年股利从3年前的每股1.25美元增至1.68美元，意味着历史增长率为10.36%，而分析师的平均预期增长率为10.1%。你可以选择其一或全部两个，使用固定增长率模型进行估值。

P_0＝1.68×(1＋0.103 6)/(0.135－0.103 6)＝59.05(美元)

P_0＝1.68×(1＋0.101)/(0.135－0.101)＝54.40(美元)

两个估值结果均超过当前股价每股54美元，表明该公司的股票未被高估，你可以考虑购买。

第9章

商业应用解答

我们可将分散化理念和现代资产投资理论应用于更多情况，不仅是投资组合。例如，由于需求在变化，制造企业可通过生产不同产品，使得生产更为有效。销售人员可通过销售不同产品降低其佣金收入的波动性。

虽然新项目会带来更多的风险，但如果这些新项目能有效多元化公司当前的业务经营活动，它们实际上可能会降低公司的整体风险。你可以通过确定新项目的预期现金流量与公司当前经营业务的预期现金流量之间的相关性，评估这种可能性。低相关性或负相关性意味着新项目实际上可以降低公司风险。需要注意的是，某些公司可能意识到自身目前过于保守，希望通过增加风险，提高实现更高收益的可能性。

个人应用解答

由表9—2和表9—4可知，1950—2009年债券市场的平均收益率及其标准差分别为6.4%，10.7%，股票市场的平均收益率及其标准差分别为12.5%，17.9%。该投资者认为股票市场比债券市场具有更高的风险，这一想法是对的。

然而，表9—6显示股票市场和债券市场的相关性非常低，相关系数为0.007，这表明分散化投资是可取的。事实上，10%的股票和90%的债券所构成的投资组合，1950—2009年的平均收益率及其标准差分别为7.0%，9.8%。经纪人是正确的，在投资组合中加入一小部分股票，实际上可降低投资总风险。

第10章

商业应用解答

你需要确定企业的市场风险水平。如果能获取企业的β系数，则可使用资本资产定价模型估计必要收益率。为了验证计算结果，你还可以使用固定增长率模型进行比较，检验资本资产定价模型估计的必要收益率。

假设你发现企业的β系数为1.8，市场收益率为11%，国库券利率为5%。那么，资本资产定价模型的计算结果为：

$$5\%+1.8\times(11\%-5\%)=15.8\%$$

企业下一年会支付每股0.50美元的股利，当前的股价为每股32美元。管理者认为在可预见的未来，企业每年的增长率为13%。那么，固定增长率模型的计算结果为：

$$0.50/32+0.13=14.56\%$$

你可以向你的团队汇报上述估计结果。

个人应用解答

你每个月投资于股票、债券和货币市场账户的资金比例分别为57.1%，28.6%，14.3%。股票投资组合的β系数为1，长期债券投资组合的β系数为0.18。根据定义，货币市场账户为无风险投资，β系数为零。

因此，你的投资组合的β系数为：

$$0.571\times1+0.286\times0.18+0.143\times0=0.62$$

投资组合的β系数为0.62，市场收益率为11%，无风险收益率为5%，你可以预期组合的收益率为：

$$5\%+0.62\times(11\%-5\%)=8.72\%$$

如果你希望实现更高的收益率，则需要承担更高的风险，可以选择将更多的资金投资于股票组合。

第11章

商业应用解答

MP3设备公司不同融资来源的个别成本分别为：

$$i_E=D_1/P_0+g=1.35/18.75+0.06=13.20\%$$

$$i_P=D_1/P_0=10/100=10.00\%$$

$$1\,100=100\times[1-1/(1+i_D)^{20}]/i_D+1\,000/(1+i_D)^{20}$$

求得

$$i_D=8.91\%$$

因此，根据目标资本结构权重，该公司的加权平均资本成本为：

$$\begin{aligned}WACC&=0.5\times13.20\%+0.1\times10.00\%+0.4\times8.91\%\times(1-0.34)\\&=9.95\%\end{aligned}$$

个人应用解答

麦肯奇继续贷款攻读硕士学位的话，毕业时她的贷款总额为 17 125＋29 000＝46 125 美元。按照 8%的利率，毕业时需要支付年利息 3 690 美元，当然，利息会随本金的偿还而降低。由于助学贷款的年利息最高可税前扣除 2 500 美元，因此，我们可以通过加权平均的方式计算她的税后利率。

$$WACC = \frac{D_{不可扣除}}{D_{不可扣除}+D_{可扣除}} \times i_D + \frac{D_{可扣除}}{D_{不可扣除}+D_{可扣除}} \times i_D \times (1-T_P)$$

$$= (3\,690-2\,500)/3\,690 \times 0.08 + 2\,500/3\,690 \times 0.08 \times (1-0.25)$$

$$= 0.322\,5 \times 0.08 + 0.677\,5 \times 0.08 \times 0.75$$

$$= 6.65\%$$

第 12 章

商业应用解答*

根据已有信息，麦当劳公司的年销售收入、年净营运资本水平以及净营运资本变动额分别如下表所示：

单位：美元

年份	年销售收入	年净营运资本水平	净营运资本变动额
0	0	364 000	364 000
1	2 800 000	937 300	573 300
2	7 210 000	965 900	28 600
3	7 430 000	994 500	28 600
4	7 650 000	512 200	−482 300
5	3 940 000	0	−512 200

进而，我们可计算出每年的经营现金流量、固定资产变动额、净营运资本变动额：

单位：百万美元

	第 0 年	第 1 年	第 2 年	第 3 年	第 4 年	第 5 年
销售收入		2.80	7.21	7.43	7.65	3.94
减：变动成本		1.34	3.52	3.70	3.89	2.04
减：固定成本		0.00	0.00	0.00	0.00	0.00
减：折旧		0.00	0.00	0.00	0.00	0.00
息税前利润		1.46	3.69	3.73	3.76	1.90
减：税费		0.00	0.00	0.00	0.00	0.00

* 原书答案似有问题。——译者注

续前表

	第0年	第1年	第2年	第3年	第4年	第5年
净利润		1.46	3.69	3.73	3.76	1.90
加：折旧		0.00	0.00	0.00	0.00	0.00
经营现金流量		1.46	3.69	3.73	3.76	1.90
固定资产总值变动额	7.00	0.00	0.00	0.00	0.00	0.00
净营运资本变动额	0.00	0.00	0.00	0.00	0.00	0.00
减：经营资产投资额	7.00	0.00	0.00	0.00	0.00	0.00
自由现金流量	−7.00	1.46	3.69	3.73	3.76	1.90

个人应用解答

艾哈迈德购买新电脑的现金支出不应该作为攻读 MBA 学位的增量现金流量，应该无论是否继续读书，他都会购买一台电脑。GMAT 考试的报名费用 250 美元是沉没成本，也不该考虑。他的学费支出构成了一笔先付年金。整个 MBA 学位攻读项目的增量现金流量为：

年份	0～3年	4～23年
自由现金流量	−15 000 美元	10 000 美元

第 13 章

商业应用解答

ADK 公司新项目的净现值为：

$$
\begin{aligned}
\text{净现值} &= -5\,000\,000/(1.14)^0 + 1\,200\,000/(1.14)^1 + 1\,600\,000/(1.14)^2 \\
&\quad + 2\,300\,000/(1.14)^3 + 2\,800\,000/(1.14)^4 \\
&= 494\,038.89(\text{美元}) > 0
\end{aligned}
$$

令净现值=0，可求得内含收益率：

$$
\frac{-5\,000\,000}{(1+IRR)^0}+\frac{1\,200\,000}{(1+IRR)^1}+\frac{1\,600\,000}{(1+IRR)^2}+\frac{2\,300\,000}{(1+IRR)^3}+\frac{2\,800\,000}{(1+IRR)^4}=0
$$

$$
\text{内含收益率}(IRR)=18.09\% > 14\%
$$

无论是净现值还是内含收益率，均支持接受该项目。

此外，我们还可计算出修正的内含收益率和获利指数，它们分别为 16.72%，9.88%，同样，它们也支持接受项目。

该项目的回收期和折现回收期分别为 2.96，3.70，尽管未给出回收期和折现回收期的上限，但通过观察可推测其处于可接受范围。

个人应用解答

首先，我们需要注意到，每 3 个月发生一次现金流出，我们需要把年利率转换为季利率：

$$i_{季}=(1+0.09/12)^3-1=0.0227$$

由于现金流非正常发生，我们不能采用回收期法和内含收益率法，只可选择净现值法、修正的内含收益率法以及获利指数法进行决策。

该项目的净现值为：

$$\begin{aligned}净现值&=\frac{-5\,000}{(1.022\,7)^0}+\frac{-5\,000}{(1.022\,7)^1}+\frac{-10\,000}{(1.022\,7)^2}+\frac{30\,000}{(1.022\,7)^{12}}\\&=-3\,473.72(美元)>0\end{aligned}$$

根据净现值决策规则，应该拒绝该项目。

第 14 章

商业应用解答

根据所给信息，可计算出 Chewbacca 公司的营业周期和现金循环周期分别为：

$$营业周期=0.1\times365/0.55+0.166\,7\times365/1=127.21(天)$$

$$现金循环周期=127.21-0.05\times365/0.55=94.03(天)$$

不考虑其他流动资产和流动负债，Chewbacca 公司的净营运资本为：

$$净营运资本=(0.1+0.166\,7-0.05)\times32\,000\,000=6\,934\,400(美元)$$

个人应用解答

由于万达每月从基金账户取出的资金数量相等，我们可使用鲍莫尔模型确定其最佳现金补给水平。

$$\begin{aligned}C^*&=\sqrt{2\times25\,000\times9.95/0.035}\\&=3\,770.18(美元)\end{aligned}$$

Marcia Millon Cornett, Troy A. Adair, Jr. and John Nofsinger
Finance, 2e
0-07-803481-7

北京市版权局著作权合同登记号：01-2013-5185

图书在版编目（CIP）数据

公司理财：第 2 版/科尼特等著；陈宋生，陈海红译. —北京：中国人民大学出版社，2015.1
（工商管理经典译丛. 会计与财务系列）
ISBN 978-7-300-20475-8

Ⅰ. ①公… Ⅱ. ①科…②陈…③陈… Ⅲ. ①公司-财务管理 Ⅳ. ①F276.6

中国版本图书馆 CIP 数据核字（2014）第 302284 号

工商管理经典译丛·会计与财务系列
公司理财（第 2 版）
马西娅·米伦·科尼特
特洛伊·A·小阿戴尔 著
约翰·诺夫辛格
陈宋生 陈海红 译
Gongsi Licai

出版发行	中国人民大学出版社		
社　　址	北京中关村大街 31 号	邮政编码	100080
电　　话	010－62511242（总编室）		010－62511770（质管部）
	010－82501766（邮购部）		010－62514148（门市部）
	010－62515195（发行公司）		010－62515275（盗版举报）
网　　址	http://www.crup.com.cn		
	http://www.ttrnet.com(人大教研网)		
经　　销	新华书店		
印　　刷	北京鑫丰华彩印有限公司		
规　　格	185 mm×260 mm　16 开本	版　　次	2015 年 2 月第 1 版
印　　张	21.5 插页 1	印　　次	2015 年 2 月第 1 次印刷
字　　数	492 000	定　　价	49.00 元

教师反馈表

美国麦格劳-希尔教育出版公司（McGraw-Hill Education）是全球领先的教育资源与数字化解决方案提供商。为了更好地提供教学服务，提升教学质量，麦格劳－希尔教师服务中心于 2003 年在京成立。在您确认将本书作为指定教材后，请填好以下表格并经系主任签字盖章后返回我们（或联系我们索要电子版），我们将免费向您提供相应的教学辅助资源。如果您需要订购或参阅本书的英文原版，我们也将竭诚为您服务。

<table>
<tr><td colspan="6">★ 基本信息</td></tr>
<tr><td>姓</td><td></td><td>名</td><td></td><td>性别</td><td></td></tr>
<tr><td>学校</td><td colspan="2"></td><td>院系</td><td colspan="2"></td></tr>
<tr><td>职称</td><td colspan="2"></td><td>职务</td><td colspan="2"></td></tr>
<tr><td>办公电话</td><td colspan="2"></td><td>家庭电话</td><td colspan="2"></td></tr>
<tr><td>手机</td><td colspan="2"></td><td>电子邮箱</td><td colspan="2"></td></tr>
<tr><td>通信地址及邮编</td><td colspan="5"></td></tr>
<tr><td colspan="6">★ 课程信息</td></tr>
<tr><td>主讲课程</td><td></td><td>课程性质</td><td></td><td>学生年级</td><td></td></tr>
<tr><td>学生人数</td><td></td><td>授课语言</td><td></td><td>学时数</td><td></td></tr>
<tr><td>开课日期</td><td></td><td>学期数</td><td></td><td>教材决策者</td><td></td></tr>
<tr><td>教材名称、作者、出版社</td><td colspan="5"></td></tr>
<tr><td colspan="6">★ 教师需求及建议</td></tr>
<tr><td colspan="2">提供配套教学课件
（请注明作者 / 书名 / 版次）</td><td colspan="4"></td></tr>
<tr><td colspan="2">推荐教材
（请注明感兴趣领域或相关信息）</td><td colspan="4"></td></tr>
<tr><td colspan="2">其他需求</td><td colspan="4"></td></tr>
<tr><td colspan="2">意见和建议（图书和服务）</td><td colspan="4"></td></tr>
<tr><td>是否需要最新图书信息</td><td>是、否</td><td rowspan="2">系主任签字/盖章</td><td colspan="3" rowspan="2"></td></tr>
<tr><td>是否有翻译意愿</td><td>是、否</td></tr>
</table>

McGraw Hill Education | Higher Education

网址: http://www.mcgraw-hill.com.cn

麦格劳–希尔教育出版公司教师服务中心
北京市清华科技园科技大厦 A 座 906 室
北京 100084
电话：010-62790299-108
传真：010-62790292

教师教学服务说明

中国人民大学出版社工商管理分社以出版经典、高品质的工商管理、财务会计、统计、市场营销、人力资源管理、运营管理、物流管理、旅游管理等领域的各层次教材为宗旨。

为了更好地为一线教师服务，近年来工商管理分社着力建设了一批数字化、立体化的网络教学资源。教师可以通过以下方式获得免费下载教学资源的权限：

在“人大经管图书在线”（www. rdjg. com. cn）注册，下载“教师服务登记表”，或直接填写下面的“教师服务登记表”，加盖院系公章，然后邮寄或传真给我们。我们收到表格后将在一个工作日内为您开通相关资源的下载权限。

如您需要帮助，请随时与我们联络：

中国人民大学出版社工商管理分社

联系电话：010-62515735，62515749，82501704

传　　真：010-62515732，62514775　　　　电子邮箱：rdcbsjg@crup. com. cn

通讯地址：北京市海淀区中关村大街甲 59 号文化大厦 1501 室（100872）

教师服务登记表

<table>
<tr><td>姓 名</td><td></td><td>□先生　□女士</td><td>职　　称</td><td colspan="2"></td></tr>
<tr><td>座机/手机</td><td colspan="2"></td><td>电子邮箱</td><td colspan="2"></td></tr>
<tr><td>通讯地址</td><td colspan="2"></td><td>邮　　编</td><td colspan="2"></td></tr>
<tr><td>任教学校</td><td colspan="2"></td><td>所在院系</td><td colspan="2"></td></tr>
<tr><td rowspan="3">所授课程</td><td>课程名称</td><td>现用教材名称</td><td>出版社</td><td>对象（本科生/研究生/MBA/其他）</td><td>学生人数</td></tr>
<tr><td></td><td></td><td></td><td></td><td></td></tr>
<tr><td></td><td></td><td></td><td></td><td></td></tr>
<tr><td colspan="2">需要哪本教材的配套资源</td><td colspan="4"></td></tr>
<tr><td colspan="2">人大经管图书在线用户名</td><td colspan="4"></td></tr>
<tr><td colspan="6">院/系领导（签字）：
院/系办公室盖章</td></tr>
</table>